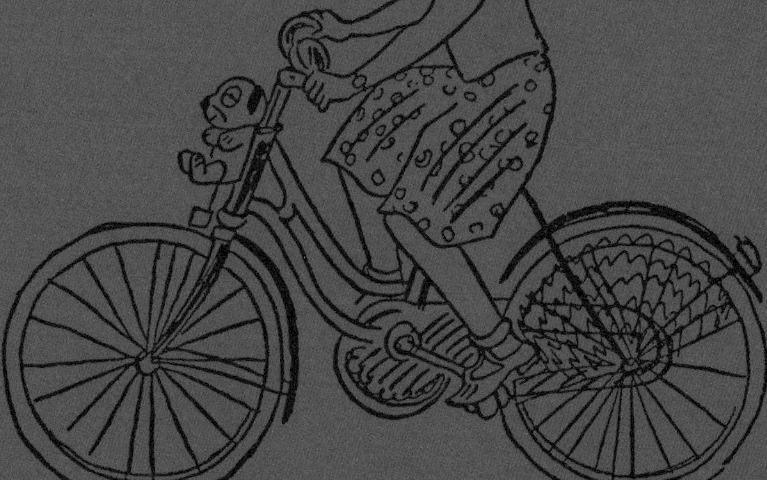

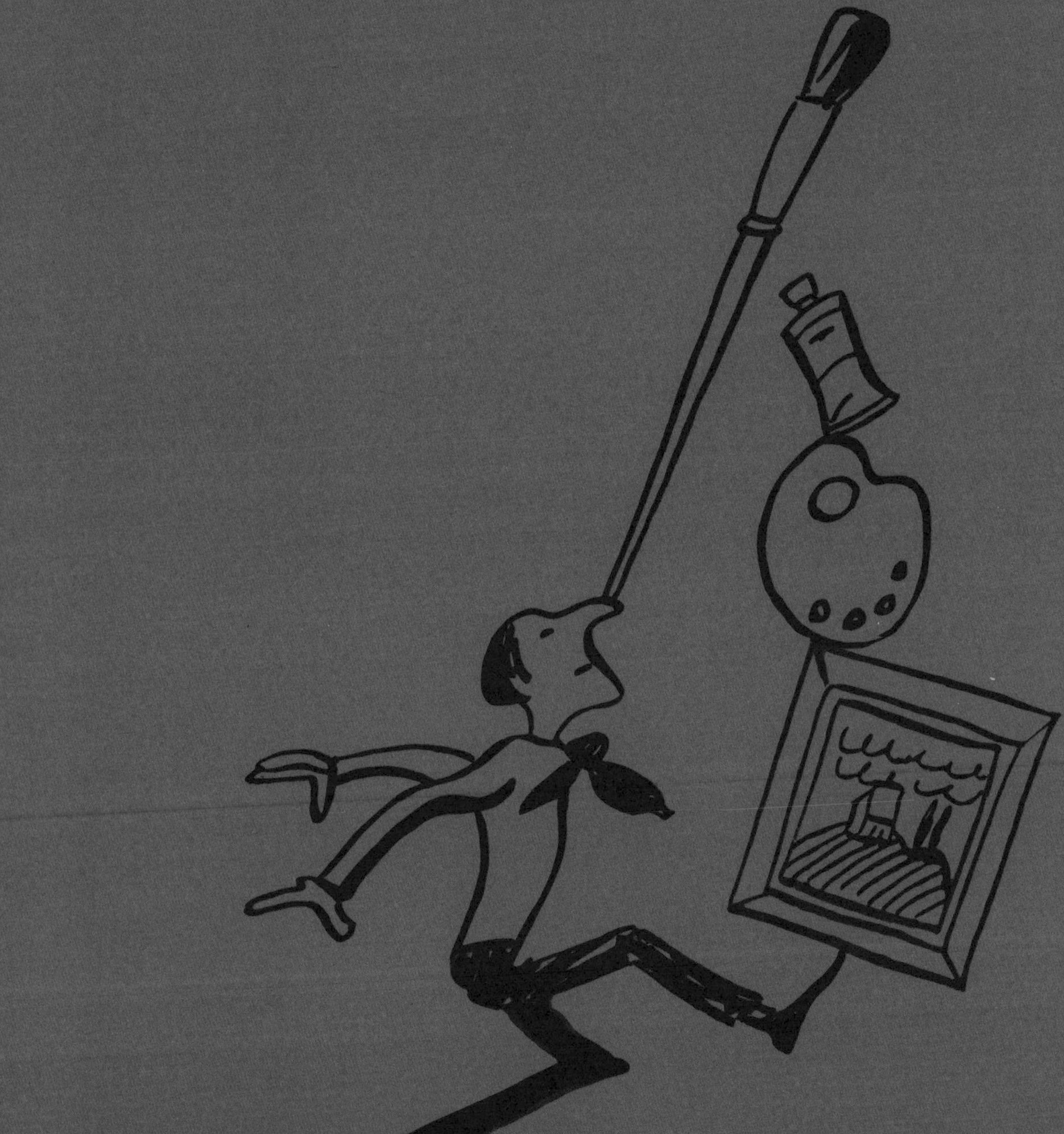

Die Bilderwelt des Walter Trier

versammelt, kommentiert
und herausgegeben
von Antje M. Warthorst

Mit einem Vorwort
von Robert Gernhardt

FAVORITEN
PRESSE

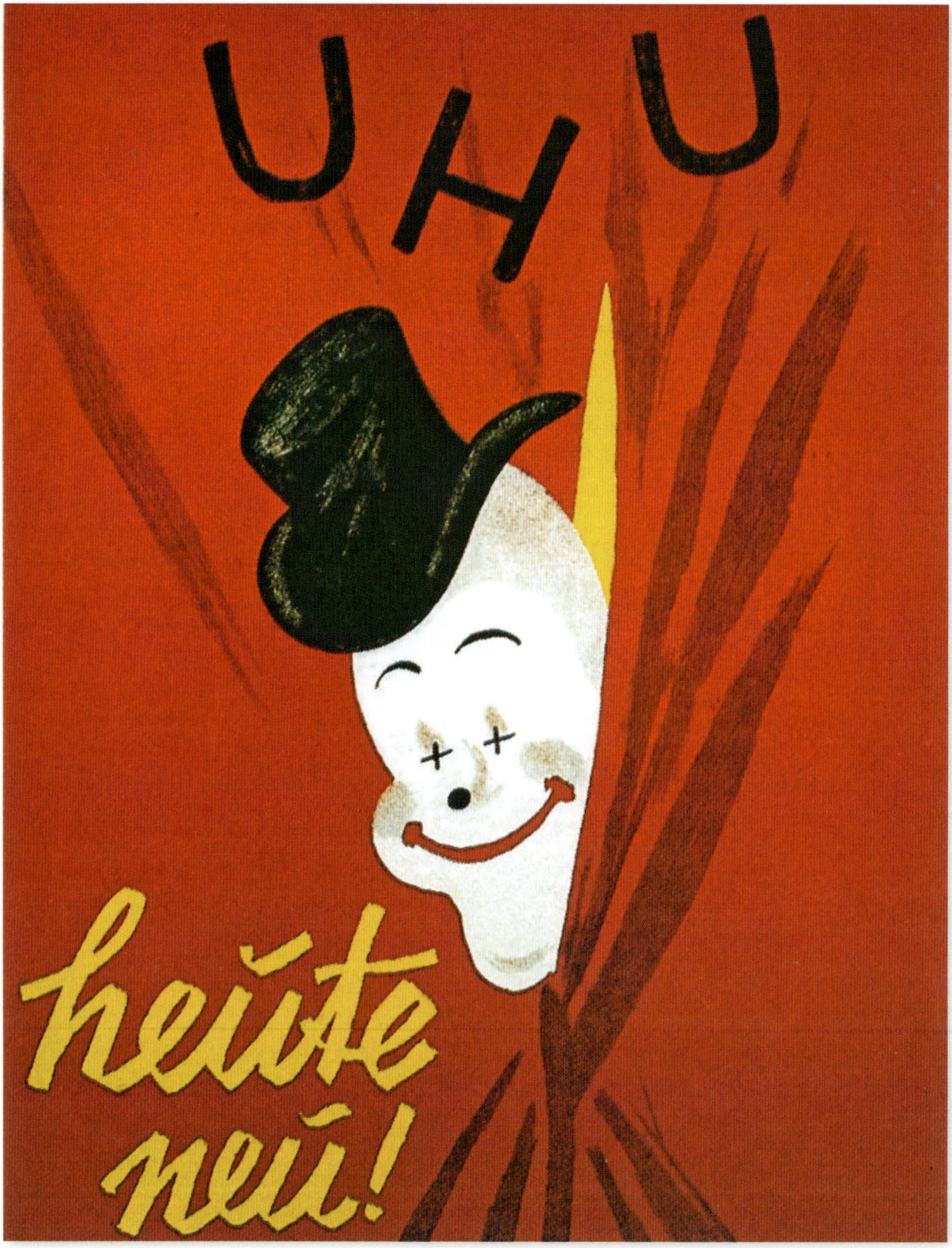

»**Uhu heute neu!**« *1925. Farblithographie. Plakat für »Ullstein-Verlag«.*
Auf dem Plakat für »das neue Magazin« aus dem Ullstein-Verlag porträtierte Walter Trier den großen Musik-Clown Grock. Er zierte damals auch das Cover der aktuellen Ausgabe.

Inhalt

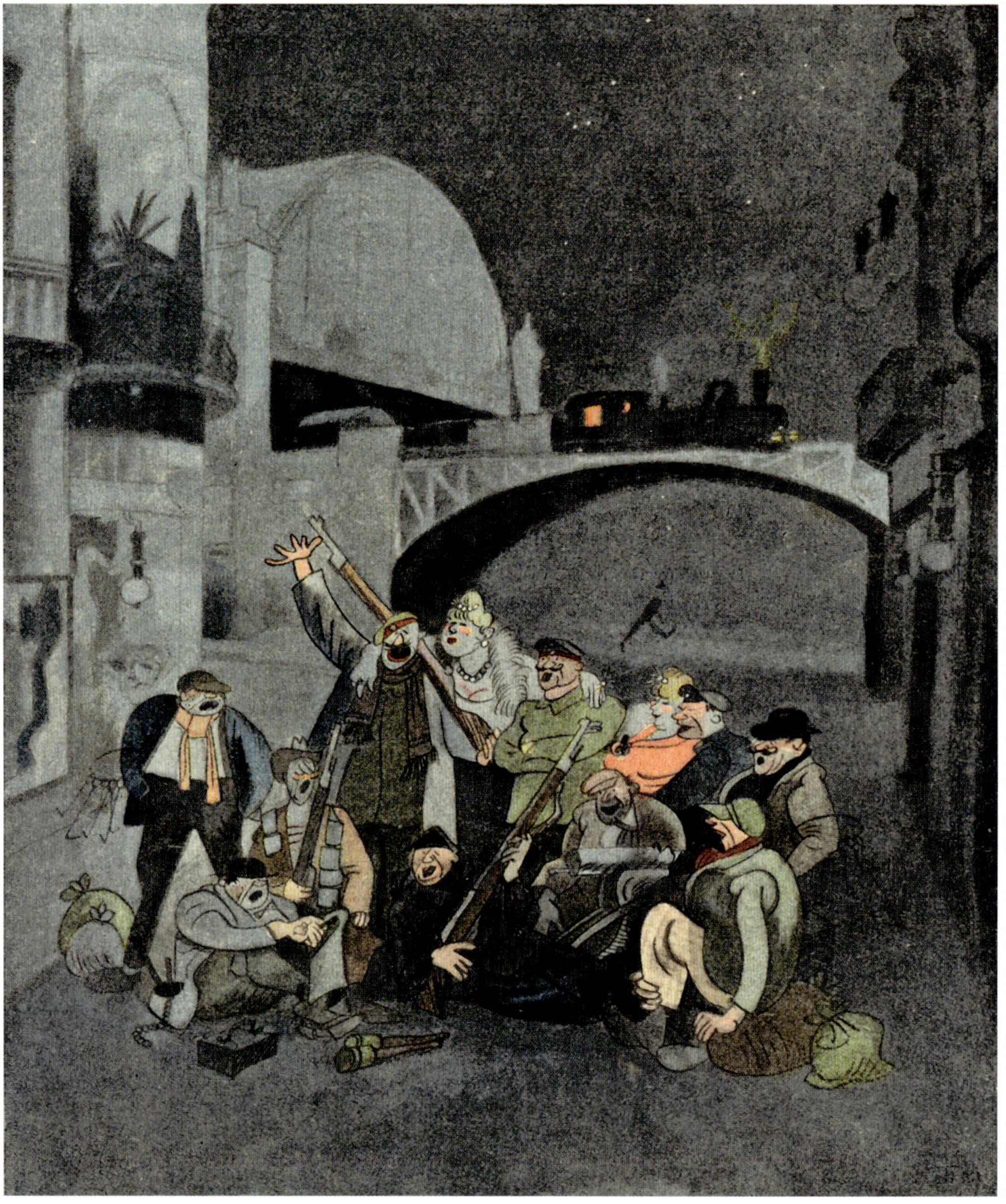

»Unsicherheit in Berlin«. *1919. Farblithographie aus »Lustige Blätter«*

Mit der Unterzeile: »Chor der Räuber: Ein freies Leben führen wir, Ein Leben voller Wonne …« Dabei blickt der Betrachter auf den Berliner Bahnhof Friedrichstraße bei Nacht, vor dem sich eine Gruppe Räuber mit Kokotten versammelt hat. Der politische Anlaß waren die Unruhen im Umfeld der Novemberrevolution.

Vorwort

»Frau Lene tanzt mit Bananen«

Sechs gute Gründe, den komischen Künstler Walter Trier zu schätzen und zu lieben

1. Walter Trier wollte nie etwas anderes sein als ein komischer Zeichner.
Nicht, weil der 1890 in Prag geborene Sohn eines Handschuhmachers sich – wie Wilhelm Busch – der Einsicht beugen mußte, daß es für den Kunstmaler nicht reichte, sondern weil er sein Metier liebte. Zwar hatte er in München bei Franz von Stuck studiert, doch schon der Neunzehnjährige zeichnet für die »Jugend«, den »Simplicissimus« und die in Berlin erscheinenden »Lustigen Blätter«. Deren Verleger Hermann Ullstein holte den Zwanzigjährigen 1910 nach Berlin, wo er in den Folgejahren auch für das Magazin »Uhu« und die Zeitschrift »Die Dame« arbeitete. Trier habe die Feder nicht als Angriffs-, sondern als Verteidigungswaffe für »das Land des Lächelns« eingesetzt, schreibt jemand, der 25 Jahre mit Trier zusammengearbeitet hat, Erich Kästner: »Walter Trier verteidigte die Grenzen. Er beschritt sie nie. Er respektierte seine Grenzen. Nie wäre er auf den Gedanken verfallen, meine satirischen Gedichte zu illustrierten. Seine Meisterschaft zeigte sich auch und gerade in der Beschränkung.«

2. Walter Trier war nie mit dem Erreichten zufrieden.
»Es gibt den sprichwörtlichen bösen Blick«, schreibt Kästner, »Trier hatten den guten, und der ist selten.« Ein »guter Blick«, der Triers Blättern so durchgehend eigen ist, daß der Zeichner nicht um Wiedererkennbarkeit bangen muß, wenn er sein Personal abwandelt oder auf großflächig-plakative Motive regelrechte Wimmelbilder folgen läßt, genau gesehene, liebevoll gezeichnete Berliner Stadtansichten zum Beispiel mit einer Unmenge von Automobilen, Elektrischen und Großstadtpflanzen. Auch hat er keine Scheu davor, ständig neue Techniken zu erproben. Er beginnt mit der Feder, die er fabelhaft frisch zu führen weiß, doch damit nicht genug: Zur Feder gesellen sich der Stift, der Pinsel und die Kreide; Trier arbeitete, zumal auf seinen vielen farbigen Blättern, mit sehr unkonventionellen Mischungen all dieser Techniken: Ein Kenner und Könner, stets auf der Suche nach der angemessensten und schlagendsten Lösung.

3. Walter Trier wuchs mit seinen Aufgaben.
Trier war von Anbeginn erfolgreich, kein Grund für ihn, sich nicht ständig neuen Herausforderungen zu stellen: Nach dem Einzelblatt der Bildergeschichte, nach dem Titelblatt der Illustration, nach der Porträtkarikatur dem Bühnenbild. Und stets wiederholte, ja steigerte sich der Zuspruch von Auftraggebern und Publikum.

4. Walter Trier ist es mit einem Blatt gelungen, zugleich auf der Höhe seiner Kunst und der seiner Zeit zu sein.
1929 beginnt die den Krieg überdauernde Zusammenarbeit von Walter Trier und Erich Kästner, und am Anfang steht sogleich ein Welterfolg, Erich Kästners »Emil und die Detektive«, illustriert von Walter Trier. Von »kongenialer Zusammenarbeit« sprach die Kritik: Während Kästner eine spannende, ganz und gar der Entstehungszeit und dem Entstehungsort verpflichtete Geschichte erzählt, bemüht der Illustrator weder seinen guten noch irgendeinen bösen Blick. Zumal das berühmt gewordene Titelmotiv des Buches von einer auch für Trier neuen Sachlichkeit geprägt ist, die das Blatt bis auf den heutigen Tag zu einer Ikone des bildnerischen Geists der zwanziger Jahre macht: Derart reduzierte Gegenständlichkeit auf dermaßen bedrohlich leerem, sonnenbeschienenem Platz läßt an einen großen Anreger, an Giorgio de Chirico denken.

5. Walter Trier hat es als Deutscher verstanden, die Engländer zum Lachen zu bringen.
1936 müssen der Jude Trier, seine Frau und seine Tochter nach England emigrieren. Ein Gastland, das den Zeichner Trier bald kennen- und liebenlernen sollte: Zwölf Jahre lang, von 1937 bis 1949, gestaltete der Emigrant allmonatlich die farbigen Titelblätter des just gegründeten »Lilliput – The pocket magazine for everyone«, und er hatte die »genial« genannte Idee, auf jedem Titelblatt immer nur ein Pärchen mit Hund abzubilden. Das könne auf Dauer nicht gut gehen? Es ging gut, da Trier sich nach eigener Aussage nicht an einen bestimmten Typ des Pärchen hielt: »Man sieht es mal jung, mal älter, mal in allen möglichen Kostümen in allen Zeiten, nicht immer aus Fleisch und Blut, sondern als Waldung oder Früchtchen oder Spielzeug« – so daß die »Lilliput«-Leser Monat für Monat vor der Frage standen: In welcher Gestalt werden uns wohl Frau Lene, Herr Walter und Hund Zottel diesmal entgegentreten. Am 10. März 1942 lautet die Antwort: Sie tanzt mit Bananen bekleidet, er tanzt mit, und der Hund geniert sich.

6. Walter Trier war als Jude ein Opfer der Nazis, jedoch als Zeichner ein Täter.
Als Erich Kästner den Freund als jemanden charakterisierte, der seine Mittel lediglich als Verteidigungswaffen einsetzte, da wußte er vermutlich noch nichts von Triers antifaschistischen Karikaturen, die der während der Kriegszeit gezeichnet hatte, für englische Zeitungen und für Bücher wie »Nazi German in 22 Lessons«. 1946 schließlich kann Trier einen Schlußstrich unter dieses düstere Kapitel ziehen: Da geht ein heiterer, unverkennbar komischer Zeichner seines Wegs, unterm Arm die Mappe, über der Schulter einen Riesenfüller, an welchem fünf Protagonisten des großen Mordens in einem Netz baumeln: Kaiser Hirohito, Mussolini, Daladier [recte: Laval], Göring und Hitler. Die Unterzeile lautet; »Aber meine Feder hat länger gehalten«. Leider hielt Walter Triers Herz nicht sehr viel länger: Er starb plötzlich und unerwartet am 8. Juli 1951. »Sein Platz ist leer und wird auch in Zukunft leer bleiben«, rief Kästner dem Freund nach, und er hat recht behalten: Ein komischer Zeichner wie Trier hat seither nicht wieder zu Feder, Stift und Pinsel gegriffen. Freuen wir uns also darüber, daß es solch einen raren Vogel überhaupt gegeben hat.

Robert Gernhardt, 2006

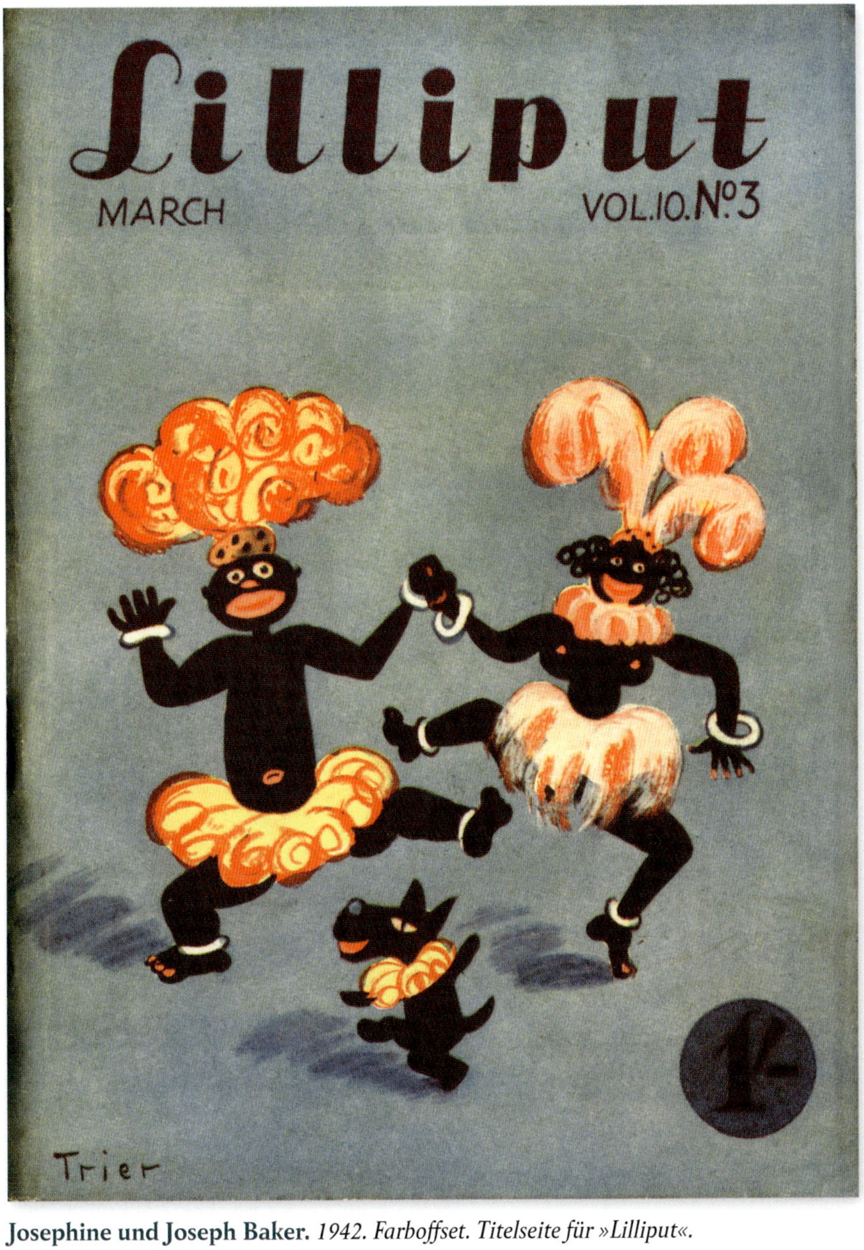

Josephine und Joseph Baker. *1942. Farboffset. Titelseite für »Lilliput«.*

Auch wenn Walter Trier hier nicht wirklich den weltberühmt gewordenen Bananentanz der Josephine Baker porträtiert hat, so amüsiert sein Vorschlag, es habe auch eine Version ihrer Burlesque-Show für das weibliche Publikum gegeben – und sogar Hunde hätten damals Spaß am Jazztanz gehabt.

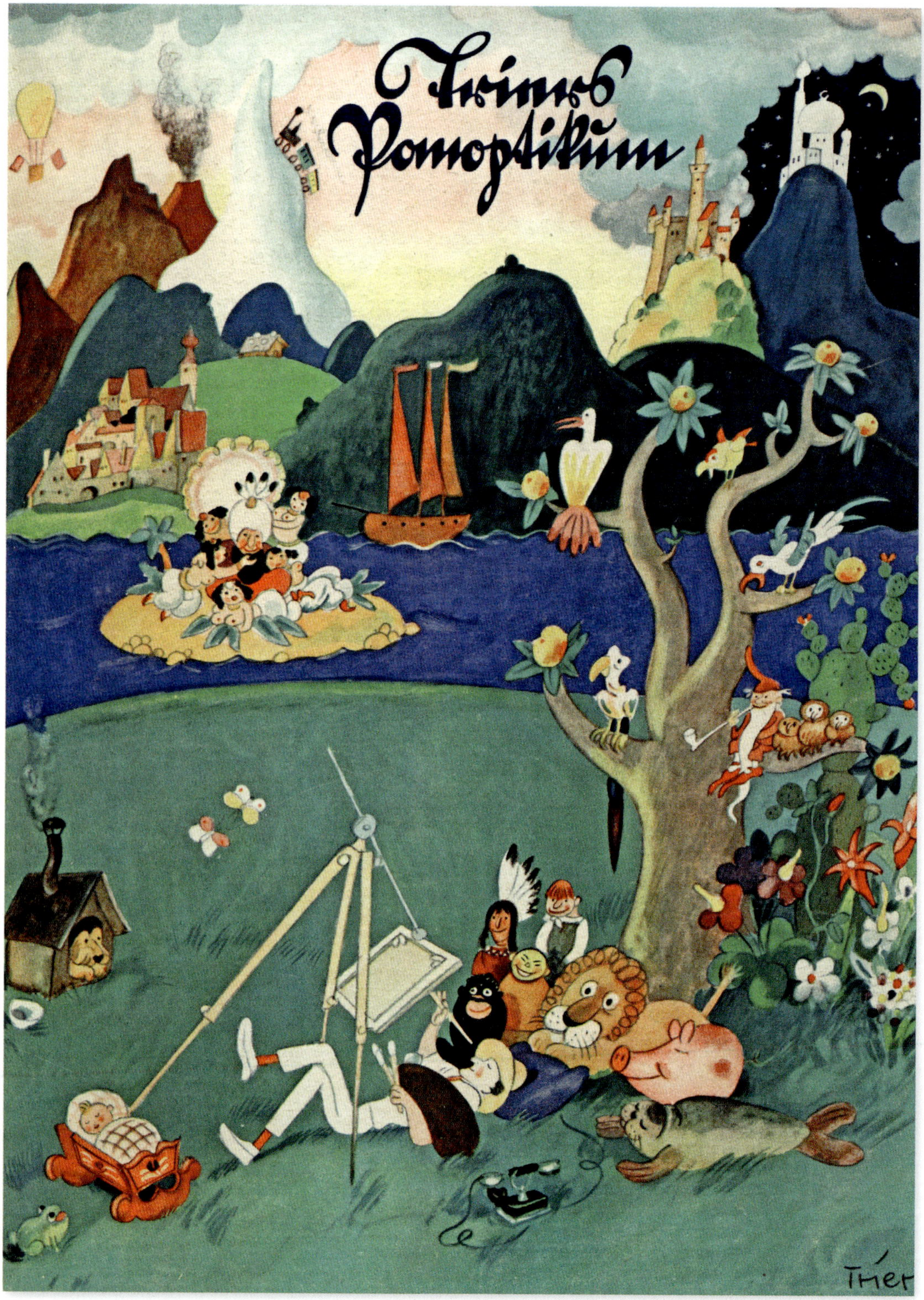

»Meine Welt«. *1922. Farblithographie auf Kartoneinband für »Triers Panoptikum«, Berlin 1922.*

Der Künstler zeigt sich in bequemer Lage arbeitend. Sein privater Kosmos befindet sich mit Telefon, Tochter und Hund in greifbarer Nähe. Aus der weiten Welt kommend haben sich Stellvertreter der gesamten Menschheit und Tierwelt friedlich dazu gesellt, wobei die vier verschieden farbigen Kinder für die Hoffnung bringenden Bewohner aller Kontinente stehen. Bei den Tieren handelt es sich um eine kleine, nicht repräsentative Abordnung aller Gattungen aus Wasser, Land und Luft.

»Warum werden Sie nicht lieber Akrobat?«

Eine Selbstbeschreibung, aus: »Triers Panoptikum«, Berlin 1922

Ich bin im Jahre 1890 zu Prag geboren, und zwar bei einem Kursstand von 85 Pfennig für die Krone. Mein Vater war von Beruf Misanthrop. Er sagte zu mir: »Acht Tage zu spät! Das sieht dir wieder mal ähnlich!« Danach ging er auf einen Kaffee.

Während seiner Abwesenheit machte ich eine Reihe wertvoller Bekanntschaften. Es waren schon fünf Geschwister da. Wir unterhielten uns angeregt und ich erfuhr allerhand Neues. So insbesondere den Sieg WAC Wien gegen DFC Prag mit 3:0. Die Sache regte mich furchtbar auf. Man reichte mir Baldrian und Fenchel. Es half aber nichts. Erst als mir einer meiner Brüder einen Fußball vor den Magen warf, beruhigte ich mich. Auf diese Weise wurde mein Interesse für den Fußballsport geweckt, dem ich fünfzehn Jahre lang meine besten Kräfte opferte. Ich wäre zweifelsohne eine internationale Größe auf dem Gebiet geworden, wenn mir nicht die Schule einen Dolchstoß in den Rücken versetzt hätte. Sie wollte partout einen Gelehrten aus mir machen und brachte mir das Einmaleins bei. Einiges davon haftet noch jetzt in meiner Erinnerung.

Später wurde ich Kunststudent. Als der Sekretär bei der Einschreibung in die Prager Kunst-Akademie mein Abgangszeugnis aus der Realschule durchsah und das »Genügend« im Zeichnen und »Vorzüglich« im Turnen entdeckte, äußerte er verweinten Auges: »Warum werden Sie nicht lieber Akrobat?«

Meine abgrundtiefe Talentlosigkeit ließ sich auf die Dauer nicht verheimlichen. Mit einem Riesenschwung flog ich aus Kunstgewerbeschule und Akademie heraus. Bis nach München! Dort wurde ich Schüler von Stuck.

Mit neunzehn Jahren arbeitete ich an ›Jugend‹, ›Simplizissimus‹ und ›Lustigen Blättern‹. Der Verleger der letztgenannten kam 1910 zu mir und sagte, er wüßte ein Land, wo Milch und Honig fließt. Ich folgte seinen Sirenenklängen nach Berlin. Seitdem wiege ich bloß noch hundertfünfzehn Pfund.

Am 1. April 1912, 9.15 vormittags, lernte ich meine Frau kennen und lieben. Im Laufe des Tages beantragte sie unsere Vermählung. Da kein Widerspruch erfolgte, wurde der Antrag angenommen. Heut steht sie mir Modell für alles, was ich zeichne, egal ob es sich um Männer oder Weiber, Greise oder Säuglinge, um Architektur, Automobile oder Baumschlag handelt.

Unsere Ehe blieb nicht ohne Folgen. Es stellte sich ein Hund ein, ein Scotch Terrier von ekelerregender Schönheit. Wir nannten ihn Zottel, und so ist er am ganzen Körper. Von weit her kommen die Leute, um Zottel anzusehen. Ich muß sagen, daß noch niemand enttäuscht weggegangen ist. Zottel übertrifft die kühnsten Erwartungen. Er ist mutig wie Sokrates und weise wie Achilles. Sollte es je hierzulande ein Pantheon geben, so werde ich einen Sockel für diesen Hund beanspruchen.

Als nicht unerheblich wäre noch zu erwähnen, daß mir meine Frau nach und nach ein Kind schenkte. Ihm gehört mein Streben Tag und Nacht. In einigen Jahren, so Gott will, hab' ich meine erste Milliarde zusammen. Dann werde ich dem Mädchen einen versilberten Kaffeelöffel dafür kaufen oder sonstwas Gediegenes für die Ausstattung.«

Walter Trier, 1922

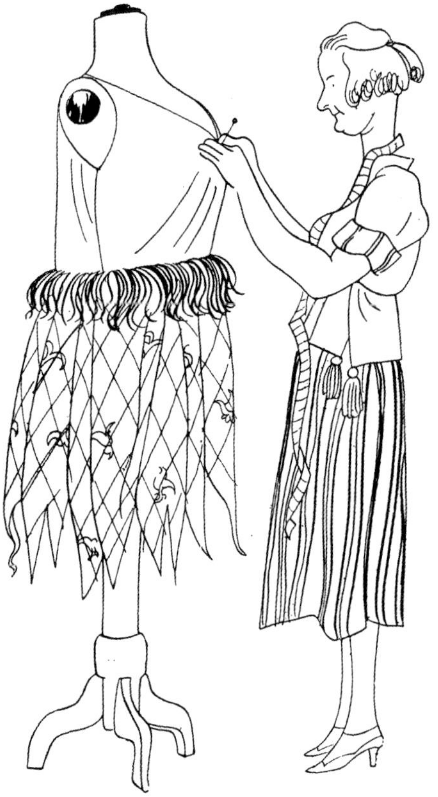

meine Frau

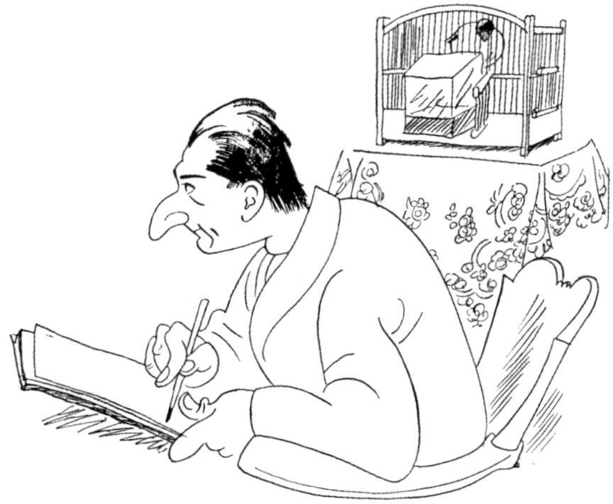

Ich

»Ich – meine Frau – mein Kind – mein Hund«
das sind: Walter, Lene, Gretl und Zottel.
Offsetdruck aus »Triers Panoptikum«, Berlin 1922.

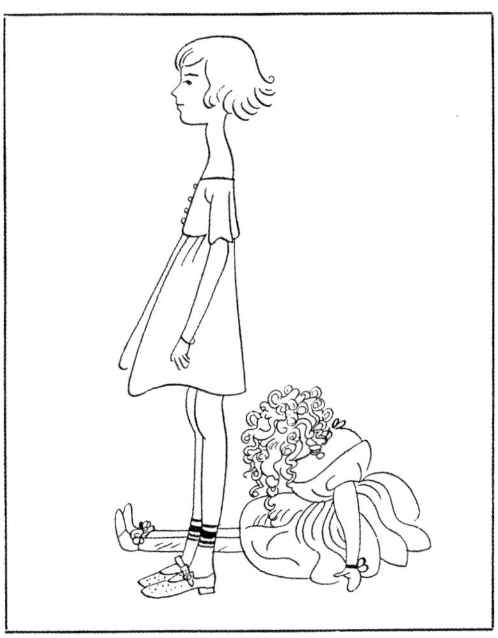

mein Kind

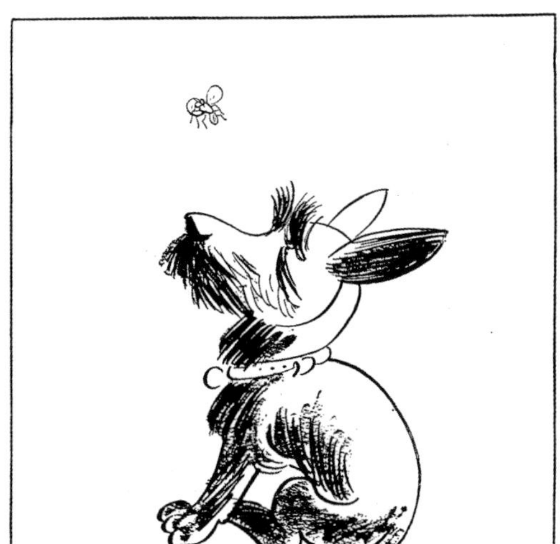

mein Hund

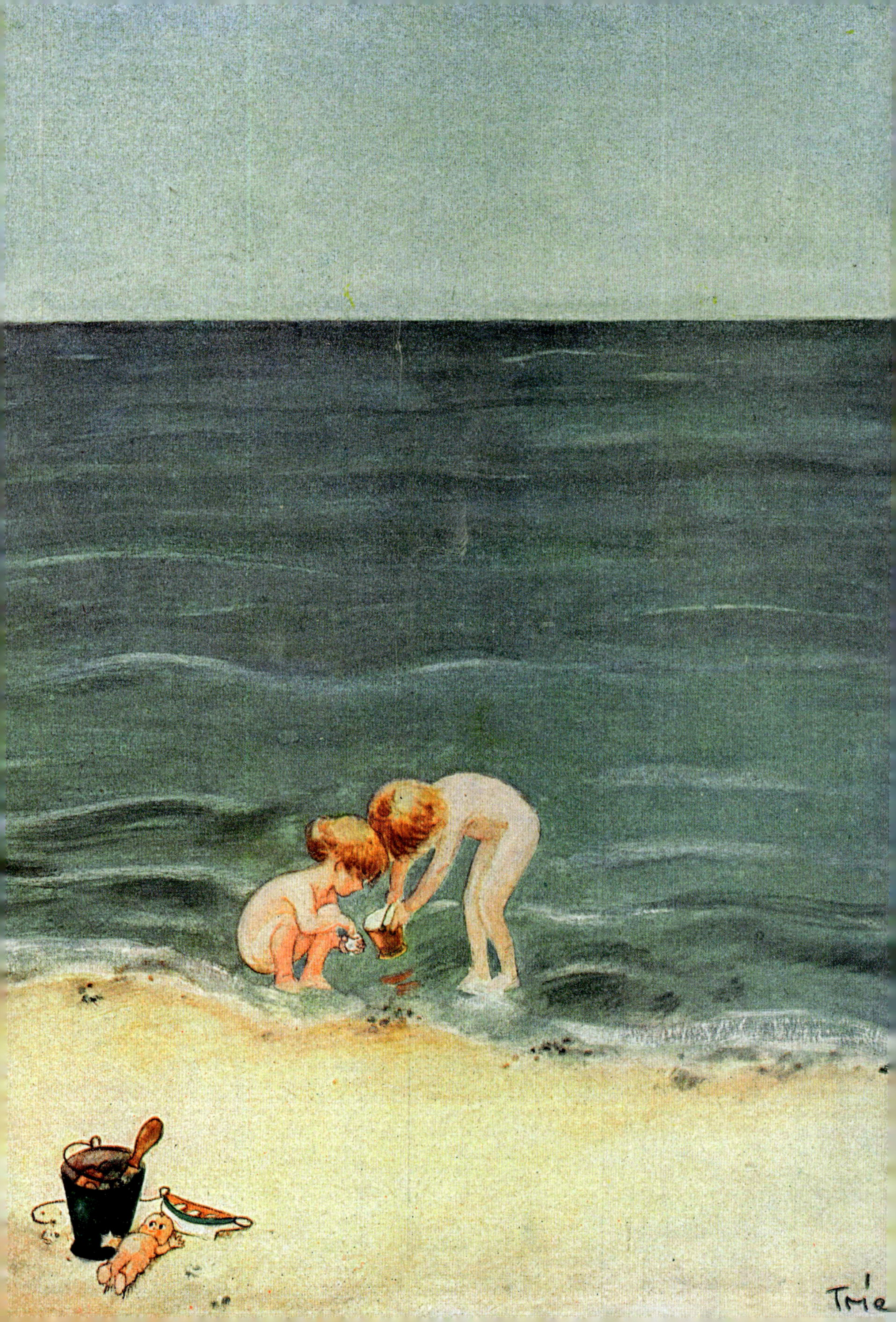

Kinder und Spielzeug

Sehr oft finden sich diese beiden Themen in Walter Triers Bildererzählungen, nicht nur, weil sie sich thematisch überschneiden, sondern auch, weil sie ihm als Künstler sehr wichtig waren. Daher ist es nur folgerichtig, daß hier Triers wichtigste Utopie am Beginn steht.

Als eine Wurzel dieses besonderen Interesses muß man natürlich Walter Triers ausgesprochen glückliche Kindheit in einem für die damalige Zeit außergewöhnlich progressiven Elternhaus benennen.

Die wohlhabenden Eltern forderten und förderten all ihre sieben Kinder, von denen Walter der jüngste Bub und das von allen umhegte Nesthäkchen war. In dieser Familie erntete dasjenige Kind, das besonders lebhaft und witzig war, den meisten Applaus. Von diesem Wohlfühlklima wissen wir durch einige sehnsuchtsvolle Bemerkungen aus der Feder von Max Brod, einem Freund aus Kindertagen, der aus nahezu entgegen gesetzten, deutlich düstereren Verhältnissen stammte. Er versuchte folglich, soviel Zeit wie nur irgend möglich im nicht nur räumlich großzügig bemessenen, hellen Patrizierhaus der Triers in der Prager Altstadt zu verbringen.

Als Erwachsener kehrte Walter Trier immer wieder ganz bewußt in diese Zeit zurück und wandte sich schon früh, aufgrund schrecklicher Erfahrungen an der Heimatfront des Ersten Weltkriegs, mit seiner Kunst dezidiert an die Kinder. Sie waren für ihn zu Garanten der Zukunft geworden. Einer Zukunft, die um so friedlicher ausfallen würde, je besser deren Erziehung gelungen wäre.

Darüber hinaus war er darum bemüht, bei den bereits erwachsenen Zeitgenossen, das ihnen innewohnende Kind wieder zu erwecken, indem er in seinen Bildern ganz bewußt die Grenzen zwischen Groß und Klein verwischte.

Mittels seiner narrativen Bildsprache war er stets für beide Zielgruppen verständlich: Erwachsene und Kinder. Und er hatte nachweislich großen Erfolg damit. Denn zahlreiche seiner Kinderbuchillustrationen hingen auf seriösen Kunstausstellungen und manches sehr ernste Sujet tauchte im Hintergrund oder in Form kleiner Vignetten in Kinderbüchern auf.

Mit seinem besonderen Interesse am Kind war Walter Trier damals nicht alleine. Noch vor 1900 war dieses Thema von vielen Gesellschaftsgruppen »entdeckt« worden, etwa von Medizinern, Psychologen, Soziologen, Pädagogen und Kunsterziehern. Die schwedische Reformerin Ellen Key hatte bereits 1887 gar ein kommendes »Jahrhundert des Kindes« proklamiert.

»**Gut erzogen**«. *1924. Farblithographie aus »Lustige Blätter«.*
Der etwas sperrige Dialog in der Unterzeile lautet:
»Hast Du das Eimerchen voll Sand?« –
»Ja« –
»Du, den nehmen wir nachhaus.« –
»Och, nachher fehlt er aber in der See.«
Heute sind die Themen Naturschutz und Raubhandel mit schwindenden Ressourcen hingegen hochaktuell.

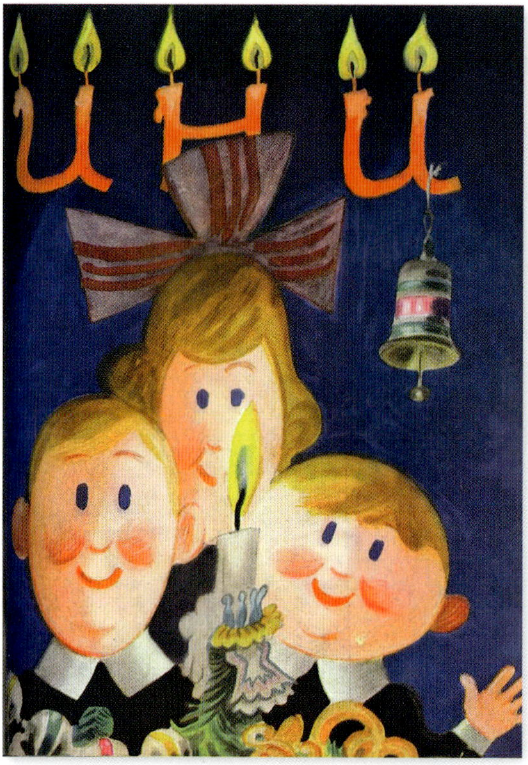

Vorfreude. *1925. Farboffset. Titelseite für »Uhu«.* Dieses »neue Monats-Magazin« wurde ganz bewußt im handlichen Format 24,2 x 18 cm gedruckt.

Intellektuelle und Künstler – allen voran Schriftsteller und Maler – begeisterten sich im Rahmen des Primitivismus gleichfalls für das Fremde, Einfache kindlichen Denkens. Einige heute weltberühmte Maler – wie etwa Pablo Picasso, Juan Miro, Lyonel Feininger und die Künstler des Bauhauses – übernahmen ganz bewußt kindliche Stilelemente in ihre abstrakte Formensprache, ja sammelten und entwickelten sogar Spielzeug. Auch Walter Trier gestaltete Puppen und Spielzeug. Manches davon fand Eingang in seine Formenwelt, wie etwa die charaktervollen, weichen Stoffpuppen.

Allerdings wagte keiner der hochseriösen Künstler, die unausgesprochene, strikte Grenzziehung zwischen Kunst für Erwachsene und solcher für Kinder aufzuheben, oder gar, wie von Walter Trier praktiziert, diese radikal zu negieren beziehungsweise umzukehren. Zu groß waren die Bedenken von der Kunstkritik dann nicht (mehr) ernstgenommen zu werden. Und sie hatten nicht ganz Unrecht, wie das Beispiel des vom Publikum geliebten, aber vom Feuilleton unverstanden gebliebenen Trier lehrt.

Für die meisten Kritiker kam zu den romantischen, kindgerechten Themen Triers sein besonders gefälliger, narrativer Stil noch erschwerend hinzu. Mit einer die Wirklichkeit transzendierenden, intellektuellen, abstrakten Formensprache wären sie gewiß deutlich besser zurecht gekommen.

In dieser Auswahl dominiert Triers positive Utopie von einer glücklichen Kindheit, doch in zahlreichen anderen Bildern thematisierte er auch brisante gesellschaftliche Debatten, wie etwa das unfaßbare Elend von Kindern im Berliner Nordosten, ihre Überforderung oder höchst zweifelhafte schulische Erziehungsmethoden.

In so mancher zeitgenössischen Karikatur griff Walter Trier auf das einfache, heimische Spielzeug zurück und er scheute sich auch nicht, Puppen und Arbeiten fremder Kulturen zu porträtieren.

Das gemeinsam mit dem Dresdner Volkskundler und Museumsdirektor Oskar Seyffert produzierte »Spielzeug«-Buch wurde nicht nur wegen der vierzig einfühlsamen Porträts historischen erzgebirgischen Spielzeugs wegweisend, sondern auch wegen der aufwendigen Drucktechnik sowie wegen des sehr ernst gemeinten programmatischen Vorworts.

»Schattenfiguren der Javaner«. *1925. Farboffset. Titelseite für »Die Koralle«.*

Das populärwissenschaftliche Blatt erschien zwischen 1925 und 1944 im Format 29,8 x 22,2 cm. In diesem Heft gab es einen Beitrag »Vom Puppenspiel der Javaner«. Für die Illustration konnte Walter Trier auf Vorbilder aus seiner eigenen Spielzeug-Sammlung zurückgreifen.

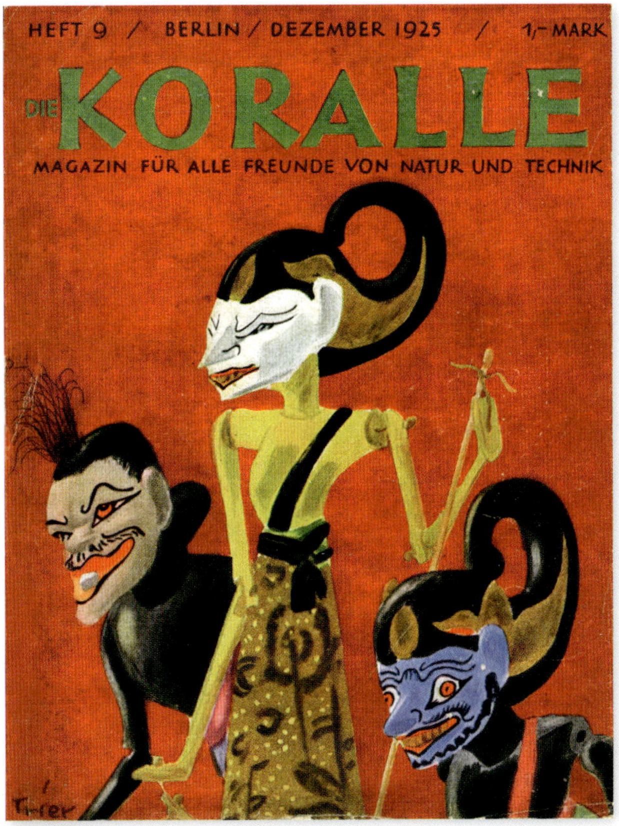

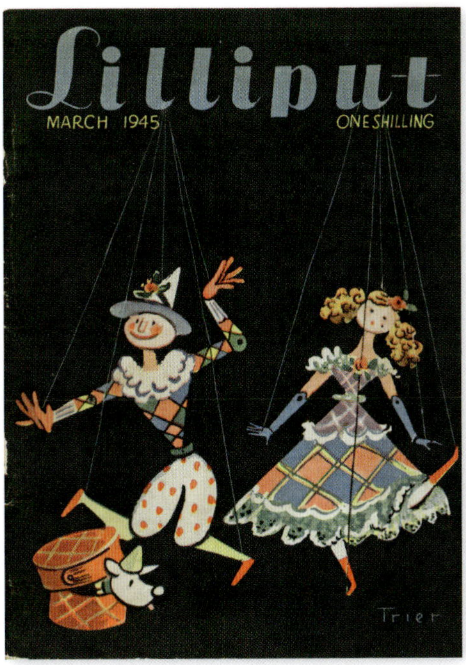

Papiermarionetten. *1945. Farboffset. Titelseite für »Lilliput«.*

Auch dieses englische Magazin, das dem Berliner Vorbild »Uhu« folgte, wurde im handlichen Format von 19,5 x 13,8 cm produziert.

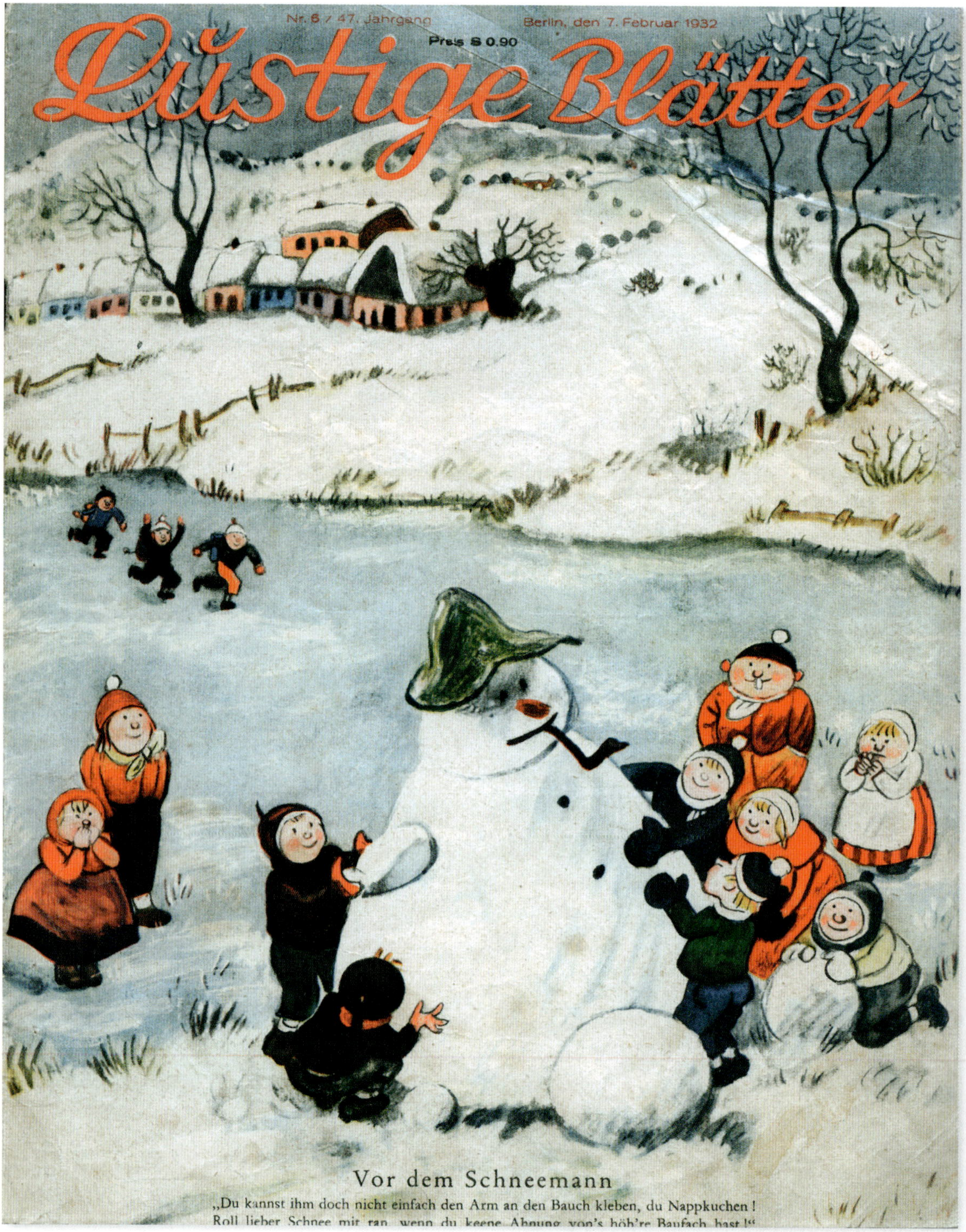

»Vor dem Schneemann«. *1932. Farblithographie. Titelseite für »Lustige Blätter«.*
Unterzeile: »Du kannst ihm doch nicht einfach den Arm an den Bauch kleben, du Nappkuchen! Roll lieber Schnee mit ran, wenn du keene Ahnung von's höh're Baufach hast!«

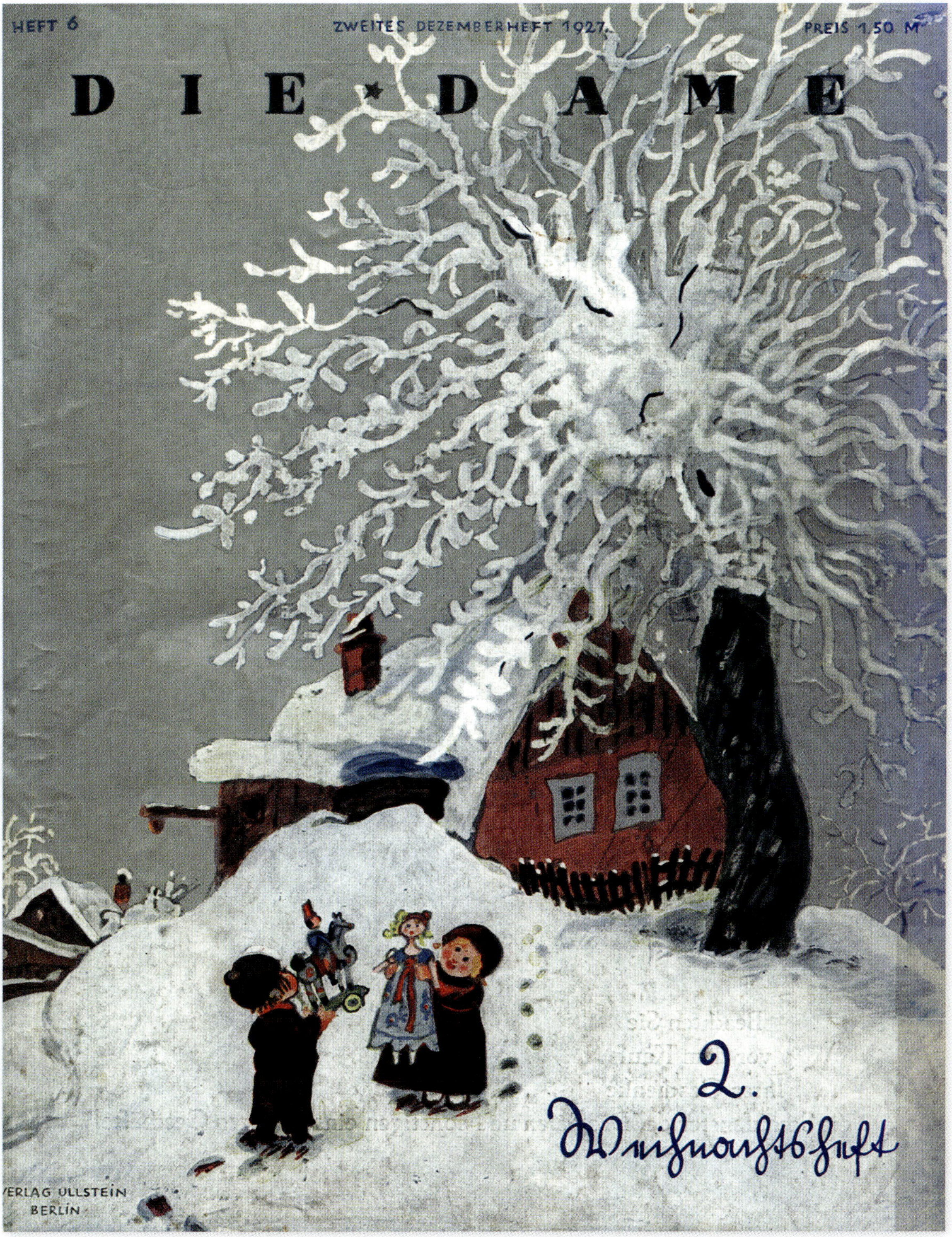

Weihnachtsgeschenke. *1927. Farblithographie. Titelseite für »Die Dame«.*

Die »Lustigen Blätter« waren schon groß. Sie erschienen im Format von 31,3 x 23,9 cm. Doch »Die Dame« hatte die stattlichsten Maße von allen: 35,8 x 28 cm.

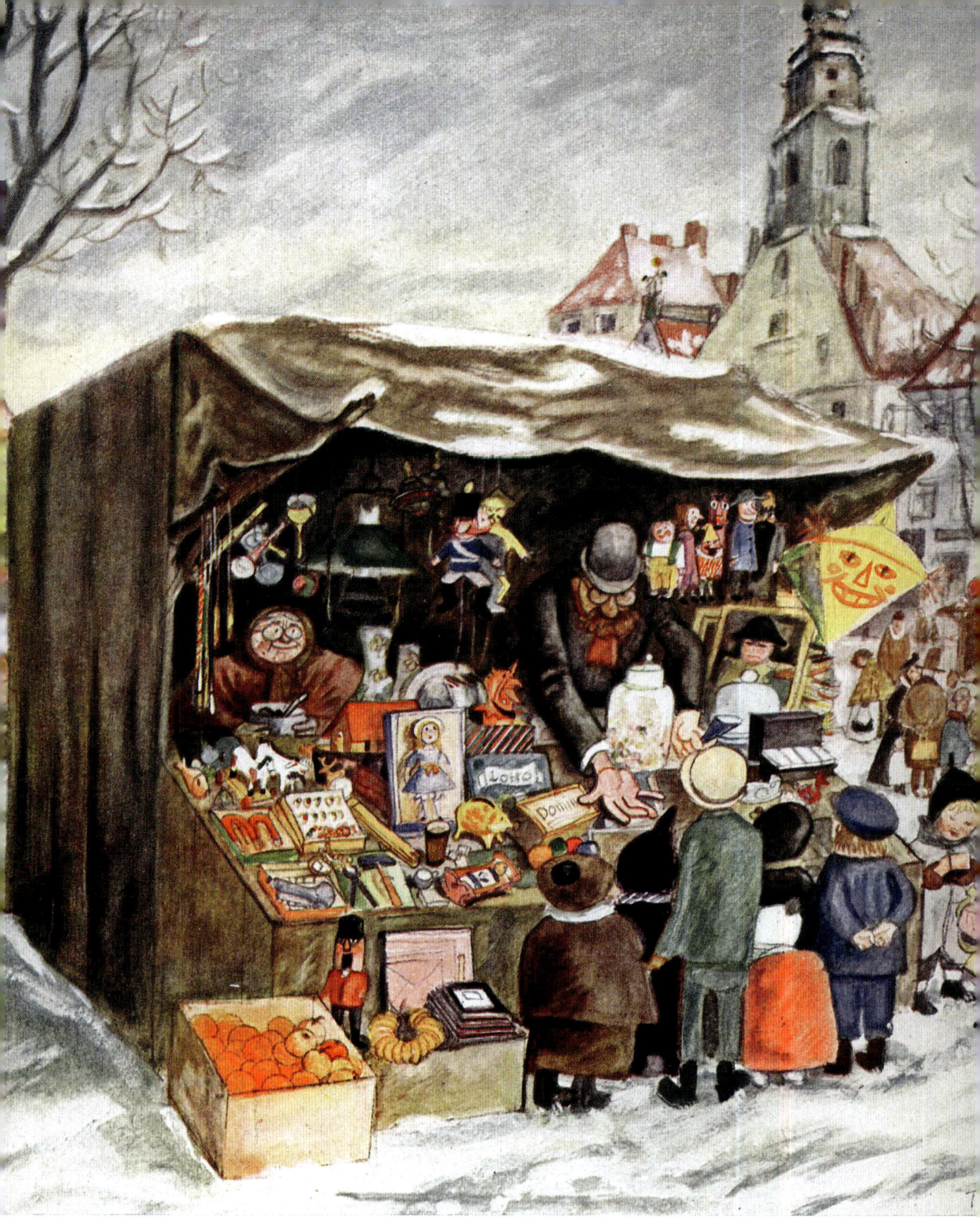

»Die Groschenbude«. *1922. Farboffset aus »Triers Panoptikum«, Dr. Eysler & Co A.G. Verlag, Berlin 1922.*

Ohne Titel war diese Illustration bereits 1918 als Farblithographie in den »Lustigen Blättern« veröffentlicht worden.

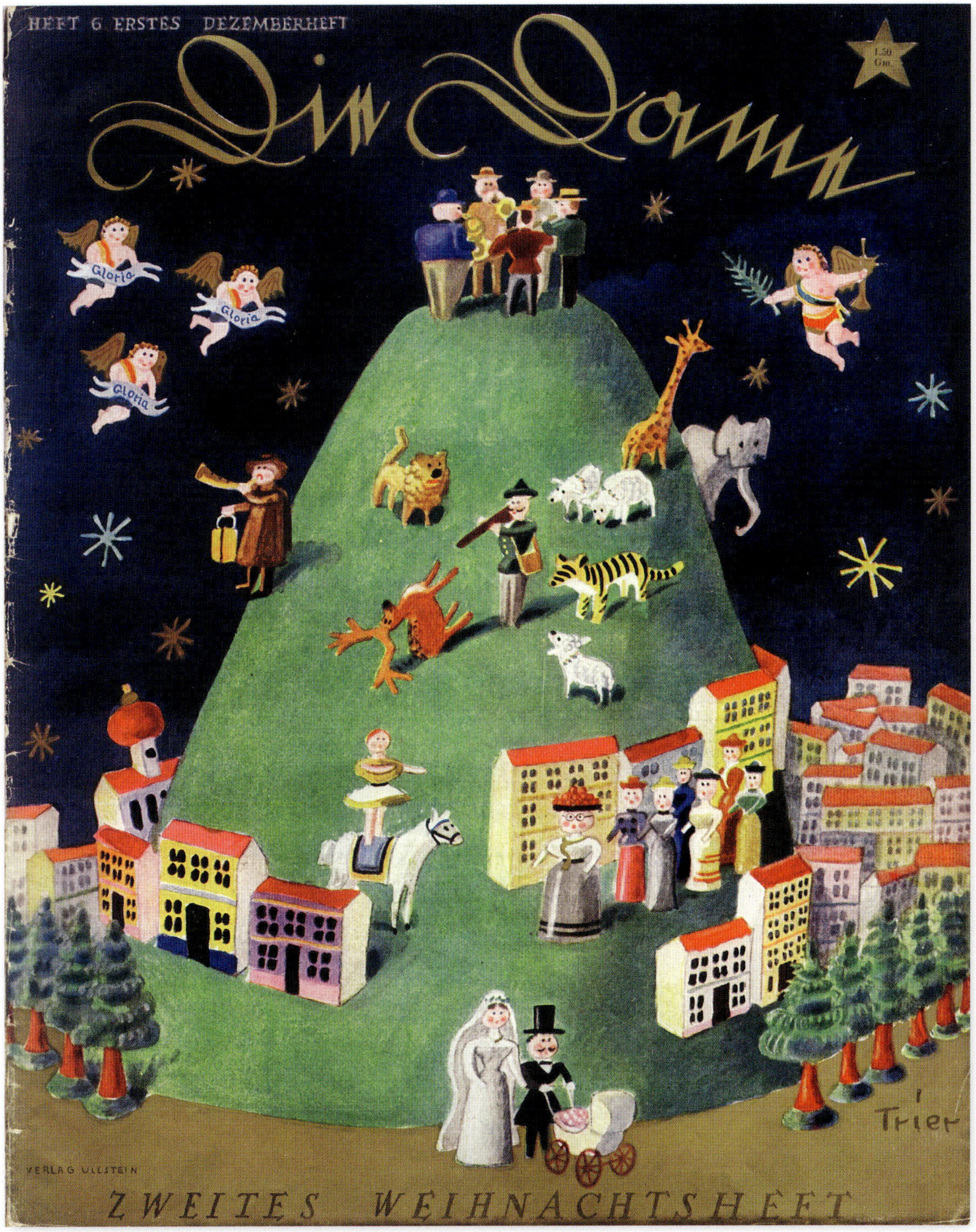

Spielzeugberg. *1924. Farblithographie. Titelseite für »Die Dame«.*

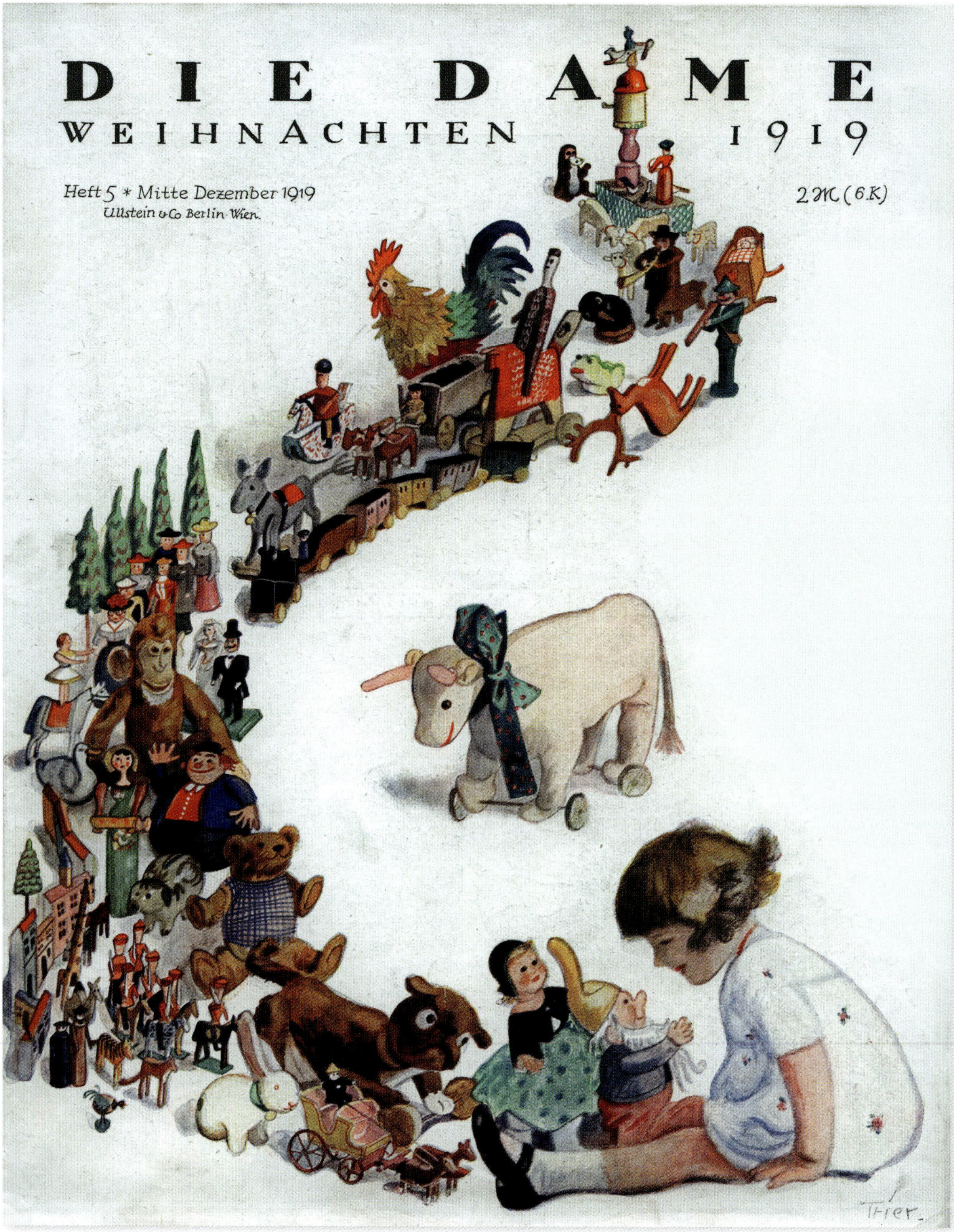

Spielzeugkarawane. *1919. Farblithographie. Titelseite für »Die Dame«.*
Das Mädchen erinnert stark an Walter Triers Tochter Gretl, die damals fünf Jahre alt war.

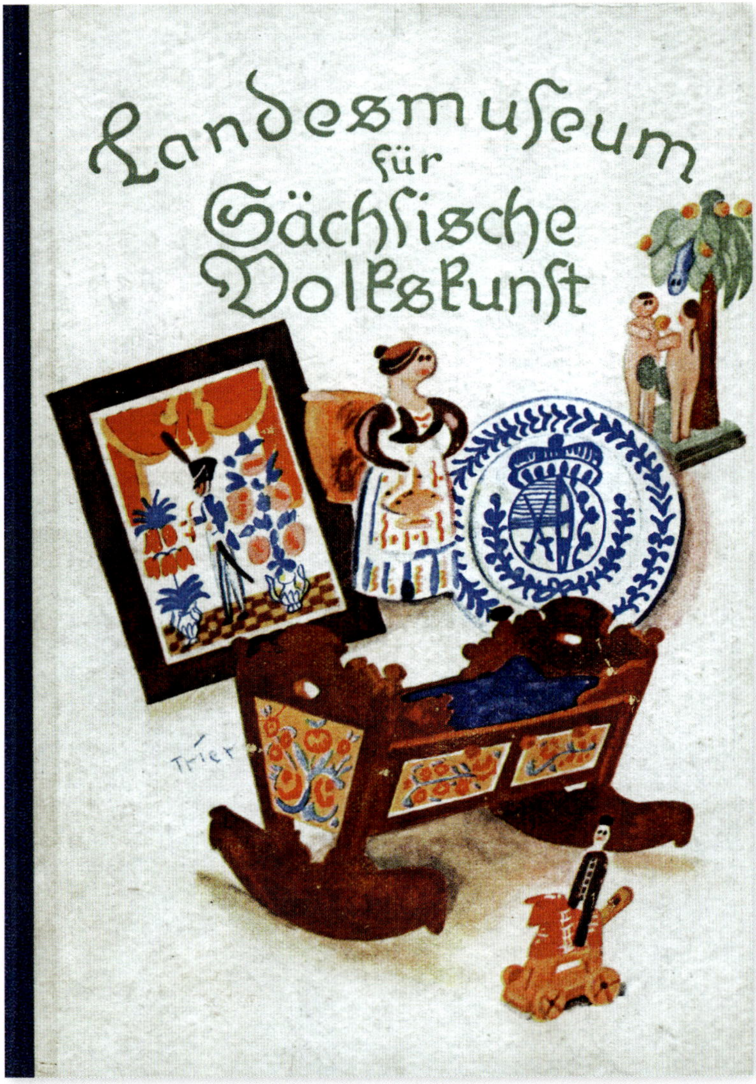

Heimisches Spielzeug. *1924. Farboffset. Kartoneinband für Oskar Seyffert, »Landesmuseum für Sächsische Volkskunst«, Dresden 1924.*

Der Volkskundler Oskar Carl Wilhelm Seyffert hatte 1904 den »Bund Heimatschutz« gegründet, eine der ältesten deutschen Naturschutzorganisationen. Außerdem trug er eine Sammlung sächsischer Volkskunst zusammen, aus der das Dresdner Landesmuseum erwuchs.

Der Puppenspieler. *1926. Farblithographie. Buchillustration aus My [d.i. Wilhelm Meyer]/Walter Trier, »Fridolins Siebenmeilenpferd«, Berlin 1926.*

Das Buch war Teil einer dreiteiligen Bilderbuchreihe, die bereits 1923 von Ullstein in Auftrag gegeben worden war. Trotz wirtschaftlich extrem schwieriger Begleitumstände während und nach der großen Inflation hatte der Herausgeber weder Kosten noch Mühen gescheut und drei prächtige Kinderbücher auf den Markt gebracht: »Fridolins Harlekinder«, »Fridolins Zauberland« und »Fridolins Siebenmeilenpferd«.

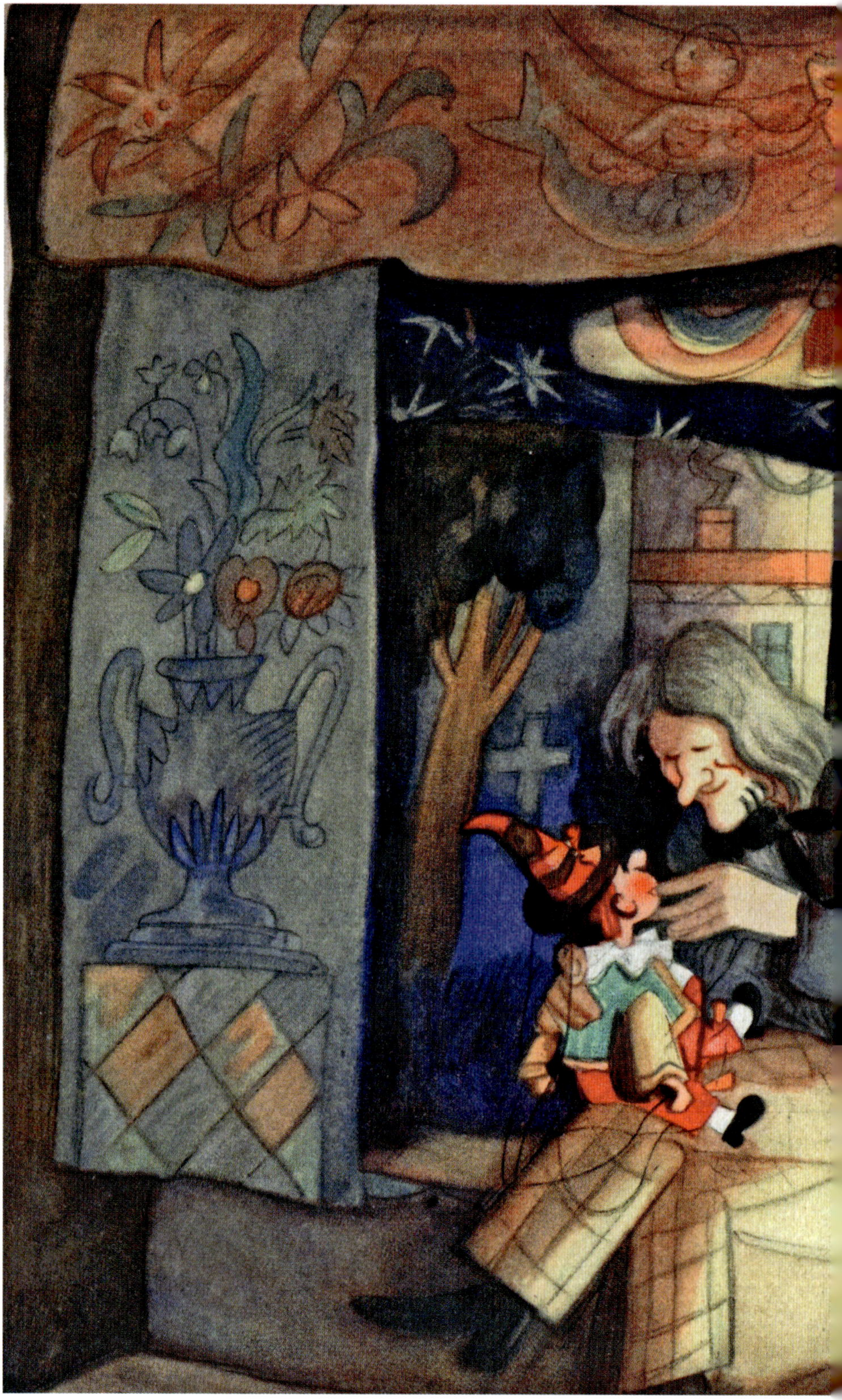

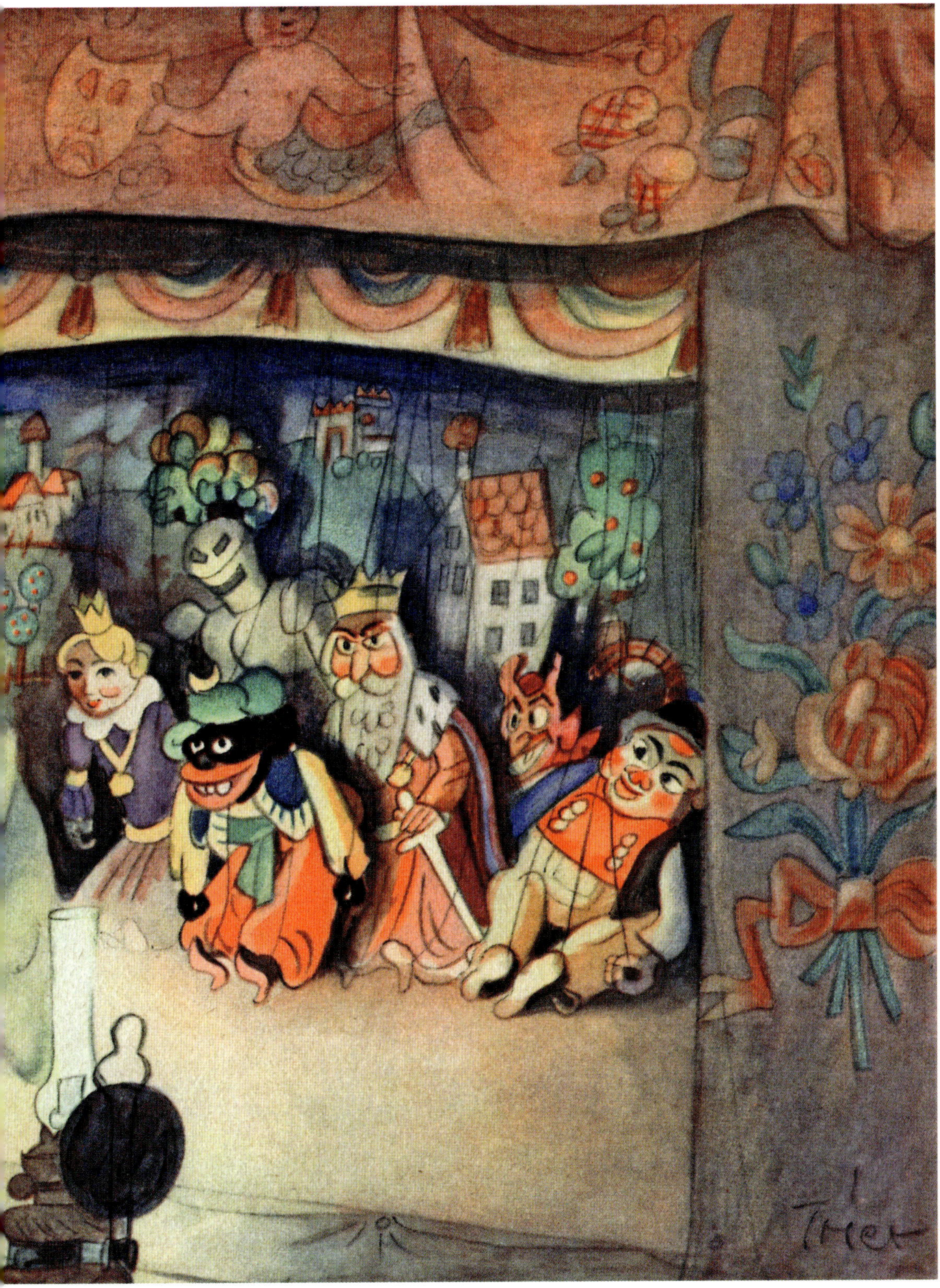

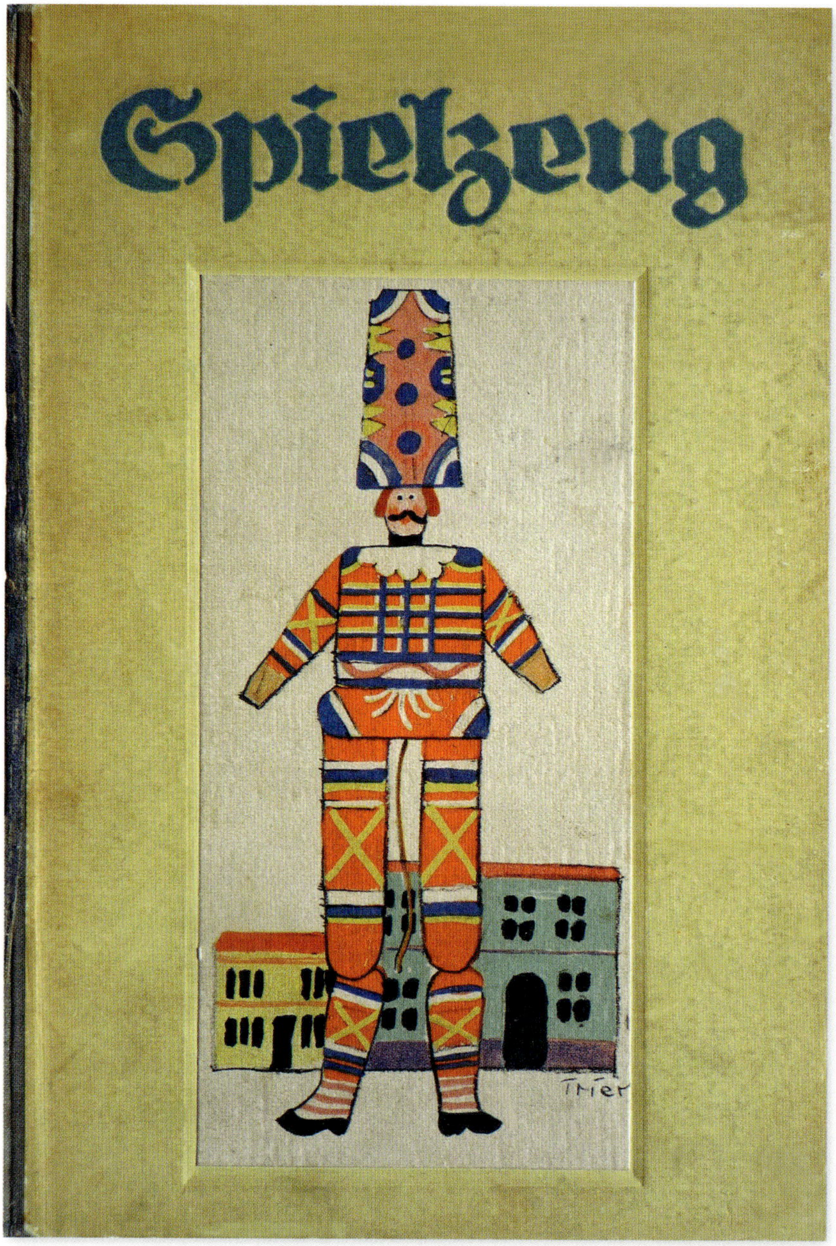

Hampelmann. *1922. Farblithographie auf Kartoneinband für Oskar Seyffert/Walter Trier, »Spielzeug«, Berlin 1922.*

Im Vorwort heißt es: »Das Spielen des Kindes ist ein künstlerisches Gestalten. ... Die Bilder, nicht die Buchstaben, sollen erzählen.« Dennoch haben die Farbtafeln wunderbar fantasievolle Begleittexte erhalten, die sich zum Vorlesen eigneten oder die den ersten Leseversuchen der Kinder dienten.

Der Tod und der Räuber. *1922. Farblithographie aus Oskar Seyffert/Walter Trier, »Spielzeug«, Berlin 1922.*

»Das muss man immer wieder sagen, der Puppenspieler Ganzauge kann wirklich Kaspertheaterfiguren schnitzen. Wenn der Tod – er hat ein weißes Hemd an, aber kein allzuweißes, da er doch aus der schmutzigen Erde emporsteigt – auftritt, so fürchten sich die Kinder. Sie fürchten sich auch vor dem Räuber, der sie so gräßlich mit einem Auge anblickt. Wenn aber der Kasper kommt, da lachen sie und jubeln und sind glücklich. Denn der mutige Kerl schlägt die beiden so lange tot, bis sie mausetot sind.«

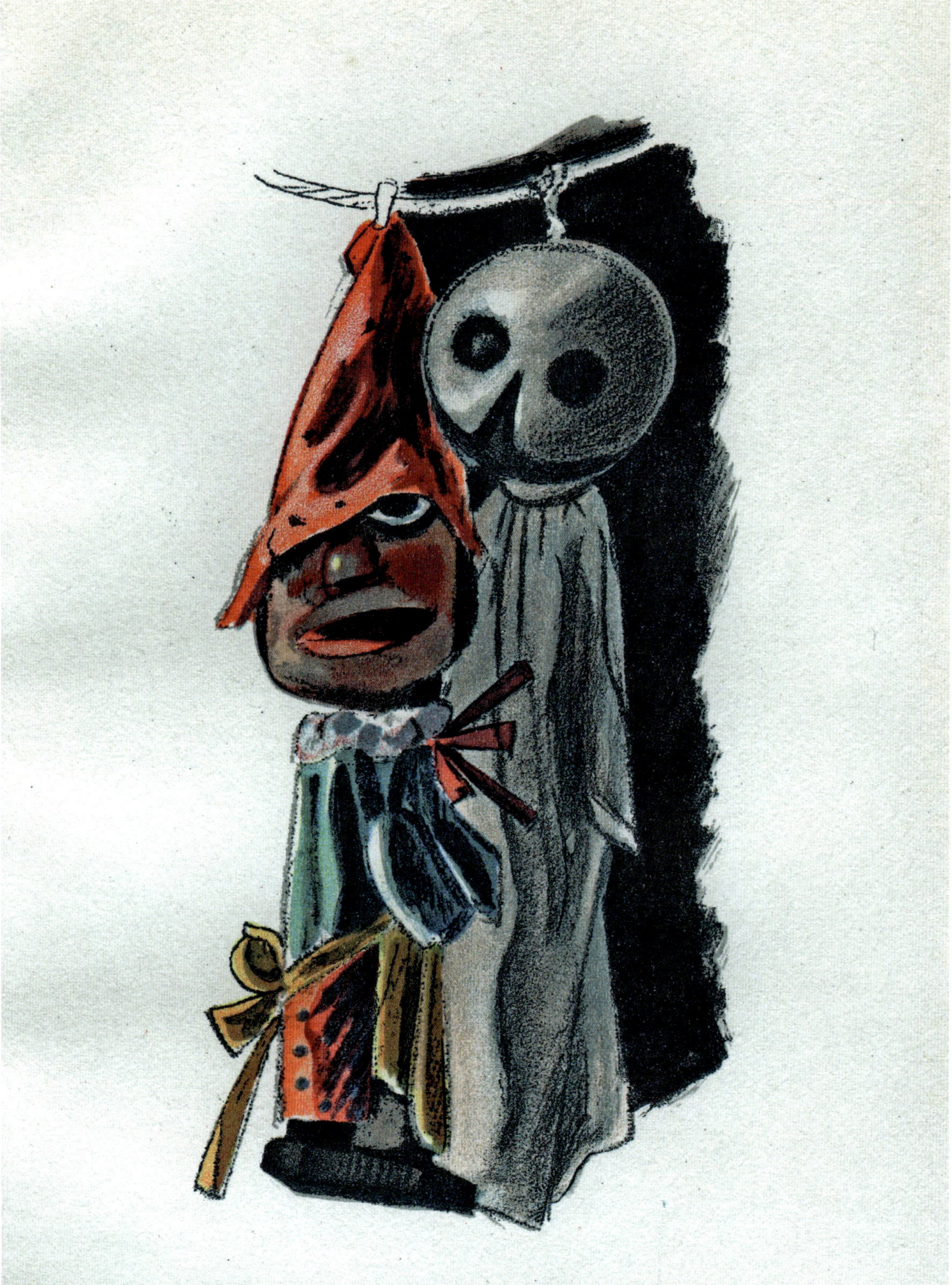

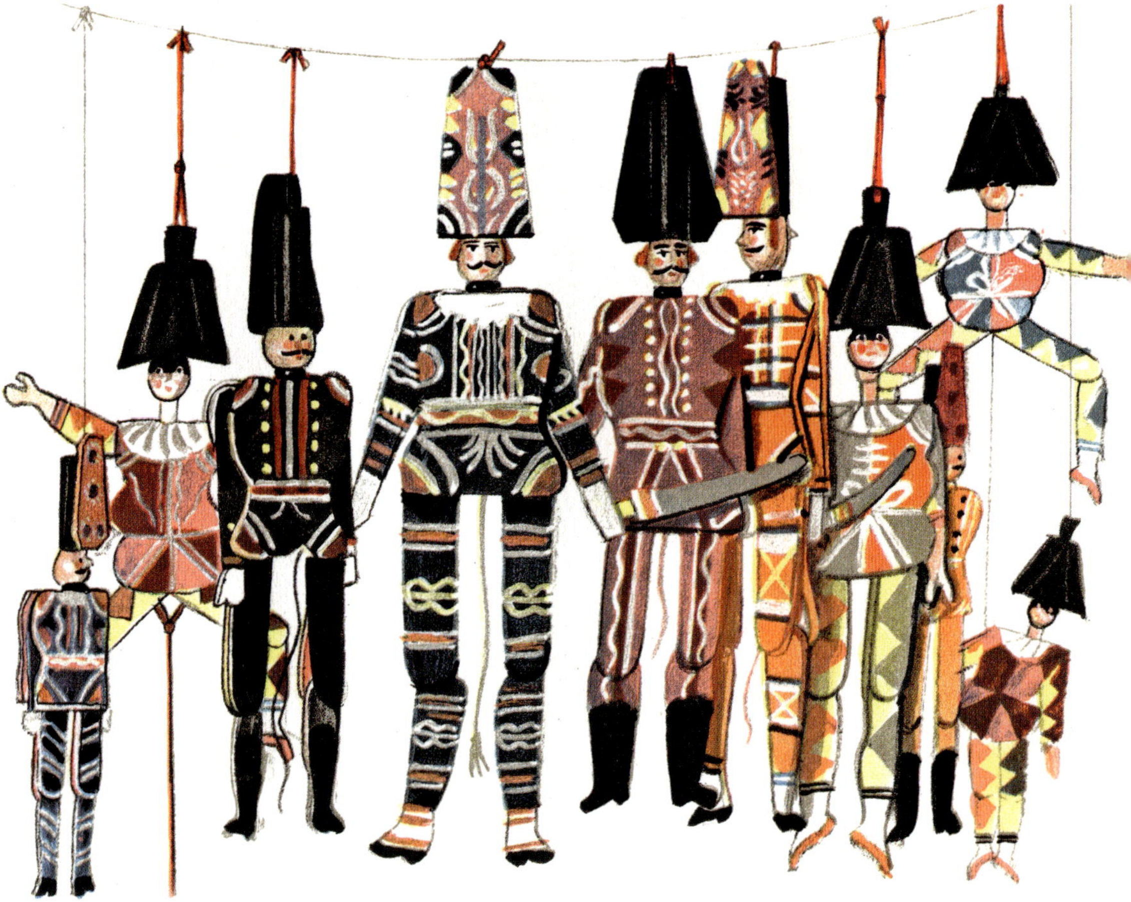

Hampelmänner. *1922. Farblithographie aus Oskar Seyffert/Walter Trier, »Spielzeug«, Berlin 1922.*

»Die Hampelmänner bilden eine zusammengewürfelte Gesellschaft. Sie sind alle festtäglich angeputzt und tragen besonders stattliche Hüte. Manche sehen wie Soldaten, manche wie Kaspermännchen aus, immer aber sind sie froher Laune. Wenn man an dem Faden zieht, so bewegen sie schnell Arme und Beine und kommen aus der größten Freude nicht heraus. Da muß man lachen.«

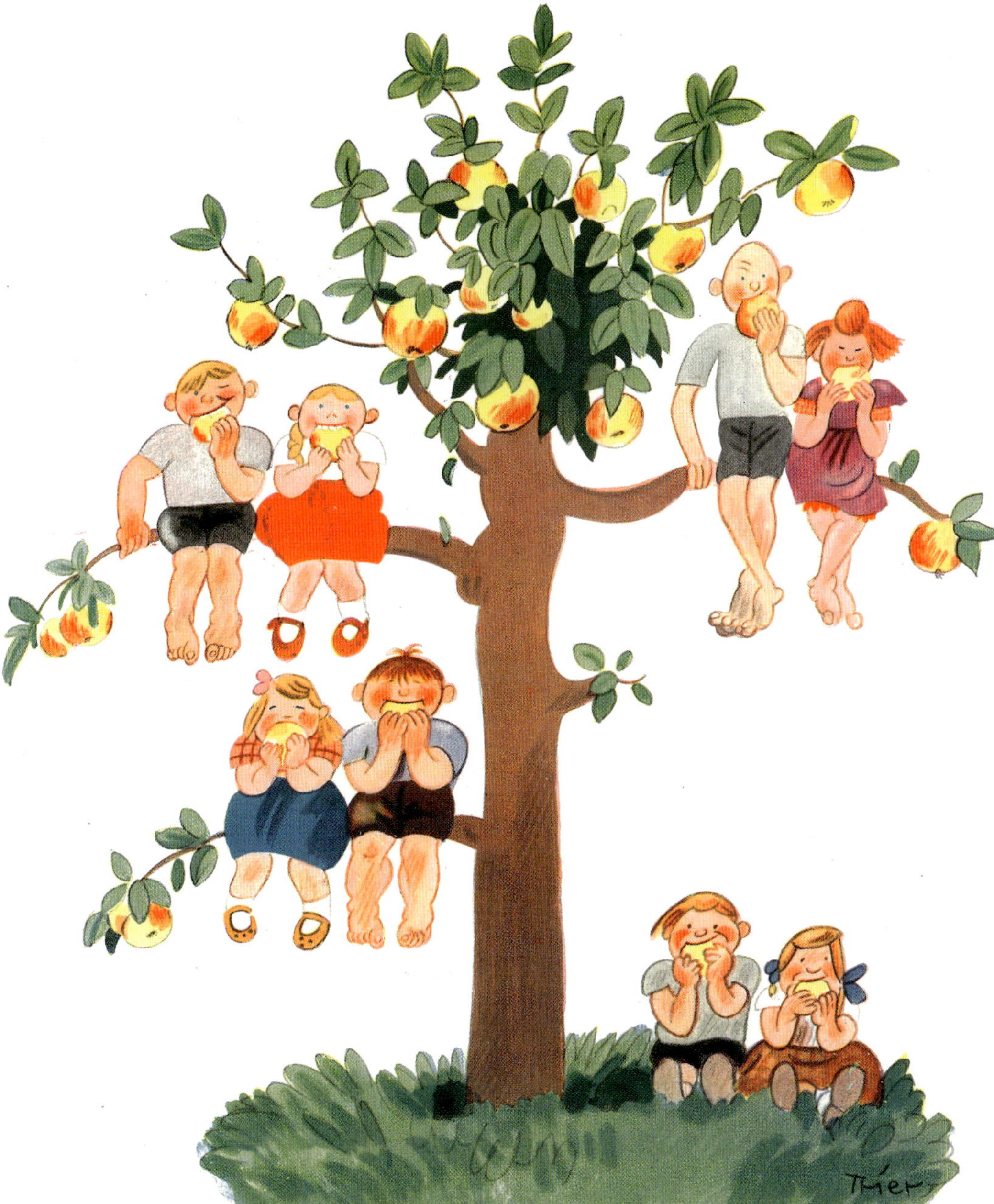

»Im Appelbaum«. *1922. Farboffset aus »Triers Panoptikum«, Berlin 1922.*
Dieselbe Arbeit war zur gleichen Zeit als Farblithographie unter dem Titel »Paradies der Kinder« in den »Lustigen Blättern« veröffentlicht worden.

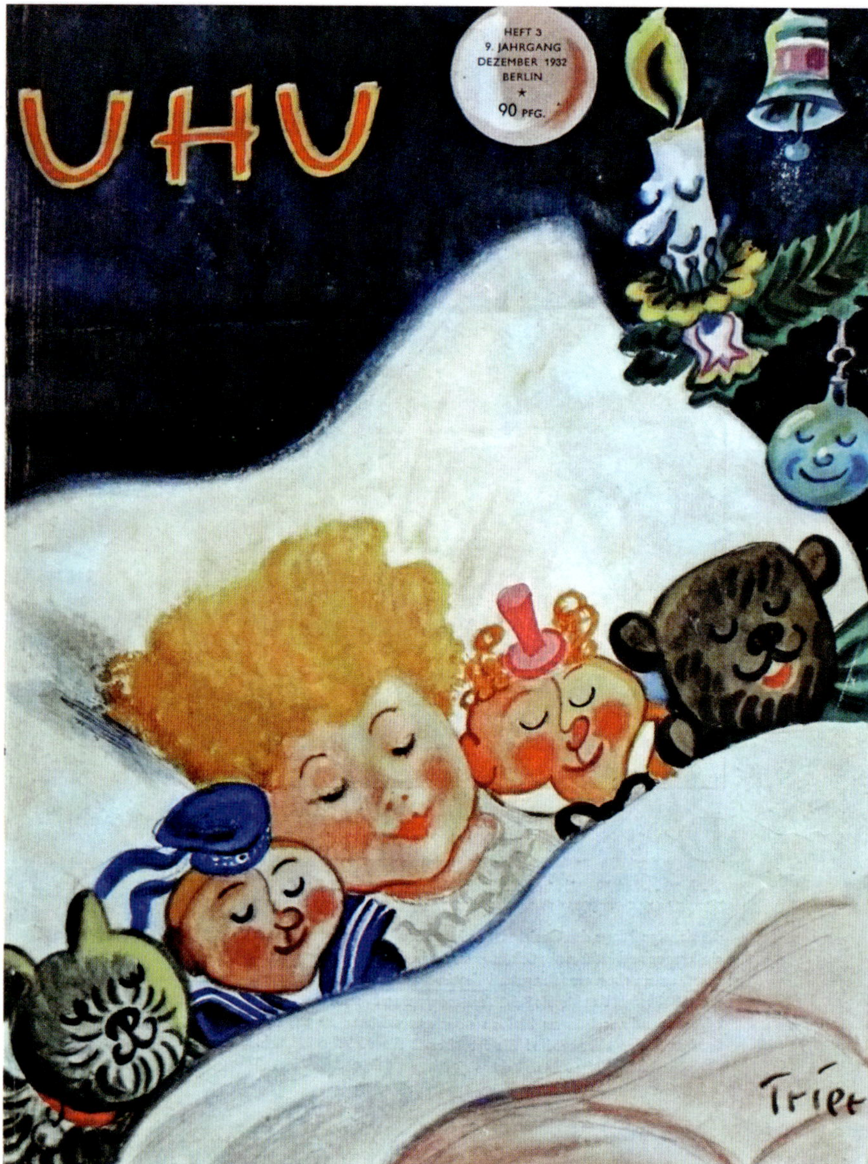

Kindertraum. *1932. Farboffset. Titelseite für »Uhu«.*

Die weichen Puppen, die hier neben den Stofftieren liegen, erinnern stark an jene Karikaturenpuppen, die Walter Trier gemeinsam mit Albert Schlopsnies einige Jahre zuvor geschaffen hatte. Der Studienfreund ist für seine beeindruckenden Messedekorationen und ungewöhnlichen Entwürfe für die Spielwaren-Fabrik von Margarete Steiff bekannt geblieben.

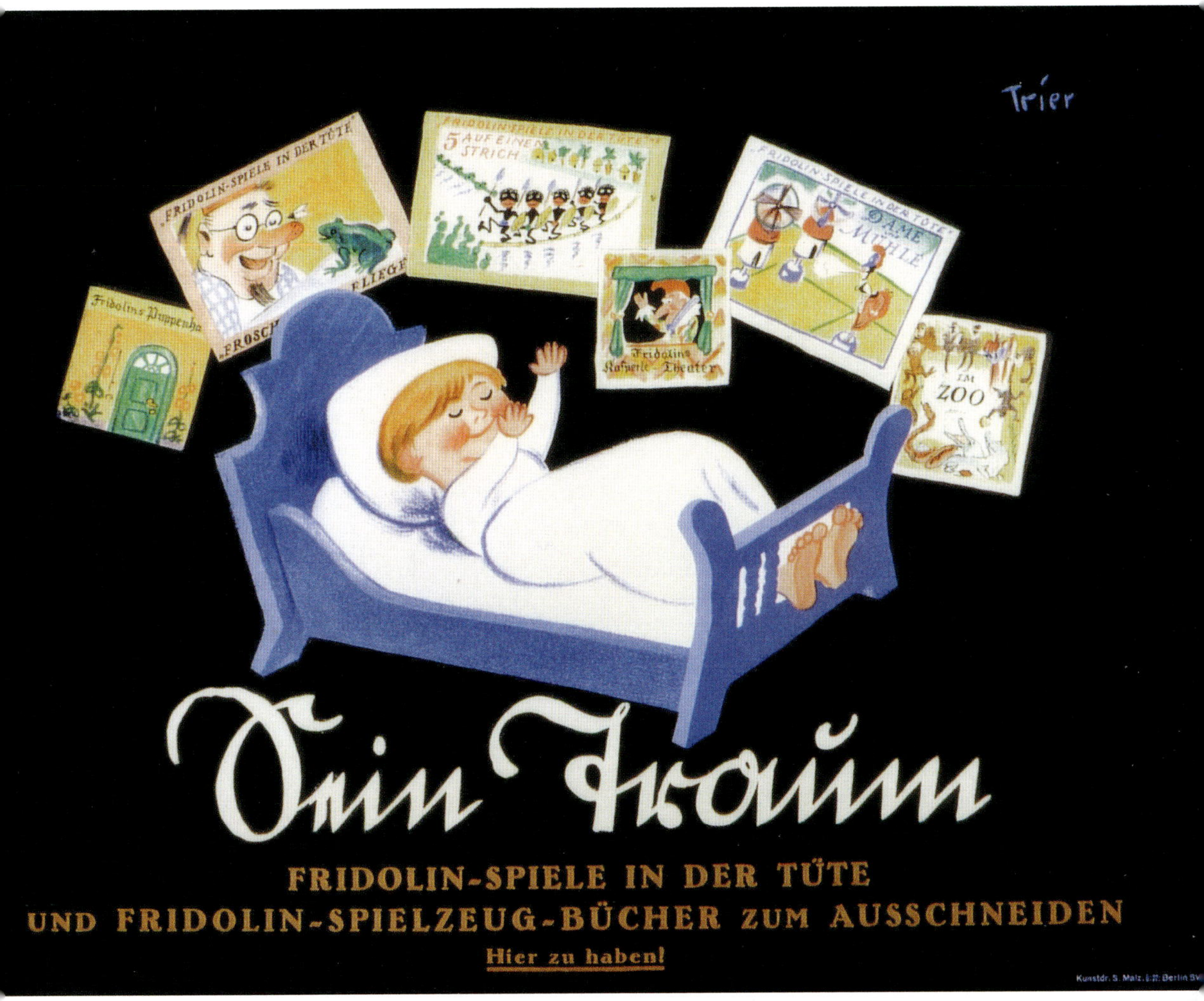

»Sein Traum«. *1924. Farblithographie. Plakat für »Ullstein-Zeitschriften und Buchverlag«.*

In wirtschaftlich extrem angespannter Zeit unmittelbar nach der großen Inflation war der »Ullstein-Verlag« erkennbar darum bemüht, qualitativ anspruchsvolles, aber dennoch erschwingliches Spielzeug zu produzieren. Gespart wurde lediglich an den Produktions- und Materialkosten.

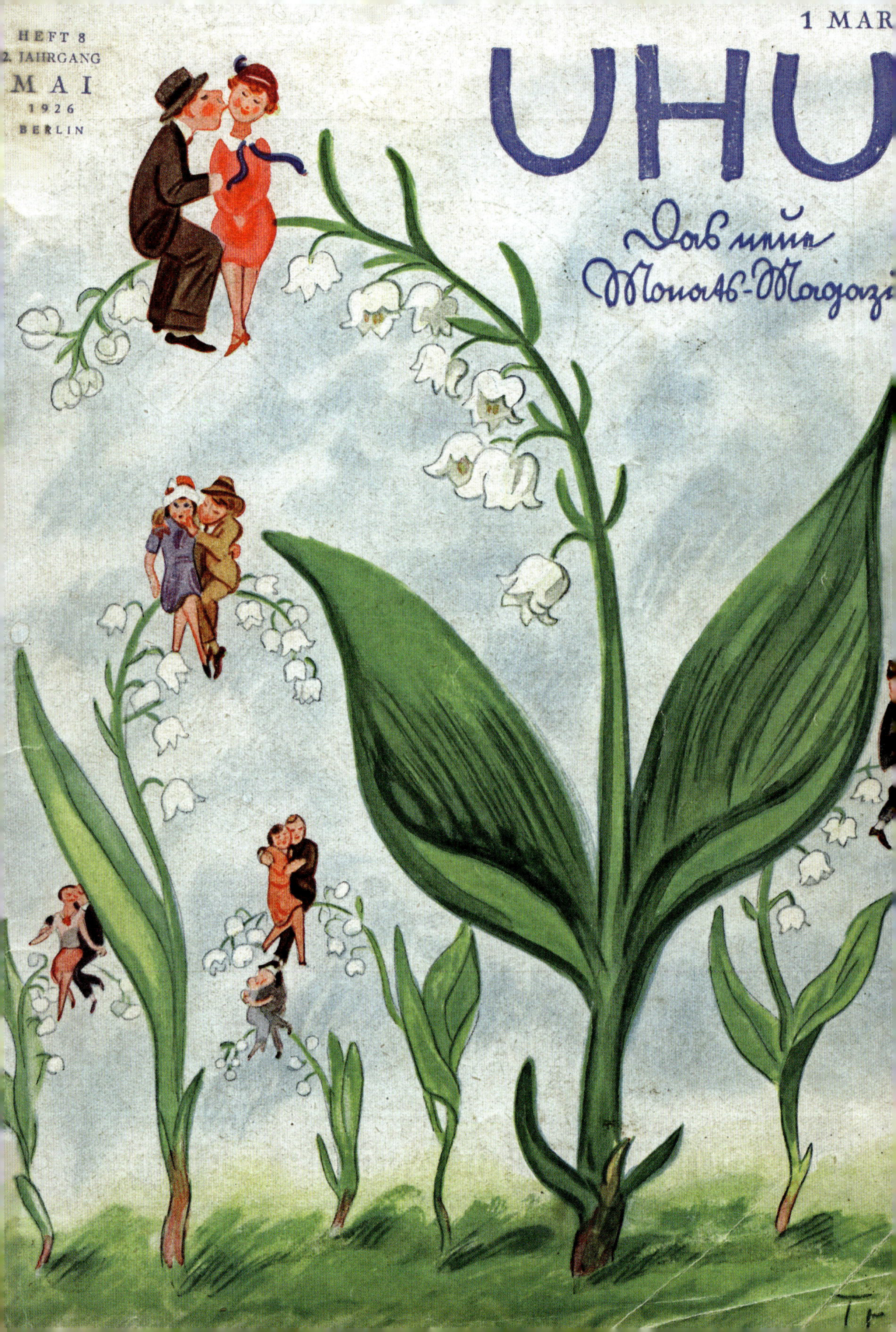
HEFT 8
2. JAHRGANG
MAI
1926
BERLIN
1 MAR
UHU
Das neue
Monats-Magazi

Frauen, Männer und die Liebe

Um 1900 taten sich gesellschaftlich gewaltige Verwerfungen auf und eine Jahrhunderte überdauernde Rollenverteilung von Mann und Frau geriet ins Wanken. Als ein rein äußerliches Anzeichen dafür könnte man bei den Frauen die Abkehr von einschnürenden Korsagen und die Einführung weicher Gewänder und körperfreundlicher Badeanzüge durch die Reformbewegung des Jugendstil nennen. Kurz darauf schnitten einige mutige Exemplare ihre alten Zöpfe ganz ab und schockierten nicht nur die Männerwelt mit frechen Pagenfrisuren und eleganten Hosenanzügen.

Parallel dazu wuchs der Anteil der Frauen in der arbeitenden Bevölkerung. Das rechtlose Dienstmädchen früherer Jahrhunderte wurde abgelöst von der Sekretärin, Verkäuferin oder Fabrikarbeiterin. 1919 schließlich wurde den Frauen das Wahlrecht eingeräumt.

Wie freizügig es in manchen Kreisen zuging, davon berichten moderne Literaten der Roaring Twenties, unter ihnen natürlich auch Erich Kästner mit seinem legendären Roman »Fabian – oder der Gang vor die Hunde«.

Maiglöckchen.
1926. Farboffset. Titelseite für »Uhu«.

Doch im gleichen Maß, in dem sich die Dinge bei den Frauen positiv entwickelten, wurden die Männer verunsichert. Eine Entwicklung, die bis heute anhält. Um so mehr erstaunt der Text zu einem Reklamebild von Walter Trier, der bereits aus dem Jahre 1931 stammt:

»Ein neuer Typ des Mannes bildet sich in Amerika heraus! Vorbei mit den Elegants, die eben noch die Herzen beherrschten, die Forderung von heute heißt: NATURBURSCHEN GESUCHT! Männer mit Gardemaß und guten Muskeln, mit von Sonne, Wind und Wetter ›geschminktem‹ Gesicht und zerzaustem Haar – das ist der neue männliche ›Sex Appeal‹. Nicht Frauenverführer, sondern Frauenräuber, die ihre Beute, wie einst der Höhlenmensch, auf starken Armen mit sich nehmen, die die Geliebte, wie ein hypermoderner amerikanischer Moderoman uns schildert, in der Wut durch eine Glastür werfen [...] Männer also mit einem Schuß Brutalität! Lesen Sie selbst nach, wie diese neue Mode schnell um sich greift. Das heute erschienene Heft vom ›Uhu‹ berichtet darüber und zeigt bereits eine ganze Reihe von Vertretern der ›neuen Männer‹.«

Bei Walter Trier schlug sich die Verunsicherung auf seine Weise nieder, nämlich indem

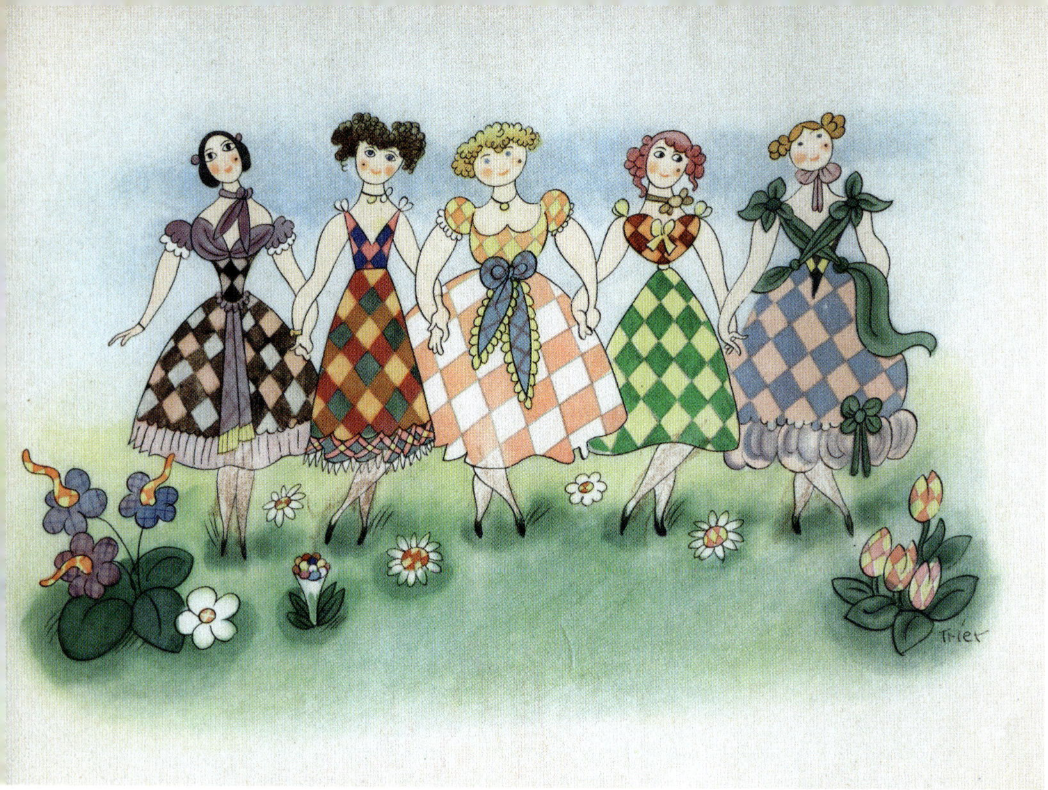

»Fünf Mägdelein«. *1926. Farblithograph[ie.] Buchillustration aus My [d.i. Wilhelm Meyer]/Walter Trier, »Fridolins Harlekinder«, Berlin 1926.*

»Paradetruppenschau« *1926. Farblithographie. Buchillustration aus My [d.i. Wilhelm Meyer]/Walter Trier, »Fridolins Harlekinder«, Berlin 1926.*

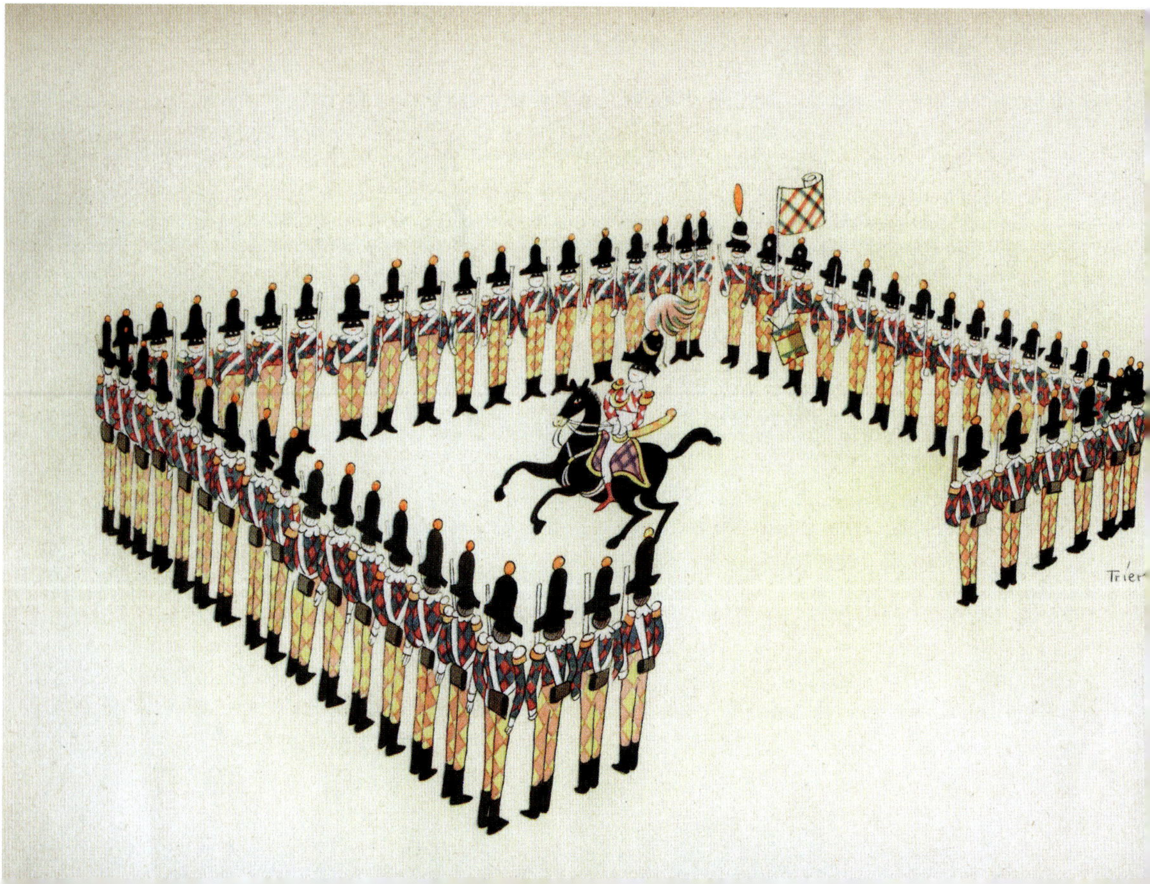

er den besonders eitlen Frauen einen schelmischen Spiegel vorhielt, etwa mit der Skifahrerin auf dem Cover des damals teuersten Modemagazins; oder indem er extrem unterwürfige Männer in seinen Bildern stets kleiner als die Frauen zeichnete und damit rein formal zu Witzfiguren degradierte – beispielhaft dafür steht das Pärchen, bei dem der Mann vollbepackt hinter ihr durch die Botanik stapft.

Doch wie sah es bei diesem Thema in des Künstlers Privatleben aus? Das kann man mit nur zwei Worten zusammenfassen: sehr gut! Sowohl was Liebe und Partnerschaft anging, als auch die Machtverteilung und Modernität. Obwohl, wenn man es recht bedenkt, war die Macht im Hause Trier wohl reichlich ungleichmäßig verteilt, und keinesfalls regelkonform.

In einem Zeitungsbericht über Walter Trier fand der befreundete Autor Hans Reimann 1928, daß die Überschrift nämlich eigentlich hätte lauten müssen:

»Walter Triers Frau. Denn ohne die Frau wäre er schon längst unter den Schlitten des hastigen Alltags geraten. Denn ohne die Frau hätte er keine Ellbogen. Denn ohne die Frau wäre er aufgeschmissen, buddelte zu Hause an seinem Aquarium und an seiner Spielzeug-Sammlung oder mit seinem Töchterchen herum und übte sich im Verhungern.«

Aber wenn Trier doch mal arbeitete, dann verwendete er

»als Modell [...] unablässig die eigene Frau, die sowohl als Kohlentrimmer wie als Aphrodite wie als junger Mann im Frack von hinten benutzt wird.«

So wenig charmant das klingen mag, so liebevoll war es gemeint. Denn Lene Trier wurde allenthalben als freundlich und herzlich beschrieben. Auf alten Fotos sieht man eine selbstbewußte Frau beim Skifahren oder im flotten Hosenanzug mit Bubikopf – die Tochter neben ihr ist passend burschikos gekleidet – und das zu einer Zeit, als die junge Marlene Dietrich noch brave Kleidchen trug!

Gegen Ende seines Lebens resümierte Walter Trier in einem Brief an seinen Verlegerfreund Kurt Maschler:

»Mit Lene lebe ich in einer wunderbaren Kameradschaft und Liebe – aber sie ist nicht unbedingt der Resonanzboden, wenn ich an Aussprache über künstlerische Dinge im allgemeinen und meine Arbeit im Besonderen denke. Dazu ist sie zu sehr Partei. Sie wird, wenn ich irgend einen Rebuff bei irgendeinem Auftrag habe – zu sehr meine Partei ergreifen und sagen: ›Mach Dir nichts daraus, was dieses blöde Schwein gesagt hat!‹«

Damit Helene Trier hier keinen ungezogenen Eindruck hinterläßt, sei abschließend eine der vielen Lobhudeleien aus einer kanadischen Zeitung von 1947 zitiert:

»So gegen Mittag schneit Frau Trier [in das Atelier] herein mit einem heiteren Gruß auf den Lippen und einem großen Picknick-Korb, den sie mit lauter guten Dingen vollgestopft hat. Im Nu ist Triers Schreibtisch leer geräumt und mit gekühlten Bierflaschen, Schwarzbrot, Käse sowie kalter Schweinshaxe vollgestellt und cremige Windbeutel werden auch noch aufgefahren. Bald schon dampft der elektrische Wasserkessel (die einzige moderne Note in seinem Atelier), bereit, um einen Kaffee aufzubrühen. Das Festmahl kann beginnen.«

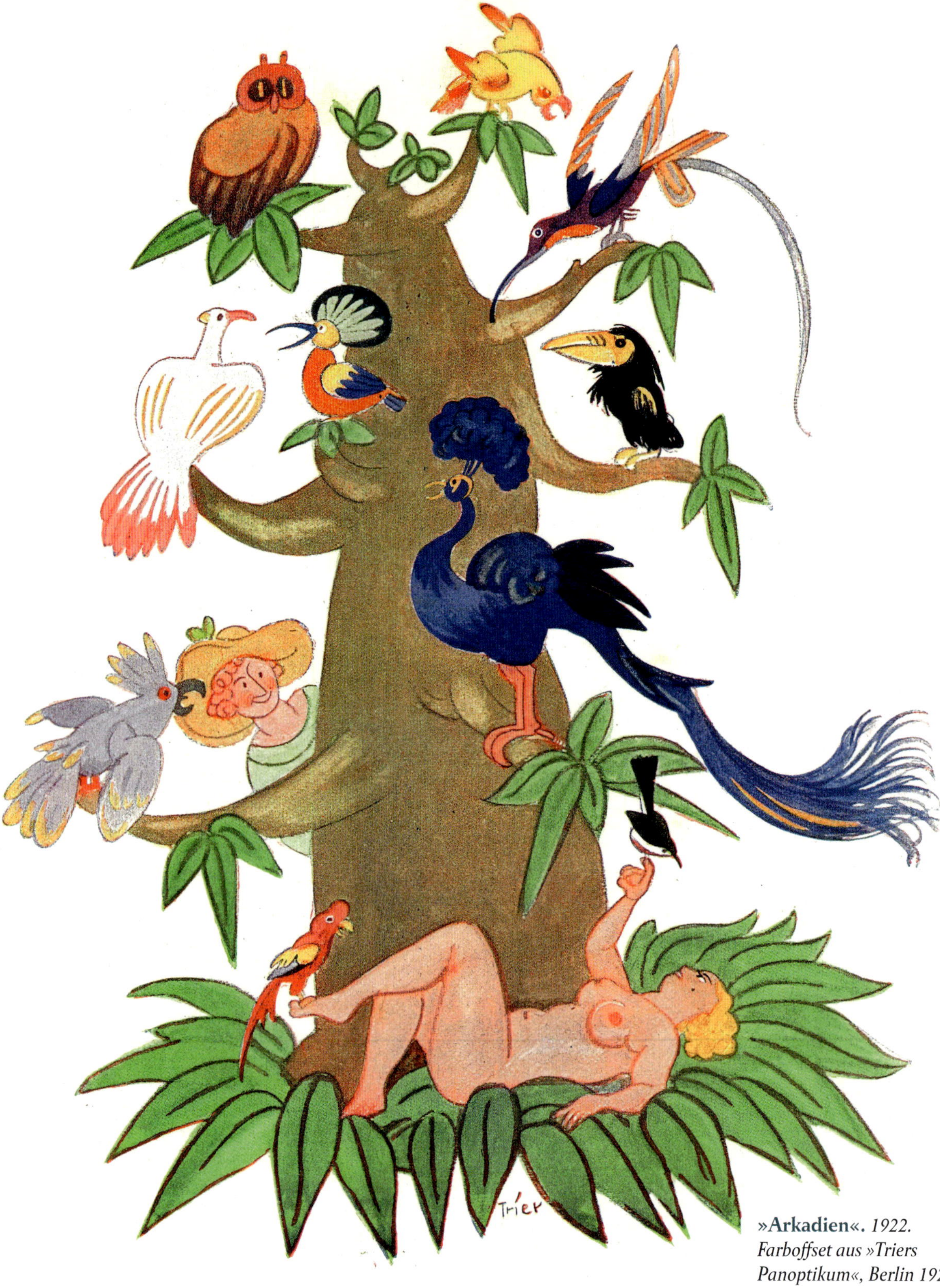

»Arkadien«. *1922. Farboffset aus »Triers Panoptikum«, Berlin 192[illegible]*

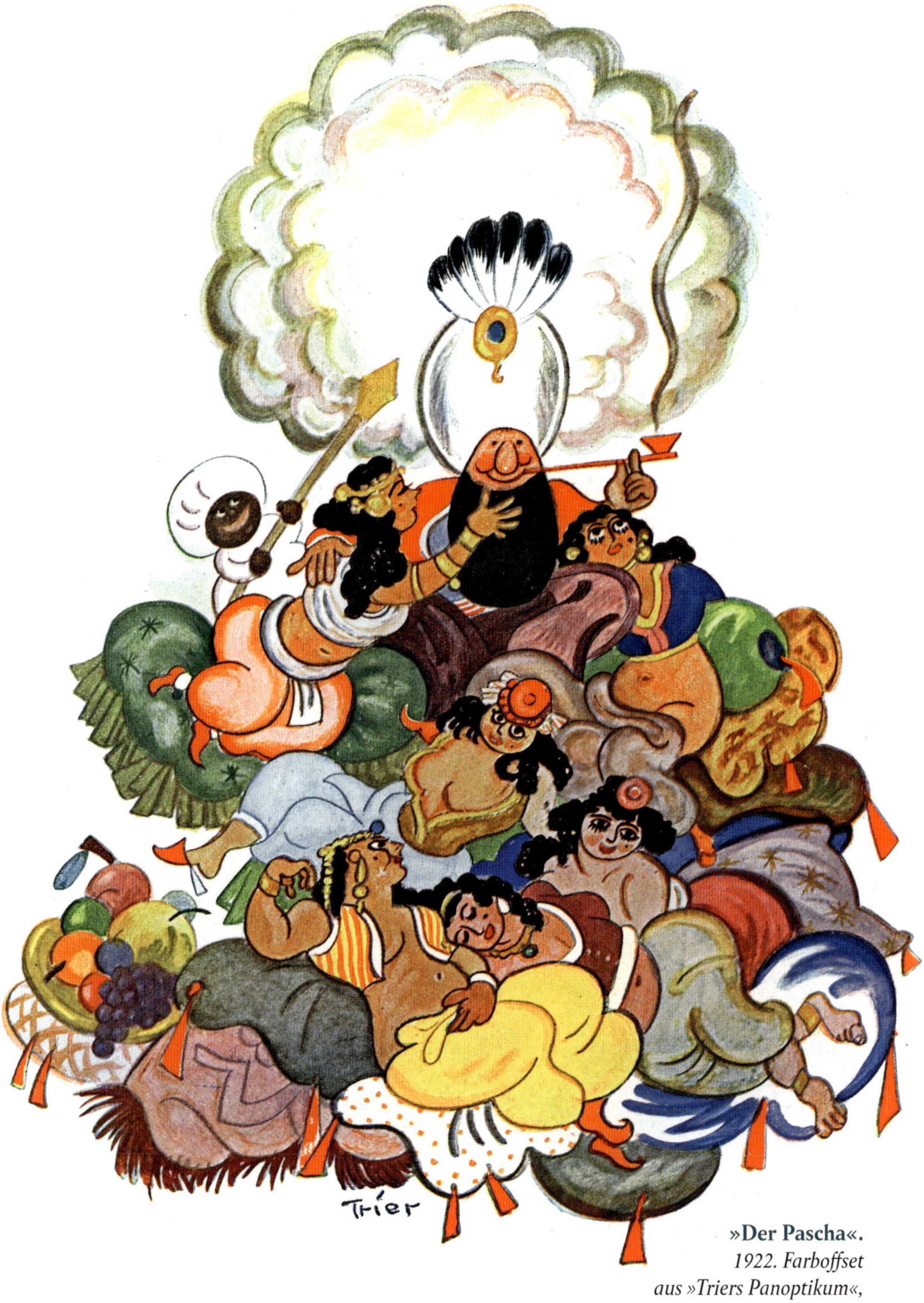

»Der Pascha«.
1922. Farboffset
aus »Triers Panoptikum«,
Berlin 1922.

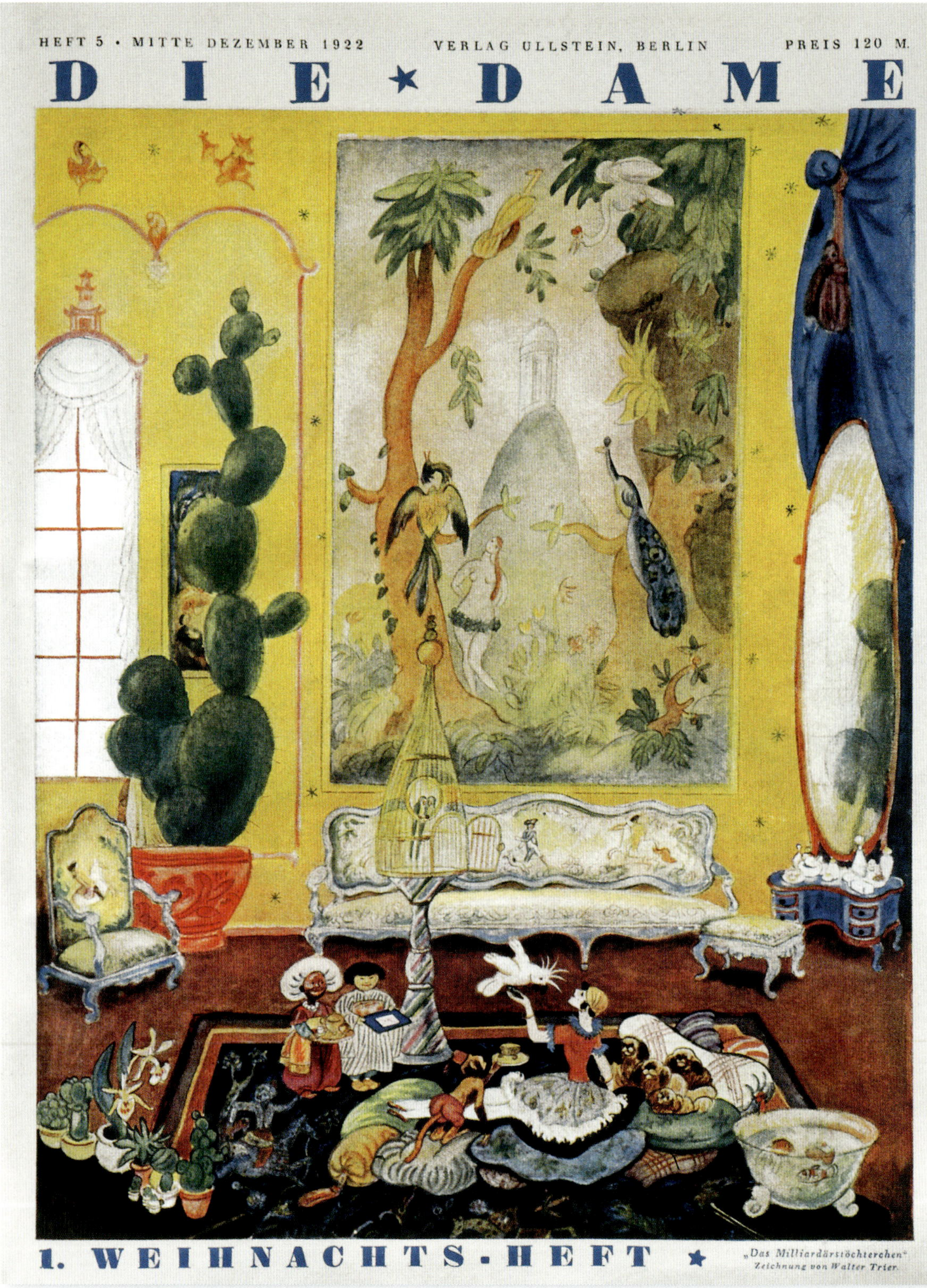

»Das Milliardärstöchterchen«. *1922. Farblithographie. Titelseite für »Die Dame«.*

In dem Blatt thematisierte Walter Trier, auf seine ironische Weise, die wirtschaftliche Not während der Inflation.

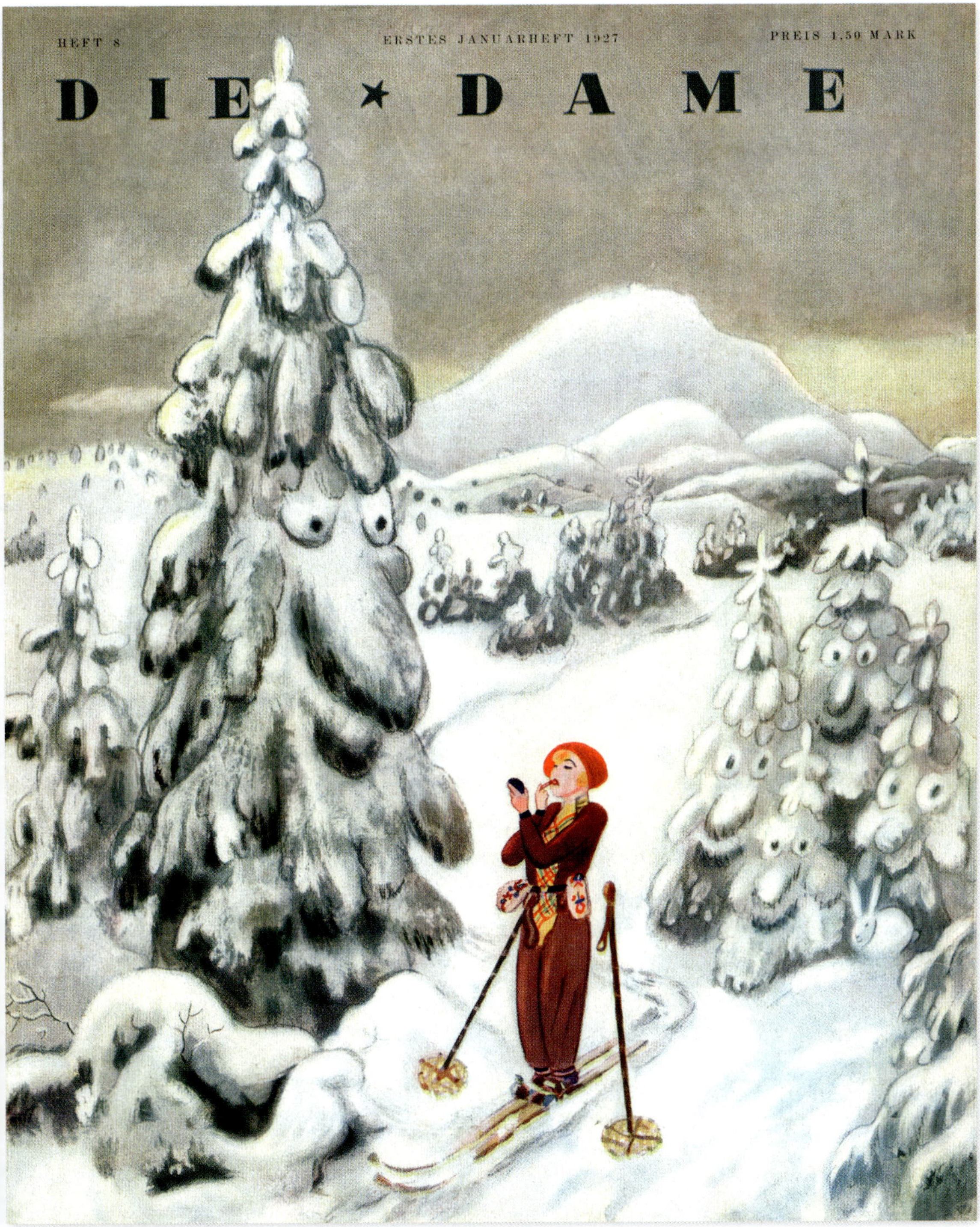

Die eitle Skifahrerin. *1927. Farblithographie. Titelseite für »Die Dame«.*

Die besondere Komik entsteht durch den Erscheinungsort auf dem Cover des damals teuersten Blattes für die verwöhnte Dame von Welt. Ihr wurde von Walter Trier auf seine unnachahmlich charmant-freche Weise der Spiegel vorgehalten.

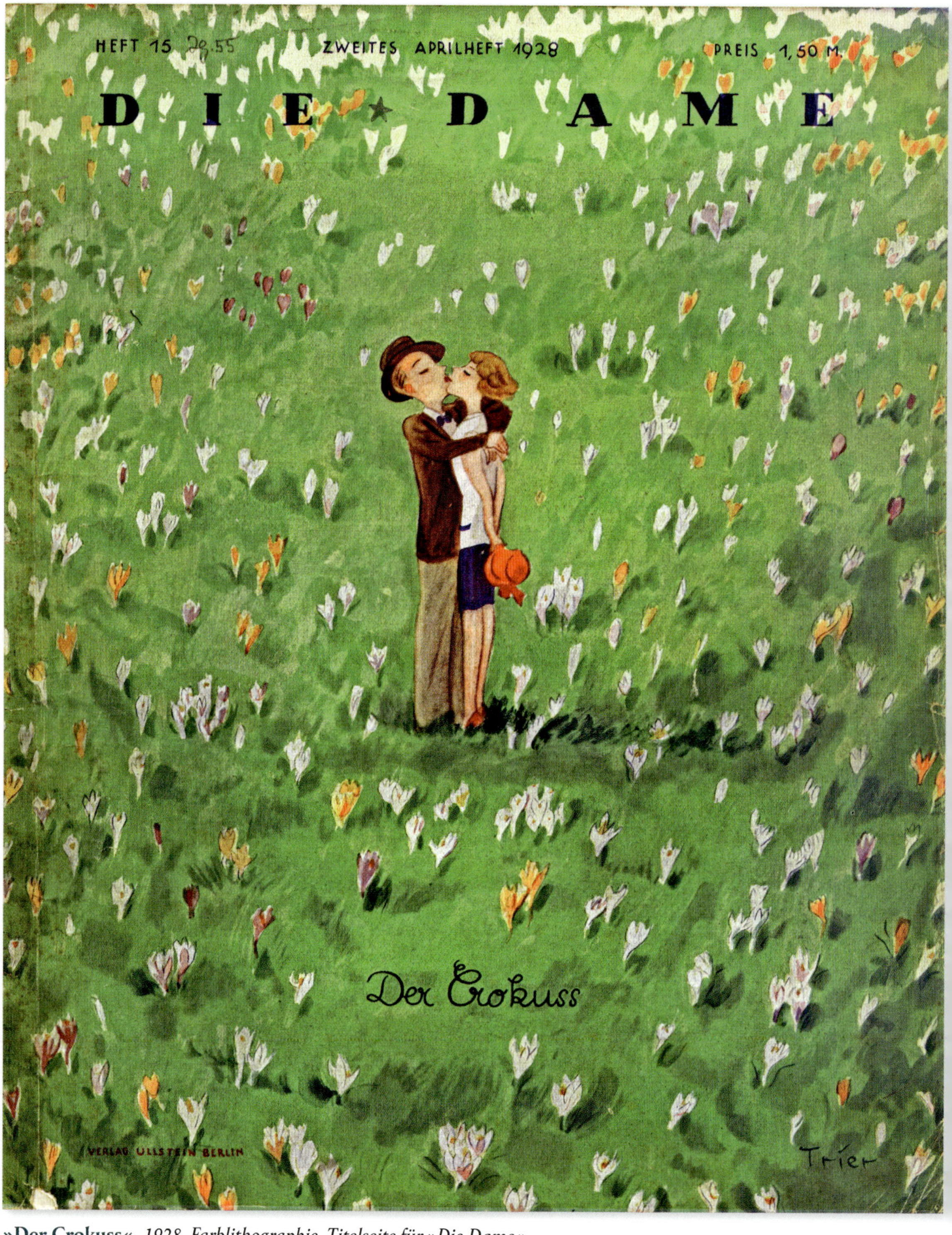

»**Der Crokuss**«. *1928. Farblithographie. Titelseite für »Die Dame«.*

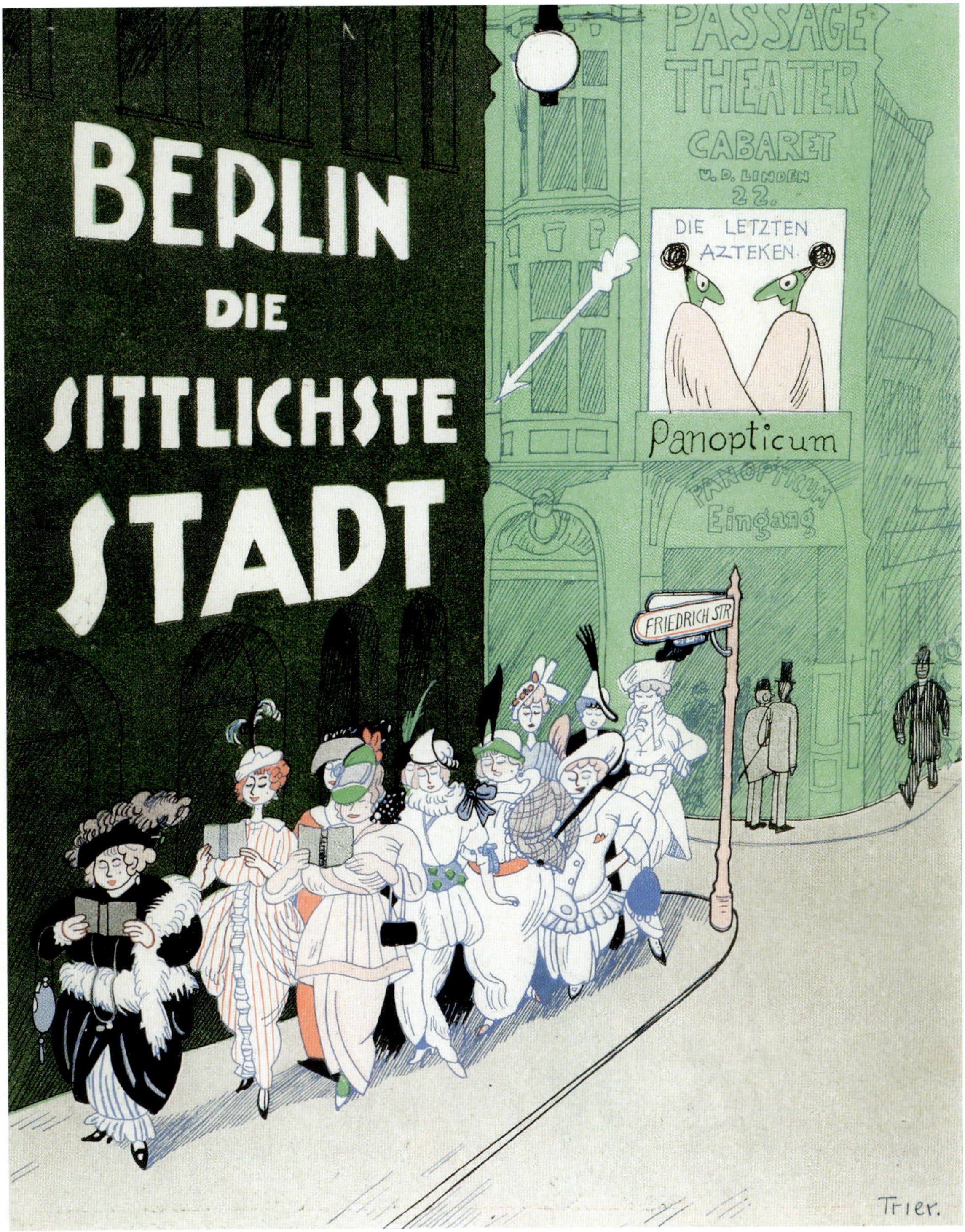

»Motto: Im stillen Gäßchen«. *1914. Farblithographie aus »Lustige Blätter«.*
Der Blick geht in die Berliner Friedrichstraße und nimmt Bezug auf den damals dort befindlichen Straßenstrich von Berlin, denn man sieht eine Reihe Kokotten, über denen die ironische Leuchtreklame auf dunkler Hausfassade prangt: »Berlin die sittlichste Stadt«.

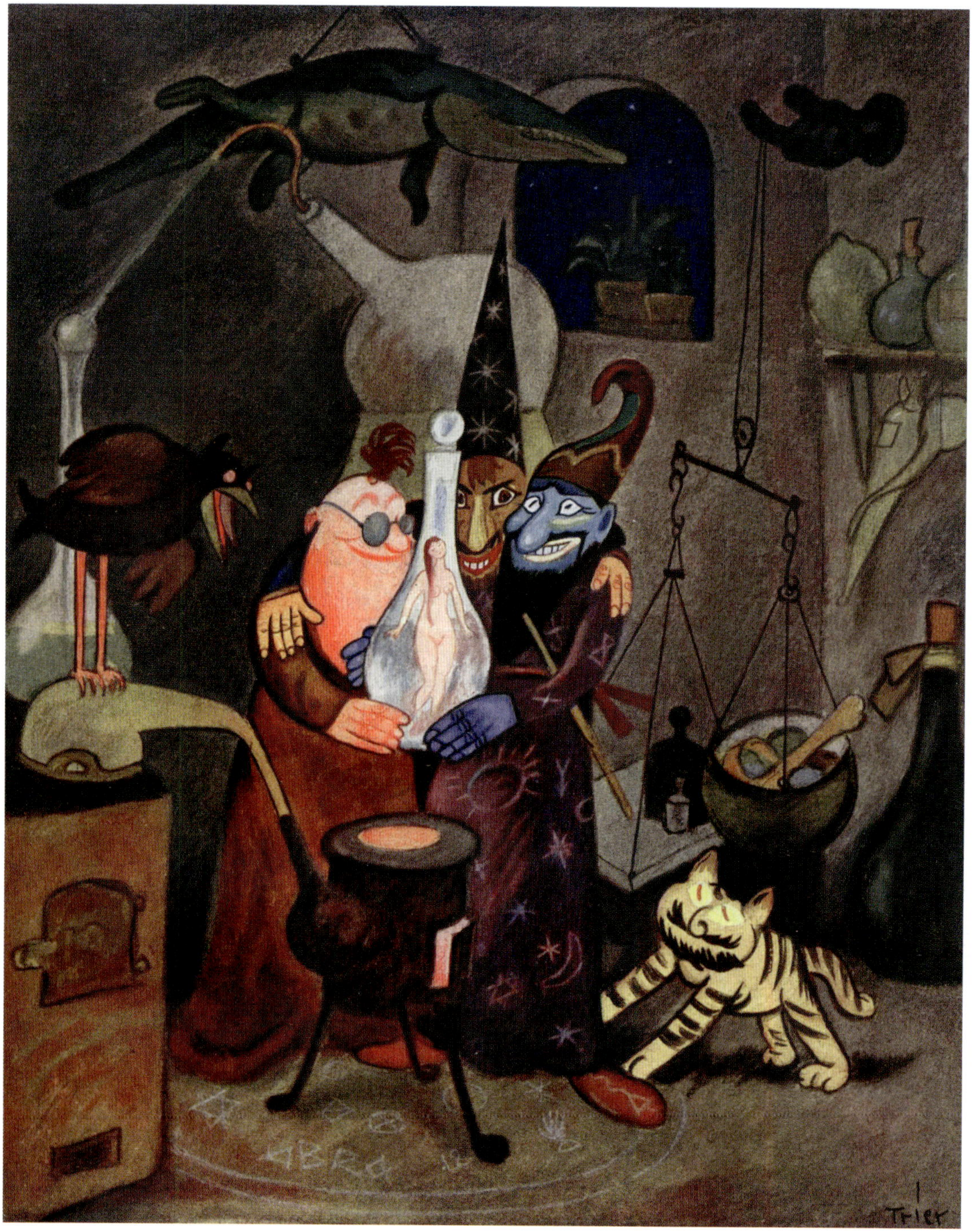

»Hexenmeister«. *1922. Farboffset aus »Triers Panoptikum«, Berlin 1922.*

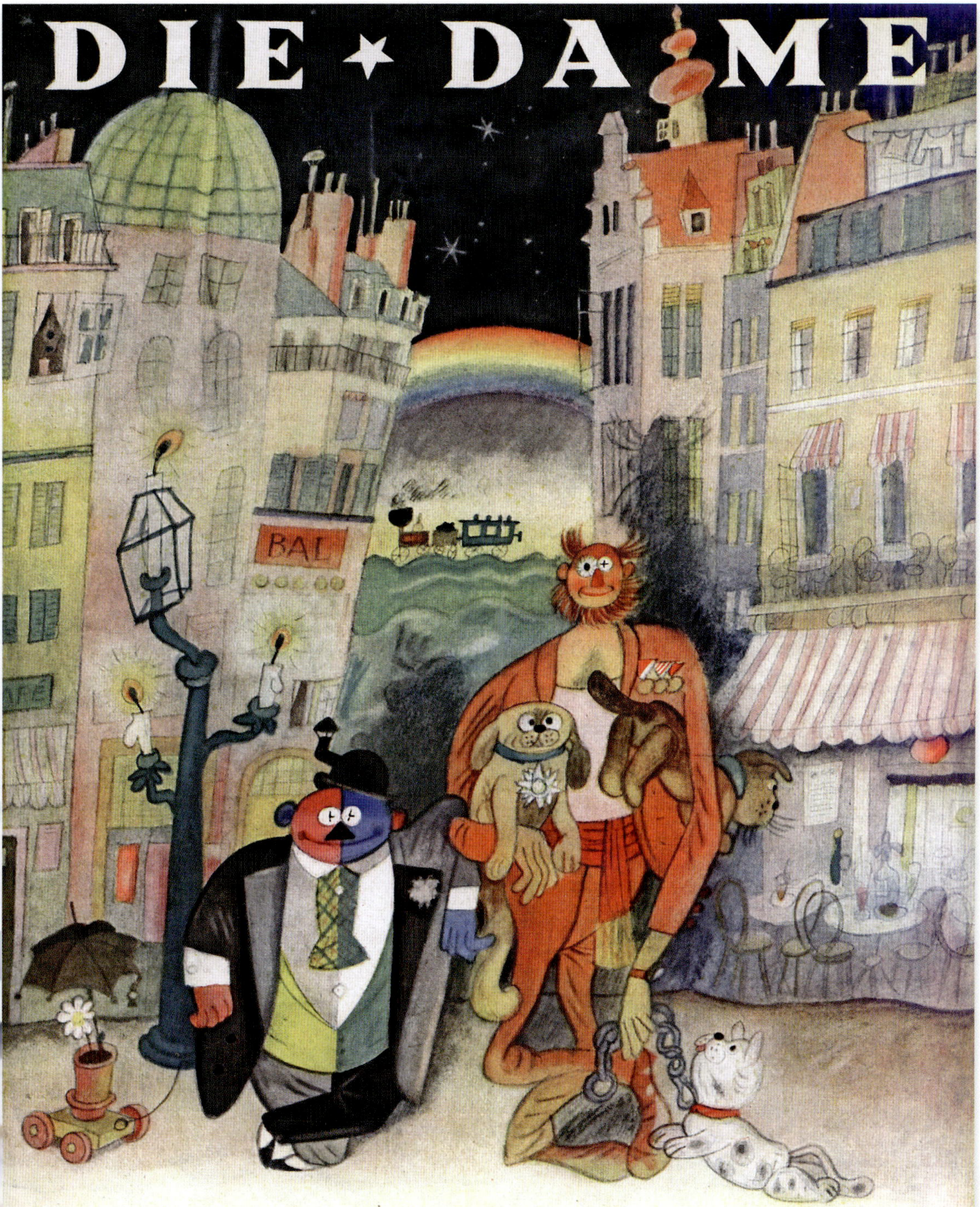

»**Die Damenlieblinge**«. *1923. Farblithographie. Titelseite für »Die Dame«.*

Mit einer großen Portion Selbstironie thematisierte Walter Trier auf dem Cover des exklusivsten Modemagazins der Weimarer Republik die oftmals prekäre Lage der Männer, in einer Zeit, als Deutschlands Wirtschaft in Scherben lag, der Staat pleite war und die Inflation explodierte. Auch wenn er sich seiner narrativen Formensprache völlig treu geblieben war, orientierte er sich hier stilistisch erkennbar an den Arbeiten der zeitgenössischen Orphisten und Fauvisten.

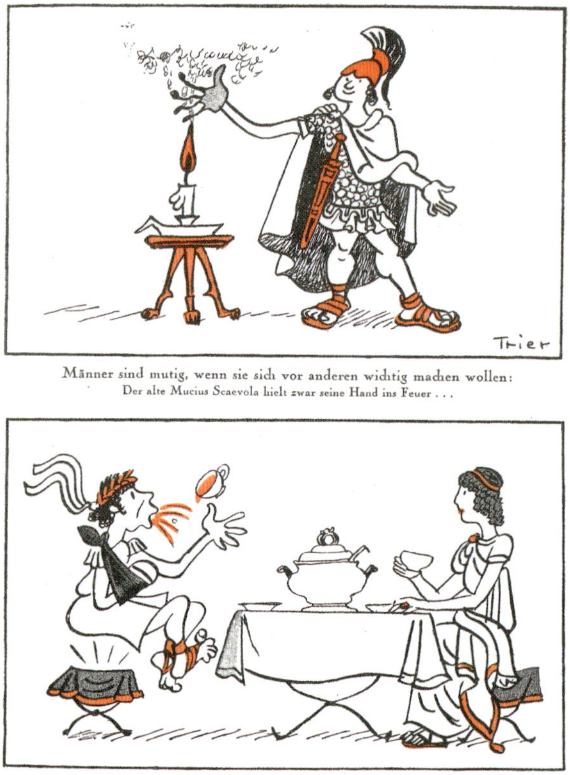

Mutige Männer. *1932. Farboffset aus »Uhu«.*

Die zweiteilige Illustration gehört zu einem Artikel mit dem Titel »Sind Männer mutig?« Walter Trier verspottete in seinem Beitrag jenen legendären römischen Helden, der seine Vaterlandsliebe dadurch unter Beweis zu stellen pflegte, indem er unsinnigerweise seine Hand ins Feuer hielt: »Der alte Mucius Scaevola hielt zwar seine Hand ins Feuer ... aber zu Haus bekam er einen Nervenschock, wenn die Bouillon zu heiß war.«

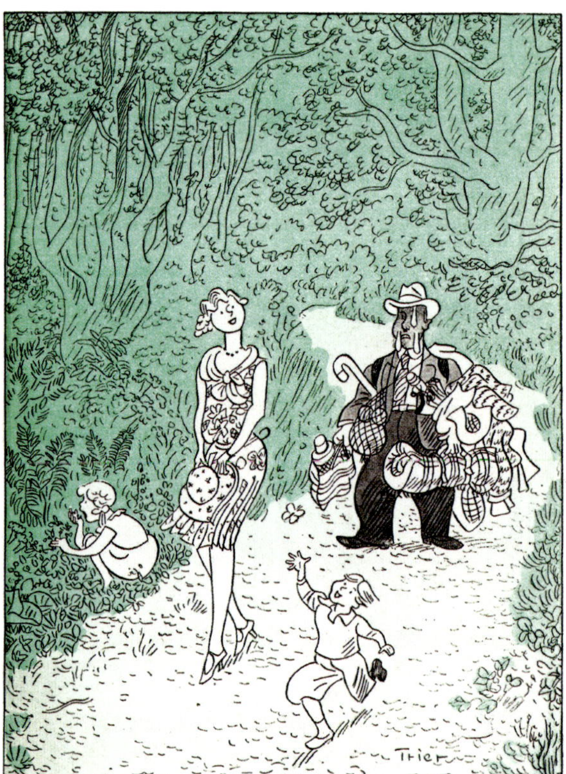

Picknick im Wald. *1930. Farboffset aus »Uhu«.*

Unterzeile: »Ist es nicht herrlich, Männe?«

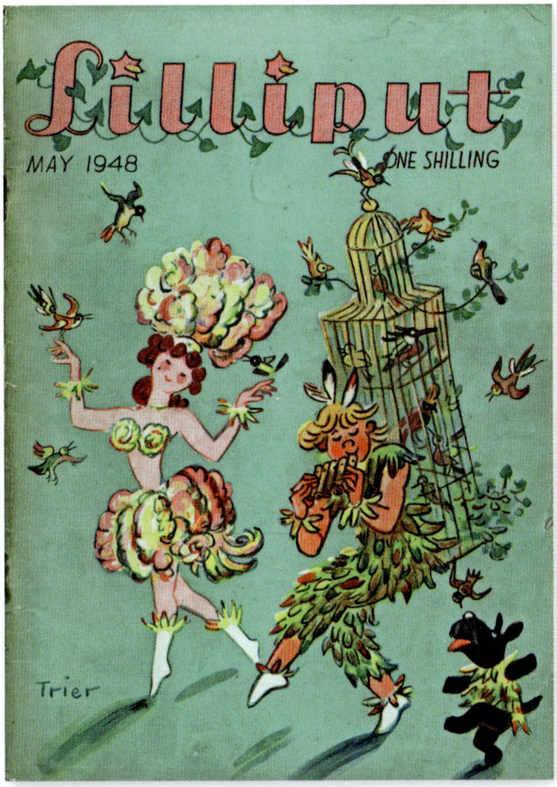

Papageno und Papagena. *1948. Farboffset. Titelseite für »Lilliput«.*

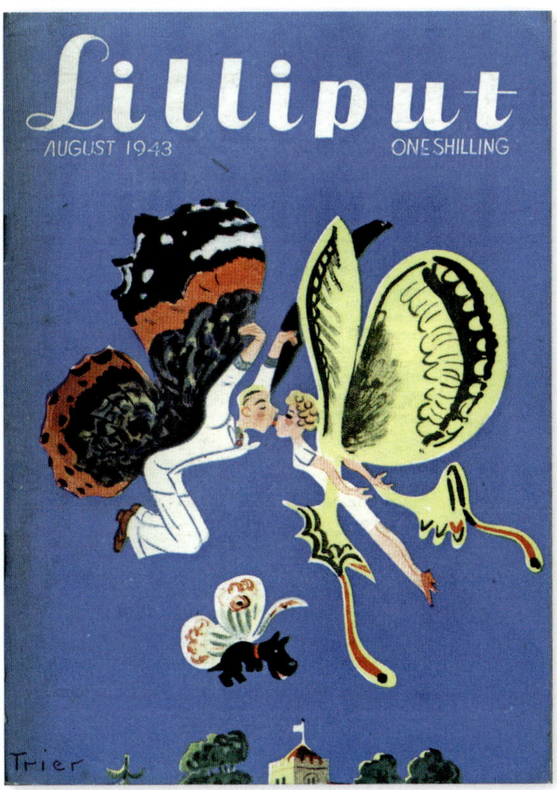

Schmetterlinge. *1943. Farboffset. Titelseite für »Lilliput«.*

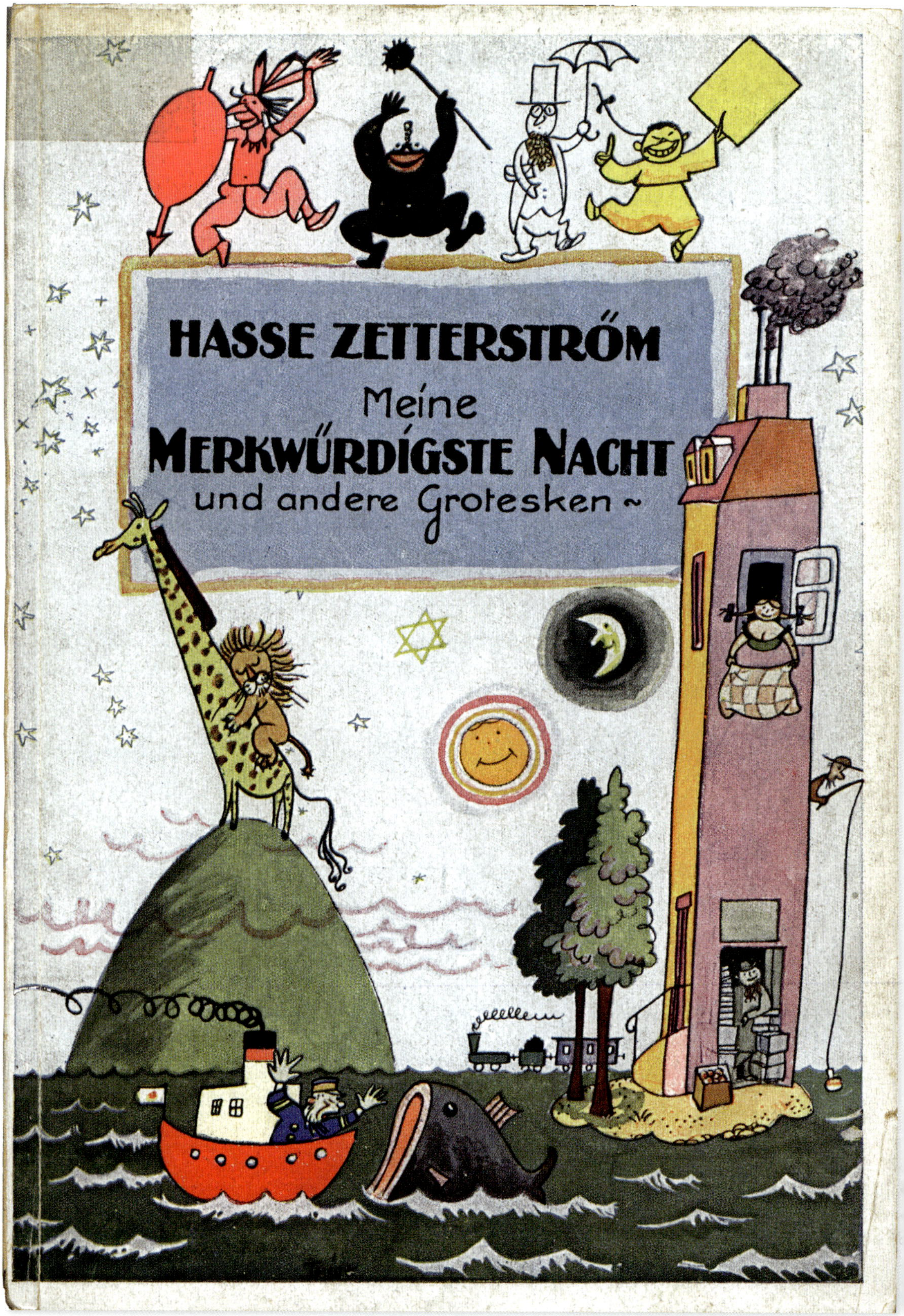
HASSE ZETTERSTRÖM
Meine
MERKWÜRDIGSTE NACHT
und andere Grotesken ~

Buchklassiker für Klein und Groß

In der »Weltbühne«, ein von Siegfried Jacobsohn gegründetes, literarisch wertvolles Blatt, erschien am 9. Dezember 1930 eine Buchkritik von Rudolf Arnheim, die im Grunde all das umschreibt, was die beiden Buchkünstler Trier und Kästner für die Literatur und Leser bis heute so wertvoll macht, weshalb sie hier im Original zitiert werden soll:

»Jean Cocteau, der in seinen ›Enfants Terribles‹ die gespenstische Traumhaftigkeit des Kindseins mit ungewöhnlicher Kraft eingefangen hat, schildert dort einmal den Schatz, den ein kleiner Junge in der Schublade aufbewahrt: alten Krempel, Aspirinröllchen, Aluminiumringe, Füllhalterhülsen – aber diese Dinge haben ihre natürliche Bestimmung ganz verloren, sind zu Symbolen geworden, von denen der Uneingeweihte nichts ahnt; er sieht den ›Schatz‹ nicht.

Aus einem ähnlichen Grunde können wir Erwachsenen Kinderbilderbücher so schwer beurteilen. Wir sehen den Schatz nicht. Auch uns gefallen diese großen, fest gebundenen Bücher mit dem dicken, weißen Papier, die bunten Bilder, die saftigschwarzen, deutlichen Buchstaben, aber wir finden zum Beispiel, daß so ein Buch sich gar zu schnell ausliest; zwanzig Seiten großgedruckter Verse, das sind für uns fünf Minuten Vergnügen; für das Kind sind es Monate, sind es Welten. Es lernt die Verse auswendig, sagt sie hundertmal, sagt sie noch, wenn sie nichts mehr bedeuten, sondern nur noch Klang sind. Hinter jeder fremdartigen Wortwendung ahnt es ein wundervolles Geheimnis, an dem es sich berauscht. Jeden Strich des Malers prüft es hundertmal nach, nimmt jede Laune, jede Zufälligkeit der Form für Wirklichkeit. Deswegen ist es so verantwortungsvoll, für Kinder zu dichten und zu malen, denn Bilderbücher klammern sich an ihre Leser kräftiger und für längere Zeit, als das Büchern sonst vergönnt ist. Die Liebe des Kindes höret nimmer auf, sie überdauert Pappband und Leinenrücken.

Der Verlag Williams & Co. zeigt sich seit Jahren dieser Verantwortung gewachsen. Zu dem dicken Doktor Dolittle, der für diesen Verlag ist, was für Diederichs der Löwe und für die Insel das Segelschiff, hat sich ein kleiner Junge gesellt, ›Emil‹, der nach Berlin auszog, um seiner Großmutter Geld zu bringen, und der mittlerweile um die halbe Welt gereist ist. Denn in vielen Sprachen schon lesen vergnügte Kinder, was Erich Kästner seinen kleinen Jungen erleben läßt – nun liegen von demselben Dichter im selben Verlag zwei neue Bilderbücher vor (›Arthur mit dem langen Arm‹ und ›Das verhexte Telefon‹), aber damit werden es

›Meine merkwürdigste Nacht‹. *1919. Farblithographie. Schutzumschlag für Hasse Zetterström, ›Meine merkwürdigste Nacht und andere Grotesken mit Bildern von Walter Trier«, Berlin 1919.*

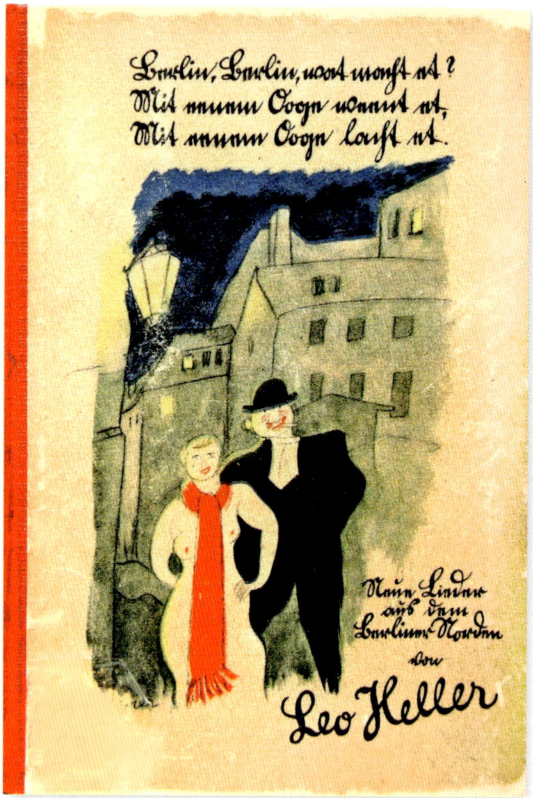

»Berlin, Berlin«. *1922. Farblithographie. Kartoneinband für Leo Heller, »Berlin, Berlin, wat macht et? Mit eenem Ooge weent et, mit eenem Ooge lacht et. Neue Lieder aus dem Berliner Norden«, Berlin 1922.*

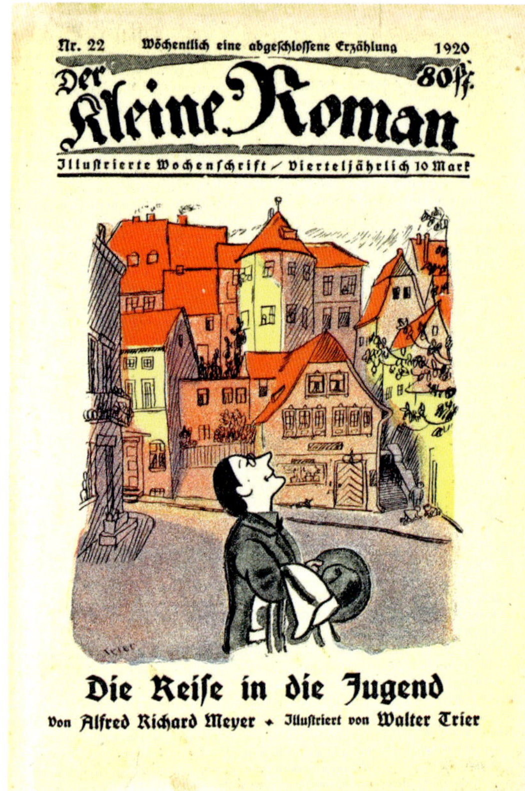

»Die Reise in die Jugend«. *1920. Farblithographie. Heftcover für Alfred Richard Meyer [alias Munkepunke], »Die Reise in die Jugend«, Der kleine Roman Nr. 22, Berlin 1920.*

die ausländischen Kinder nicht so leicht haben. Denn Kästners Verse kann man wohl nicht übersetzen. Ihr eigentümlicher Reiz beruht darin, daß da ein alltägliches, ungeschmücktes, fast nachlässiges Deutsch, das ohne alle Rücksicht auf Zeilenlänge und Rhythmus daher geplappert scheint, sich rätselhaft glatt in ein höchst simpel taktiertes Versmaß einpaßt.

Diese Fähigkeit, einfache Dinge in einfache Formen zu packen, macht Erich Kästner zu einem ausgezeichneten Kinderdichter. Wir Erwachsenen wissen, wie er seine Gedichte aus sehr irdischen Bausteinen baut; alle Dinge, die er besingt, gibts im Warenhaus zu kaufen, und die Herzen der Menschen sieht er als möblierte Zimmer. So nimmt er denn auch, um Kindern zu gefallen, statt der Feen und Zwerge lieber Telephone und Eisenbahnzüge. Motorräder und Luftballons, und mit Hilfe eines wildgewordenen Staubsaugers führt er die Ballade vom Zauberlehrling in moderner Inszenierung auf. Die Themen seiner Geschichten sind die uralten und daher gut: Böse Kinder tun wundervoll freche Dinge

»Der lachende Erdball«. *1912. Farblithographie. Kartoneinband für Felix Schloemp, »Der lachende Erdball. Eine Reise im Witzzuge durch aller Herren Länder, Arrangiert von Felix Schloemp. Mit Geleitwort von Hanns Heinz Ewers. Nebst Karikatur des Herausgebers, Umschlagzeichnung und 16 Vignetten von Walter Trier«. München/Leipzig 1912*

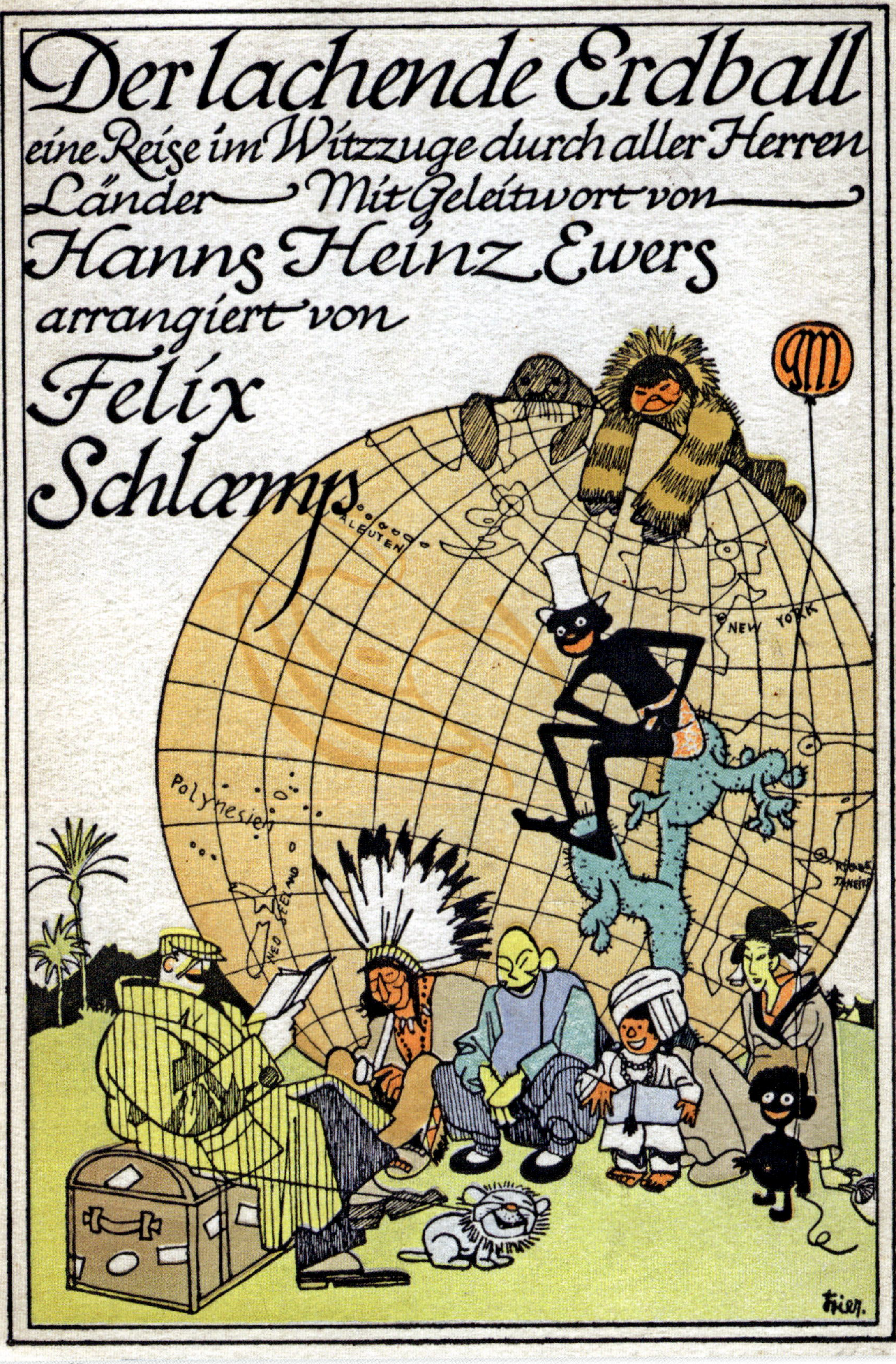
Der lachende Erdball
eine Reise im Witzzuge durch aller Herren Länder
Mit Geleitwort von
Hanns Heinz Ewers
arrangiert von
Felix Schlæmys
ALEUTEN
NEW YORK
Polynesien

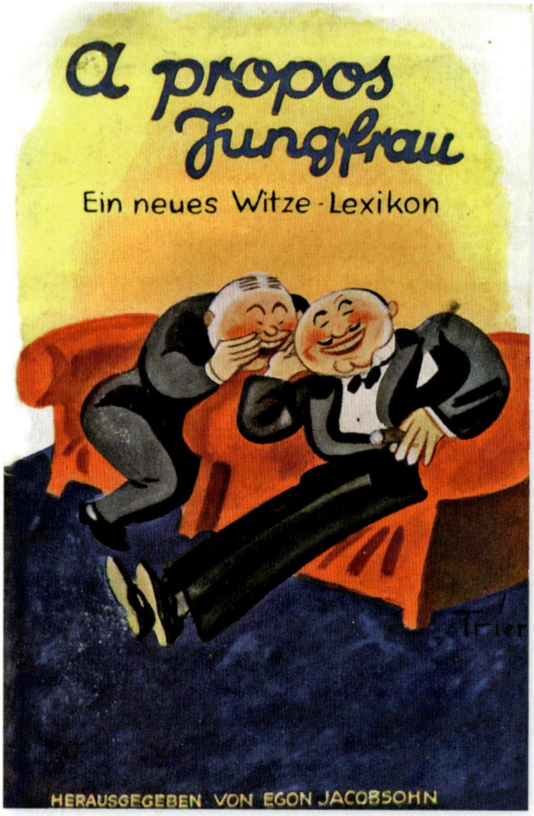

»A propos Jungfrau«. *1927. Farblithographie. Schutzumschlag für Egon Jacobsohn (Hg.), »A propos Jungfrau. Ein neues Witze-Lexikon«, Berlin, 1927.*

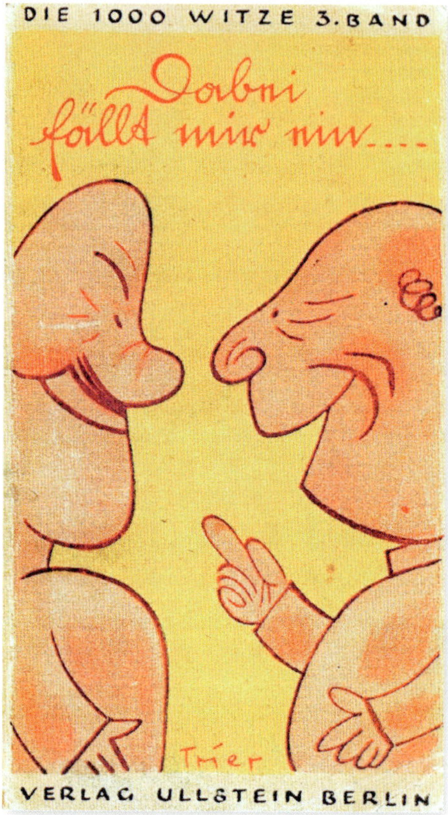

»Dabei fällt mir ein«. *1925. Farblithographie. Schutzumschlag für: »Die 1000 Witze«, Bd. 3: »Dabei fällt mir ein ...«, Berlin 1925.*

Diese Heftreihe bestand aus insgesamt vier Bänden: »Wer hat Ihnen das erzählt?«, »Wie finden Sie das?«, »Ich lach' mich tot!« und lief unter zwei verschiedenen Titeln: »Die 1000 Witze« und »Die Witzbücher«.

und werden wundervoll handgreiflich dafür bestraft. Und sicherlich, wenn man diese Verse hundertmal hergesagt hat, so kann man sie auch schön ohne Betonung herunterleiern, sie liegen gut im Mund!

Walter Trier hat mit seinen appetitlichen Aquarellfarben die Bilder dazu gemalt. Auch er ist schon erprobter Kinderfreund, obwohl auch er ein Liebling der Erwachsenen ist. Er zeichnet so, wie Kinder gern zeichnen möchten, er spricht ihre Zeichensprache aber in Vollendung und deshalb müssen sie ihn verstehen und lieben. Er dichtet in Kästners Geschichten viele neue Motive hinein, ohne doch je die Pedanterie kindlicher Leser zu verletzen, die alles, was gedruckt steht, auch ganz genau so abgemalt sehen wollen; vielmehr wenn Kästner vorschreibt: ›Peter log, daß sich der stärkste Balken bog‹, so sehen wir bei Trier den Knaben Peter auf dem gebogenen Balken stehen wie eine Madonna auf der Mondsichel.

Es gibt noch nicht viele Bilderbücher, die, statt immer wieder die alte Zauberwelt auszubuddeln, unsre neue Welt kindlich verzaubern. Walter Trier und Erich Kästner haben dem Weihnachtsmann eine große Sorge abgenommen.«

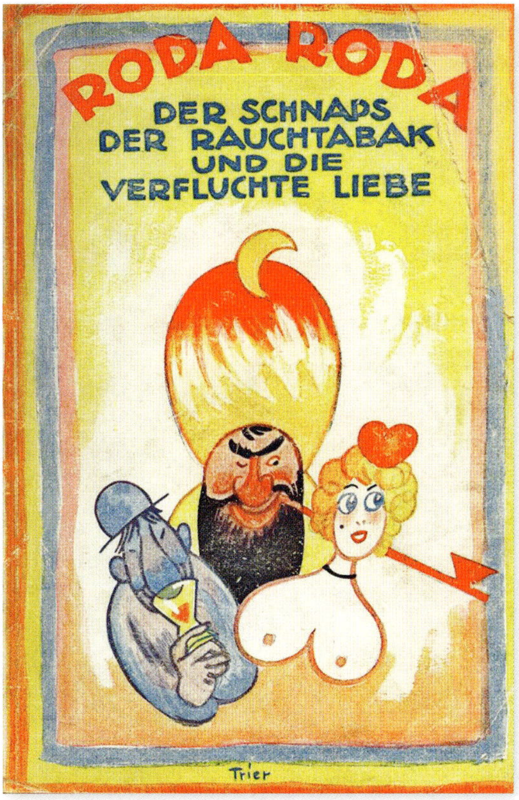

»Der Schnaps, der Rauchtabak und die verfluchte Liebe«. *1921. Farblithographie. Kartoneinband für Roda Roda, »Der Schnaps, der Rauchtabak und die verfluchte Liebe«, Berlin 1921.*

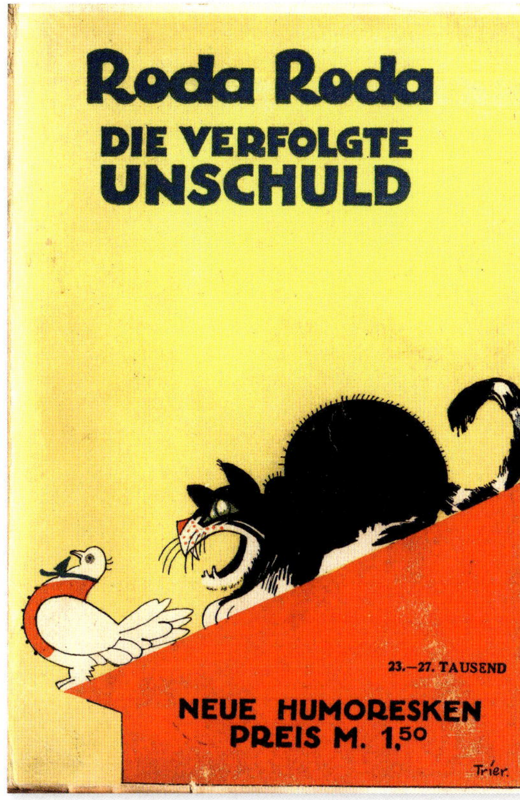

Die zweite verfolgte Unschuld. *1919. Farblithographie. Schutzumschlag für Roda Roda, »Die verfolgte Unschuld. Neue Humoresken«, Berlin [um 1919].*

Die graphisch überarbeitete Ausgabe der Erstauflage von 1914/15 zeigt eine Persiflage des Autors. Die leuchtend rote Weste war das Markenzeichen des berühmten österreichischen Satirikers Sándor Friedrich Rosenfeld. Er trug sie stets bei seinen Auftritten und soll sie sich aus dem roten Rockfutter seiner Militäruniform haben schneidern lassen, nachdem er – wegen diverser Verstöße gegen die Offiziersehre – unter Aberkennung seines Ranges aus der Armee entlassen worden war.

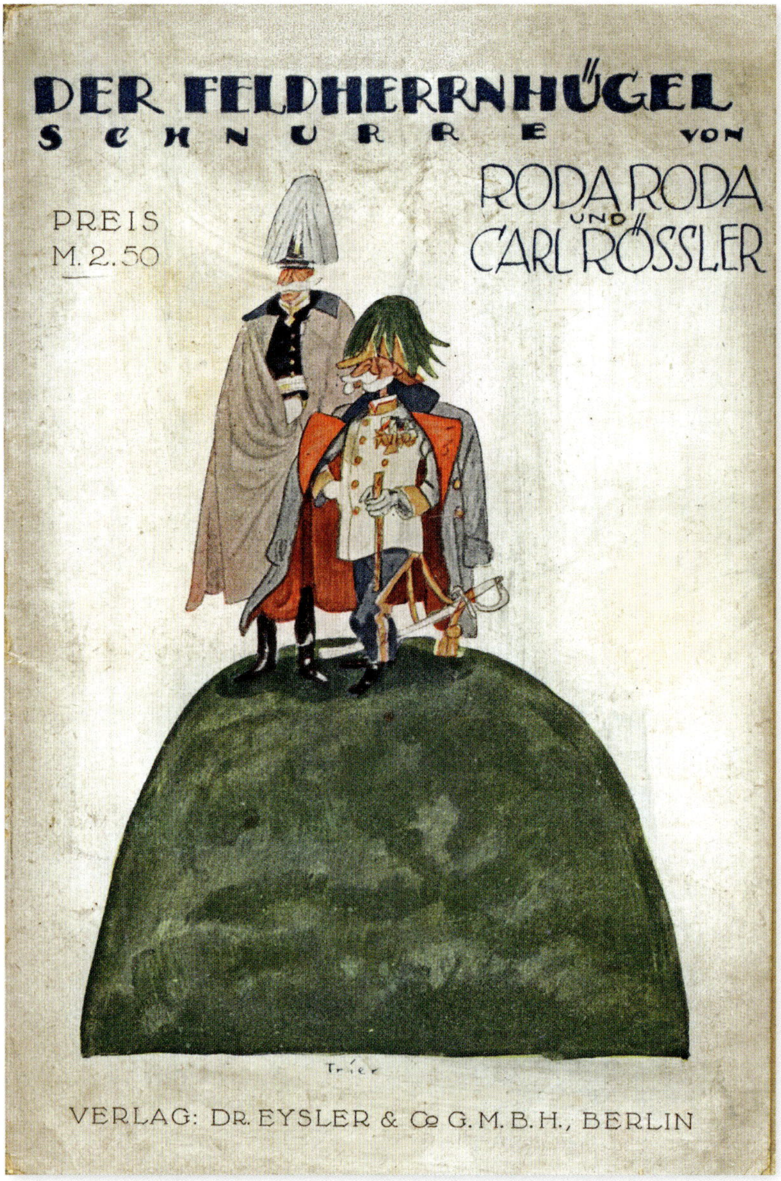

»Der Feldherrnhügel«. *1921. Farblithographie. Schutzumschlag für Roda Roda/Carl Rössler, »Der Feldherrnhügel. Schnurre«, Berlin 1921.*

Die 1909 verfaßte Militärkomödie, die Schnurren des k.u.k. Offizierskorps zum Inhalt hatte, war nach nur wenigen Aufführungen verboten worden. Der für die Zensur zuständige Beamte soll den beiden Autoren mitgeteilt haben, daß »so lange die österreichisch-ungarische Monarchie bestünde,« das Stück nicht mehr aufgeführt werden dürfe. Daraufhin habe Rössler nur trocken gekontert: »Kränk dich ned, Roda, die paar Wochen wart' ma halt noch!«

»Volksverband d
Bücherfreund
um 1930. Farboffs
Plakat für »Wegwei
Verlag Gmb

Die Buchgemeinsch
war nach dem Erst
Weltkrieg in Ber
gegründet worden,
dem erklärten Zi
der Bevölkerun
trotz wirtschaftli
schwerer Zeiten – g
deutsche Büch
und Weltlitera
zu erschwinglich
Preisen zugängli
zu mache

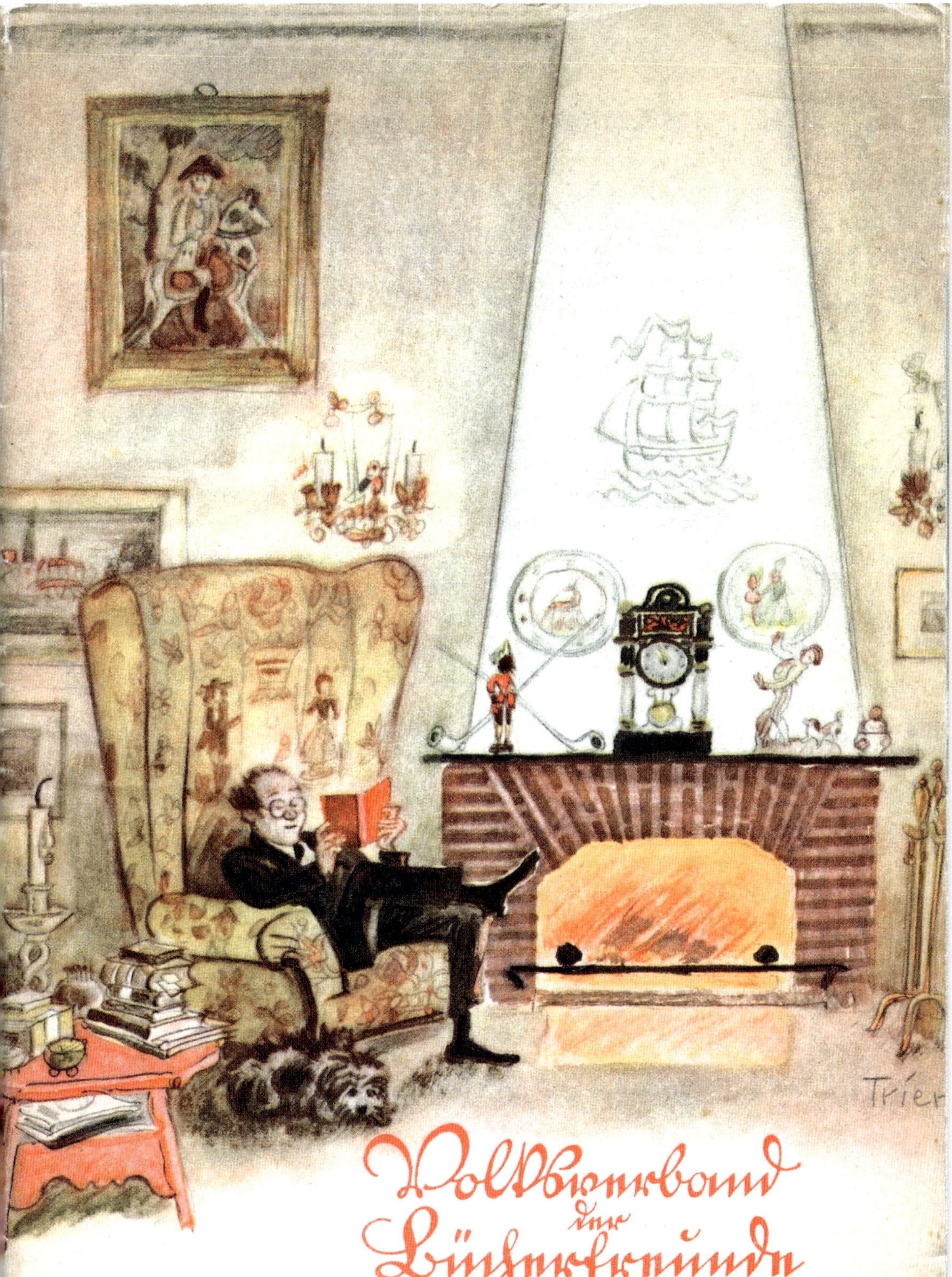
Trier
Volksverband der Bücherfreunde
Wegweiser-Verlag G. m. b. H., Berlin.

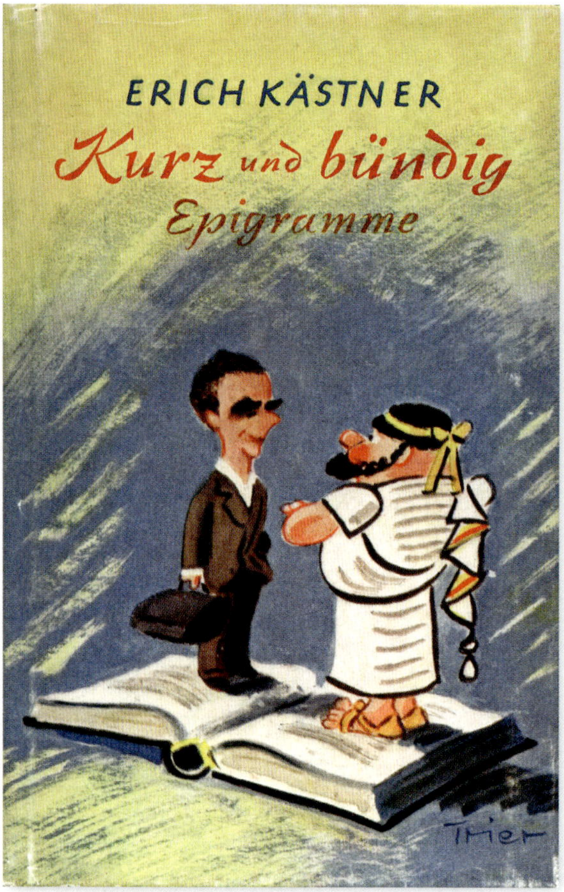

»Kurz und bündig«. *1950. Farboffset. Schutzumschlag für Erich Kästner, »Kurz und bündig: Epigramme«, Zürich 1950.*

Auf dem Cover hat Walter Trier den Buchautor Erich Kästner karikiert.

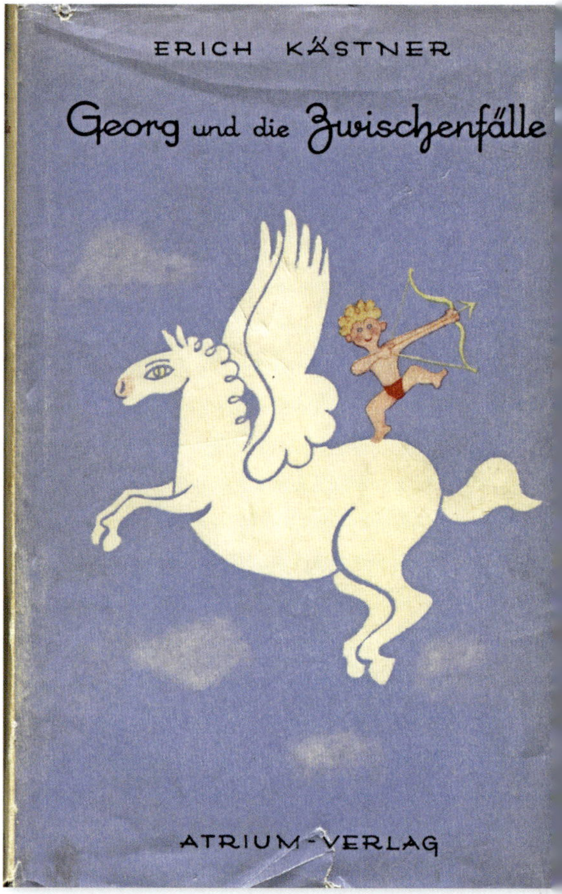

Amor auf Pegasus. *1938. Farboffset. Schutzumschlag für Erich Kästner, »Georg und die Zwischenfälle«, Basel/Mährisch Ostrau 1938.*

In den wechselnden Titeln und Ausgaben dieses Buches manifestieren sich die schwierigen Lebensumstände, die sich durch die »Machtergreifung der Nationalsozialisten« für den Autor, den Verleger und den Zeichner ergaben. Der Erstgenannte hat sich peu à peu in die innere Emigration verabschiedet, der Zweite überlebte die Zerstörung seiner Geschäftsräume nach einer gezielten Denunziation und der Dritte entzog sich samt Familie der Verhaftung durch die Gestapo mittels Flucht in der sprichwörtlich letzten Sekunde.

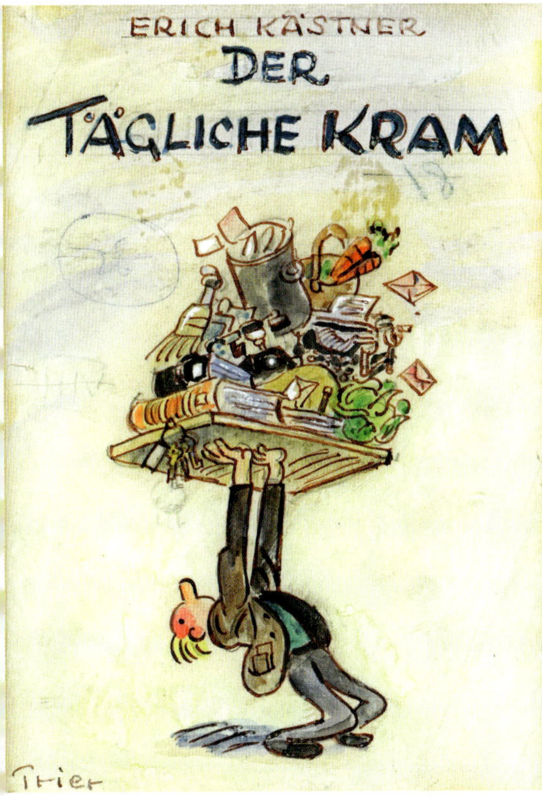

Der tägliche Kram auf dem Tablett.
1948. Gouache. Unveröffentlichter Entwurf für ein Schutzumschlag, 1948.

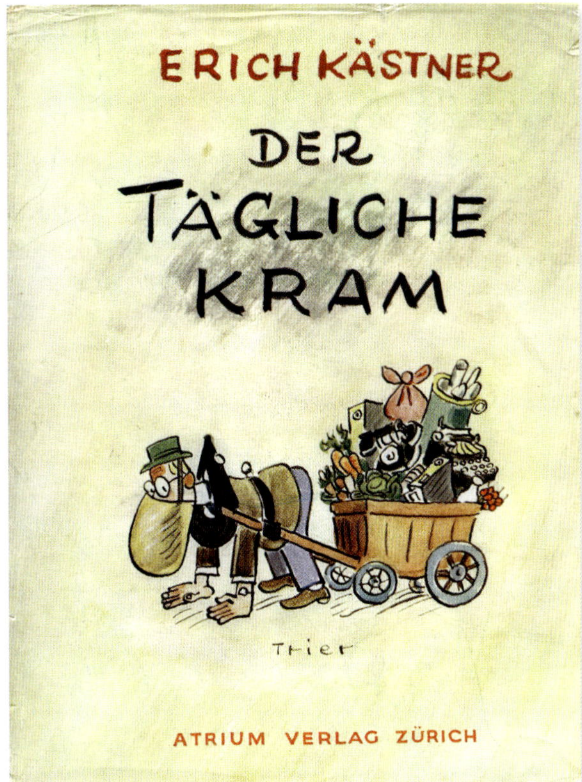

Der tägliche Kram im Karren. *1948. Farboffset. Schutzumschlag für Erich Kästner, »Der tägliche Kram. Chansons und Prosa 1945-1948«, Zürich 1949 [recte 1948].*

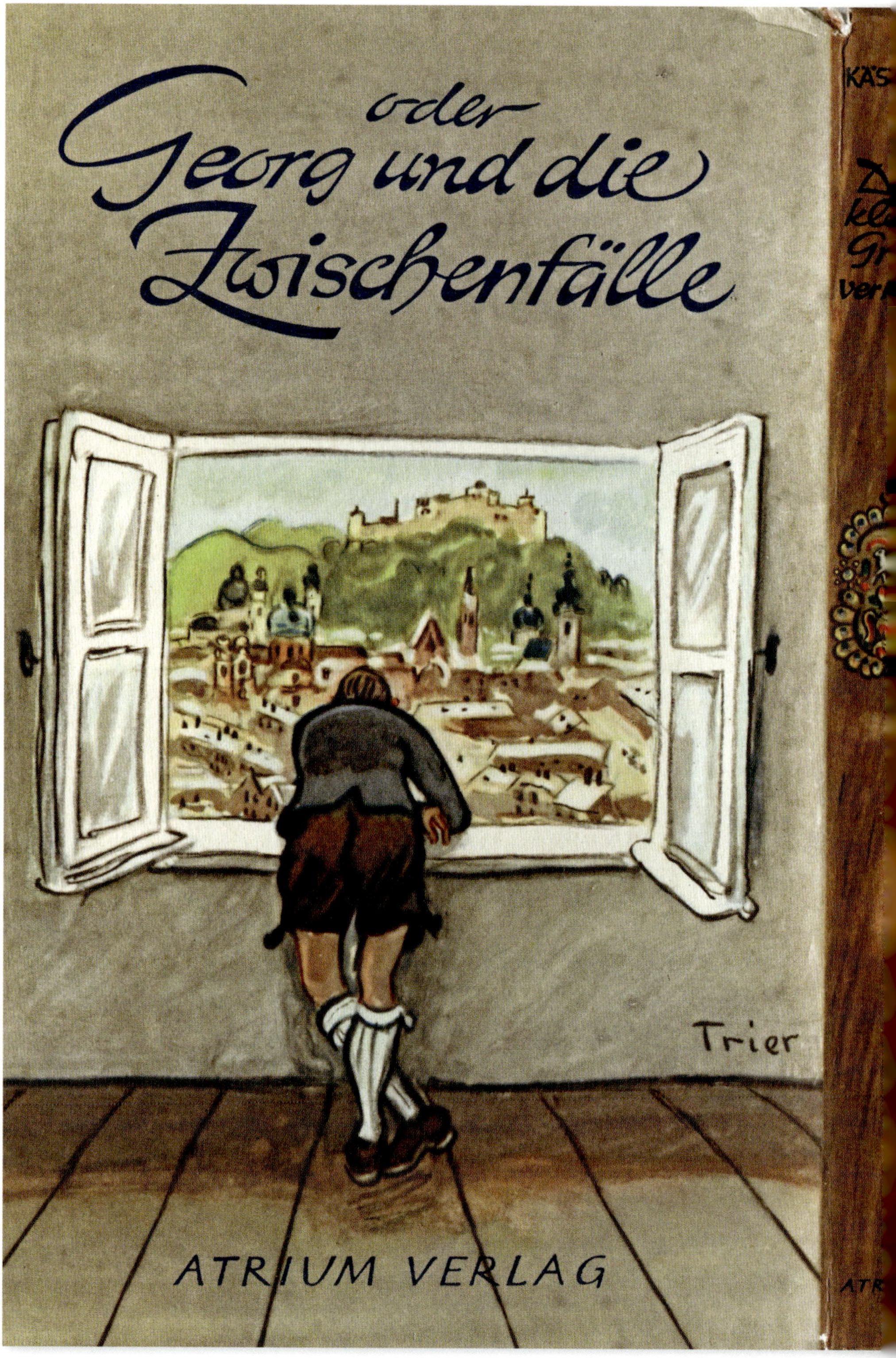
Georg und die Zwischenfälle
oder
Trier
ATRIUM VERLAG

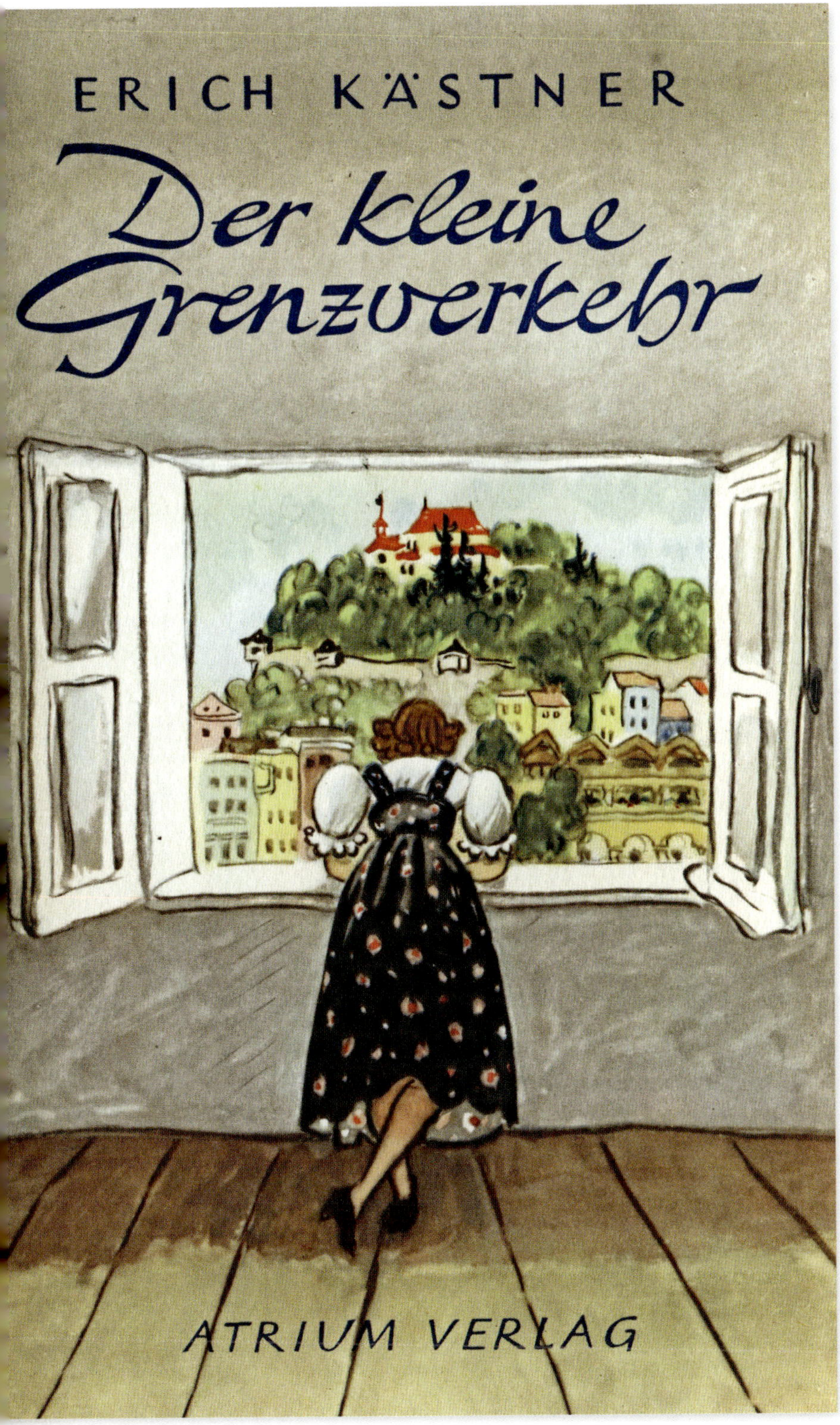

»Der kleine Grenzverkehr«. *1948. Farboffset. Zweiseitiger Schutzumschlag für Erich Kästner, »Der kleine Grenzverkehr: oder Georg und die Zwischenfälle«, Zürich 1948.*

Die Illustrationen waren bereits 1937 entstanden, bei einem gemeinsamen Besuch von Walter Trier und Erich Kästner in Salzburg. Der kurz zuvor mit seiner Familie nach England geflohene Walter Trier war von der Leitung der »Salzburger Festspiele« eingeladen worden, weil er 1938 Dekorationen und Kostüme entwerfen sollte. Dazu sollte es nach dem »Anschluß' Österreichs« jedoch nicht mehr kommen. Die letzten friedlichen Festspiele wurden nicht nur von Trier und Kästner, sondern auch von zahlreichen anderen Emigranten dazu genutzt, sich außerhalb von Nazi-Deutschland noch einmal mit Freunden und Kollegen zu treffen.

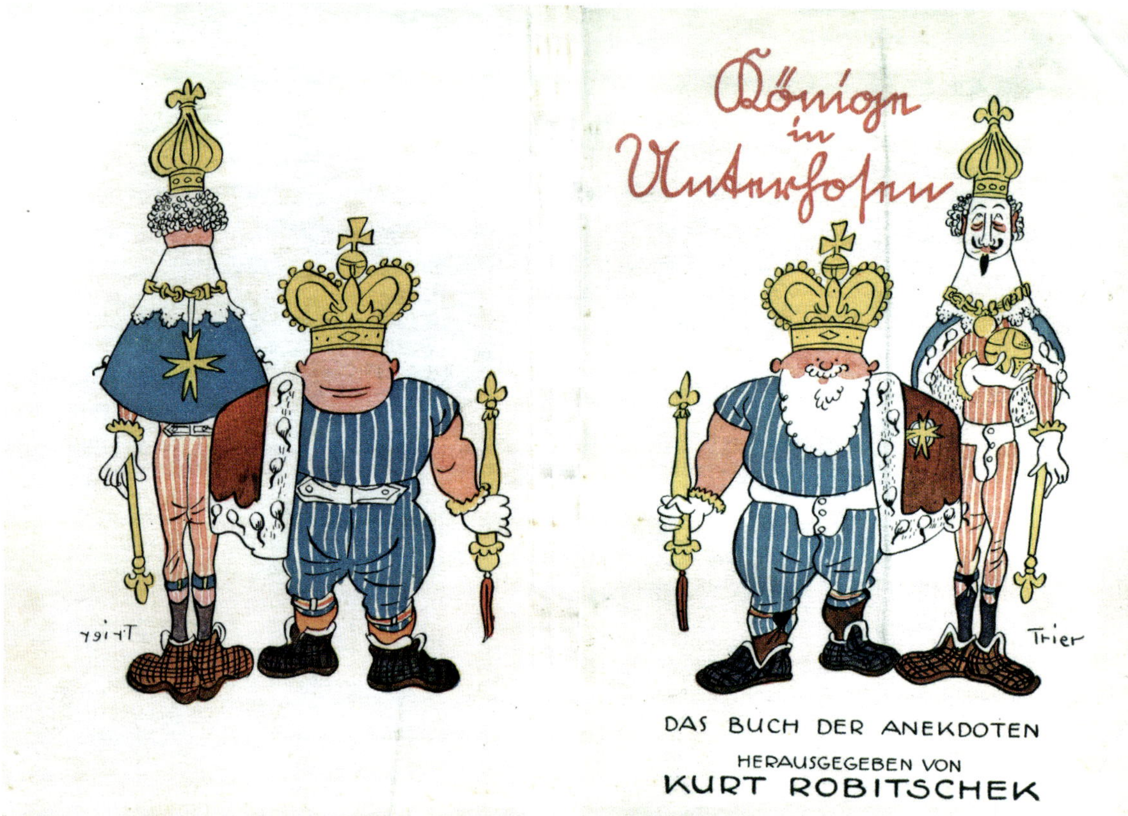

»Könige in Unterhosen«. *1925. Farblithographie. Zweiseitiger Kartoneinband für Kurt Robitschek (Hg.), »Könige in Unterhosen. Das Buch der Anekdoten«, Berlin N 24, 1925.*

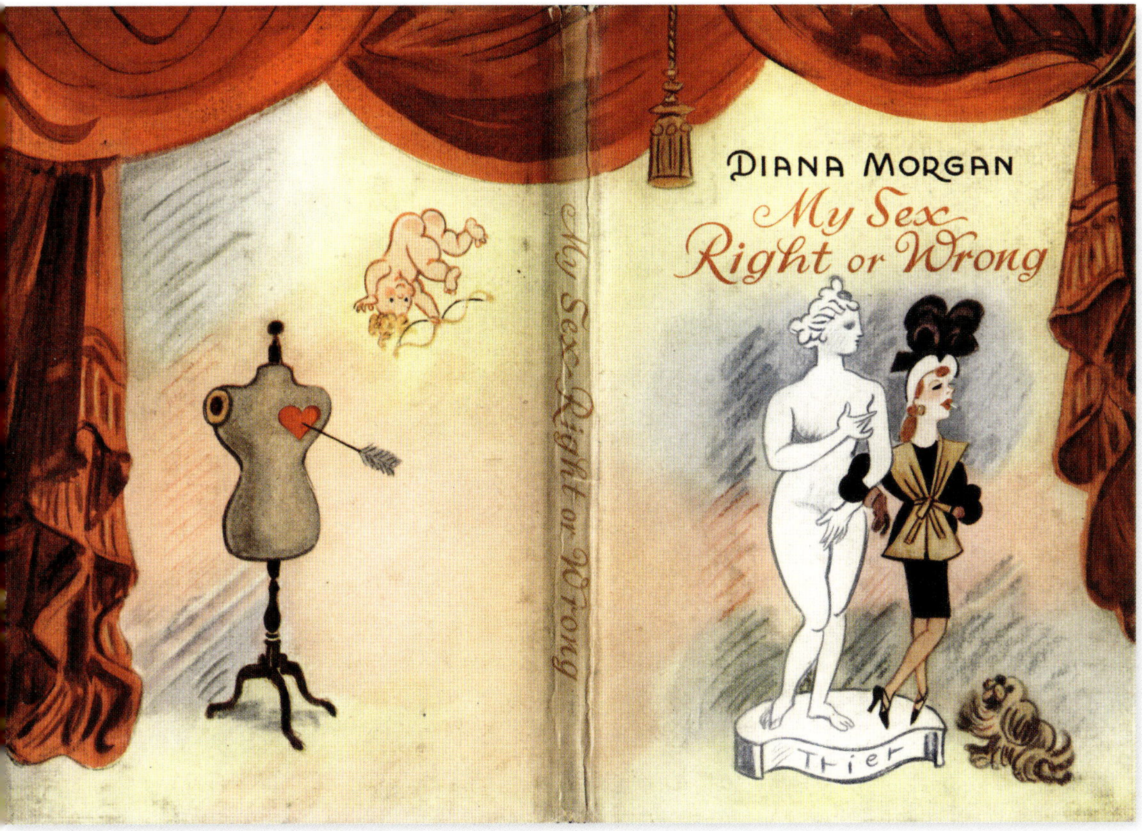

»My Sex right or wrong«. *1947. Farboffset. Zweiseitiger Schutzumschlag für Diana Morgan, »My Sex Right or Wrong. Verses. Illustrated by Walter Trier«, London 1947.*

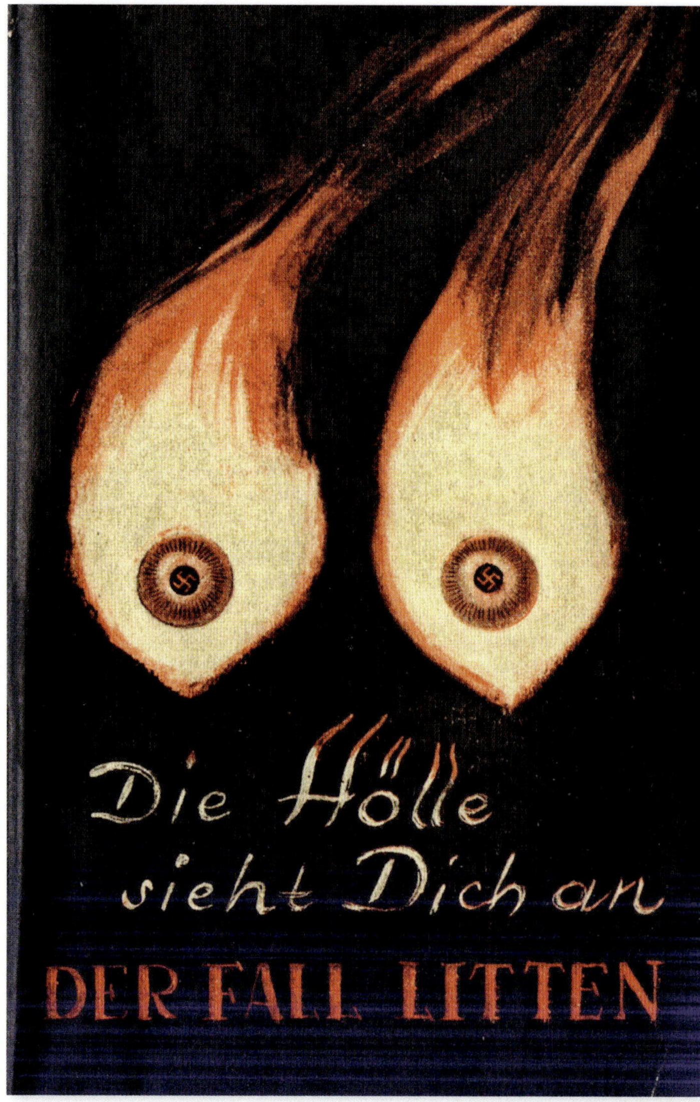

»Die Hölle sieht dich an«. *1940. Farboffset. Schutzumschlag für Irmgard Litten, »Die Hölle sieht dich an: Der Fall Litten«, Paris 1940.*

Litten beschrieb in dem Buch das Schicksal ihres Sohnes Hans. Dieser war Rechtsanwalt in Berlin gewesen und in der Nacht des Reichstagsbrandes verhaftet worden. Nach Aufenthalten und Mißhandlungen in verschiedenen Konzentrationslagern war er im KZ Dachau am 5. Februar 1938 in den Tod getrieben worden.

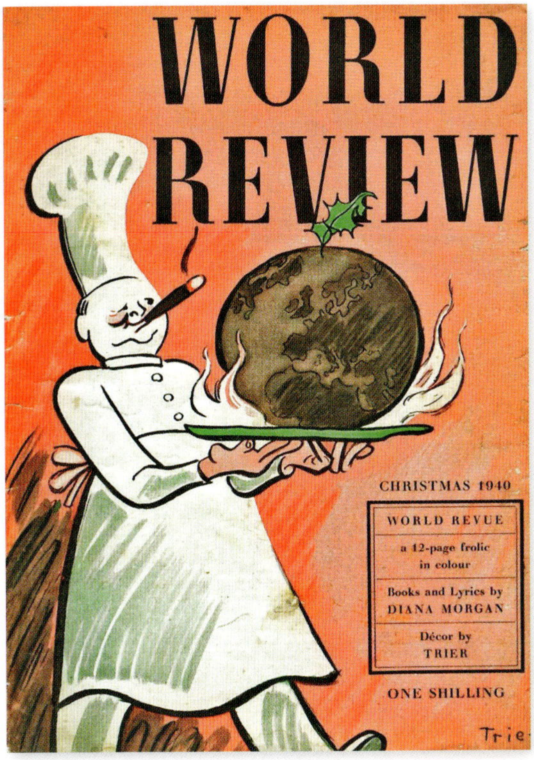

Churchill und die brandgefährliche Weltlage.
1940. Farboffset. Schutzumschlag für »World Review: Christmas 1940. World Revue, a 12-page frolic in colour, Books and Lyrics by Diana Morgan, Décor by Trier«, London 1940.

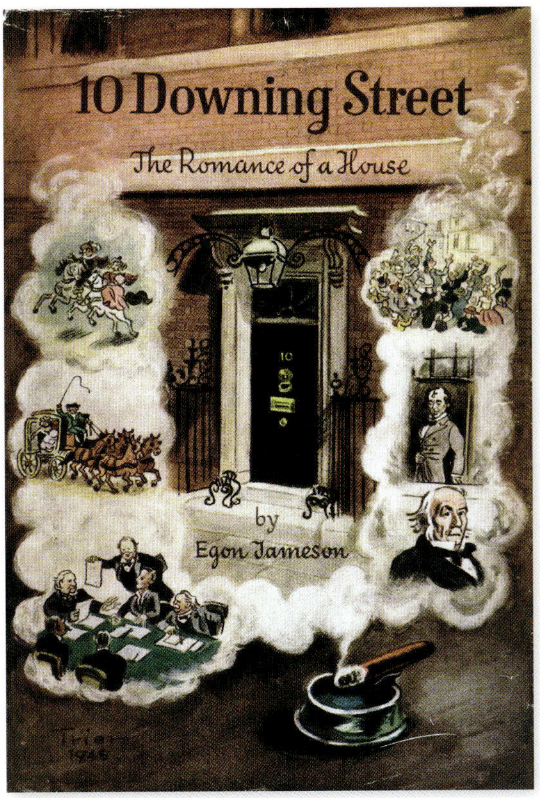

»10 Downing Street«.
1945. Farboffset. Schutzumschlag für Egon Jameson, »10 Downing Street. The Romance of a House«, London 1945.

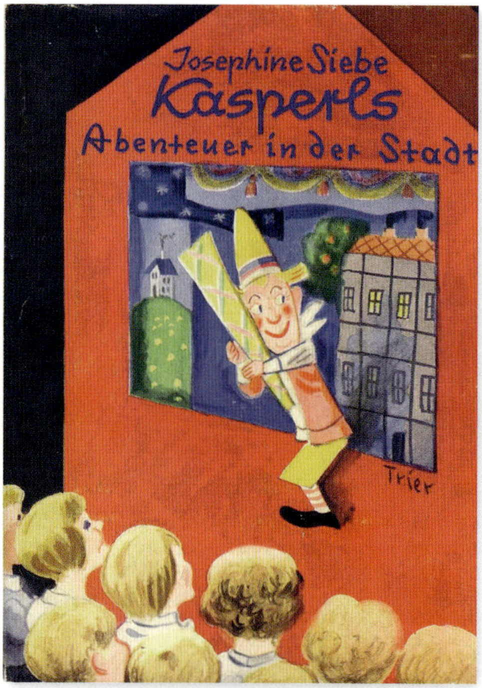

»Kasperls Abenteuer in der Stadt«. *1932. Farboffset. Schutzumschlag für Josephine Siebe, »Kasperls Abenteuer in der Stadt. Eine lustige Kasperl-Geschichte«, Stuttgart, 1932.*

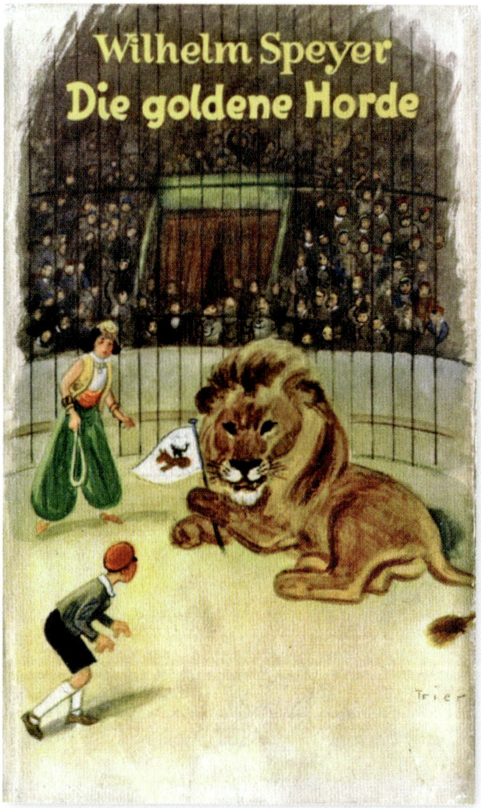

»Die goldene Horde«. *1931. Farboffset. Schutzumschlag für Wilhelm Speyer, »Die goldene Horde«, Berlin 1931.*

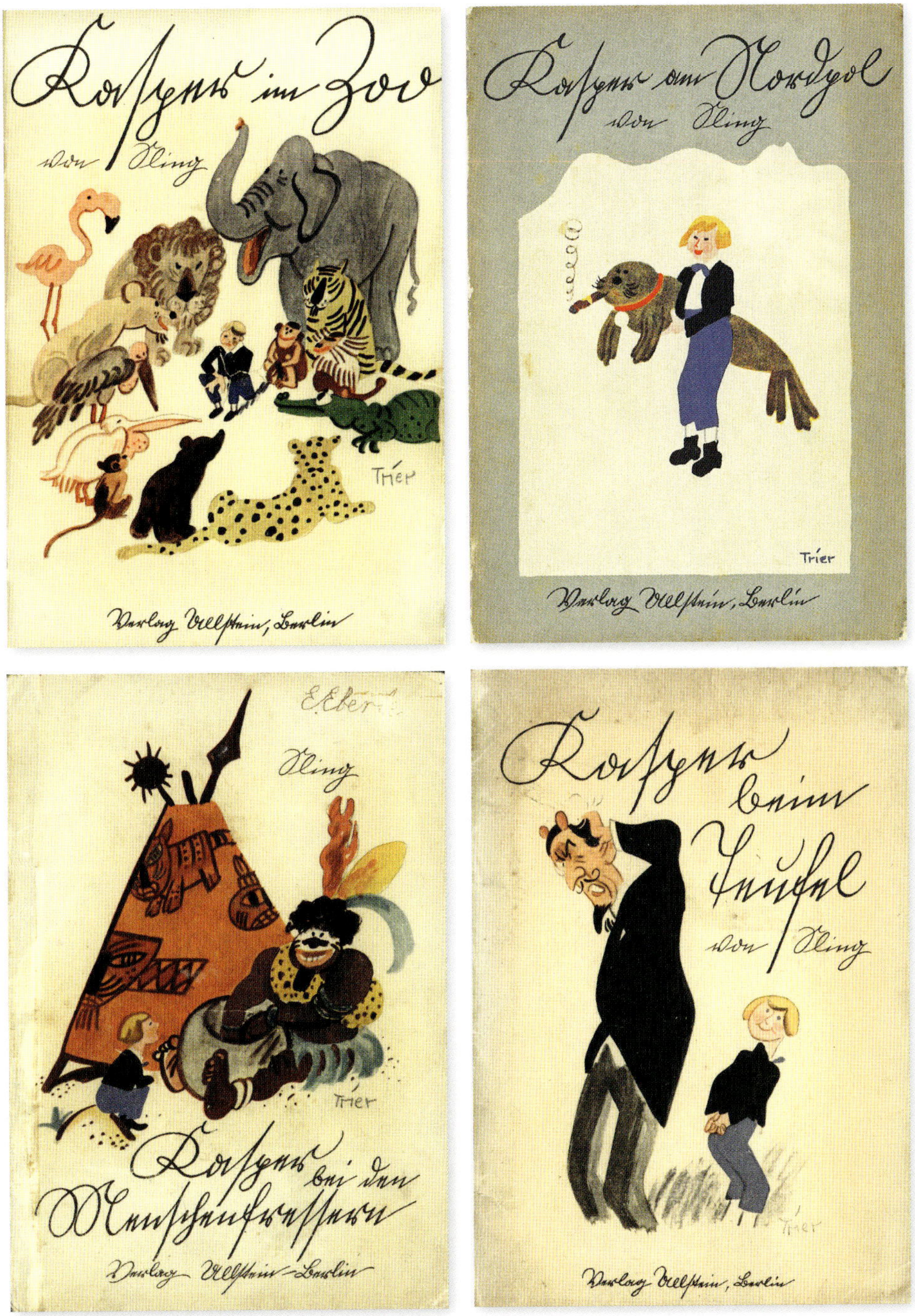

Vierteilige Kasper-Serie. *1922 und 1923. Farblithographien. Pappeinbände für Sling [d.i. Paul Schlesinger], »Kasper im Zoo«, Berlin 1922. »Kasper am Nordpol«, »Kasper bei den Menschenfressern« und »Kasper beim Teufel«, Berlin 1923.*

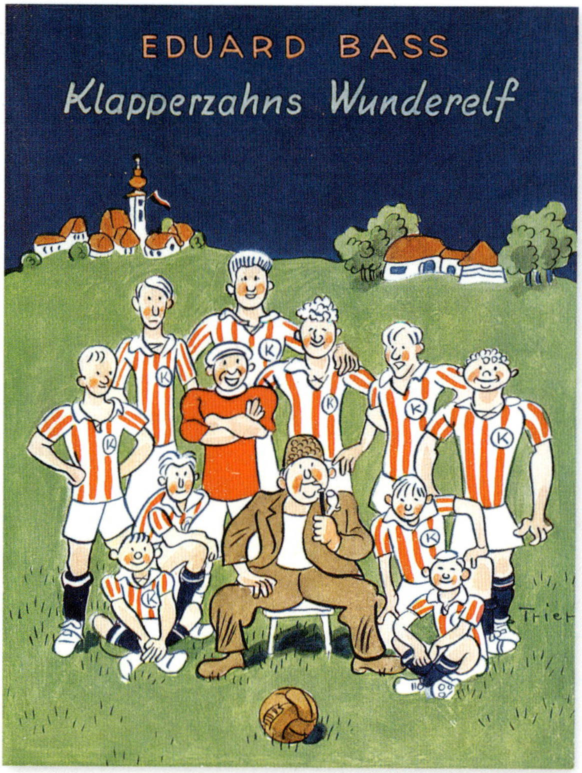

»Klapperzahns Wunderelf«. *1935. Farboffset. Kartoneinband für Eduard Bass, »Klapperzahns Wunderelf«, Wien/Leipzig 1935.*

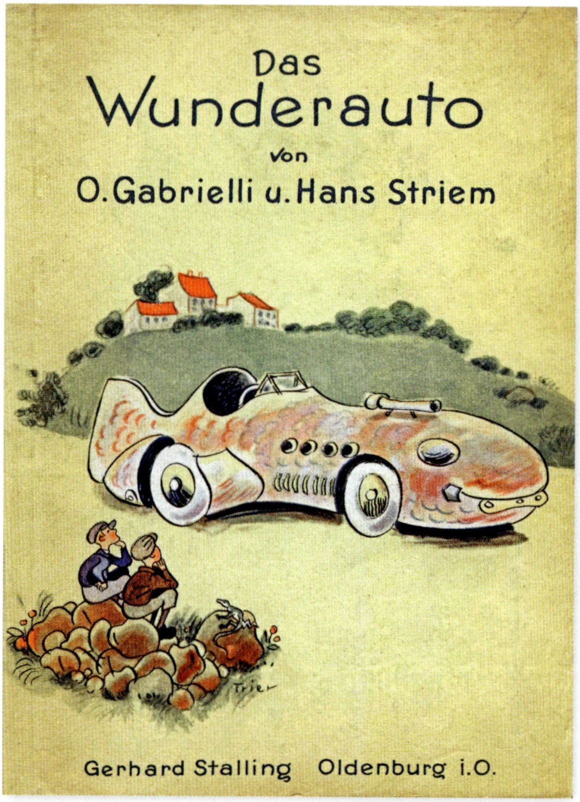

»Das Wunderauto«. *1930. Farboffset. Kartoneinband für Olga Gabrielli/Hans Striem, »Das Wunderauto«, Oldenburg i. O. 1930.*

»Peter verliert nicht den Kopf«.
1936. Farboffset. Schutzumschlag für Jolán Földes, »Peter verliert nicht den Kopf«, Basel/Wien /Mährisch-Ostrau 1936.

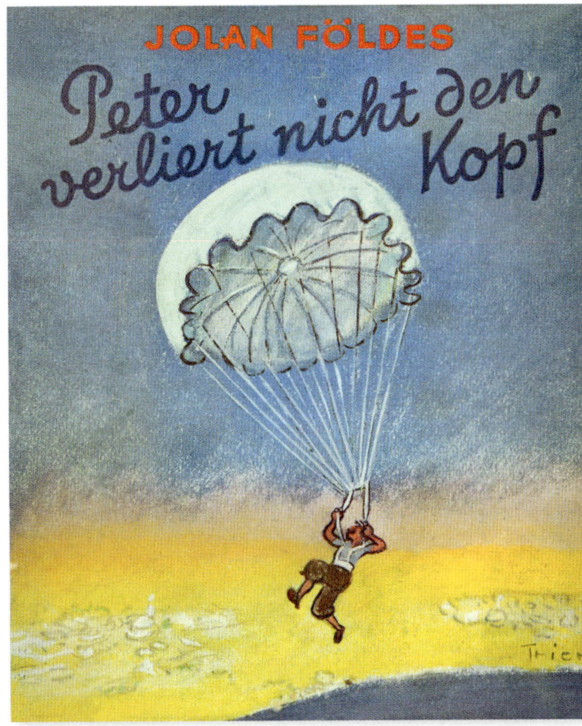

Ferien auf dem Meer.
1936. Farboffset. Schutzumschlag für Arthur Ransome, »Prázdniny na moři«, Prag 1936.

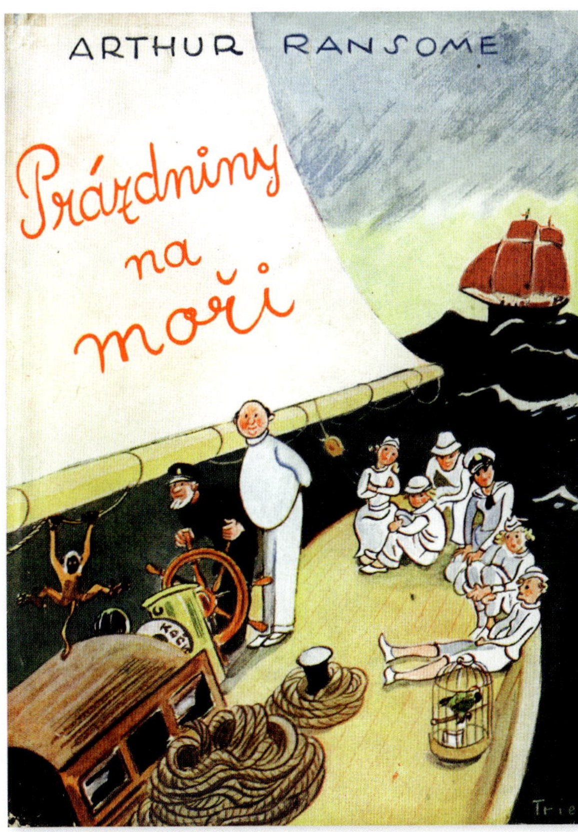

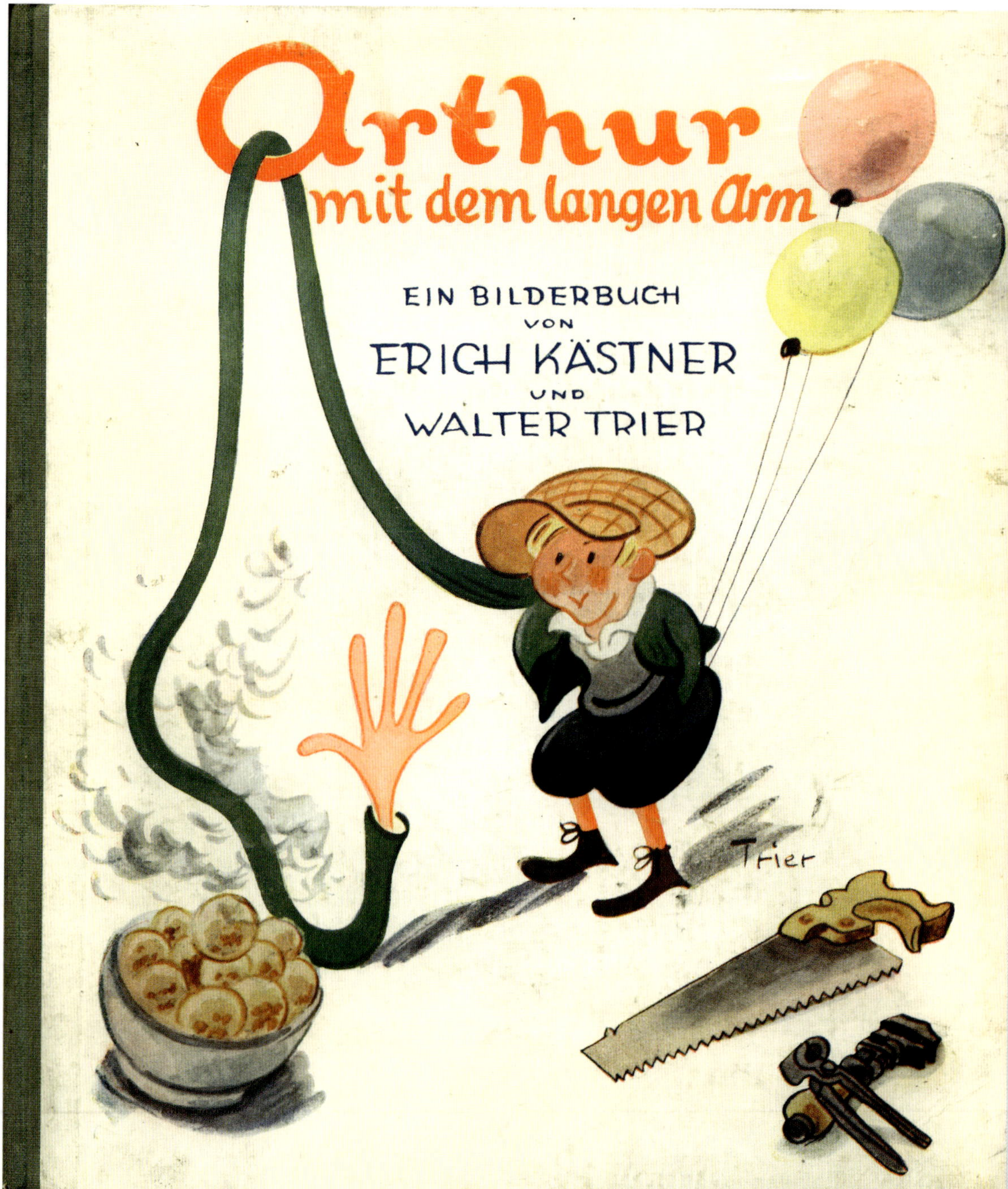

»Arthur mit dem langen Arm«. *1930. Farblithographie. Kartoneinband für Erich Kästner/Walter Trier, »Arthur mit dem langen Arm. Ein Bilderbuch«, Berlin-Grunewald 1931 [recte 1930].*

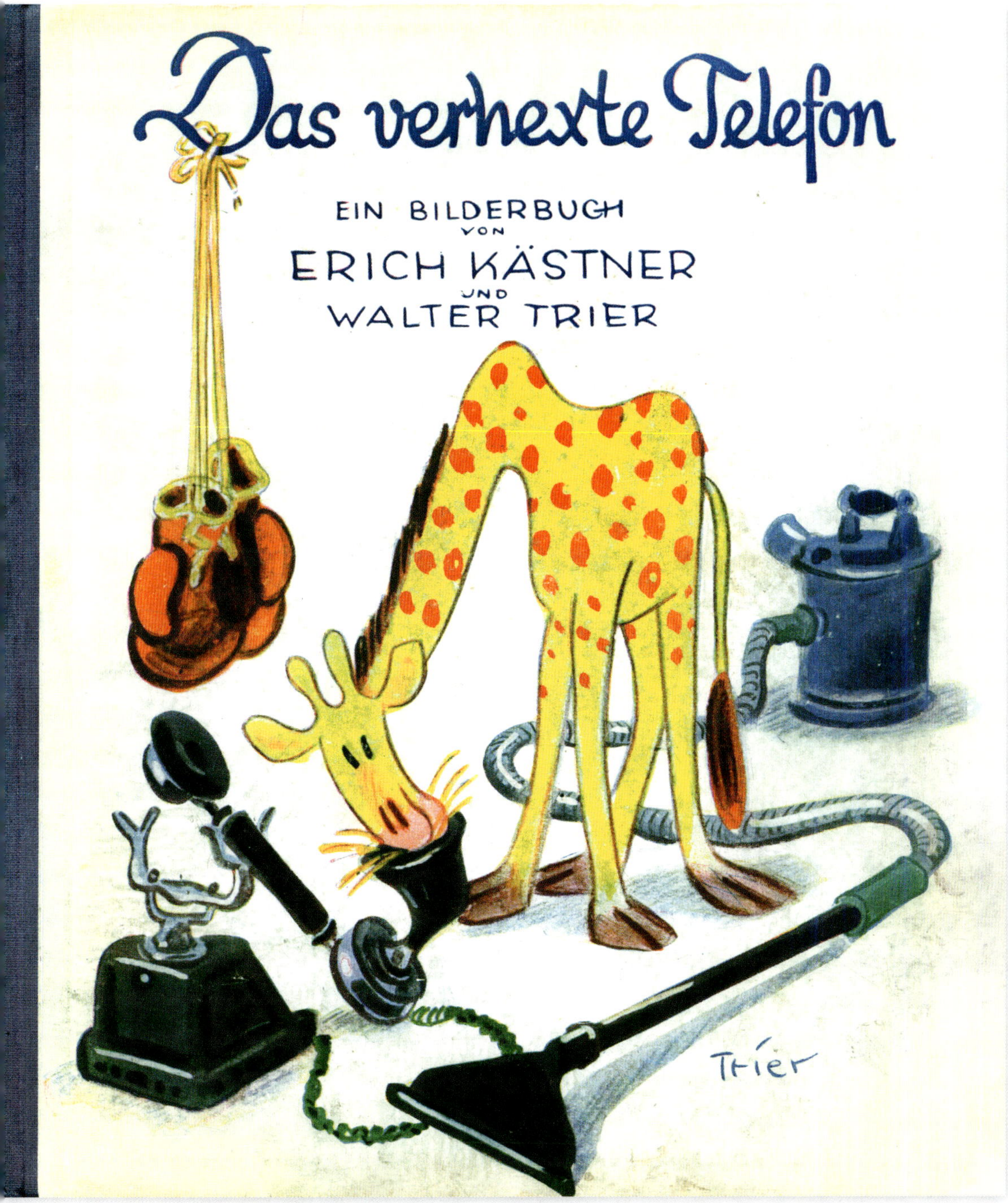

»Das verhexte Telefon«. *1930. Farblithographie. Kartoneinband für Erich Kästner/ Walter Trier, »Das verhexte Telefon. Ein Bilderbuch«, Berlin-Grunewald 1931 [recte 1930].*

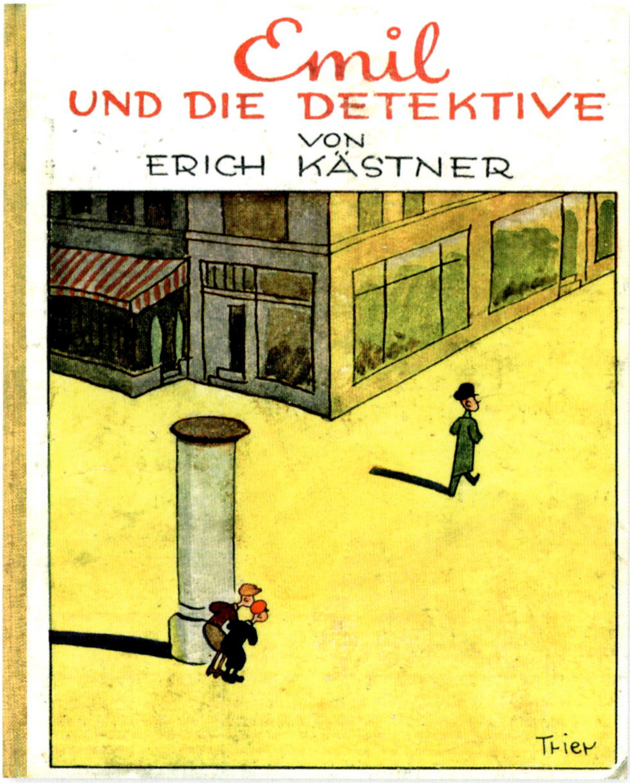

»Emil und die Detektive«.
1929. Farboffset. Kartoneinband für Erich Kästner, »Emil und die Detektive. Ein Roman für Kinder. Illustriert von Walter Trier«, Berlin-Grunewald 1930 [recte Okt. 1929].

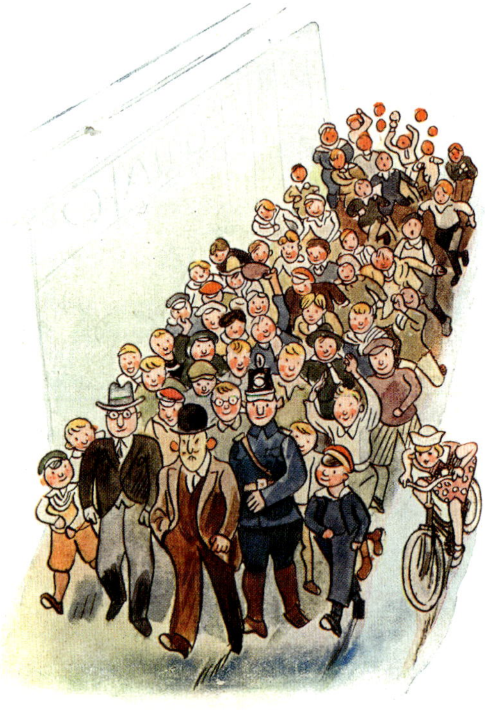

Verhaftung von Herrn Grundeis.
1929. Farboffset aus Erich Kästner, »Emil und die Detektive. Ein Roman für Kinder. Illustriert von Walter Trier«, Berlin-Grunewald 1930 [recte 1929], S. 176 f.
Diese ursprüngliche Farbtafel bildete in verschiedener Hinsicht das kongeniale Gegenstück zur Jagdszene auf dem Einband. Bei einigen Buchausgaben ersetzte sie sogar das weltberühmt gewordene Cover.

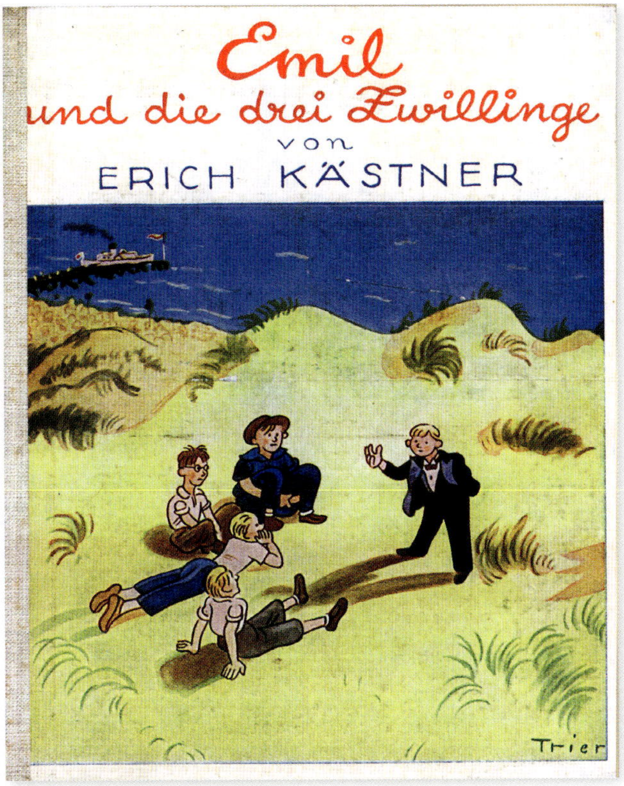

»Emil und die drei Zwillinge«.
1935. Farboffset. Kartoneinband für Erich Kästner, »Emil und die drei Zwillinge. Die zweite Geschichte von Emil und den Detektiven«, Basel/Wien/Mährisch Ostrau 1935.

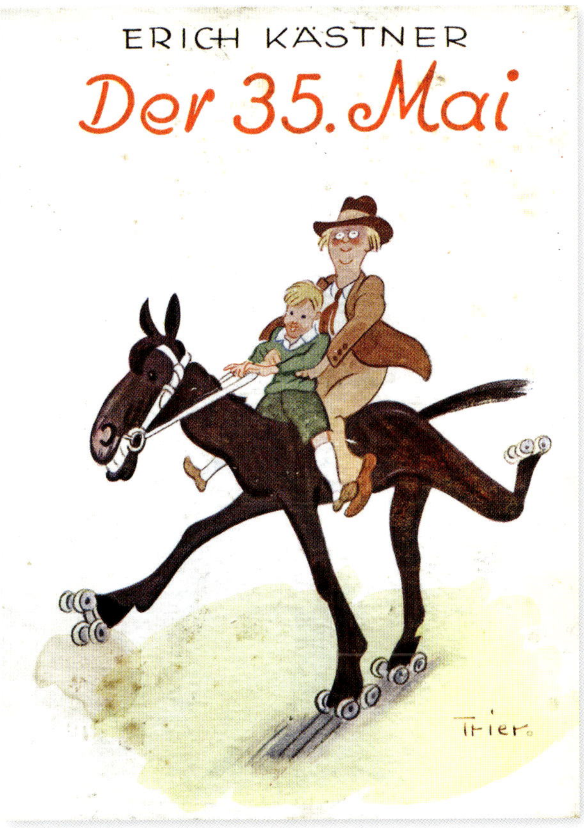

»Der 35. Mai«.
1932. Farboffset. Kartoneinband für Erich Kästner, »Der 35. Mai oder: Konrad reitet in die Südsee«, Berlin-Grunewald 1933 [recte 1932].

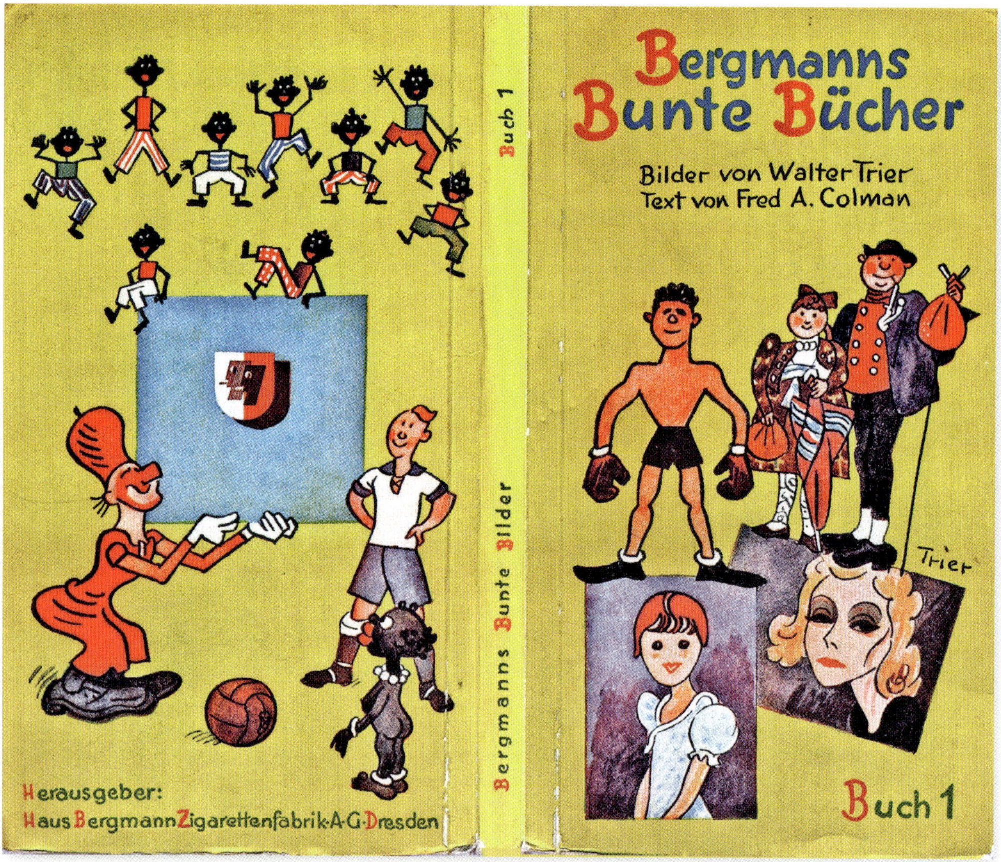

»Bergmanns Bunte Bücher Band 1«. *1932. Farboffset.*
Zweiseitiger Pappeinband für Fred A. Colman [d.i. Helmut Jaro Jaretzki]/Walter Trier/ Max Ehrlich (Mitarbeit), »Bergmanns bunte Bücher, Buch 1«, Haus Bergmann Zigarettenfabrik, Dresden 1932.

Die 1923 in Dresden gegründete Zigarettenfabrik »Haus Bergmann« war 1932 von »BAT«, d. i. British American Tobacco, aufgekauft worden und vertreibt bis heute die vom ursprünglichen Firmennamen abgeleitete Zigarettenmarke »HB«.

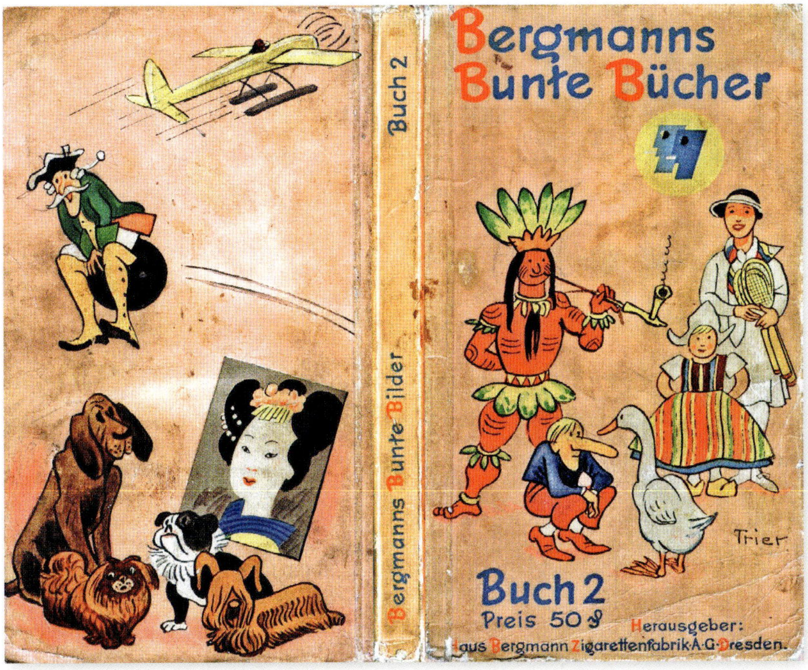

»Bergmanns Bunte Bücher Band 2«.
1933. Farboffset. Zweiseitiger Pappeinband für Fred A. Colman [d.i. Helmut Jaro Jaretzki]/ Walter Trier/Max Ehrlich (Mitarbeit), »Bergmanns bunte Bücher, Buch 2«, Haus Bergmann Zigarettenfabrik, Dresden 1932.

Dieser zweite Band enthielt, ebenso wie Band 1, einhundert Sammelbildchen.

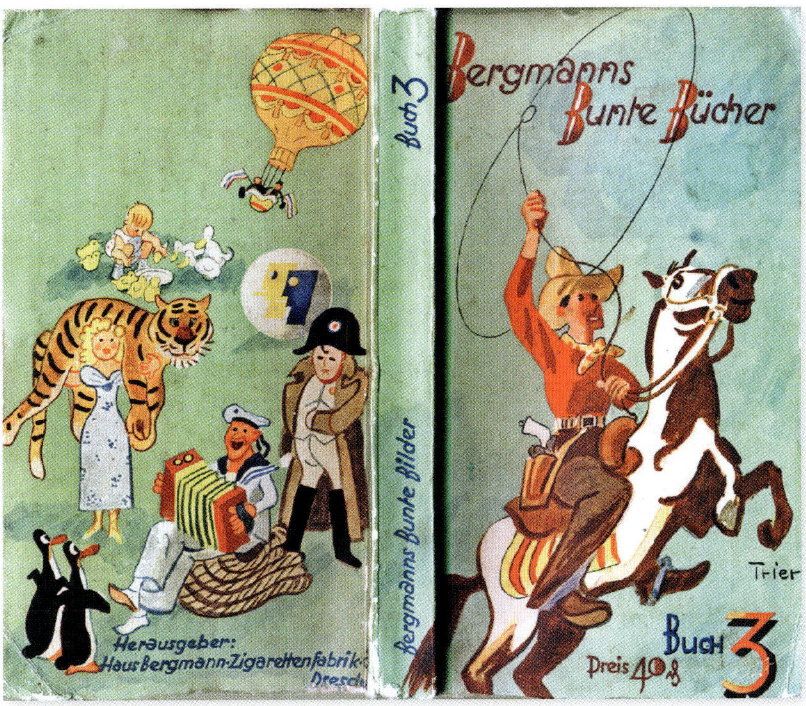

»Bergmanns Bunte Bücher Band 3«.
1933. Farboffset. Zweiseitiger Pappeinband für Fred A. Colman [d.i. Helmut Jaro Jaretzki]/Walter Trier/Max Ehrlich (Mitarbeit), »Bergmanns bunte Bücher, Buch 3«, Haus Bergmann Zigarettenfabrik, Dresden 1933.

Da die erfolgreiche Buchreihe völlig überraschend beendet worden war, beinhaltet dieser Band 150 Sammelbilder. Aufgrund des Erscheinungsjahres dürfte eine Ursache in der Mitarbeit Triers zu suchen sein, der wegen seiner politischen Gesinnung und Abstammung zu den ersten verfemten Künstlern zählte.

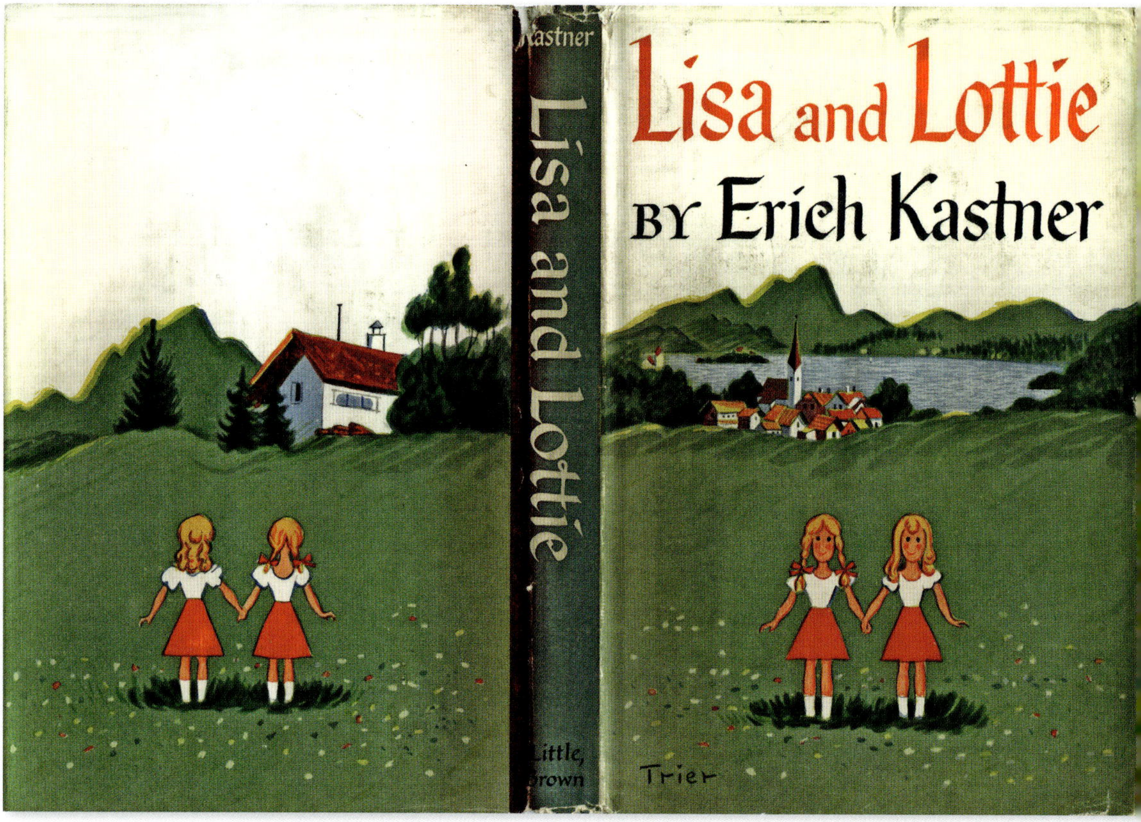

»Lisa and Lottie«. *1951. Farboffset. Zweiseitiger Schutzumschlag für Erich Kästner, »Lisa and Lottie«, Boston 1951.*

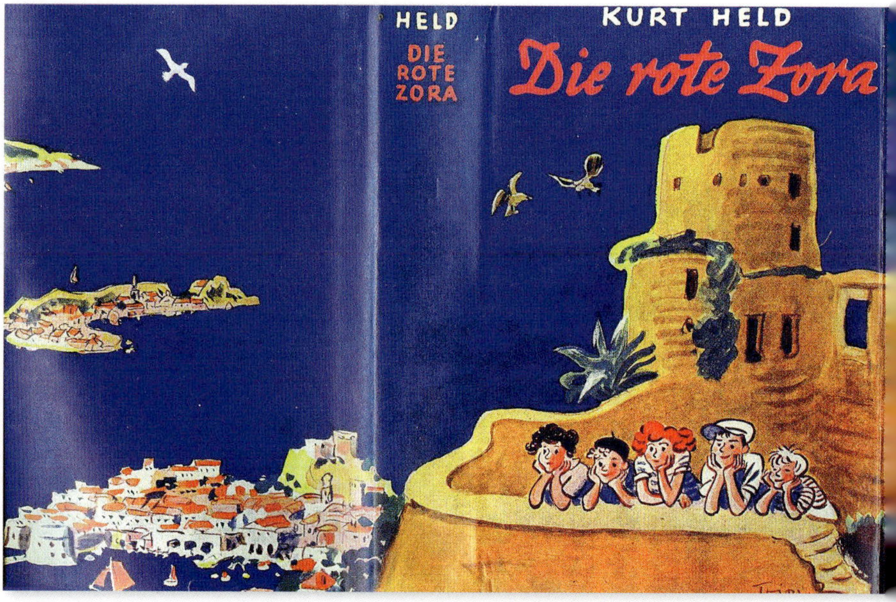

»Die rote Zora«. *1950. Farboffset. Zweiseitiger Schutzumschlag für Kurt Held [d.i. Kurt Kläber], »Die rote Zora und ihre Bande. Eine Erzählung aus Dalmatien«, Wien/München/Basel 1950.*

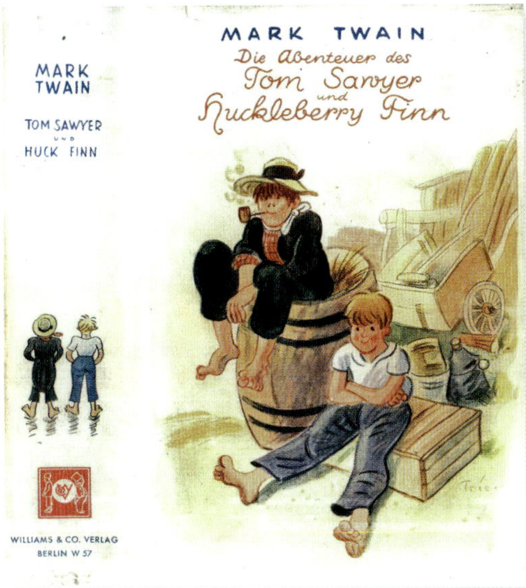

»Die Abenteuer des Tom Sawyer und Huckleberry Finn«.
1935. Farboffset. Schutzumschlag für Mark Twain, »Die Abenteuer des Tom Sawyer und Huckleberry Finn. Reich illustriert von Trier«, Berlin 1935.

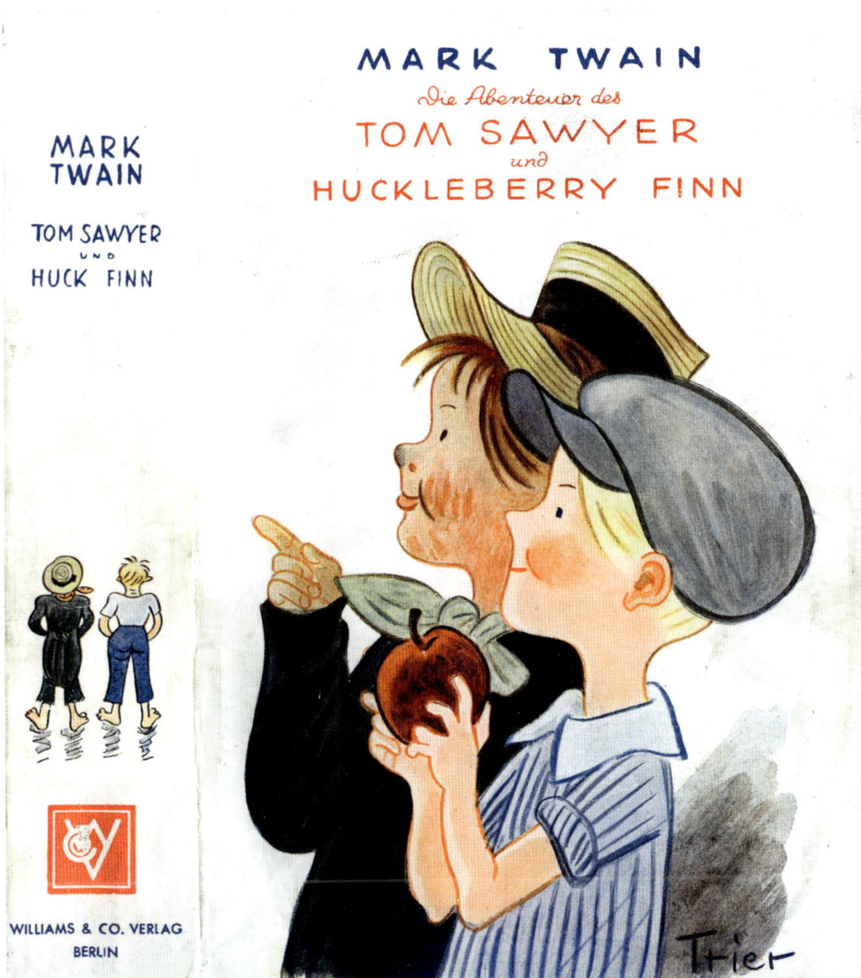

Tom Sawyer und Huckleberry Finn.
1936. Farboffset. Schutzumschlag für Mark Twain, »Die Abenteuer des Tom Sawyer und Huckleberry Finn, Reich illustriert von Walter Trier«, Berlin 1936.

Eine Erklärung für die so rasch veränderte Ausstattung gibt es bislang nicht, könnte aber mit der Flucht der Verlegerin Edith Jacobsohn und den komplizierter gewordenen Geschäften in Zusammenhang stehen.

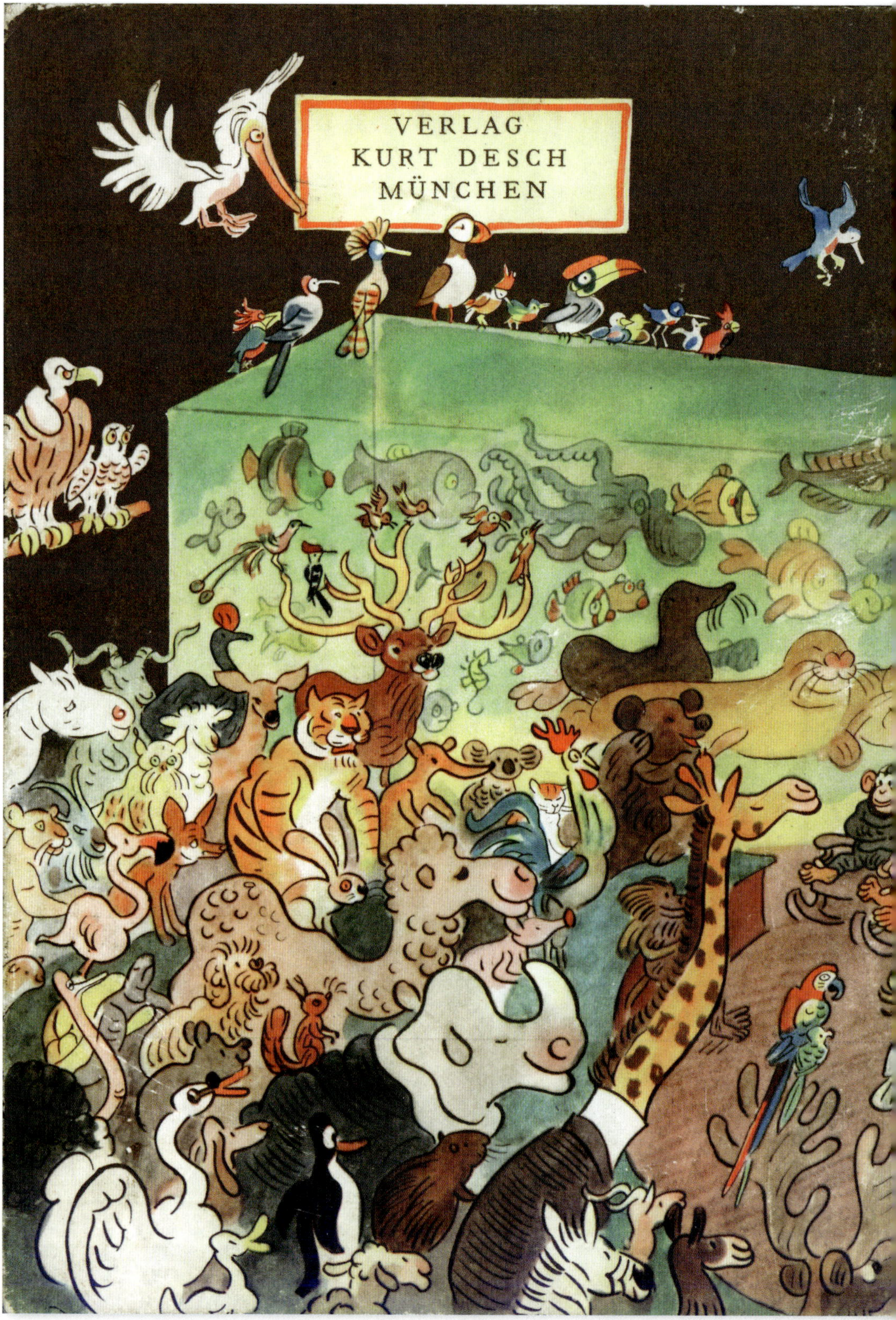

»Die Konferenz der Tiere«. *1949. Farboffset. Zweiseitiger Kartoneinband für Erich Kästner/Walter Trier/Jella Lepman, »Die Konferenz der Tiere: Ein Buch für Kinder und Kenner«, Zürich/Wien/Konstanz 1949.*
Die Bilder waren bereits 1947/48 entstanden und hatten den beginnenden Kalten Krieg zum Anlaß.

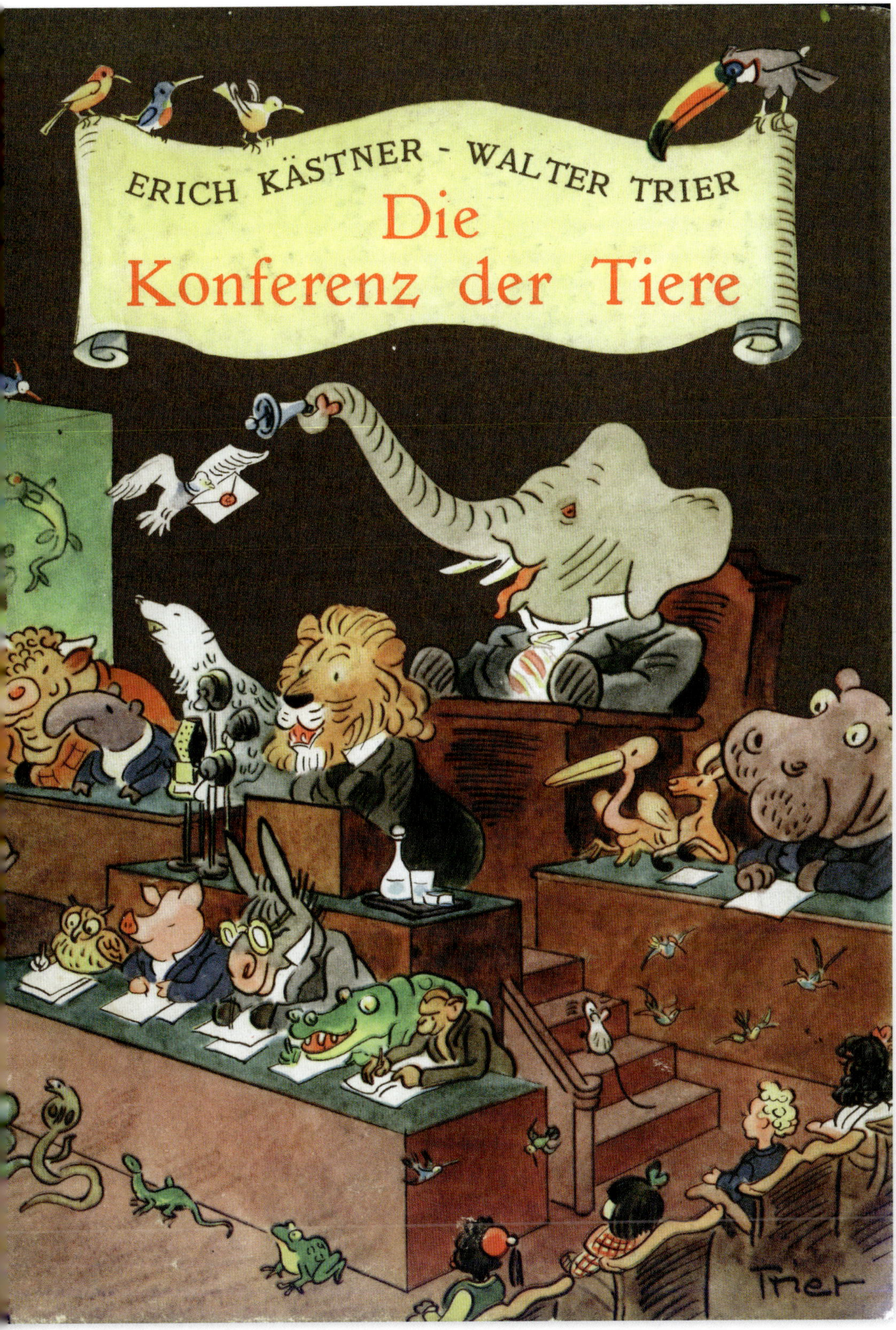
ERICH KÄSTNER - WALTER TRIER
Die
Konferenz der Tiere
Trier

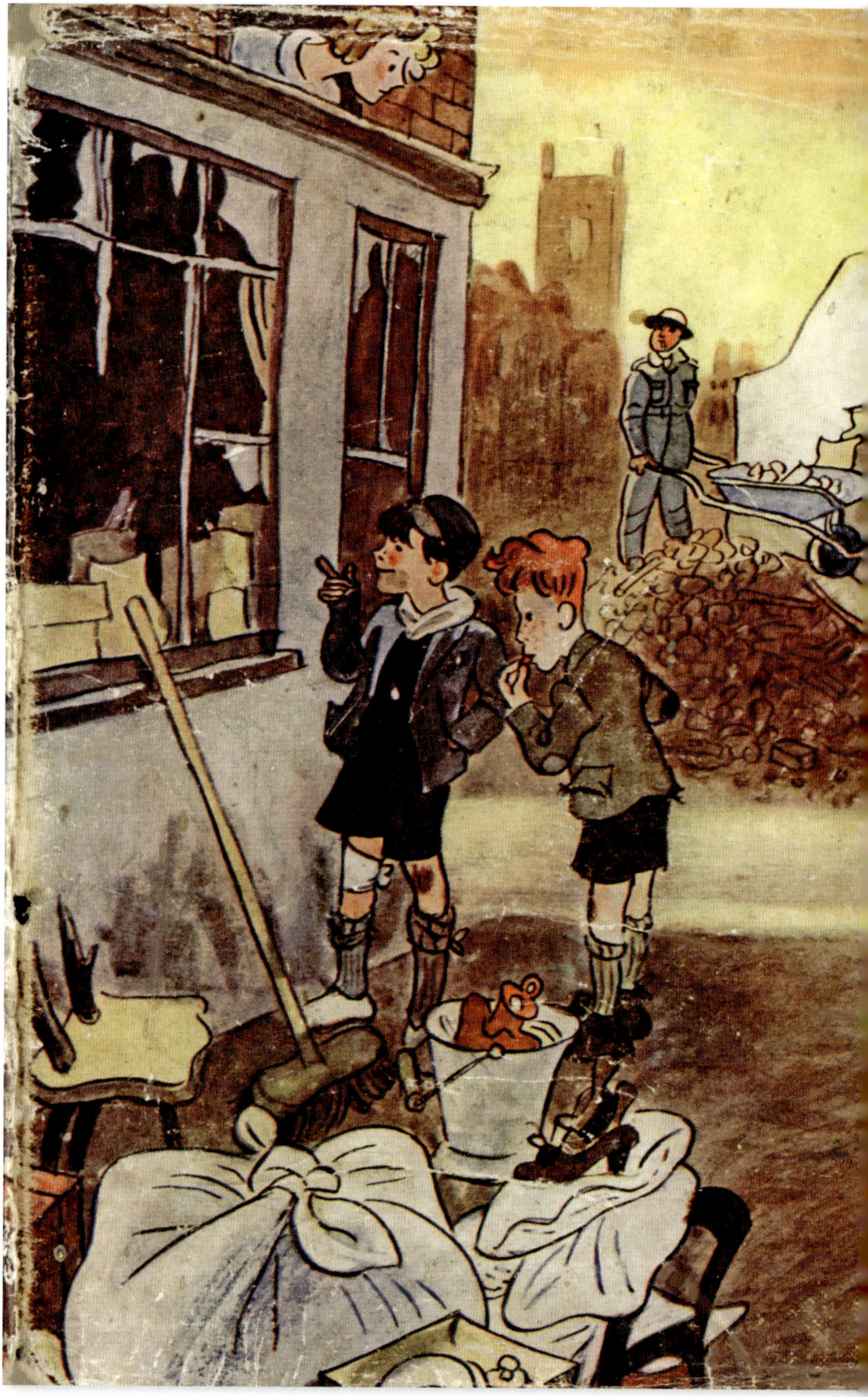

»Blitz Kids«. *1941. Farboffset. Zweiseitiger Schutzumschlag für Elinor Mordaunt, »Blitz Kids. Illustrated by Walter Trier«, London 1941.* Kriegsalltag und Trümmerlandschaften waren während des Zweiten Weltkrieges seltene Sujets im Kinderbuch-Bereich.

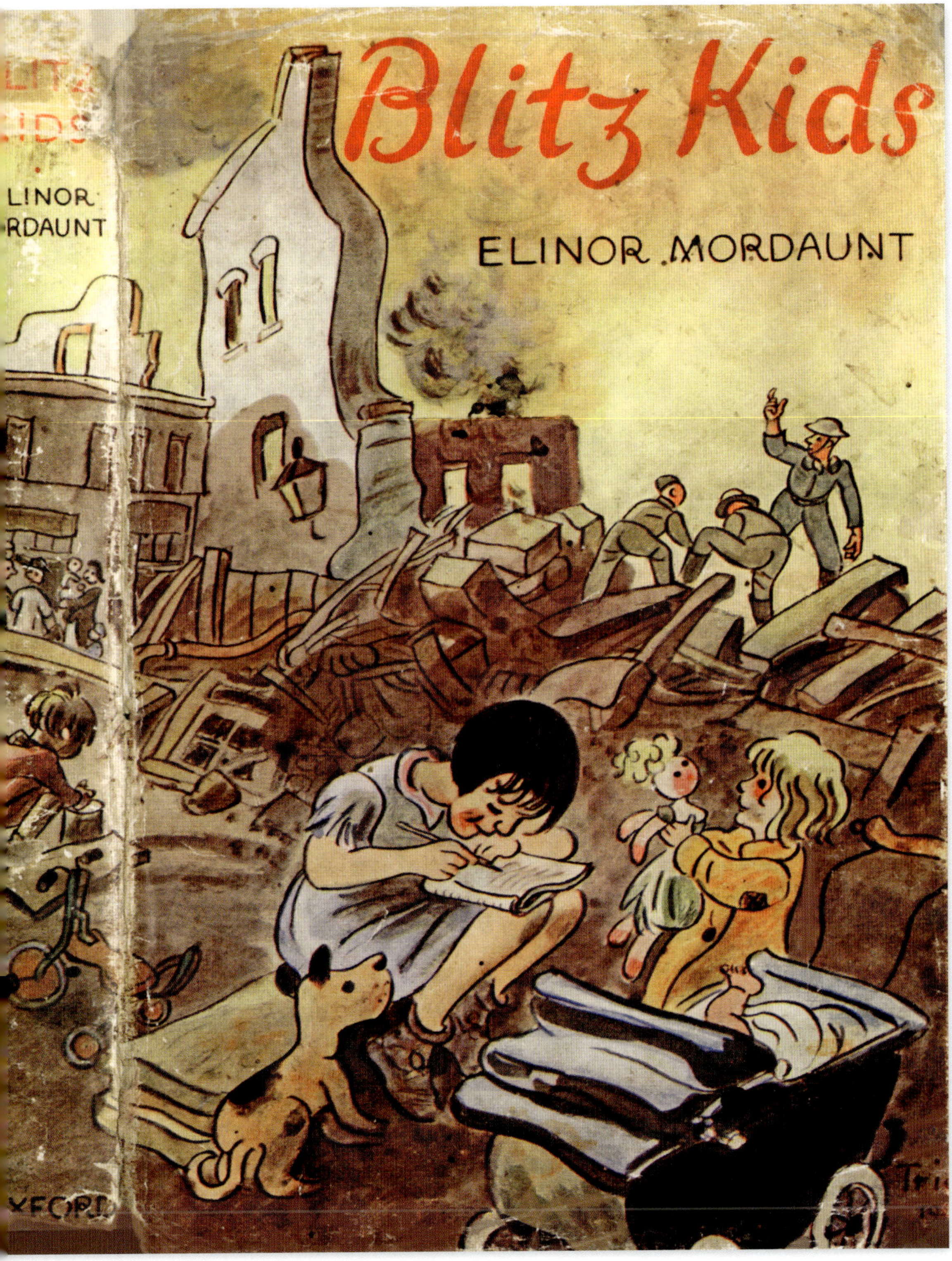
Blitz Kids
ELINOR MORDAUNT
LITZ
KIDS
ELINOR
MORDAUNT
XFORD

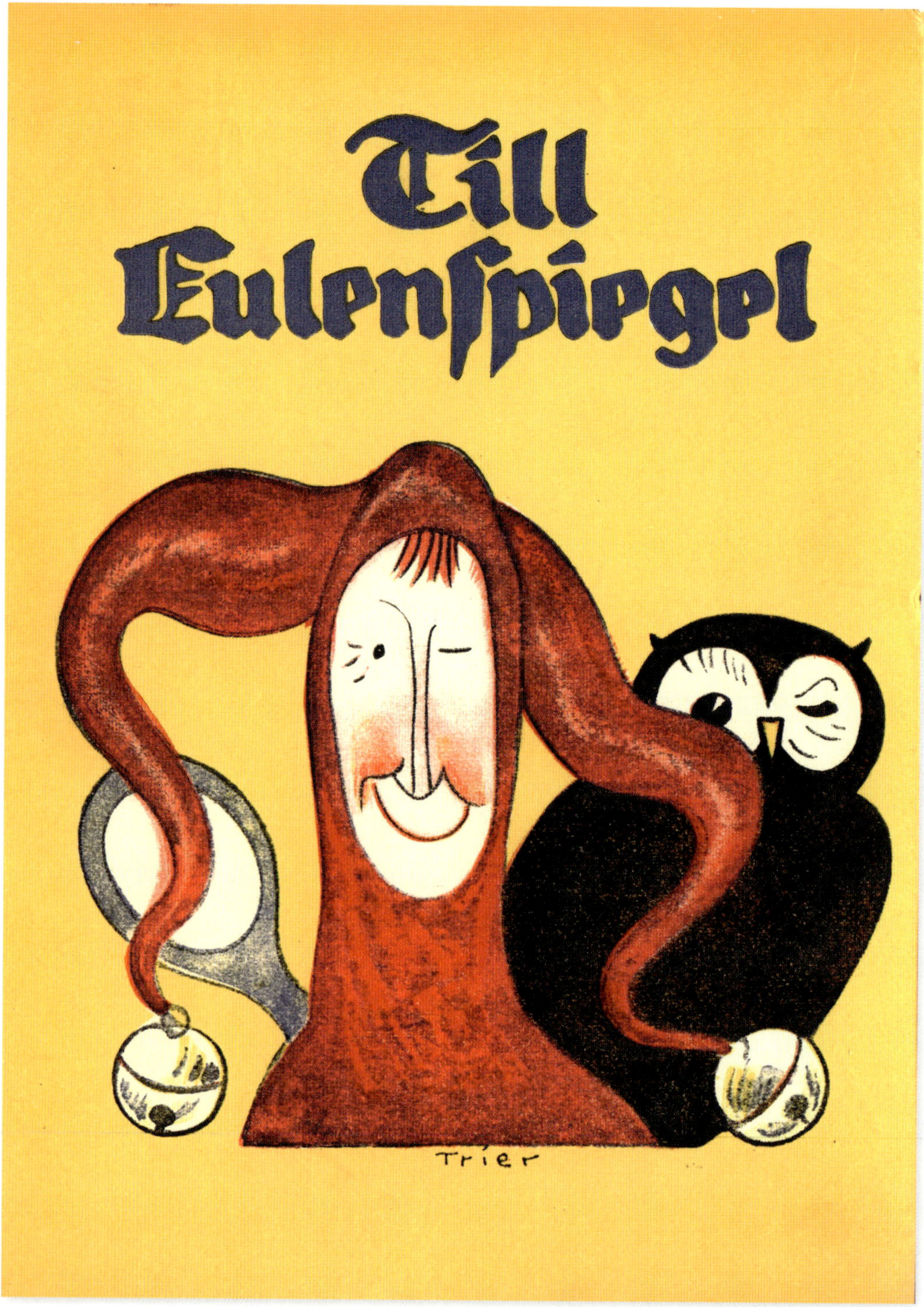

»Till Eulenspiegel«. *1920. Farblithographie. Kartoneinband für Paul Benndorf, »Till Eulenspiegel. Ein kurzweiliges Lesen, wie er sein Leben vollbracht hat. Nach der ältesten Ausgabe vom Jahre 1515 für die Jugend bearbeitet. Mit 4 farbigen und vielen schwarzen Bildern von Walter Trier«, Leipzig [1920].*

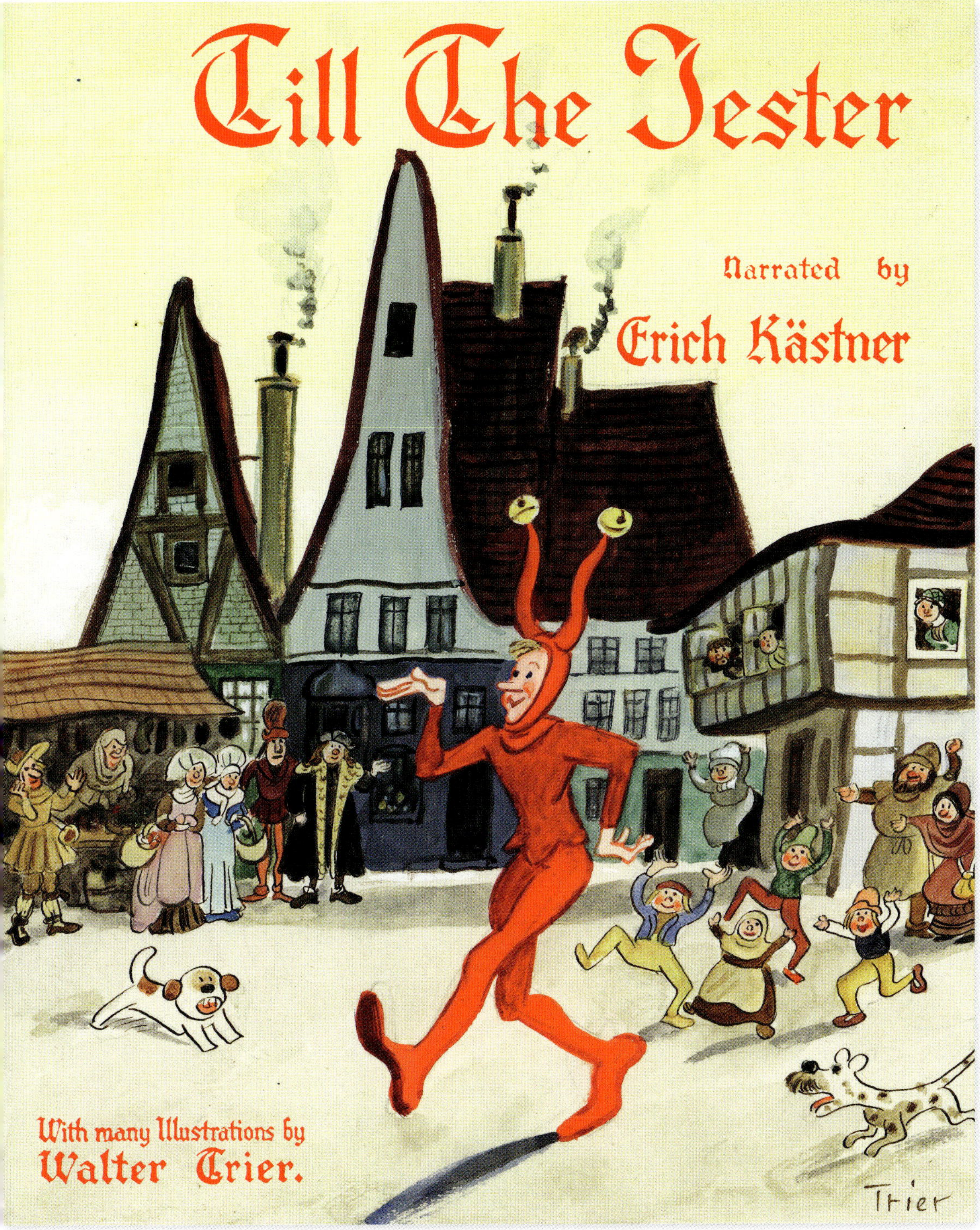

»Till The Jester« *1938. Farboffset. Schutzumschlag für Erich Kästner/Walter Trier, »Eleven Merry Pranks of Till the Jester«, New York/Toronto 1938.*

Zehn Jahre später kam in Zürich eine Ausgabe heraus mit »zwölf seiner Geschichten frei nacherzählt von Erich Kästner mit elf farbigen Bildern und vielen Zeichnungen von Walter Trier«.

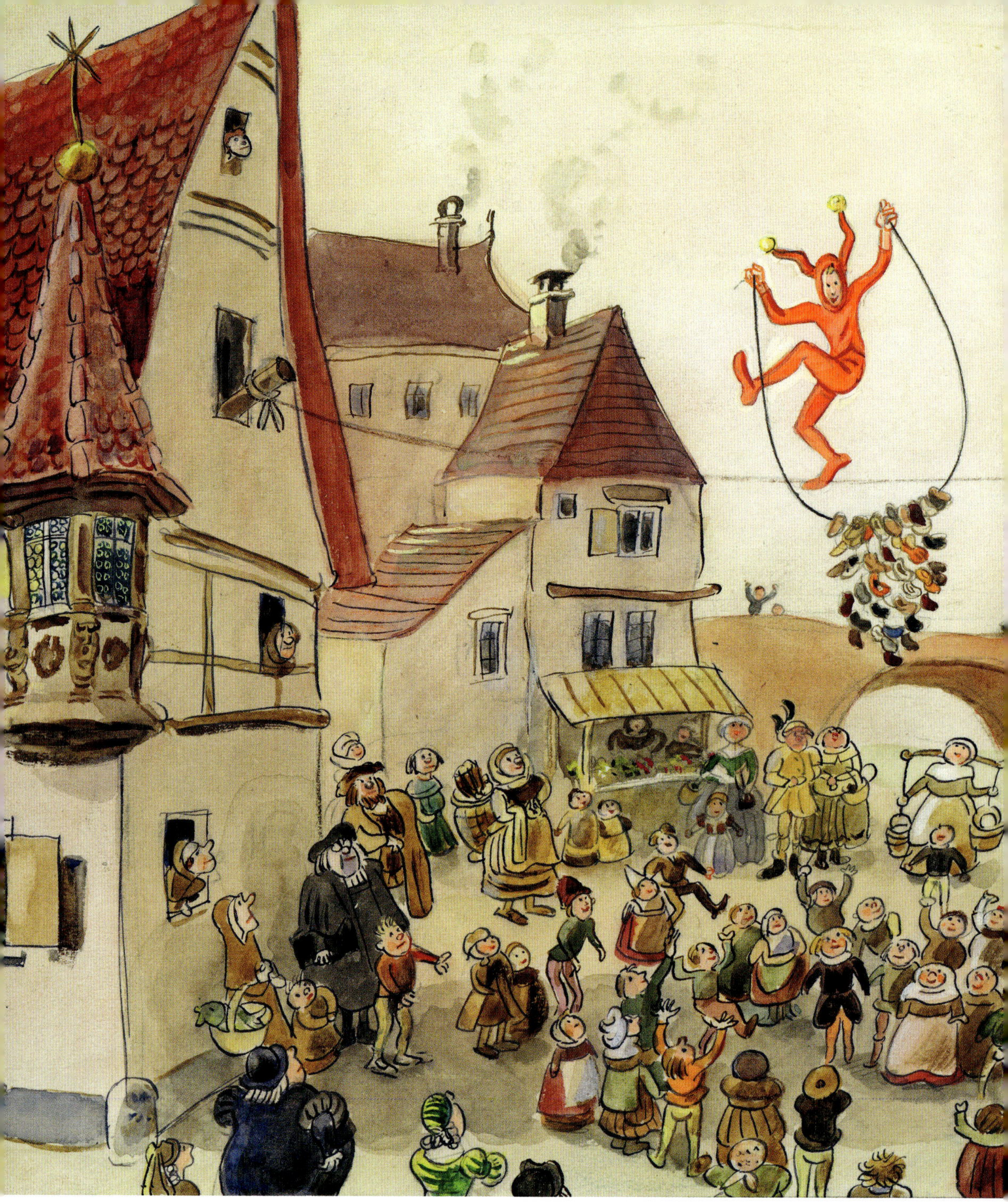

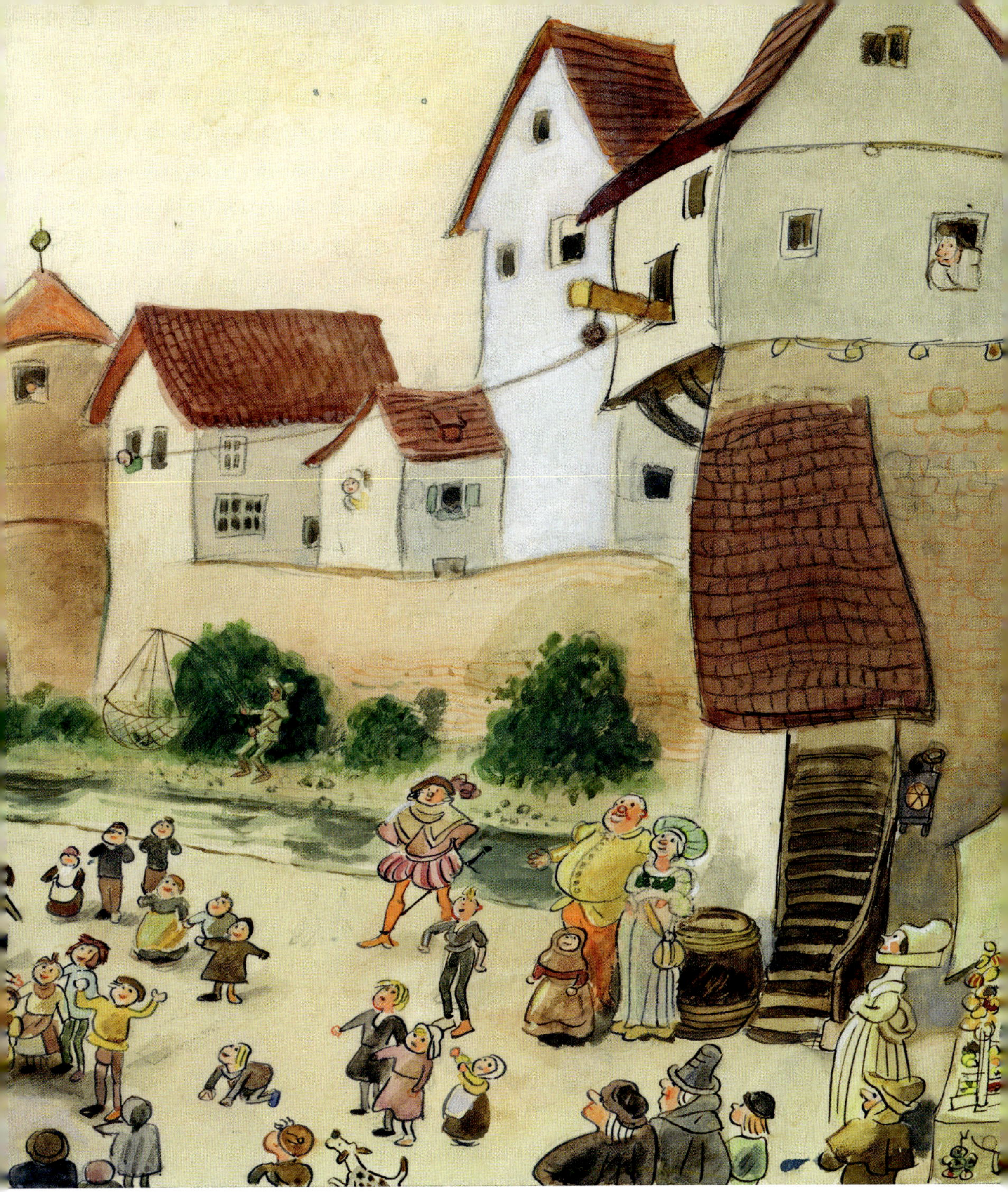

Till Eulenspiegel als Seiltänzer. *1938. Farboffset. Doppelseitige Buchillustration für Erich Kästner/Walter Trier, »Till Eulenspiegel. Elf seiner Geschichten frei nacherzählt von Erich Kästner. Mit 10 farbigen Bildern und vielen Zeichnungen von Walter Trier«, Basel/Mährisch Ostrau 1938.*

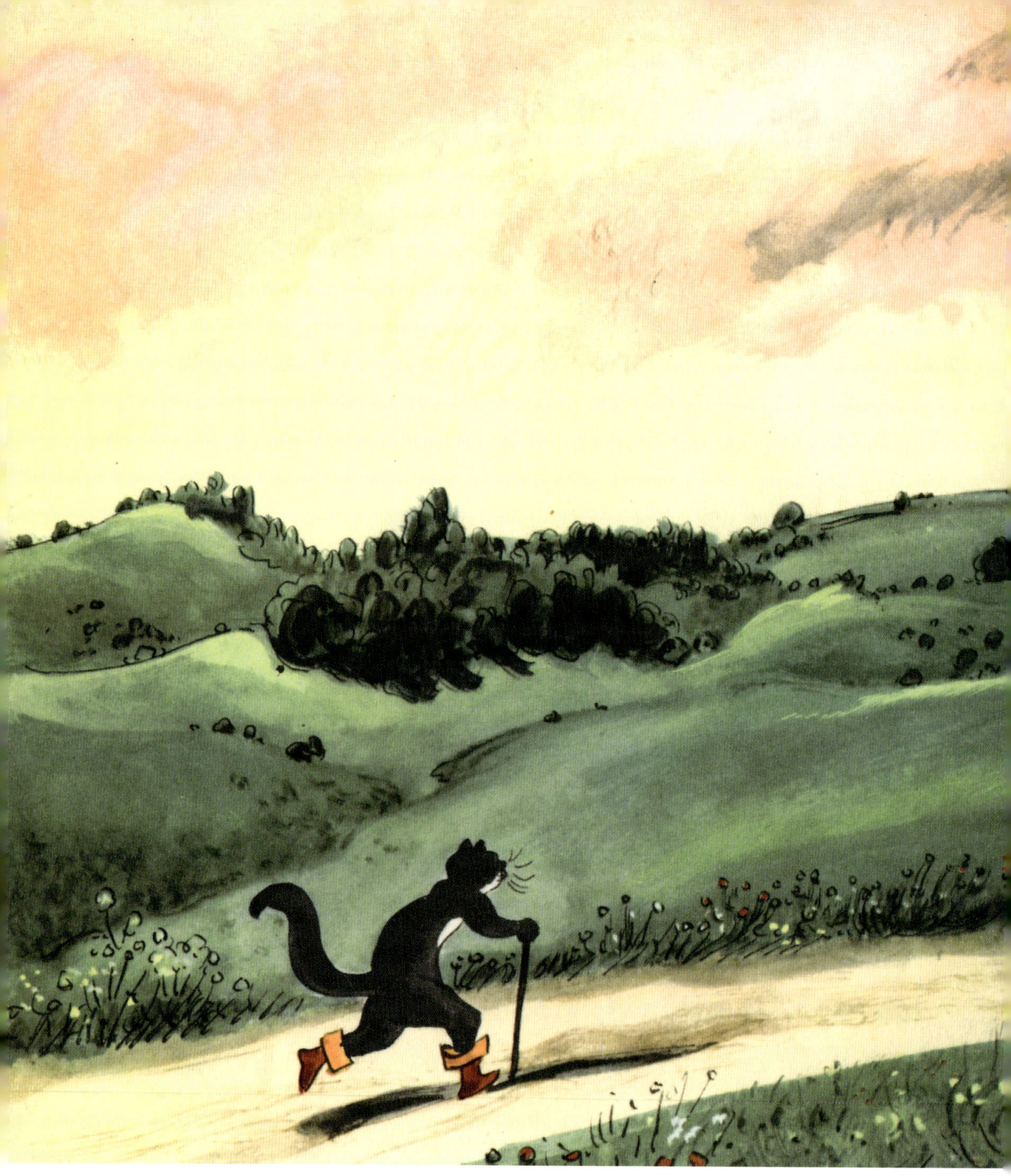

Der Kater auf dem Weg zum Schloß. *1950. Farboffset. Doppelseitige Buchillustration für Erich Kästner/Walter Trier, »Der gestiefelte Kater, Nacherzählt von Erich Kästner. Mit elf farbigen Bilder und vielen Zeichnungen von Walter Trier«, Zürich 1950.*

Die ersten Arbeiten an diesem Buch hatten bereits 1938 begonnen, wie eine Ankündigung des Verlag belegt. Im Zweiten Weltkrieg ruhte die Arbeit, auch mangels Kontakt zwischen den Buchkünstlern. Weil Autor und Illustrator später unterschiedliche Textvorlagen verwendet hatten, gab es vor der Fertigstellung große inhaltliche Differenzen. Die Konsequenz: Der Autor mußte seinen Text anpasse

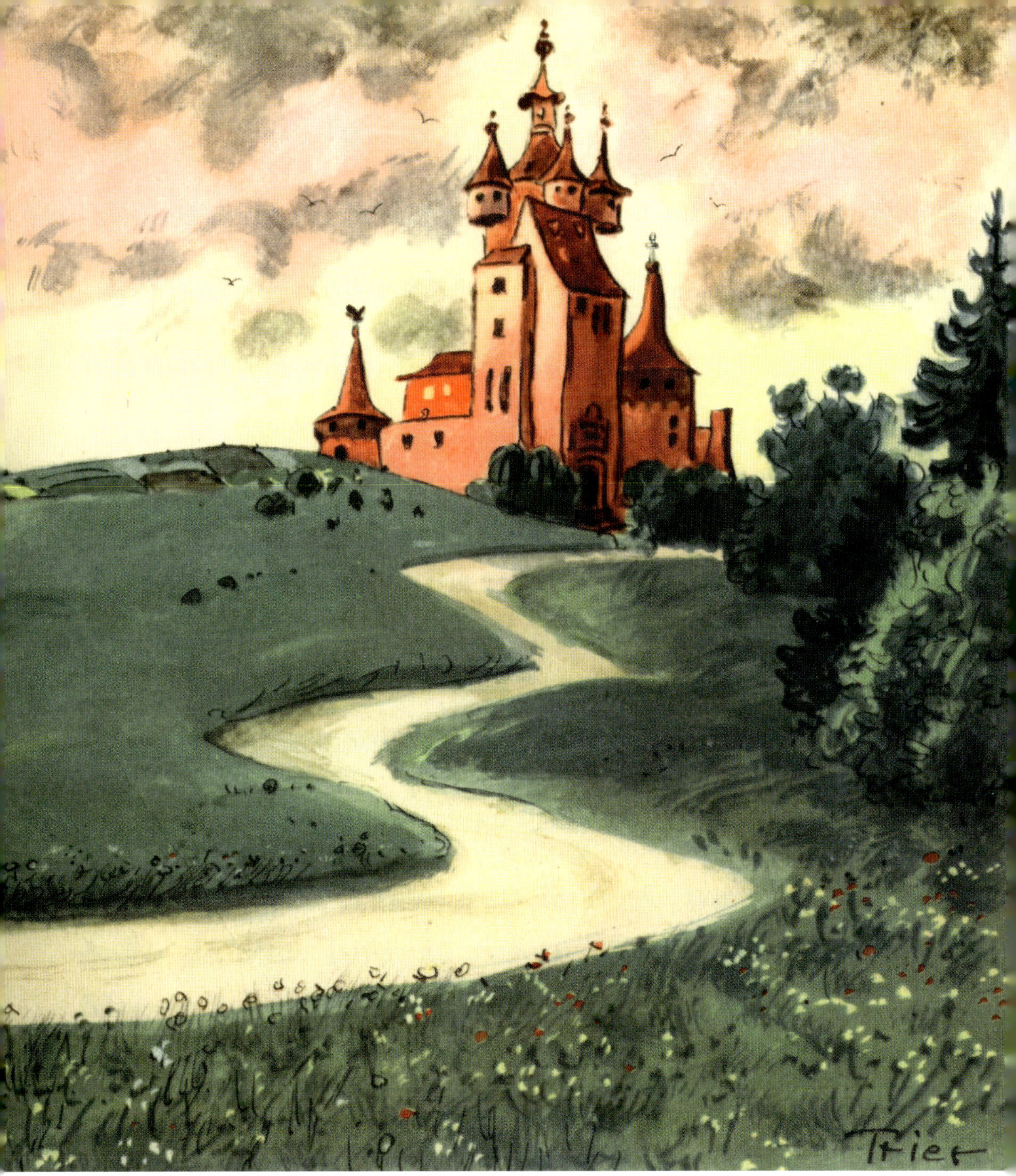

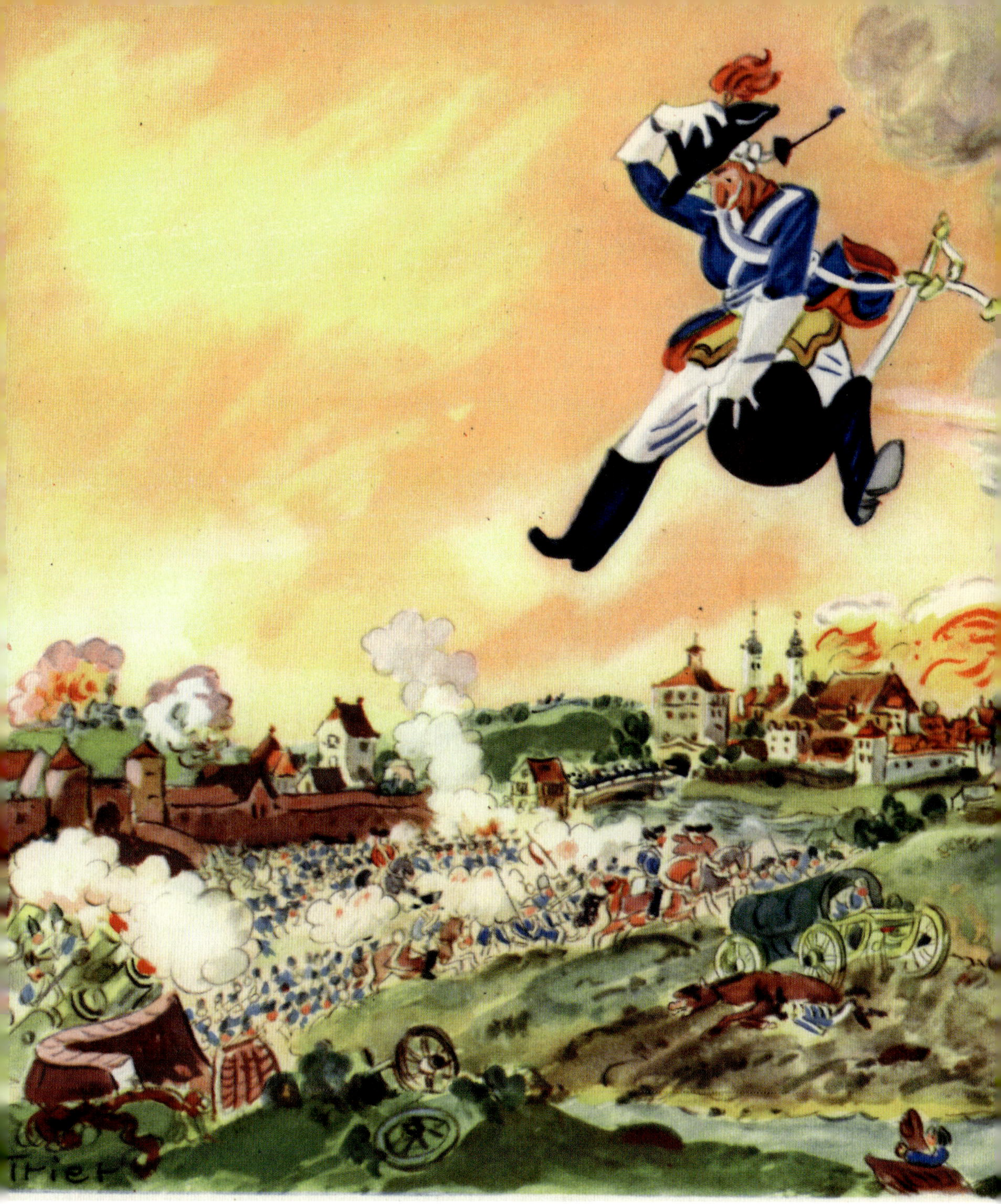
Trier

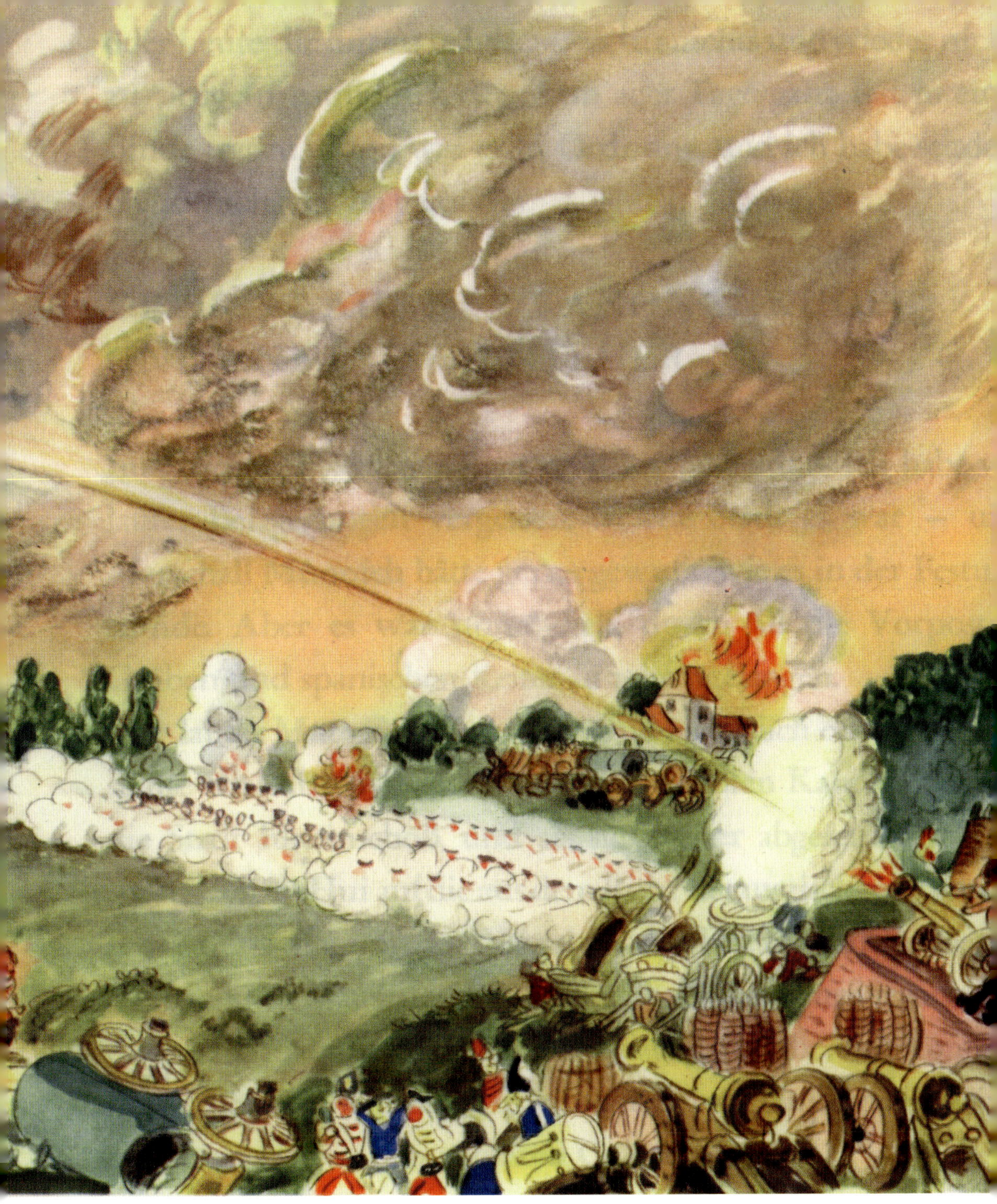

Münchhausens Ritt auf der Kanonenkugel. *1951. Farboffset. Doppelseitige Buchillustration für Erich Kästner/Walter Trier, »Des Freiherrn von Münchhausen wunderbare Reisen und Abenteuer zu Wasser und zu Lande, Nacherzählt von Erich Kästner mit elf farbigen Bildern und vielen Zeichnungen von Walter Trier«, Zürich 1951.*

Auch diese Nacherzählung war schon 1938 angedacht worden, wie eine Verlagsankündigung belegt.

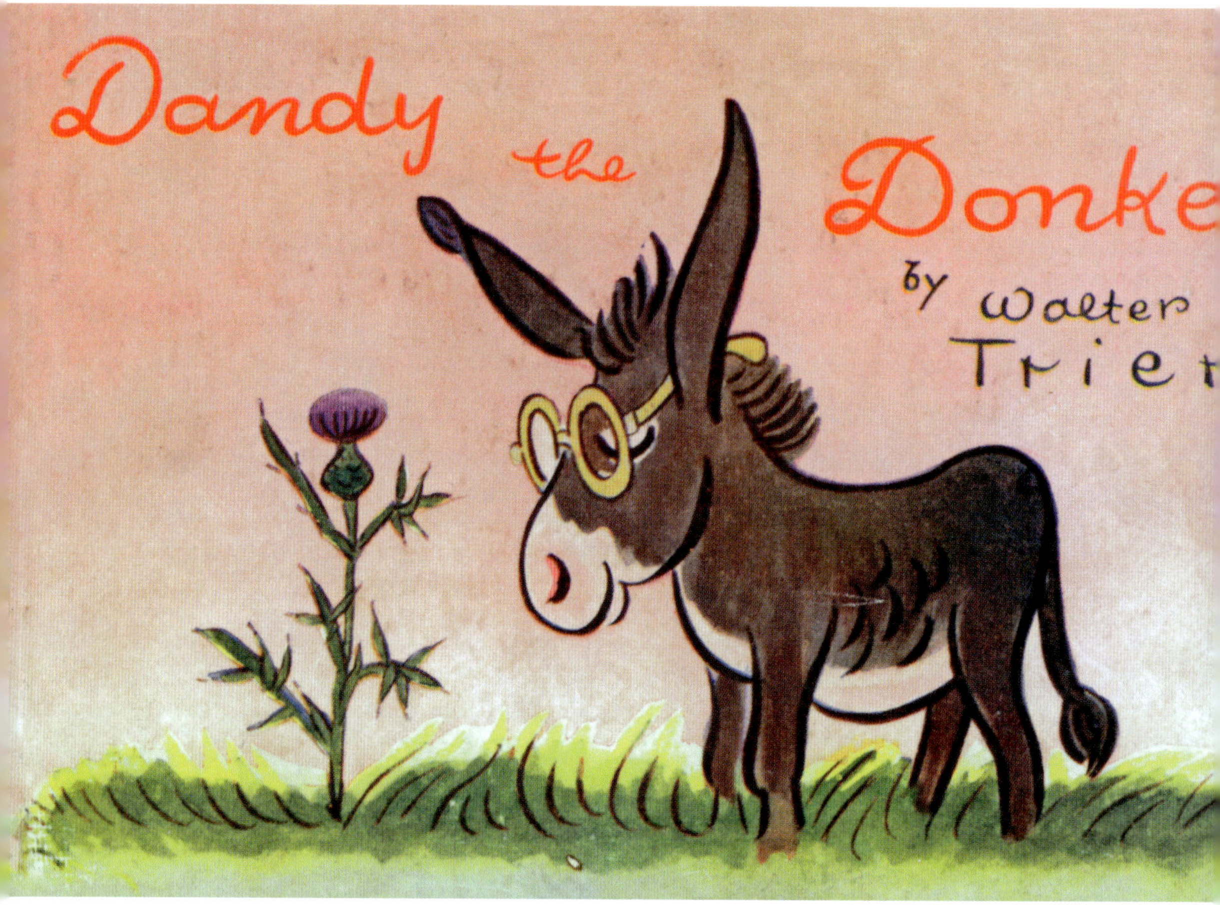

»Dandy the Donkey«. *1943. Farboffset. Zweiseitiger Kartoneinband für »Dandy the Donkey«, London 1943.*

Die deutsche Ausgabe trägt den Titel »Das Eselein Dandy« und erschien 1948 im »Schweizer Spiegel-Verlag« in Zürich; die nordamerikanische Ausgabe 1949 bei »Dodd, Mead & Company« in New York / Toronto (Printed in Great Britain).

Zur gleichen Zeit erschien vermutlich auch die undatierte brasilianische Ausgabe »Dâni o Burrinho« bei Edicoes Melharamentos in Sao Paolo. Bei diesen beiden Bilderbüchern, die in verschlüsselter Form Walter Triers eigene Flucht und Rettung thematisieren, war Walter Trier nicht nur für die Bilder zuständig, sondern auch für den Text.

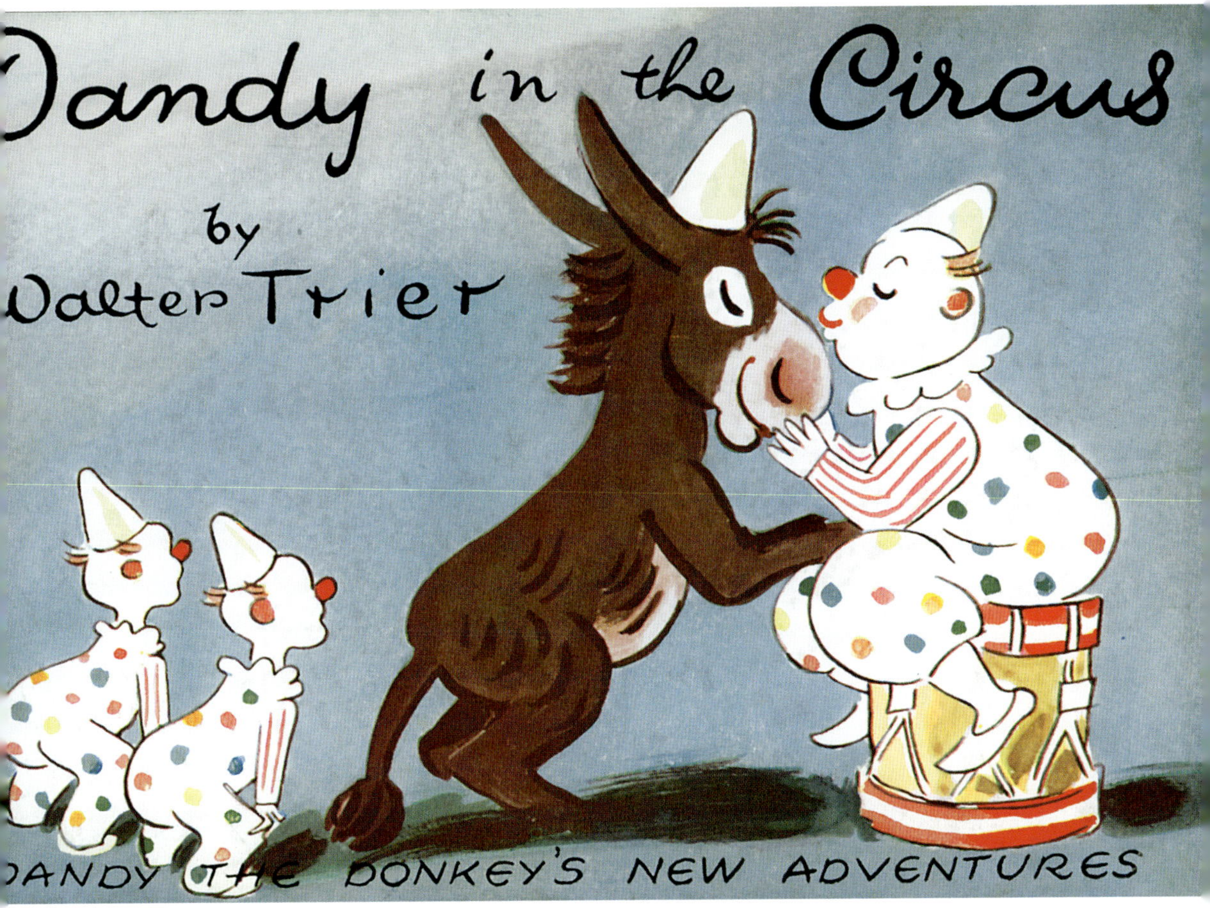

»Dandy in the Circus«. *1950. Farboffset. Zweiseitiger Kartoneinband für »Dandy in the Circus – Dandy the Donkey's new adventures«, London 1950.*

Die deutsche Ausgabe trägt den Titel »Muli das Zirkuseselchen« und erschien 1951 beim Blüchert-Verlag, Stuttgart / Zürich / Salzburg. Die Illustrationen waren vermutlich schon 1946 fertig, denn es gibt eine Vorveröffentlichung in einer deutschen Zeitung.

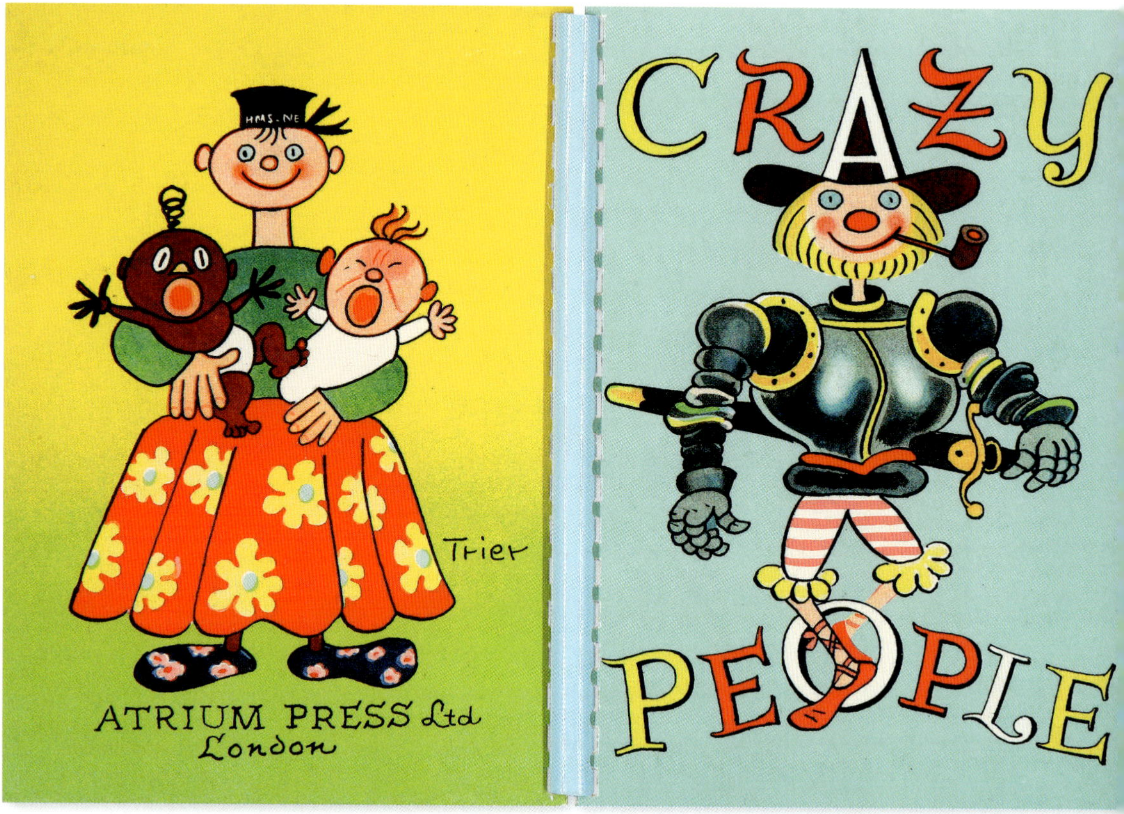

»Crazy People«. *Farboffset. Zweiseitiges Buchcover für: Walter Trier, 8192 Crazy People in One Book. For children from 5 (and under) to 75 (and over), London 1946.*

Dieses Buch ist Teil einer dreiteiligen Spielbuchreihe von Walter Trier. Die Bücher gibt es mit einer hellblauen und einer roten Plastikspiralbindung. Eine deutsche Ausgabe erschien 1953 unter dem Titel »Männlein, Männlein wandle dich!« beim Pestalozzi-Verlag in Fürth; die brasilianische Ausgabe 1946 unter dem Titel »Gente Maluca: Figuras para Criancas de 5 a 75 anos« bei »Edicoes Melhoramentos« in Sao Paolo, [1946].

Siegfried Eckert hat zur Zahlenangabe das Folgende notiert: »Die dreigeteilten Bilder befinden sich sowohl auf der Vorder- als auch auf der Rückseite eine Blattes, von denen sich immer nur eines aufschlagen läßt. Daraus folgt: Die Teilbilder der Vorderseite lassen sich nur mit anderen Teilbildern weiterer Streifen der Vorderseite kombinieren. Für die Rückseiten gilt dies entsprechend. Nun handelt es sich bei diesen Spielbüchern um die Anzahl von 16 gedrittelten Blättern. Darum gilt also für die Kombination aller Vorderseiten wie schon oben beschrieben die allgemeine Formel x^n, wobei die Basis x gleich der Anzahl der Blätter und der Exponent n gleich der Anzahl der Teilblätter entspricht, also hier 16^3 gleich 4 096 Bildkombinationen für die Vorderseite. Da für die Rückseite diese Formel entsprechend gilt, ergibt sich als Summe für Vorder- und Rückseite tatsächlich die beträchtliche Anzahl von 8 192 Bildkombinationen.«

»Crazy Costumes«. *1950. Farboffset. Zweiseitiger Kartoneinband für »8192 Crazy Costumes in One Book. For children from 5 (and under) to 75 (and over)«, London 1950.*

Inhalt der Bilder sind die verschiedensten Trachten und Moden der Menschen.

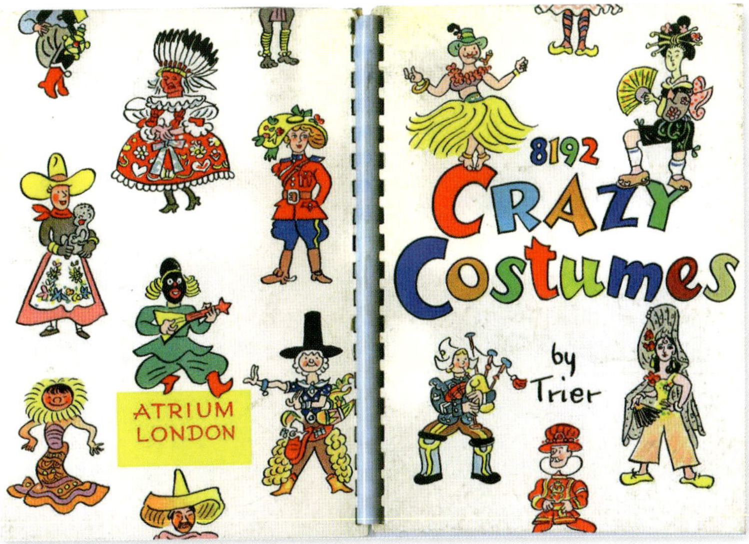

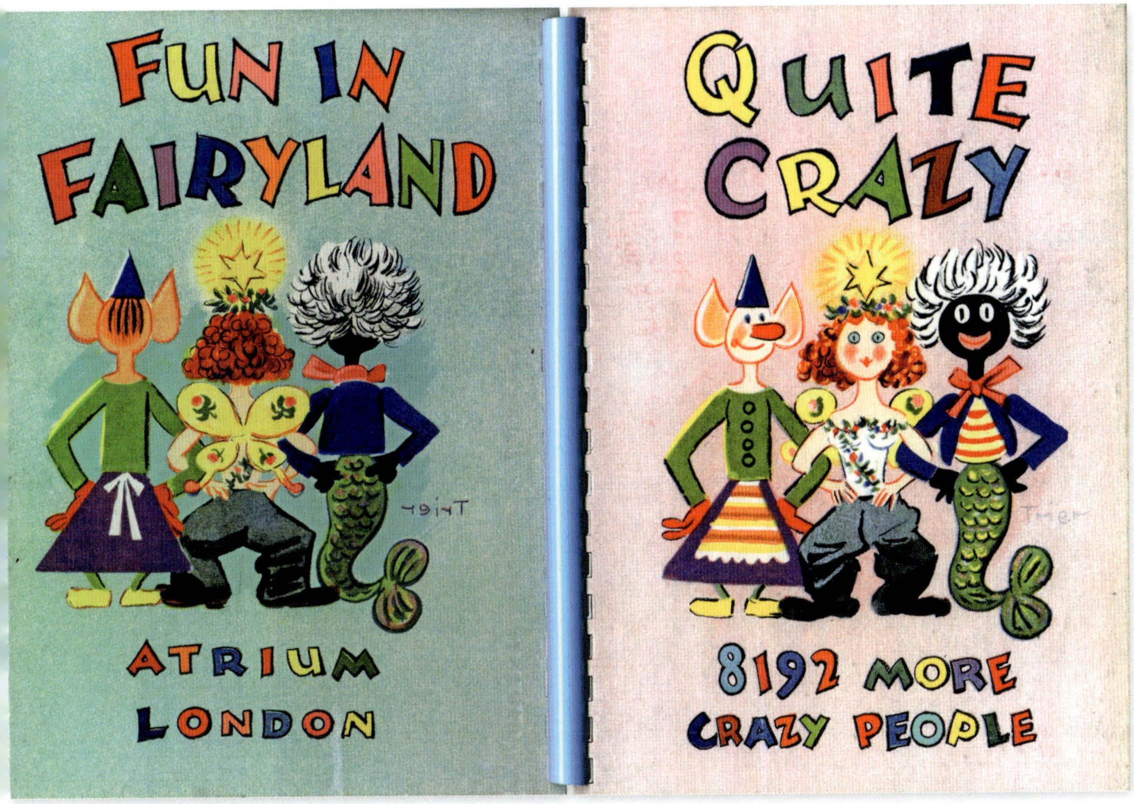

»Quite Crazy«. *1949. Farboffset. Zweiseitiger Kartoneinband für »Quite Crazy. 8192 More Crazy People. For children from 5 (and under) to 75 (and over)«, London 1949.*

Die Rückseite ist überschrieben mit dem Untertitel Fun in Fairyland. 1948 erschien die französische Ausgabe »Têtes Folles: Animeés par 32 dessins pour les enfants de 5 à 75 ans et au-dessus« bei Le Livre Universel in Paris mit einem breiteren Buchblockformat und einer Spiralbindung aus Metalldraht.

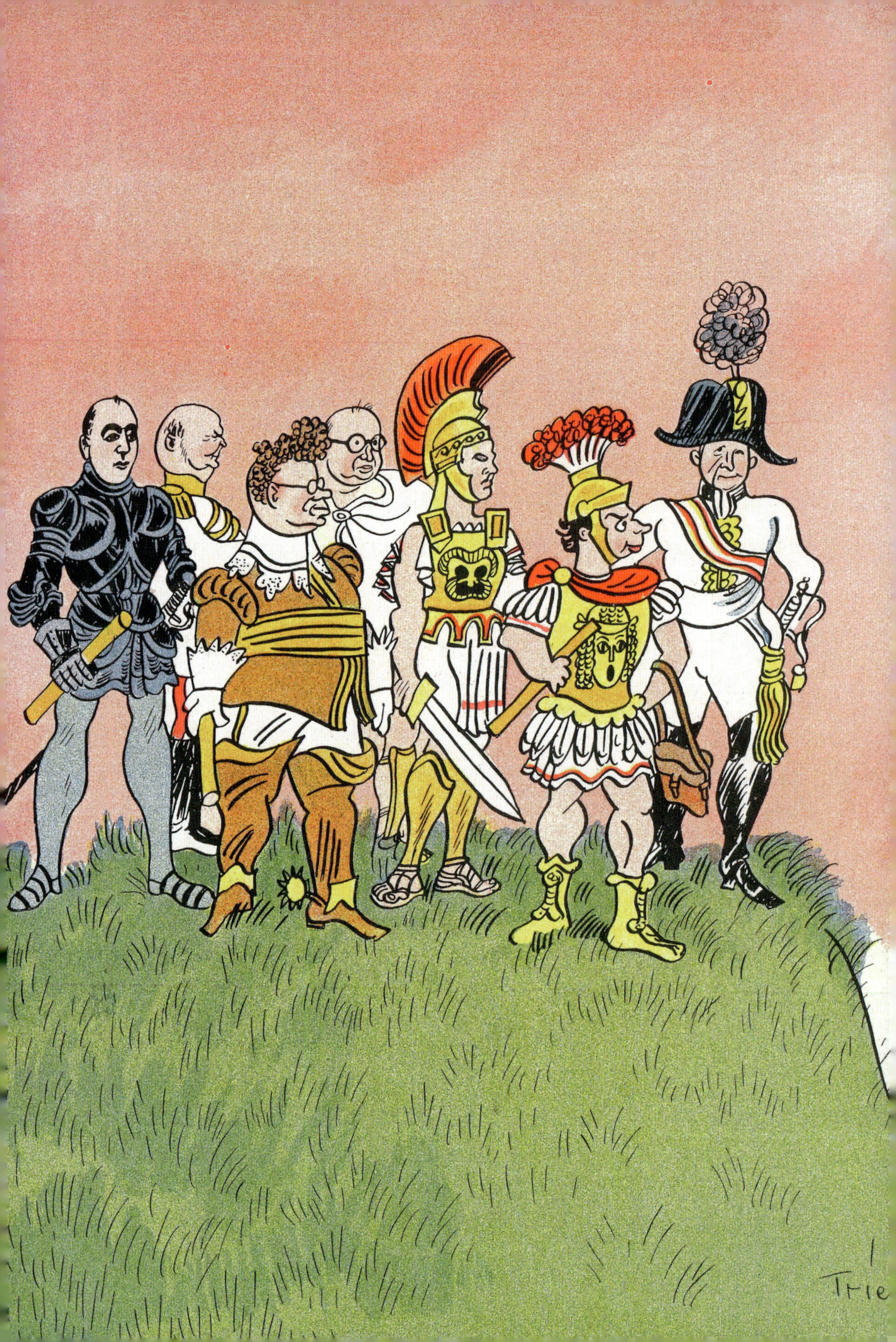

Bühne und Kunst

Hans Reimann, ein weiterer Autor der »Weltbühne«, schrieb 1928:

»Jeder Zeichner zeichnet stets sich selbst. Wer klein und dick ist, zeichnet alle Figuren kleiner und dicker, als sie tatsächlich sind. Wer groß und hager ist, zeichnet alle Figuren größer und hagerer, als sie tatsächlich sind. Es tut mir leid, das sagen zu müssen, aber es verhält sich so. Trier zeichnet sich selten in andere hinein. Er ist so zurückhaltend, daß er von seiner Wenigkeit absieht. Er absorbiert sich von seiner beachtlichen Nase.«

Das mit der Nase war anatomisch zwar durchaus richtig, doch muß man konstatieren, daß Walter Trier durch die Selbstdarstellung mit Hakennase, dunkler Lockenpracht und riesigen Händen auch reichlich selbstbewußt auf der Klaviatur antisemitischer Ressentiments spielte.

Reimann schrieb weiter, daß Trier außer seiner Frau dem Doktor Eysler allerhand verdankte. Dr. Otto Eysler war ein aus Wien stammender Verleger, dessen »Lustige Blätter« das seinerzeit auflagenstärkste Satireblatt waren – mit Redaktionssitz in Berlin. Gemeinsam mit Hermann Ullstein – ein weiterer einflußreicher Berliner Großverleger – hatte er 1910 den gerade frisch examinierten Walter Trier von München nach Berlin abgeworben.

Für gutes Geld und feste Verträge zeichnete Trier anfangs unendlich viele Karikaturen und illustrierte unzählige Bücher. Die Redaktion witzelte bald schon über ihn, daß er

»trotz seiner großen Jugend bereits einen schweren Verlust erlitten« habe, »nämlich den seines Vornamens. Er ist das ›enfant‹ der Redaktion, wird aber nur dann ›terrible‹, wenn er sich und seine Kollegen karikiert.«

Allerdings wurde auch berichtet, daß er von selbst wohl auf keinen grünen Zweig gekommen wäre.

»Er ist zu bescheiden dazu. Er mag sich nicht vordrängeln. Er unterhält keine Beziehungen. Er ist ein melancholisch-fideler Epikuräer. Ein Empfindsamkeitsfanatiker. Ein Einsiedlerkrebs mit gesellschaftlichen Anwandlungen. Und ein großer, echter Künstler. [...] Daß noch nichts über ihn essayiert wurde, liegt daran, daß in Deutsch-

Der Feldherrnhügel. Die Berliner Theater-Generale«. *1925. Farblithographie aus »Lustige Blätter«.* Unterzeile: »Da stehn sie auf dem Feldherrnhügel Und kommandier'n und komm' sich vor – Wer reitet mit bekränztem Zügel Im Lenz durchs Brandenburger Tor? Glückauf Ihr Kunst- und Freudenspender – Horch! Die ›Saison‹ ist aufgewacht! Nun führt die neuen Regimenter Vergnügt in die Premieren-Schlacht!« Zu sehen sind sieben als Krieger verschiedener Epochen verkleidete prominente Theatermacher auf einem Grashügel. Bezeichnet sind sie als »Helmer, Rosen, Sladek, Rickel, Barnowski, Reinhard, Saltenburg« und sie tragen die Kostüme von Wallenstein, Alexander dem Großen, Julius Cäsar und Friedrich dem Großen.

land verachtet oder zum mindesten keineswegs für voll genommen wird, was auch nur im leisesten unseriös ist.«

Wie wahr!

So wie Walter Trier haben damals eine ganze Reihe führender Künstler aus den Bereichen Malerei, Musik, Literatur, Film und Theater sowohl das ernste wie das heitere Genre bedient. Wie eng Theater und satirische Kleinkunst miteinander verzahnt waren – und sich dabei gegenseitig auch unglaublich inspirierten – wird allein in der Person des großen Max Reinhardt deutlich. Er leitete nicht nur das »Große Schauspielhaus«, sondern führte im Keller das berühmte Kabarett »Schall und Rauch«. An dessen Eröffnungsabend im Dezember 1919 erlebte Berlin einen großen Theaterskandal, als eine Reihe seiner Mitwirkenden dort ihren ersten Dada-Abend veranstaltete. Zu den damaligen Hauptakteuren gehörten: George Grosz, Friedrich Holländer, Richard Huelsenbeck, Klabund, Walter Mehring, Kurt Tucholsky und Walter Trier. Sein Programmbeitrag bestand aus einer gezeichneten Filmsatire auf den damaligen Reichspräsidenten, die sich leider nicht erhalten hat. Ein Trickfilm aus dieser frühen Zeit, aus diesem künstlerischen Umfeld und zu diesem politisch brisanten Thema – das wäre die absolute Sensation!

Kurt Robitschek, Theaterregisseur und Leiter des Berliner »Kabarett der Komiker«, formulierte den folgenden frechen Text, der dem Programmheft »Die Chuz-

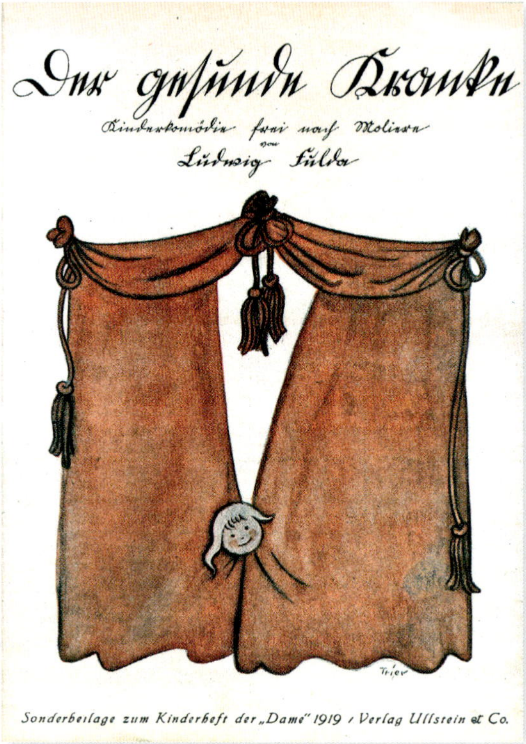

»Der gesunde Kranke«. *1919. Farblithographie. Heftcover für Ludwig Fulda, »Der gesunde Kranke. Kinderkomödie frei nach Molière«, Sonderbeilage zum Kinderheft der »Dame«, Berlin 1919.*

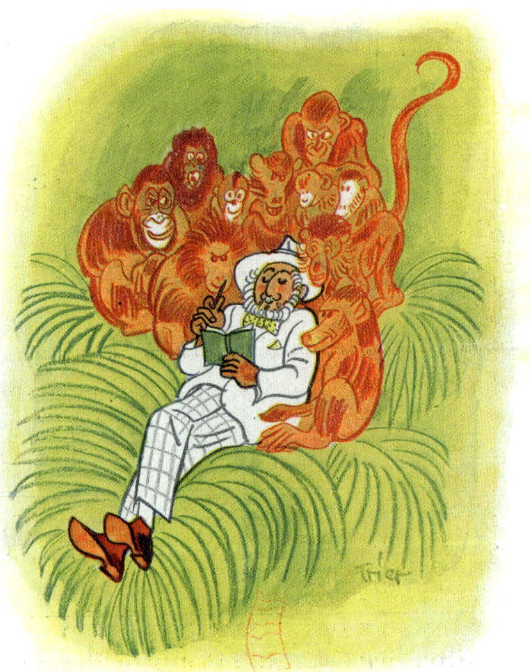

»Tarzan unter den Affen«.
1924. Farblithographie aus »Lustige Blätter«.

Unterzeile: »...Dicht bei, wunderbar, kroch Urgerank (überklettert von [lila] Brenneriden)! – P ... pa ... Palmen! Ein Seligkeitsdickicht – – ?? Über Gründe brückenhaft. VIII. (Genuggk!!) -« Diese Karikatur des prominenten Kritikers Alfred Kerr war 1926 unter dem Titel »Kritik der Kritik« in der Ausstellung der »Neuen Kunsthandlung«, Tauentzienstraße, zu sehen.

»William Shakespeare und Bernhard Shaw«. *1924. Farblithographie aus »Lustige Blätter«.* Die augenzwinkernde Unterzeile lautet: »Die zurzeit in Berlin meistaufgeführten deutschen Autoren.« Das Blatt war 1926 auf der Ausstellung »Berliner Bühnenbilder« zu sehen.

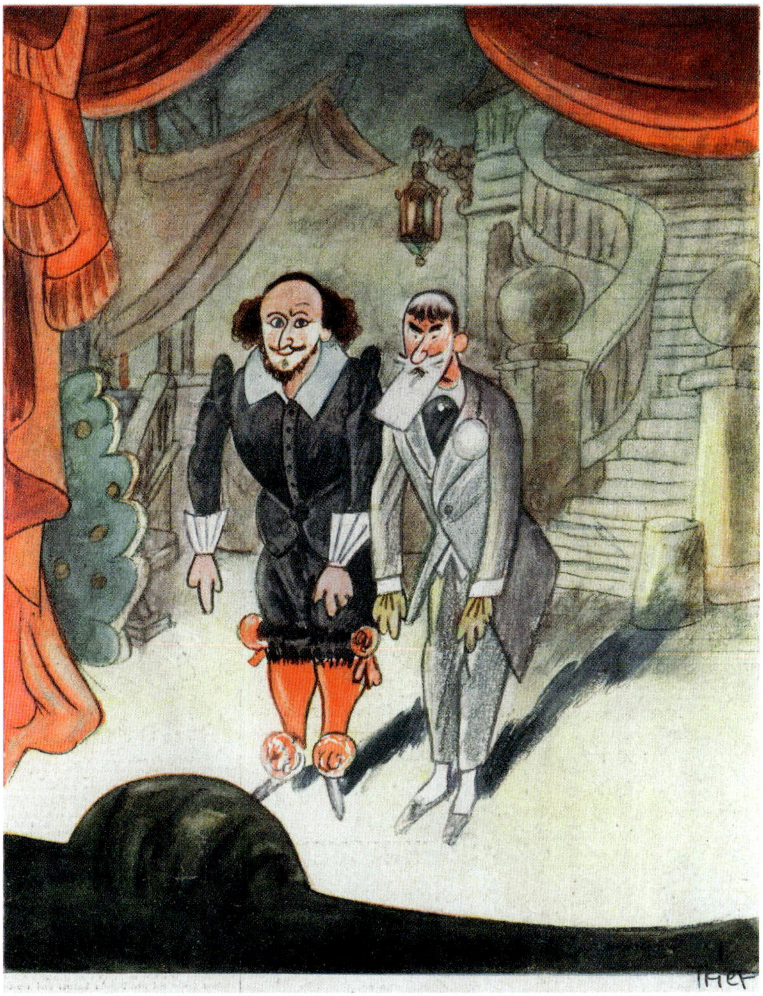

pe« entstammt. Das Heft war eine einmalige Sonderausgabe der Kabarettzeitschrift »Die Frechheit«, die 1927 in nur fünfzig numerierten Exemplaren gedruckt worden war und gibt einen guten Einblick in die Arbeit und das hohe sprachliche Niveau dieses Deutschlandweit führenden Kabaretts. Außerdem führt es uns noch heute – beinahe einhundert Jahre später – ungefiltert die Ernsthaftigkeit und den verletzlichen Stolz seiner Macher vor Augen, zu deren erlauchtem Kreis als feste Größen natürlich auch der Autor Erich Kästner und Walter Trier zählten. Letzterer als regelmäßiger Entwerfer von Kostümen, Ausstatter von Bühnenbild und -kulissen, Raumgestalter des vielgerühmten Foyers in dem vom Architekten Erich Mendelsohn neu erbauten Theaterkomplex am Lehniner Platz sowie als Zeichner der Programmzeitschrift.

»Und immer wieder: die Scheißpresse!

Wie oft habe ich so einem Scheißkritiker gesagt: ihr kümmert euch um jedes Scheißtheater, große Lobeshymnen werden über jeden Scheißfilm gesungen, aber wir, die wir bestrebt sind, Neues zu bieten, Moderneres als all' die Scheiße, die von den anderen Scheißern geboten wird, werden als letzte Scheiße behandelt.

Also: das Kabarett der Komiker ladet (lädt Ihr Scheißer werdet m i r erzählen!!) die Scheißpresse am dritten des neuen Programmes ein. Unser Scheißbetrieb bedingt leider, daß so eine Scheißpremière

»**Kabarett der Komiker**«. *1929. Farblithographie. Titelseite für »Die Frechheit«.* Das war die Programmzeitschrift des damals berühmtesten Berliner Kabaretts. Unterzeile: »Jeden Monat einmal: Kabarett der Komiker«.

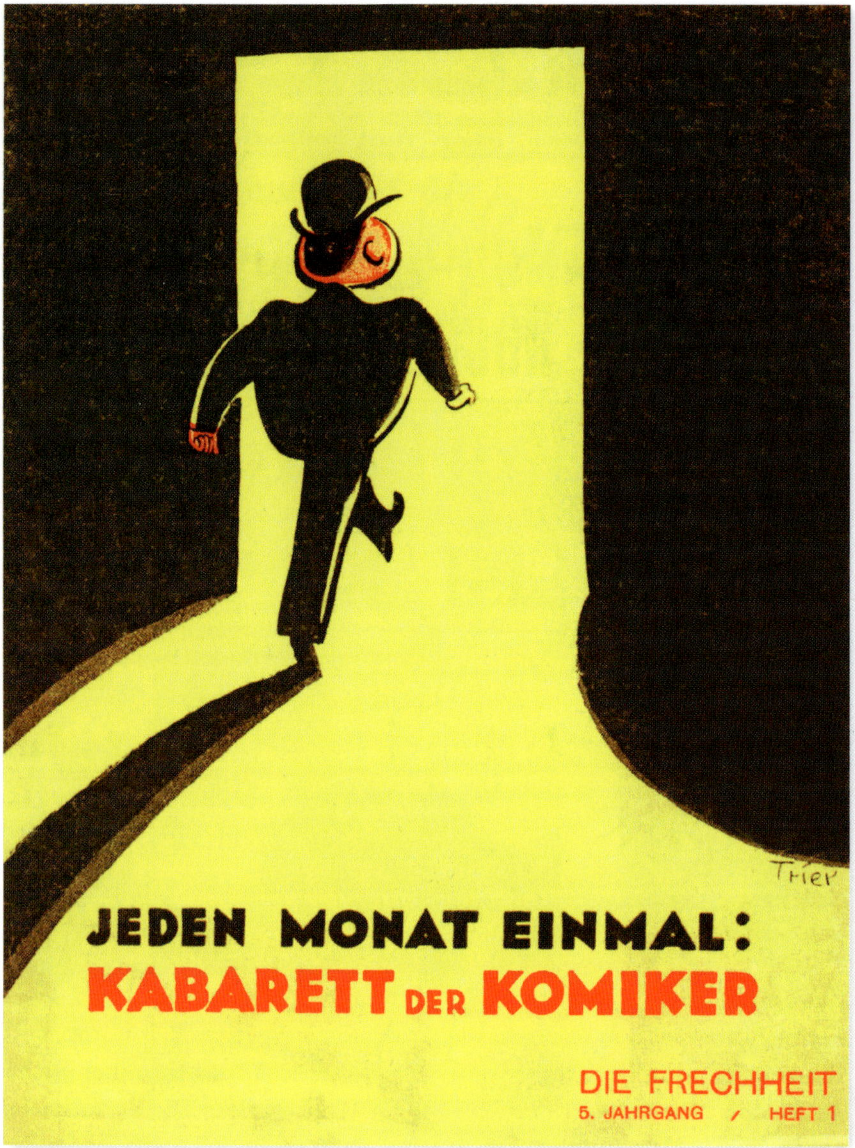

immer beschissen ist. Die Scheißkünstler treffen aus allen möglichen Scheißnestern ein, im letzten Augenblick, unfertig, ohne Proben – daher diese Scheißmaßnahme der späten Pressevorstellung. Zehn oder zwölf Tage später sickern langsam aus irgend einem Scheißloch im lokalen Teil ein paar beschissene Kritiken hervor. In ganz Deutschland, im Scheißösterreich wird das Kabarett der Komiker als die größte Sehenswürdigkeit angesehen. Herr Felix Scheißholländer, ein verkalkter Scheißer, entdeckt in dem Scheißdilettantenkabarett ›Blaue Bluse‹ den Scheiß-Ansager Paul Nikolaus. Weiß so ein Scheißkritiker nicht, daß der belobte Mann schon viele Monate auf dem Scheißkurfürstendamm zu entdecken war? Alle diese ahnungslosen Scheißer werden hiermit feierlichst eingeladen, zu uns zu kommen, sie sind unsere Gäste, da ich auf ihre beschissene Zeche scheiße. Plötzlich scheißt ein weißer Scheißrabe in die Scheißöffentlichkeit. Rolf Nürnberg schreibt in der

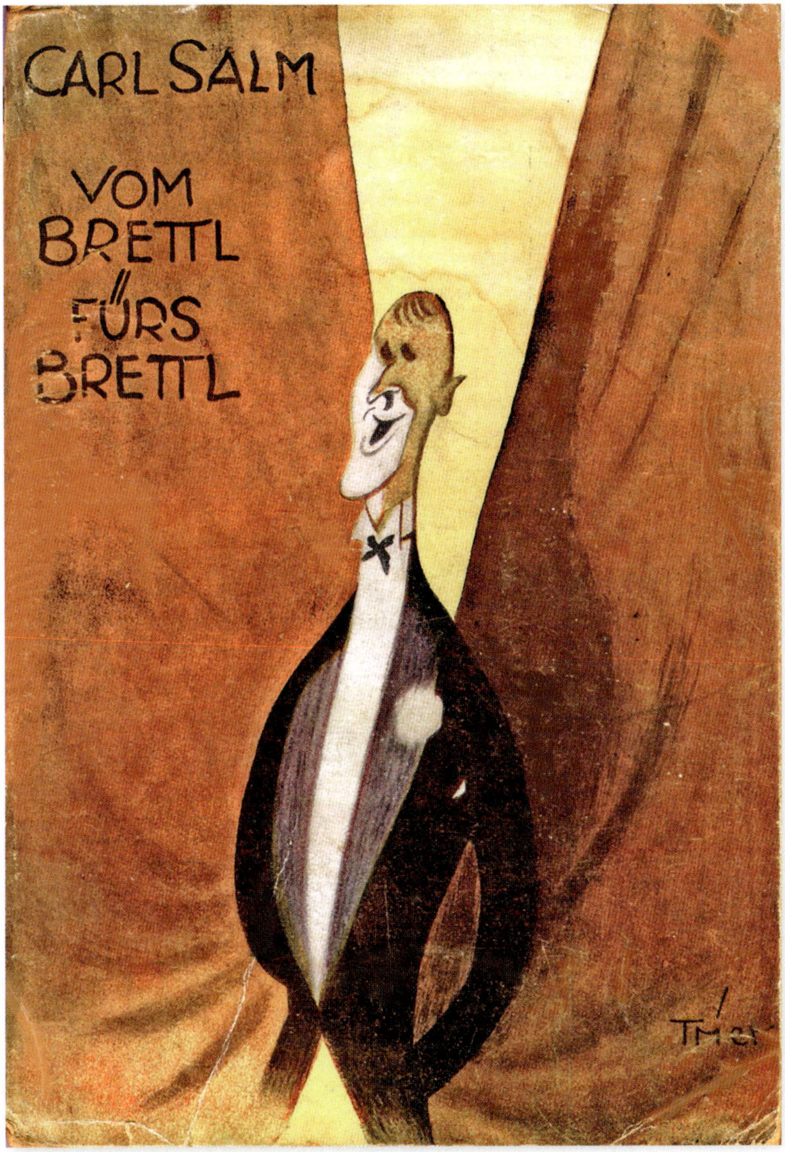

»Vom Brettl, Fürs Brettl«. *1921. Farblithographie. Pappeinband für Carl Salm, »Vom Brettl, fürs Brettl. Verse, Prosa, Sketche«, Leipzig [1921].*

Scheiß-12-Uhr-Zeitung über das Oktoberprogramm, das doch gewiß nicht Scheiße war. Er findet, daß Willy Rosen der Gewinn des Abendes (i c h sag' Abend e s – nicht Abends – – aber Kinderl, laßt mich mit der Scheißgrammatik in Ruh'! E i r e Sorgen!!!) also daß Willy Rosen der Gewinn des Abendes (zerspringt's!) gewesen ist.«

Im seriösen »Deutschen Theater« ging es seinerzeit zwar sprachlich etwas vornehmer, doch kaum weniger charmant zur Sache. Um aus einem seiner Programmhefte aus dem Jahre 1928 zu zitieren: Nicht nur

»das Umschlagbild ist von Walter Trier. Nachdruck der Beiträge dieses Heftes, auch mit Quellenangabe, ist nicht gestattet. Wir bitten diejenigen, die in der vergangenen Spielzeit aus diesen Blättern ohne Erlaubnis, ohne Quellenangabe und ohne Honorarzahlung nachgedruckt haben, uns ihr geneigtes Wohlwollen zu entziehen.«

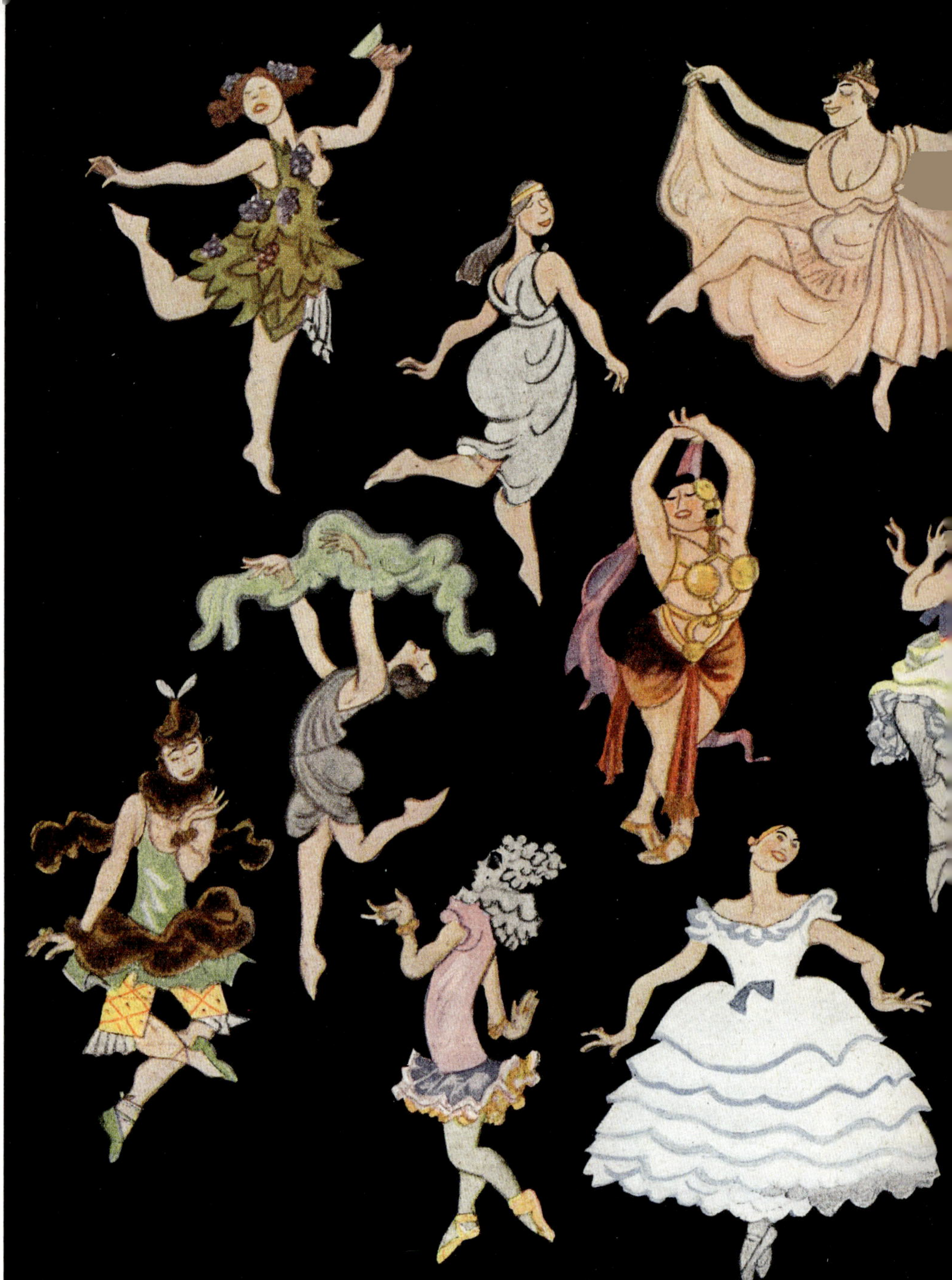

»Unsere Tanzsterne«. *1919. Farblithographie aus »Lustige Blätter«.*
Zu sehen sind zahlreiche Porträts aktueller Tänzerinnen in historischen und zeitgenössischen Kostümen. Unterzeile: »Alles was durch Seelen zittert, Alles was den Geist erschüttert, Liebe, Sehnsucht und Genüsse, Haß und Trotz und Wutergüsse, Wünschen, Hoffen, Zärteln, Kosen, Eifern, Droh'n, Verfolgen, Tosen Wird in Rhythmen überpflanzt, – Wird getanzt. ... Was Roman war, was Gedichte, Märchen, Fabeln, Weltgeschichte, Was Balladen und Romanzen, Was Sonette, Lieder, Stanzen, Hymnen, Oden, Madrigale, Ouvertüren und Finale, Was gesagt

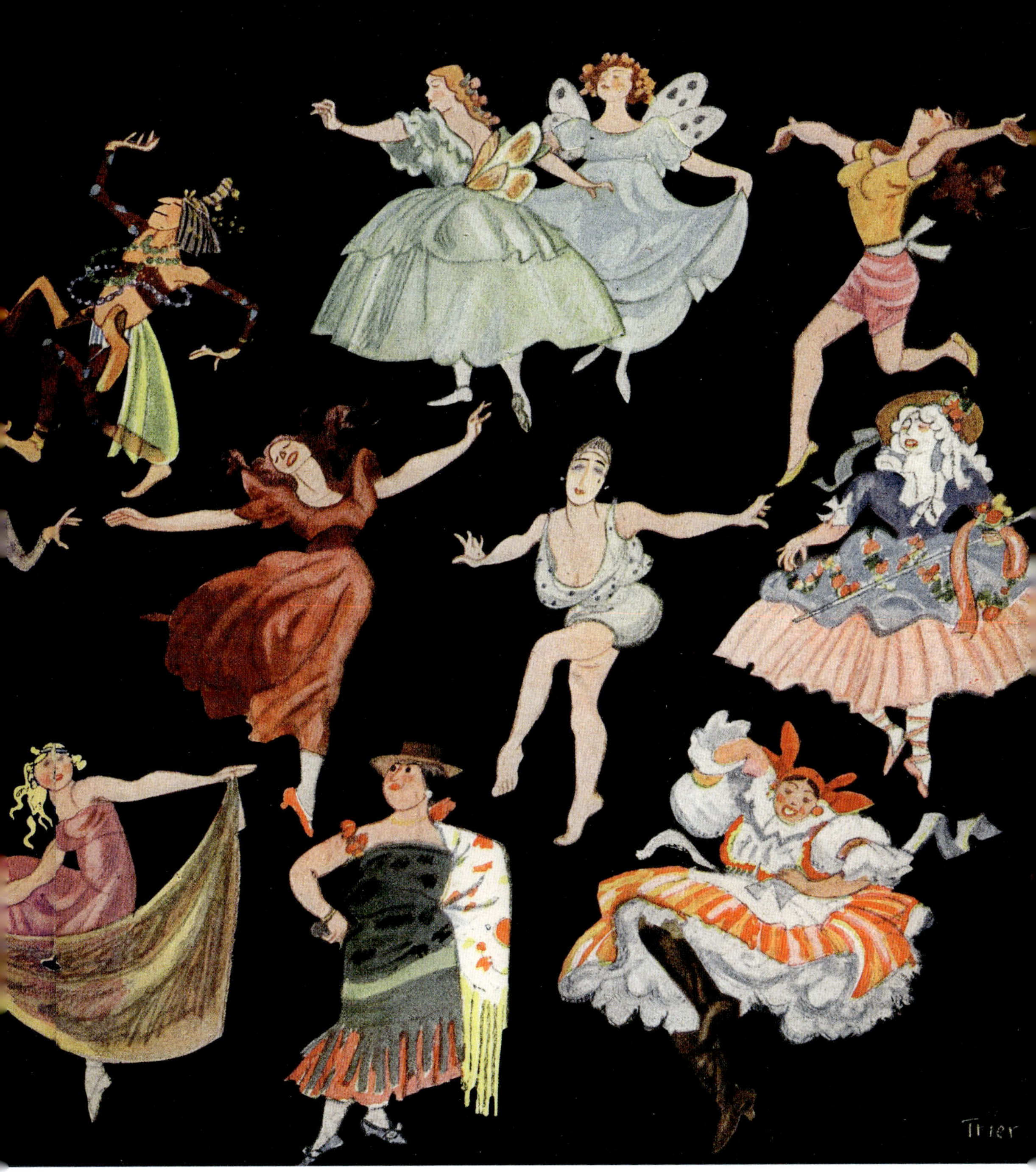

wird und gesungen, – Wird gesprungen. Was die alten Mythen künden, Was im Cicero zu finden, Was Horaz lateinisch feiert, Was Homer auf griechisch leiert, Was die Inschrift, die sanskrit'sche, Uns orakelt, und was Nietzsche, Was erhaben, was korrupt, – Wird gehuppt. Was Vergangenheit erzählet, Was die Zukunft uns verhehlet, Was uns nahe, was uns ferne, Alles zeigen unsre Sterne, Unsre Feen und Sylphiden, Die beschwingten, nimmermüden, Alles in der Menschheit Kreisen Alles können sie beweisen Auf der Großberliner Szene, – Mit die Beene! A.M.«

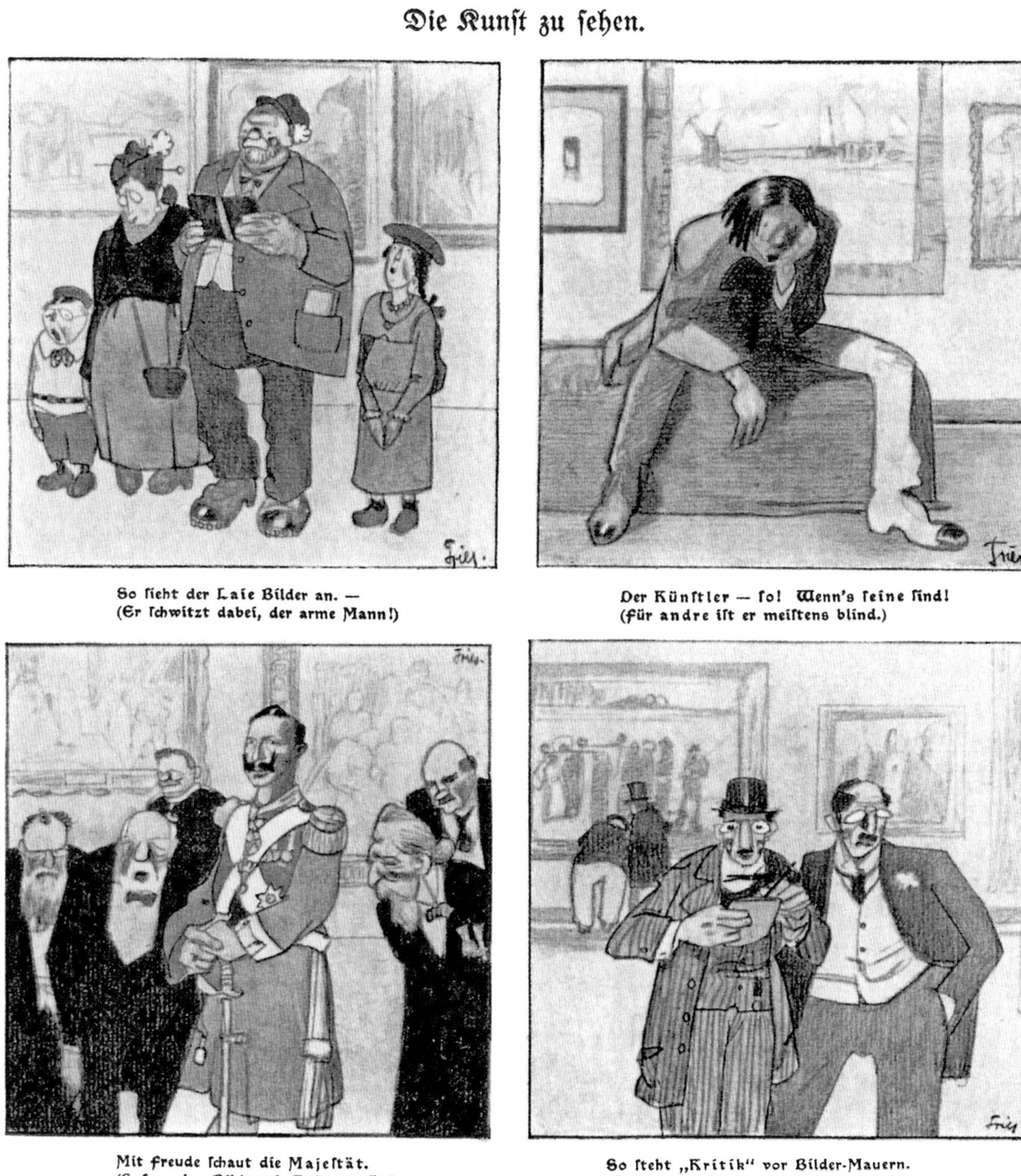

»Die Kunst zu sehen«. *1911. Lithographie aus »Lustige Blätter«.*

Walter Triers Bestandsaufnahme zum beschwerlichen Alltag eines Malers. 1910 selbst erst nach Berlin gezogen, war er damals gerade dabei, sich dort zu etablieren.

Steuer auf Kunstwerke?

Zeichnung von W. Trier.

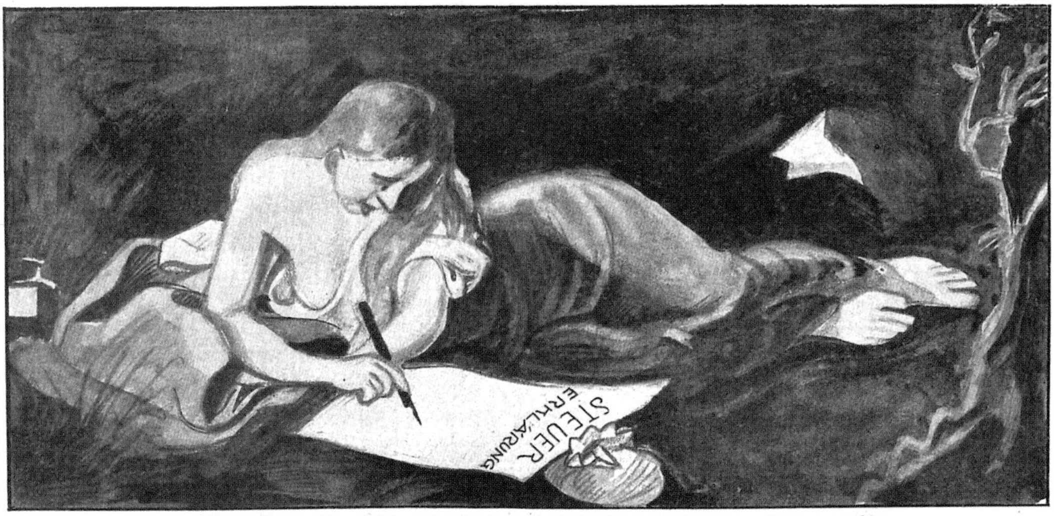

Magdalena: Das Büßen nimmt gar kein Ende: jetzt soll ich gar noch Steuer zahlen.

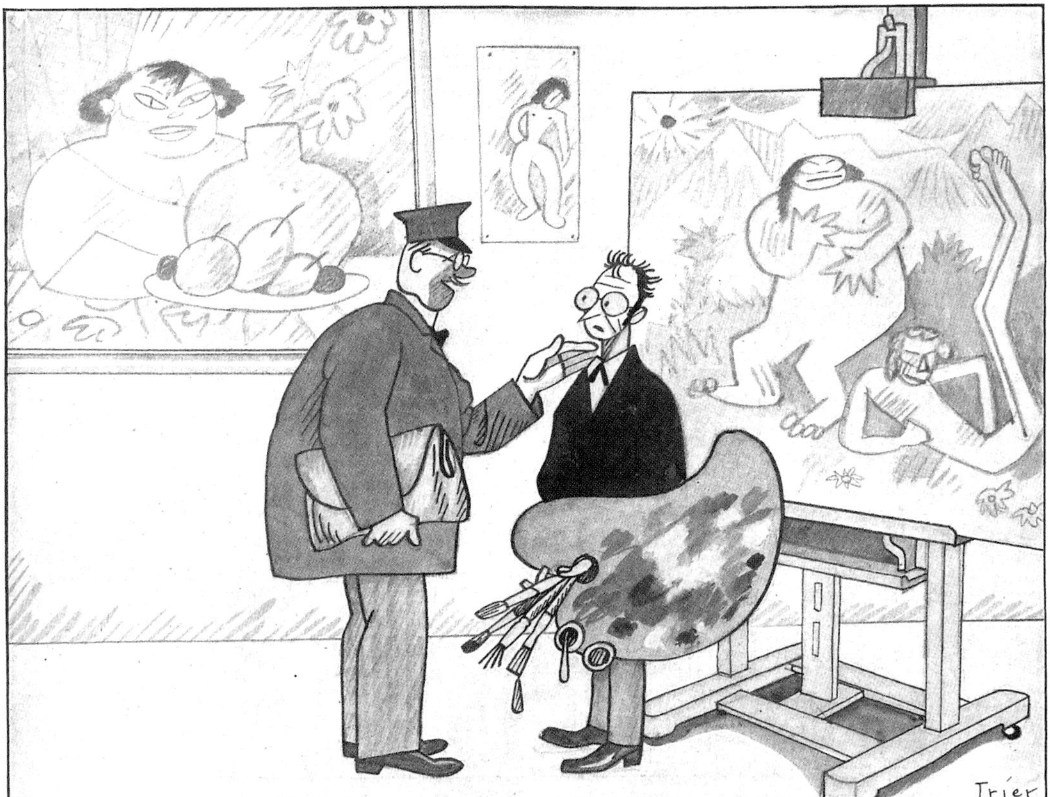

Der Neo-Sezessionist: „Herr Steuerkontrolleur, Sie wollen wohl meine Bilder besteuern?"
„„Keine Sorge, es kommen nur Kunstwerke in Betracht!""

»Steuer auf Kunstwerke«. *1916. Lithographie aus »Lustige Blätter«.*

Nur wenige Jahre später lästerte Walter Trier schon genüßlich über einige seiner Malerkollegen, vor allem über jene, die der abstrakten Malerei huldigten.

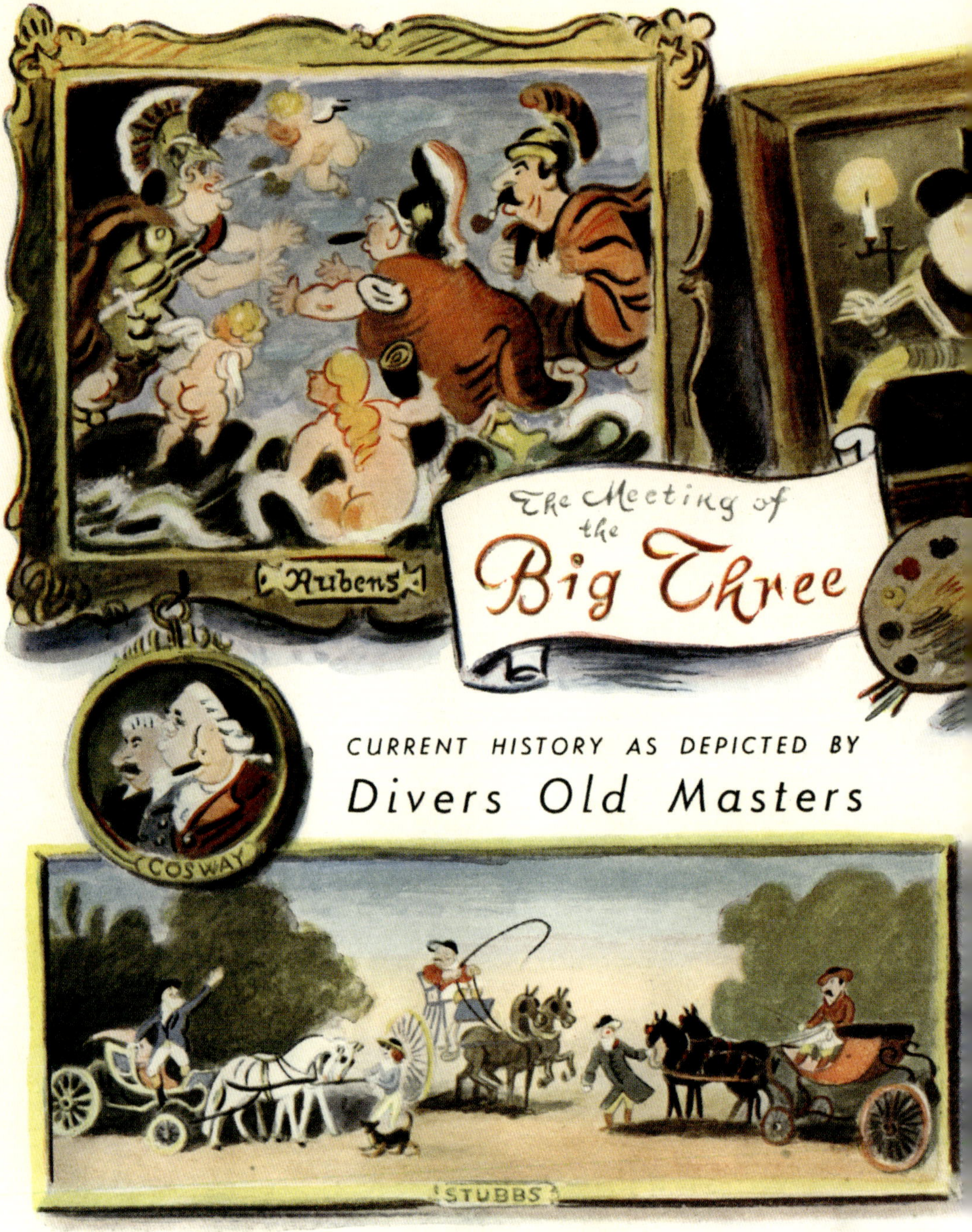

»Meeting of the Big Three«. *1946. Farboffset.*
Farbdoppelseite aus Joachim Joe Lynx (Hg.), »The Pen is Mightier. An Anthology of Allied War Cartoons, The Story of the War in Cartoons«, London 1946, S. 72-73.

Die Persiflage ist im Nachlaß als mehrteilige Kunstmappe erhalten, die Walter Trier anläßlich der Konferenz von Jalta im Februar 1945 angefertigt hatte. Dafür hat er die

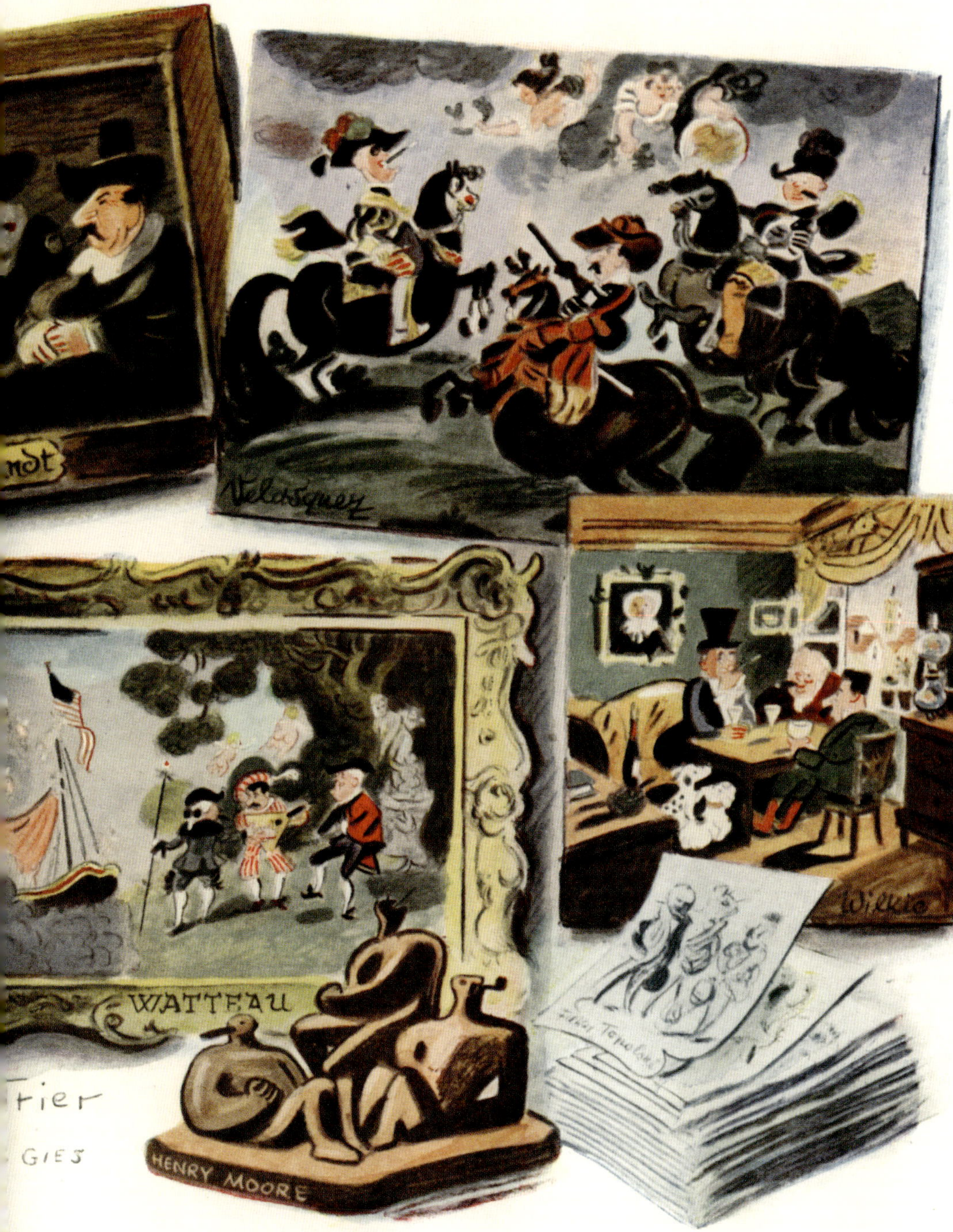

damals wichtigsten Protagonisten – Franklin D. Roosevelt, Winston Churchill und Josef Stalin – in Stile weltberühmter Maler festgehalten. Außer Antoine Watteau und Diego Velázquez zitierte Trier Kunstwerke von George Caleb Bingham, Currier & Ives, Henry Moore, Pablo Picasso, Rembrandt, Peter Paul Rubens, George Stubbs, Elken, Topolsal und David Wilkie. Bereits am 17. Februar 1945 erschien eine vergleichbare Zusammenstellung als prächtige Zeitungsbeilage in »The Illustrated London News«.

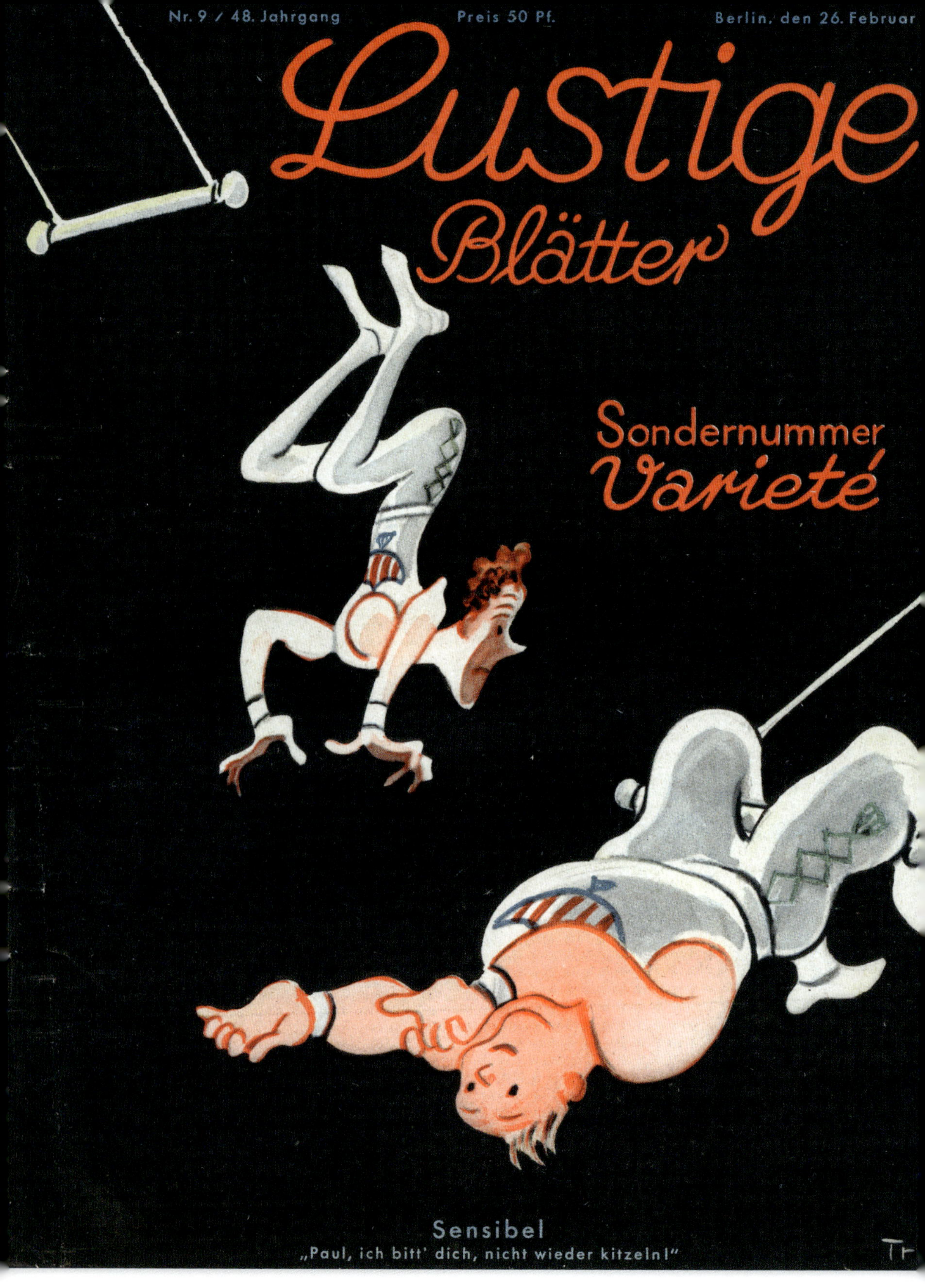
Nr. 9 / 48. Jahrgang
Preis 50 Pf.
Berlin, den 26. Februar
Lustige Blätter
Sondernummer Varieté
Sensibel
„Paul, ich bitt' dich, nicht wieder kitzeln!"
Tr

Artisten und Clowns

Neben dem Spielzeug war die Welt der Artisten, insbesondere der Clowns, Walter Triers zweite große private Leidenschaft, die selbstverständlich auch Auswirkungen auf seine Kunst hatte. Zusammen mit dem Journalisten Helmut Jaro Jaretzki produzierte er 1928 ein Buch, das eine Sammlung gemeinsamer Erlebnisse darstellte und von ihm mit über hundert Zeichnungen und Karikaturen zeitgenössischer Bühnenkünstler illustriert wurde. Für das Buch hatten Gaukler, Jongleure, Akrobaten, Clowns, Tierbändiger, Agenten, Manager, Direktoren und Regisseure erstmals von ihrer Arbeit erzählt und auch Einblicke hinter die Kulissen und in die private, menschliche Sphäre des Artistenlebens zugelassen.

Während dieser Arbeit lernte Walter Trier die Brüder Paolo, Alberto und Francois Fratellini kennen und pflegte eine jahrelange Freundschaft zu den Clowns, die »alle Sprachen« beherrschten und »Ehren-Doktoren der Universität Sorbonne in Paris« waren. In einem Kapitel offenbarte einer der Brüder zudem eine sehr vertraute Lebenseinstellung:

»[...] ›Ich liebe mein Heim, meine Familie. [...] Mein Sohn sammelt mit mir, weil er unsere Bibliothek später noch weiter ausbauen will. ..‹ Langsam hat er die Truhe entleert. Es türmen sich Stiche, Daumier-Holzschnitte, Monographien, Pastelle von Degas, Reproduktionen von Werken Constantin Guys und dann vor allem Einzelausgaben, Luxusdrucke, die das Wesen des Spielzeugs behandeln, die Erstausgabe der Grimmschen Märchen, Kindererzählungen, alte Bilderbücher. [...] ›Ich möchte so gerne‹, fährt Fratellini fort, ›eine Spielzeugsammlung besitzen. Spielzeug und Bilderbücher, Kindererzählungen und Märchen lassen meiner Phantasie immer freien Lauf.‹ Und die Augen des Clowns leuchten. Hinter der geschminkten, weiß-rot gepuderten Maske ist ein Mensch, ein sonniger, beschaulicher, etwas pedantischer Charakter versteckt: der Kunstenthusiast und Sammler Paolo Fratellini.«

Damals war allgemein das Interesse am Varieté sehr groß – angeblich suchten

»auf allen Kontinenten Menschen des zwanzigsten Jahrhunderts, Zeitmenschen, präzise Arbeit, Aufbau, Konstruktion der Körperlichkeit zu erfassen, mit dem Gefühl aufzunehmen, mit den Augen zu betrachten« –

und auch Künstlerkollegen wie Fernand Leger, Pablo Picasso und andere waren vom Zirkus und den Artisten fasziniert. Selbst der Impressionist Max Slevogt bewunderte deren Arbeit:

ensibel«. *1933. Farblithographie*
s »Lustige Blätter«.
unregelmäßigen Abständen gab es »Sonder-
mmern«, wie diese hier zum Thema »Varieté«.
e Unterzeile lautet: »Paul, ich bitt' dich,
cht wieder kitzeln!«

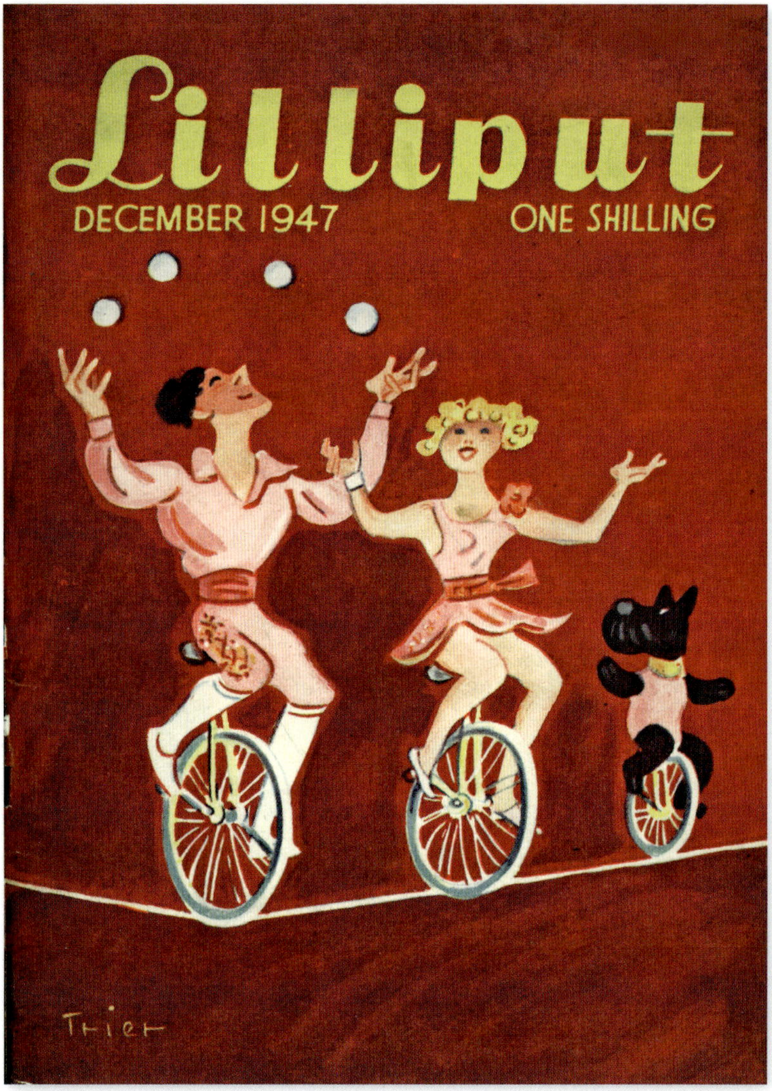

Mit dem Einrad auf dem Hochseil.
1947. Farboffset. Titelseite für »Lilliput«.

»Das Vorbild für meine Zeichenkunst ist die Artistik, es muß alles wie geschleckt wirken, man darf nicht die Mühe, das Training, das jahrzehntelange Ringen hinter dem fertigen Werk verspüren.«

Von all diesen Künstlerkollegen hatte wohl Walter Trier tatsächlich die größte Affinität zu Clowns. Wie er, sind sie die vollendetsten Artisten, die man sich vorstellen kann.

»Denn nichts ist schwerer zu parodieren, als Elemente der Artistik. Man muß sie beherrschen, um sie ins Lächerliche ziehen zu können«,

schrieb Jaretzki. Und tatsächlich hatten die damals international beschäftigten Clowns ganz erstaunliche Karrieren hinter sich: Der berühmte Musikal-Clown Grock hieß im bürgerlichen Leben Dr. Adrian Wettach und war Musiklehrer beim Grafen Horthy gewesen; Kalle Bronett, der unverwüstliche Tölpel der Gebrüder Bronett, wurde als Schauspieler, Reiter, Tänzer, Akrobat, Musiker und Sprachen-Genie bezeichnet. Und auch die Jovers sangen, musizierten, parodierten, turnten, jonglierten – kurzum taten und beherrschten alle artistischen Disziplinen in Personalunion.

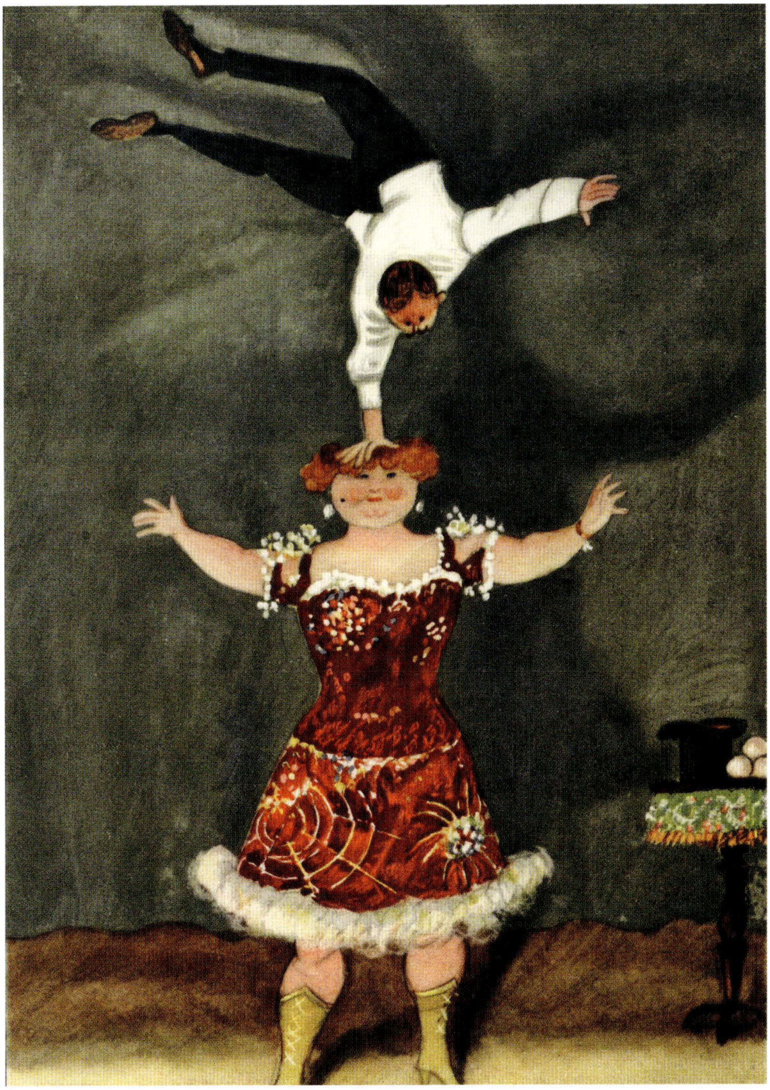

Verdrehter Kraftakt. *1928. Farblithographie aus Fred A. Colman [d.i. Helmut Jaro Jaretzki]/Walter Trier, »Artisten. Ernstes und heiteres Varieté«, Dresden 1928.*

Vermutlich ist das Blatt bereits 1926 auf der Ausstellung in der »Neuen Kunsthandlung« dokumentiert. Diese Zirkusnummer gab es übrigens tatsächlich, ebenso wie die Kraftdame. Sie hieß Catherine Kate Brumbach, genannt Kati Sandwina.

Doch »Clown wird man nicht von heute auf morgen. Clown ist man, aber man ist es erst, wenn alle Register der Artistik durchlaufen sind, man ist es bei täglicher Probenarbeit, bei körperlichem Training, beim unermüdlichen Lauschen ins Leben hinein.«

Musik-Clowns müssen stets mehrere Instrumente perfekt spielen, bevor sie Schabernack damit treiben können, gelenkige Stolper-Akrobaten sind das parodierende Gegenstück zu den faszinierenden Equilibristen. Daher bezeichneten sich damals manche von ihnen auch stolz als Ekzentriks oder Groteskkomiker, und das nicht nur, um sich von anderen klassischen Clown-Typen abzusetzen, wie etwa von den komischen Augusten, den heiteren Reprisen-Clowns, den parodierenden Entrée-Clowns oder den eingebildeten Weiß-Clowns. Denn so unterschiedlich die Namen, so verschieden sind ihre Charaktere und Aufgaben im Ablauf einer gelungenen Zirkusvorstellung: Pausen überbrücken, Nerven beruhigen oder unterhalten. Die modernen Groteskkünstler hingegen funktionierten auch herausgelöst aus dem zirzensischen Bereich als Solo-Programm in Varietés und Kabaretts.

Neben aller Perfektion und Akribie zeichnet den Clown auch noch etwas anderes aus:

»Der Clown will alles spielen, muß alles spielen, alles was er sieht betrachtet er durch seine Brille ein wenig lächerlich, ein wenig beschaulich und ein wenig belustigt. Darum freuen wir uns über den Clown, weil er uns unter Lachen die Wahrheit zu sagen vermag.«

Wie ernst manche Spaßmacher ihre Aufgabe sahen, formulierte Alberto Fratellini:

»Der Clown hat den schönsten Beruf von der Welt. Er kann das Lachen und Lächeln in die Herzen und auf die Gesichter der Menschen zaubern.«

Um nichts Geringeres bemühte sich auch der malende und zeichnende Groteskkünstler Walter Trier, oder besser: Walter Trier, der Erfinder und konsequente Vertreter des Grotesken Realismus!

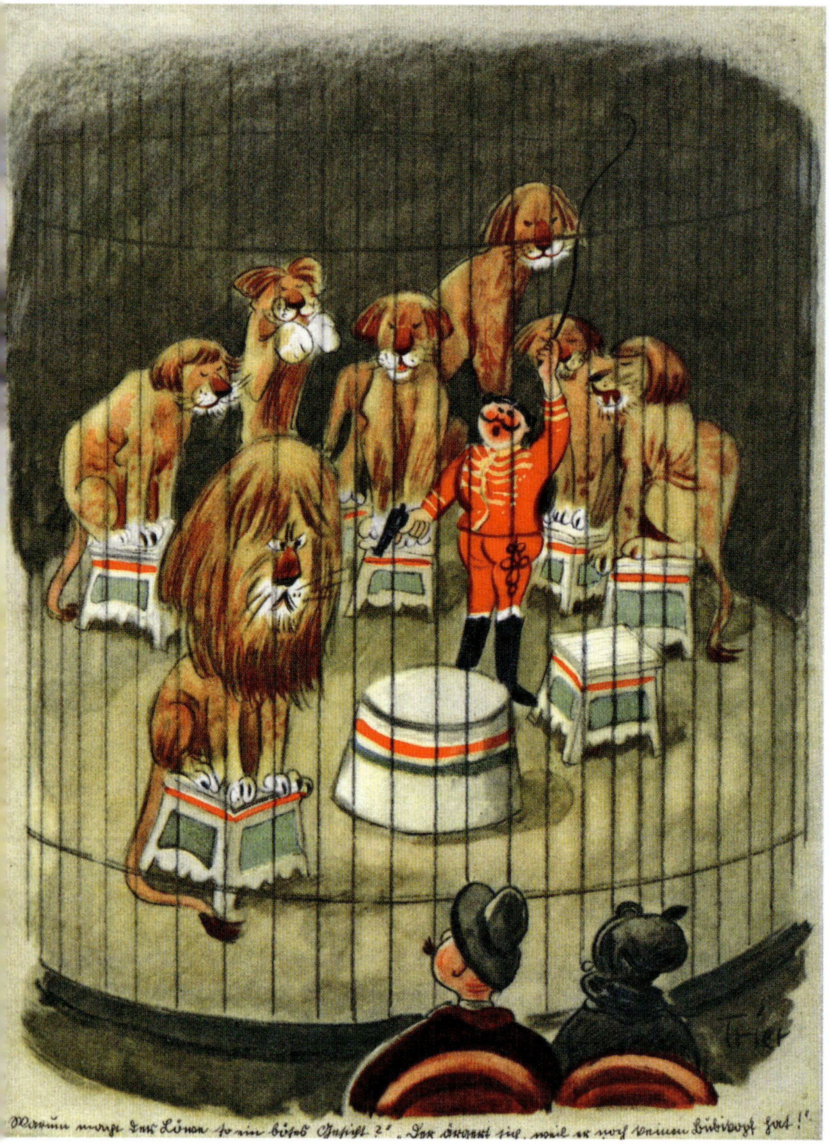

Der Löwendompteur. *1928. Farblithographie aus Fred A. Colman [d.i. Helmut Jaro Jaretzki]/Walter Trier, »Artisten. Ernstes und heiteres Varieté«, Dresden 1928.*

Unterzeile von Walter Trier: »Warum macht der Löwe so ein böses Gesicht? – Der ärgert sich, weil er noch keinen Bubikopf hat!«

»Der Heringsbändiger«
1928. Farblithograph
aus »Uhu

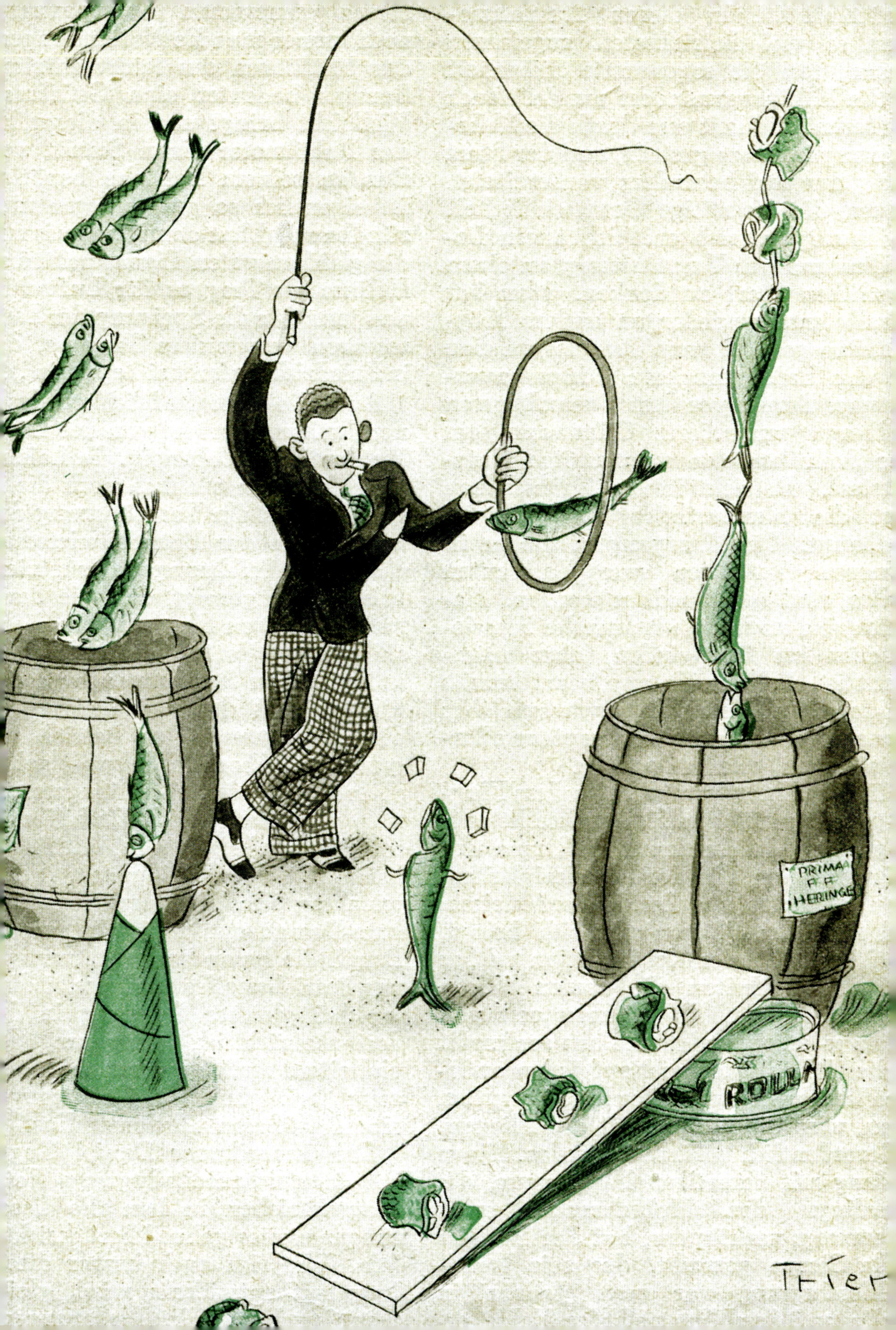
PRIMA
FF
HERINGE
Trier

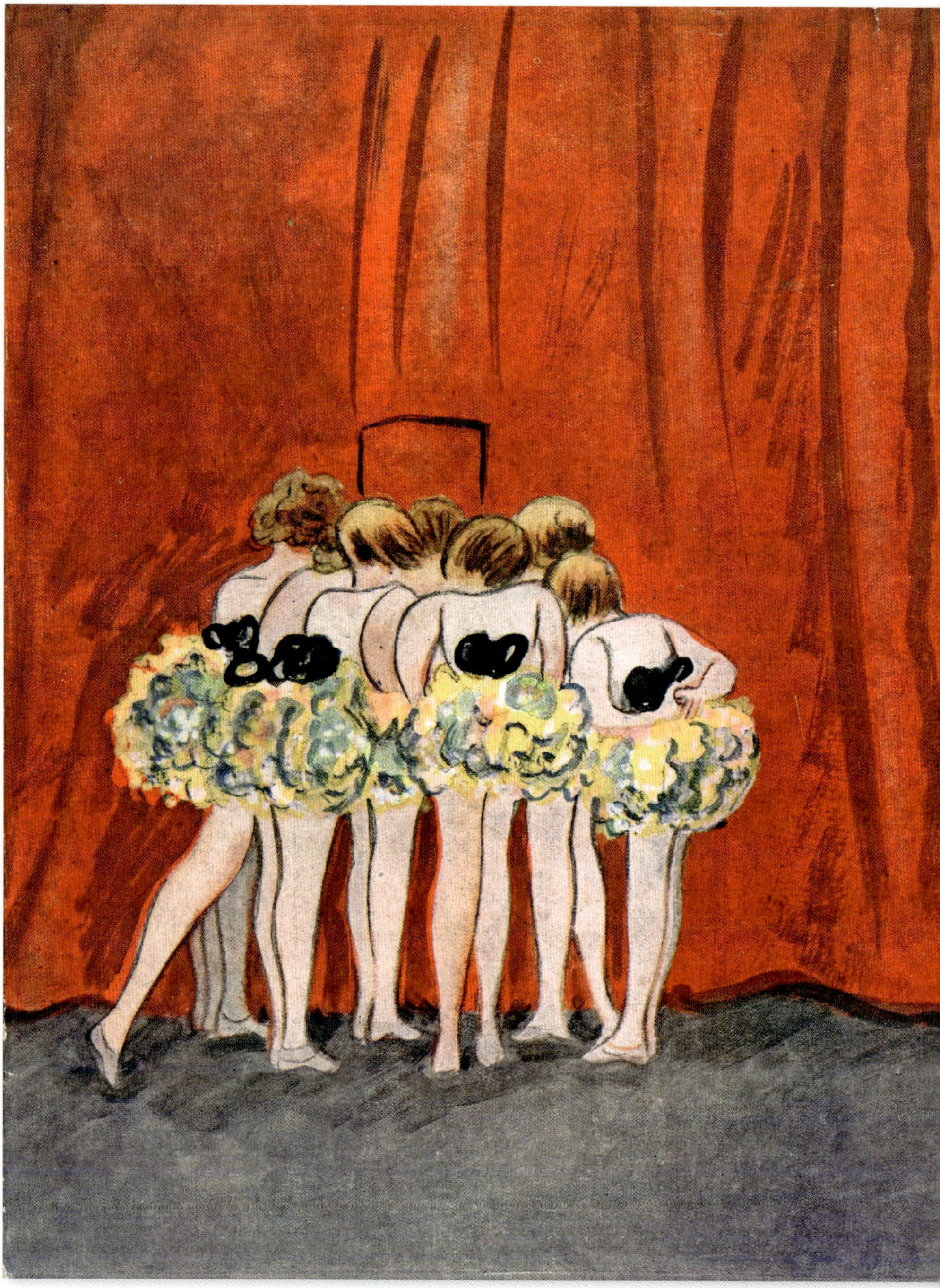

»Artisten«. *1928. Farboffset. Zweiseitiger Schutzumschlag für Fred A. Colman [d.i. Helmut Jaro Jaretzki]/ Walter Trier, »Artisten. Ernstes und heiteres Varieté«, Dresden 1928.*

Das Buch war eine Sammlung gemeinsamer Erlebnisse, die mit über hundert Zeichnungen und Karikaturen zeitgenössischer Bühnenkünstler illustriert wurde. Es haben sich nur wenige Ausgaben mit dem ursprünglichen Schutzumschlag erhalten. Dieser vorzüglich gestaltete Umschlag zeigt auf der Vorderseite den Clown Grock, so strahlend, wie er vom Publikum wahrgenommen wurde. Auf der Buchrückseite hat uns eine Balletttruppe hinter der Bühne den Rücken zugekehrt und späht durch das Loch im Vorhang auf die Bühne und ins Publikum.

In der sorgfältigen Wahl der beiden Betrachterstandpunkte spiegelt sich bereits auf dem Umschlag die gesamte Intention des Buches: eine Würdigung der großen aktiven Darsteller und ein Blick hinter die Kulissen. Dazu heißt es im Klappentext:

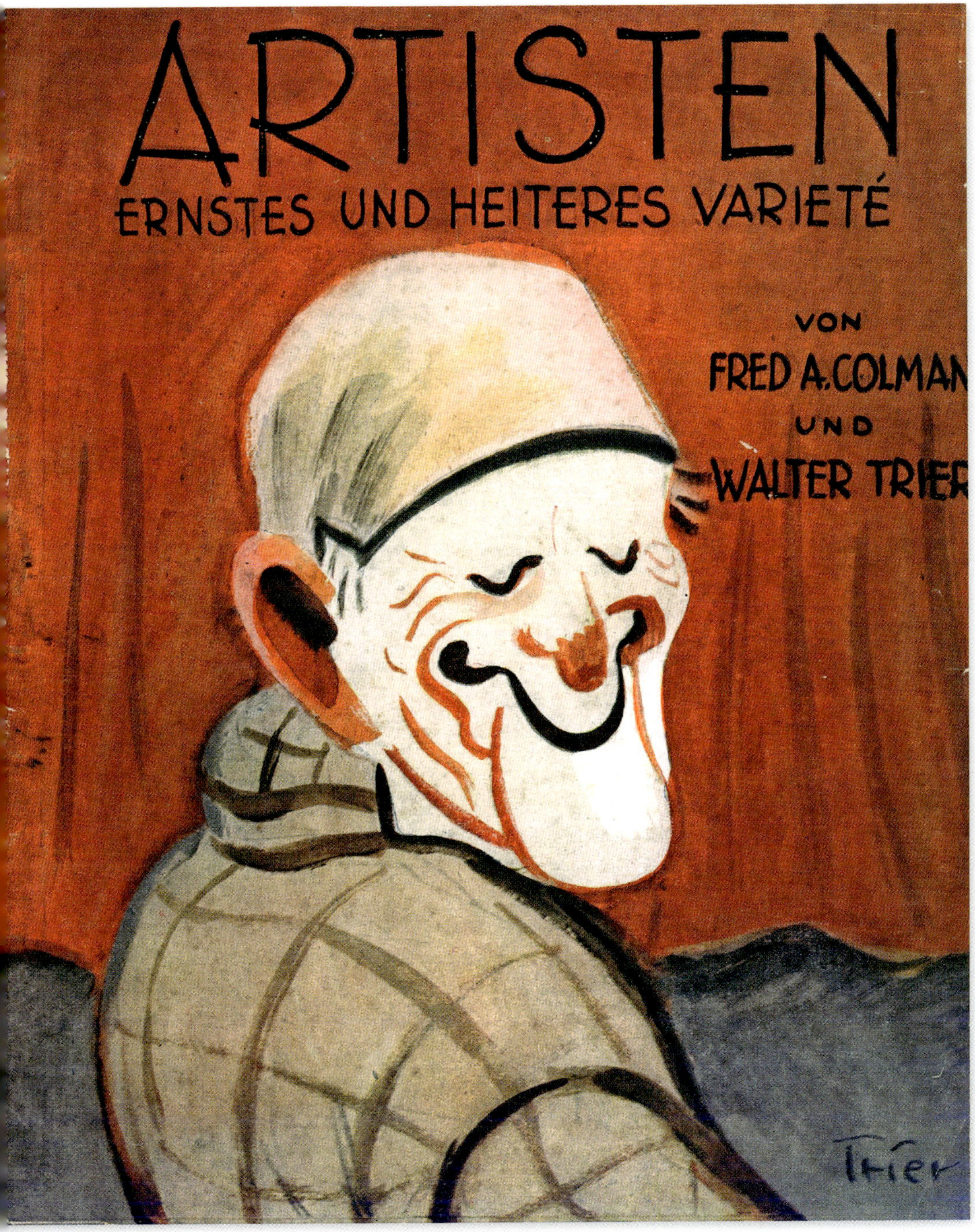

»Seit einem Jahrzehnt steht das Varieté im Vordergrund des Interesses. In allen Kontinenten suchen Menschen des zwanzigsten Jahrhunderts, Zeitmenschen, präzise Arbeit, Aufbau, Konstruktion der Körperlichkeit zu erfassen, mit dem Gefühl aufzunehmen, mit den Augen zu betrachten. … In diese private, menschliche Sphare des Artistenlebens führt erstmalig Fred A. Colmans liebevoll geschriebenes Buch, das aus jahrelangem, intimem, freundschaftlichem Zusammenleben mit Großen und Kleinen, Berühmten und Unbekannten der Varietéwelt erwuchs. Gaukler, Jongleure, Akrobaten, Clowns, Tierbändiger, Agenten und Manager, Direktoren und Regisseure erzählen bereitwillig dem verständnisvollen Freund, sie halfen das Buch mit schaffen, das als erstes von ihrem wahren Wesen, von ihrer Menschlichkeit Zeugnis ablegt.«

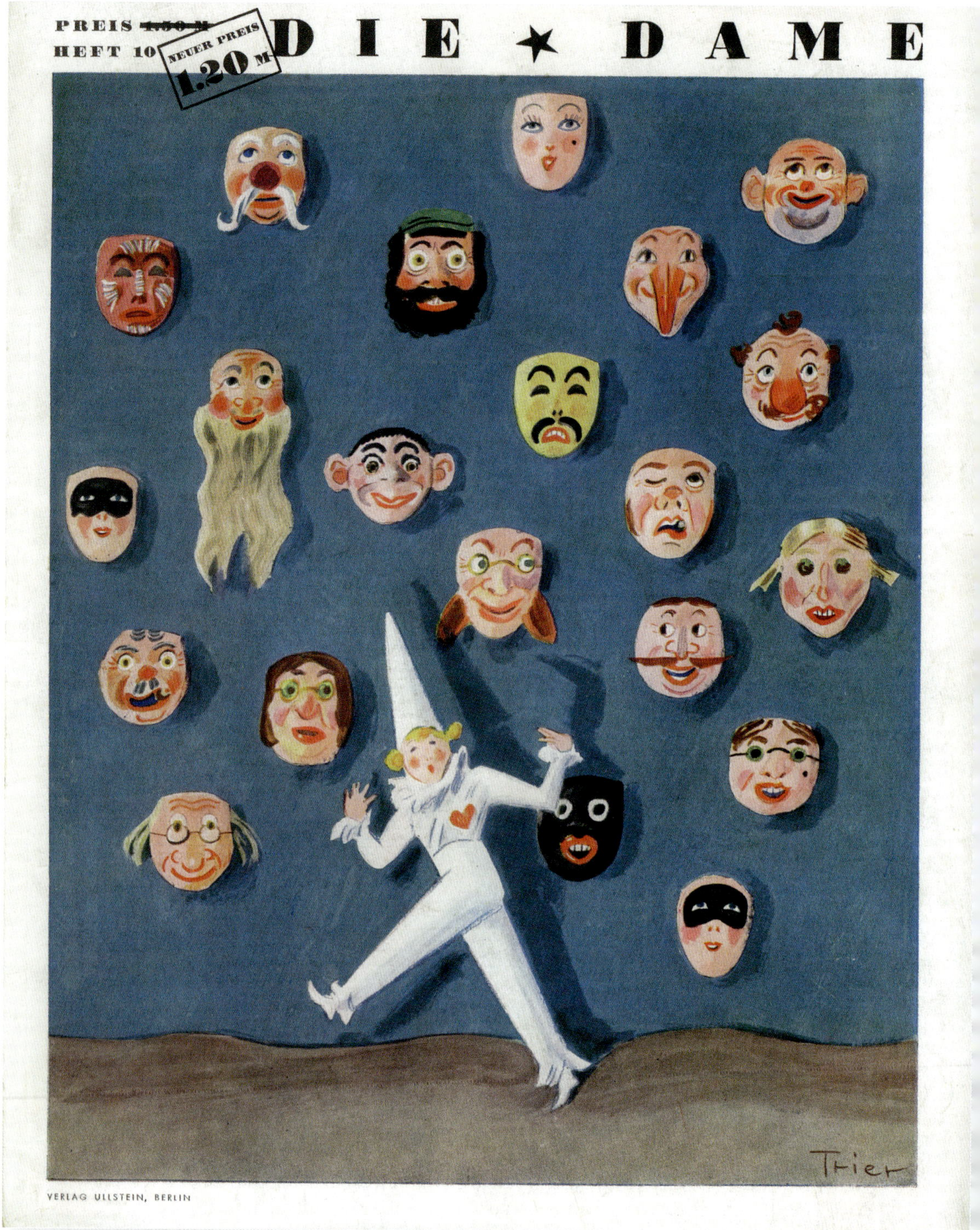

Faschingsmasken. *1932. Farblithographie. Titelseite für »Die Dame«.*

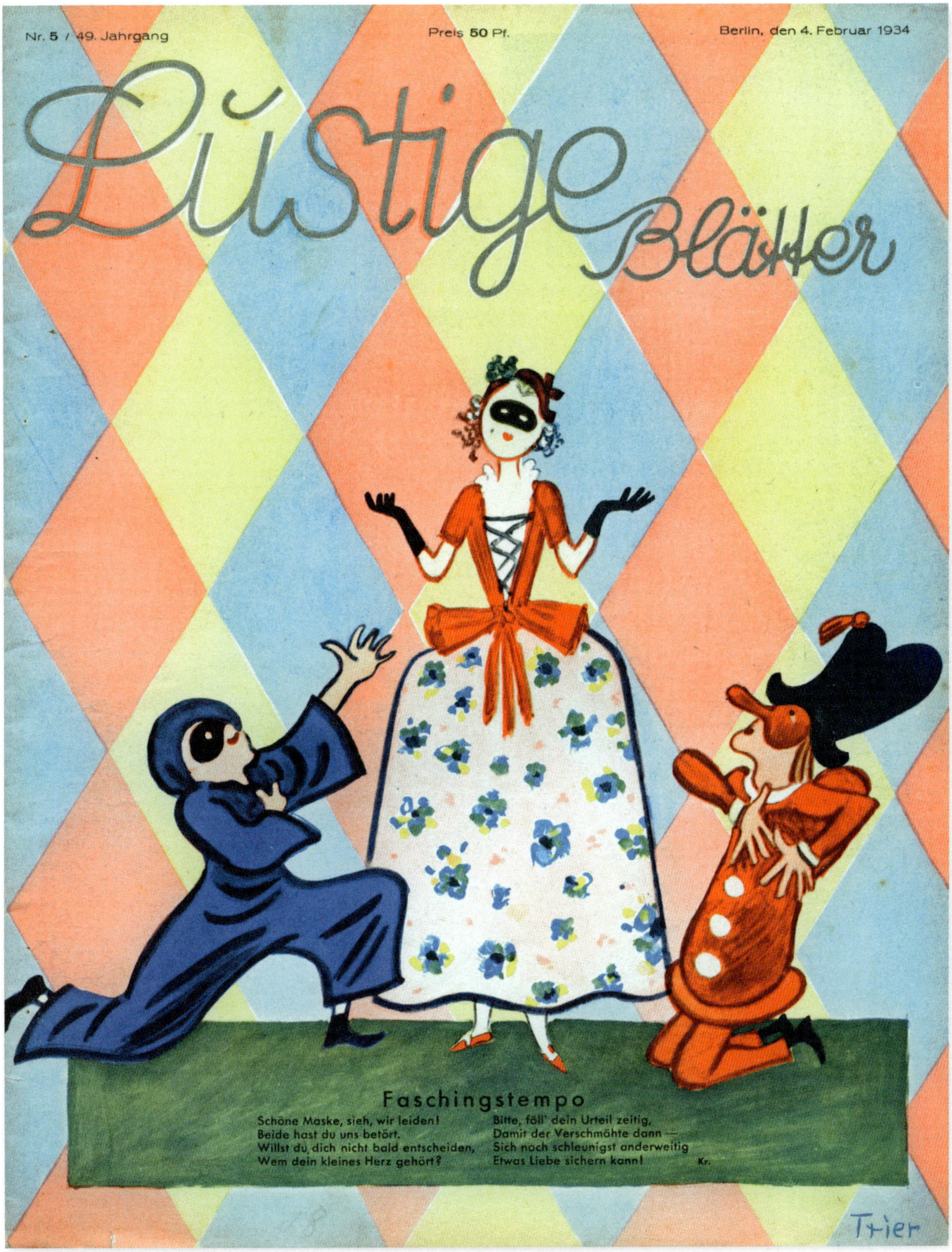

»Faschingstempo«. *1934. Farblithographie. Titelseite für »Lustige Blätter«.*

Unterzeile: »Schöne Maske, sieh, wir leiden! Beide hast du uns betört. Willst du dich nicht bald entscheiden, Wem dein kleines Herz gehört? Bitte fäll' dein Urteil zeitig, Damit der Verschmähte dann – Sich noch schleunigst anderweitig Etwas Liebe sichern kann! Kr.«

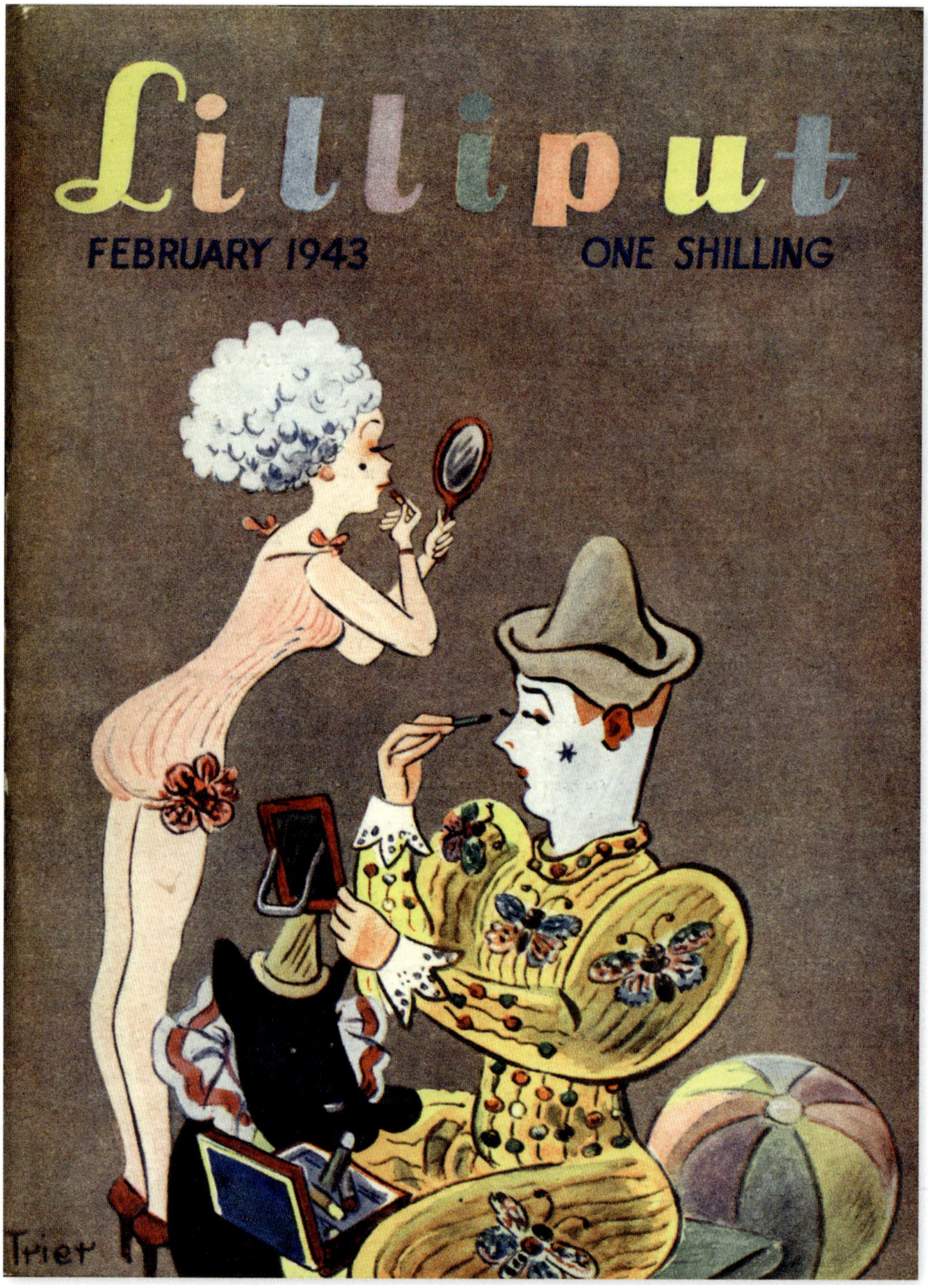

Clowns in der Garderobe. *1943. Farboffset. Titelseite für »Lilliput«.*

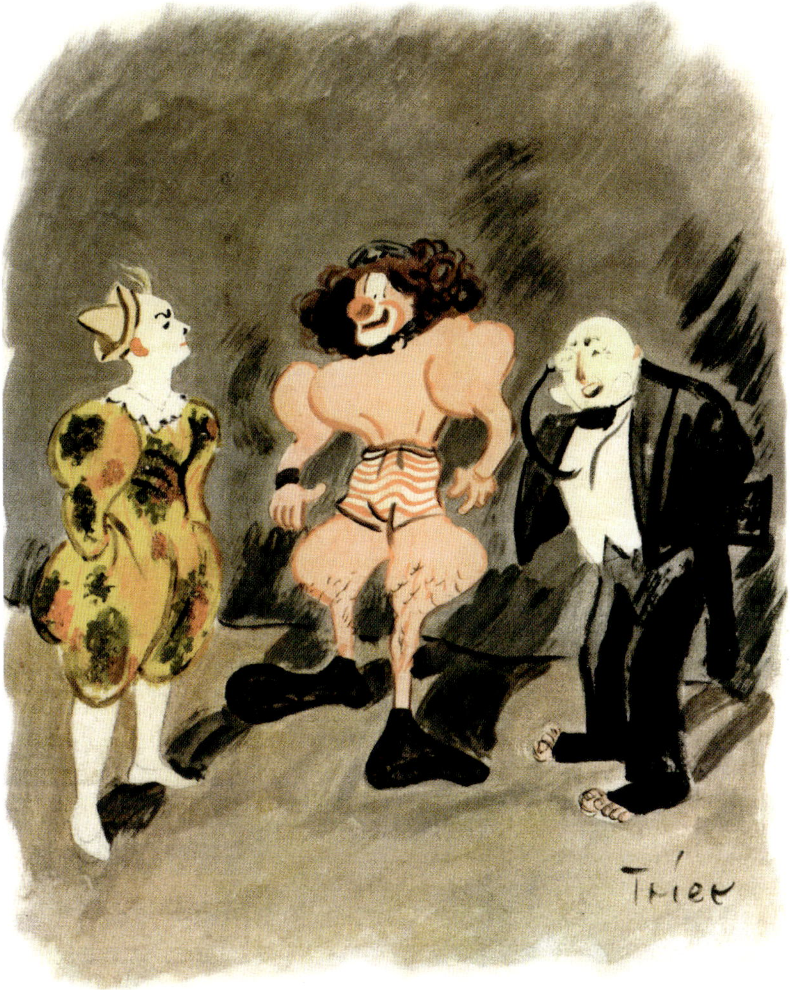

»Die drei Fratellinis [sic]«. *1930. Farblithographie aus »Lustige Blätter«*

Unterzeile: »Es geben noch Menschen, was nix sein Egoisten. Ick abben gesprochen eine Mann, der abben gesagt, er würde sich gerne kürzen lassen um fünf Prozent.« – »Von seine Gehalt?« – »Nein, von seine Zucker!«

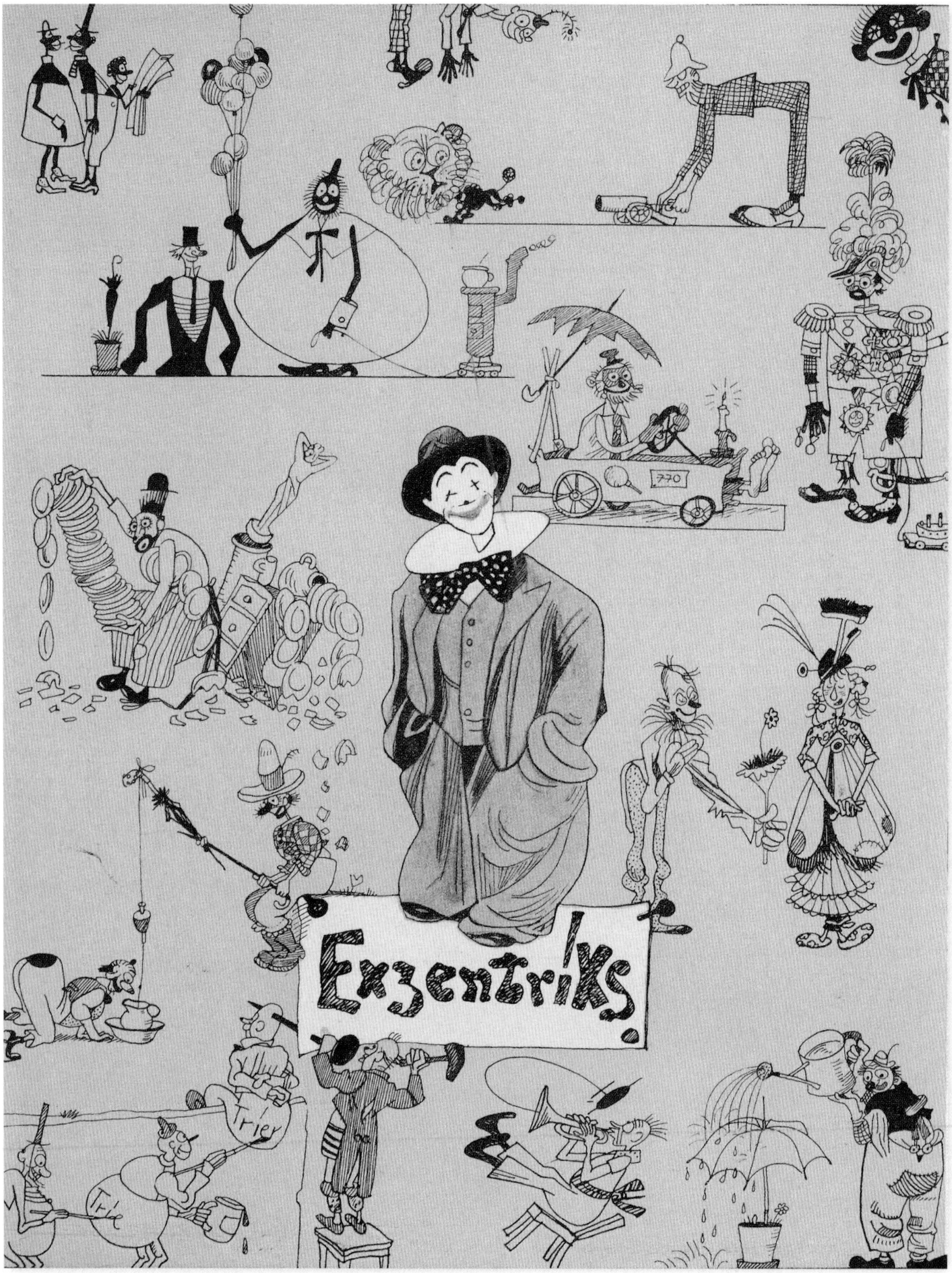

»Exzentriks«. *1914. Farblithographie aus »Lustige Blätter«.*

Unterzeile: »Die Welt der Exzentriks! Nun schaue entzückt zu, Und sage mir, wie dir's gefällt; Es geht darin beinah' so verrückt zu Wie in der wirklichen Welt!«

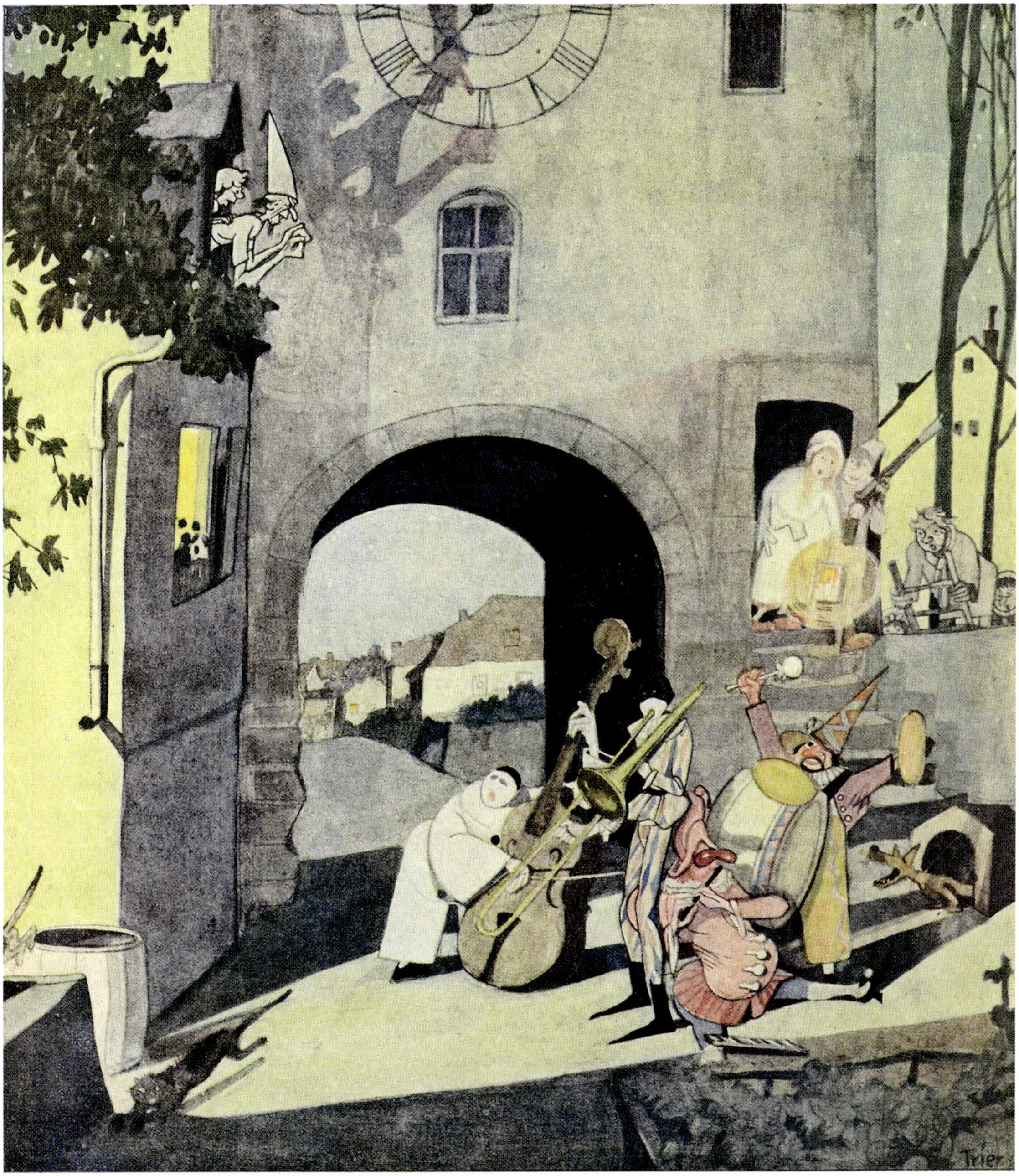

»Fastnachts-Ständchen«. *1914. Farblithographie aus »Lustige Blätter«.*

Unterzeile: »Herr Nachbar, springt schon aus dem Bett, Und gleich mit beiden Füßen! Wir spielen Euch ein klein' Quartett – – Juchhei, das soll Euch grüßen! Trompete, Baß und Trommelschlag, Die sollen's Euch besorgen. Juchhei, zu Eurem Namenstag, Herr Nachbar, guten Morgen! Und hamm' wir uns im Tag geirrt, Als Vorschuß sei's notieret; Und denkt halt: alle Tage wird So schön nicht musiziert!«

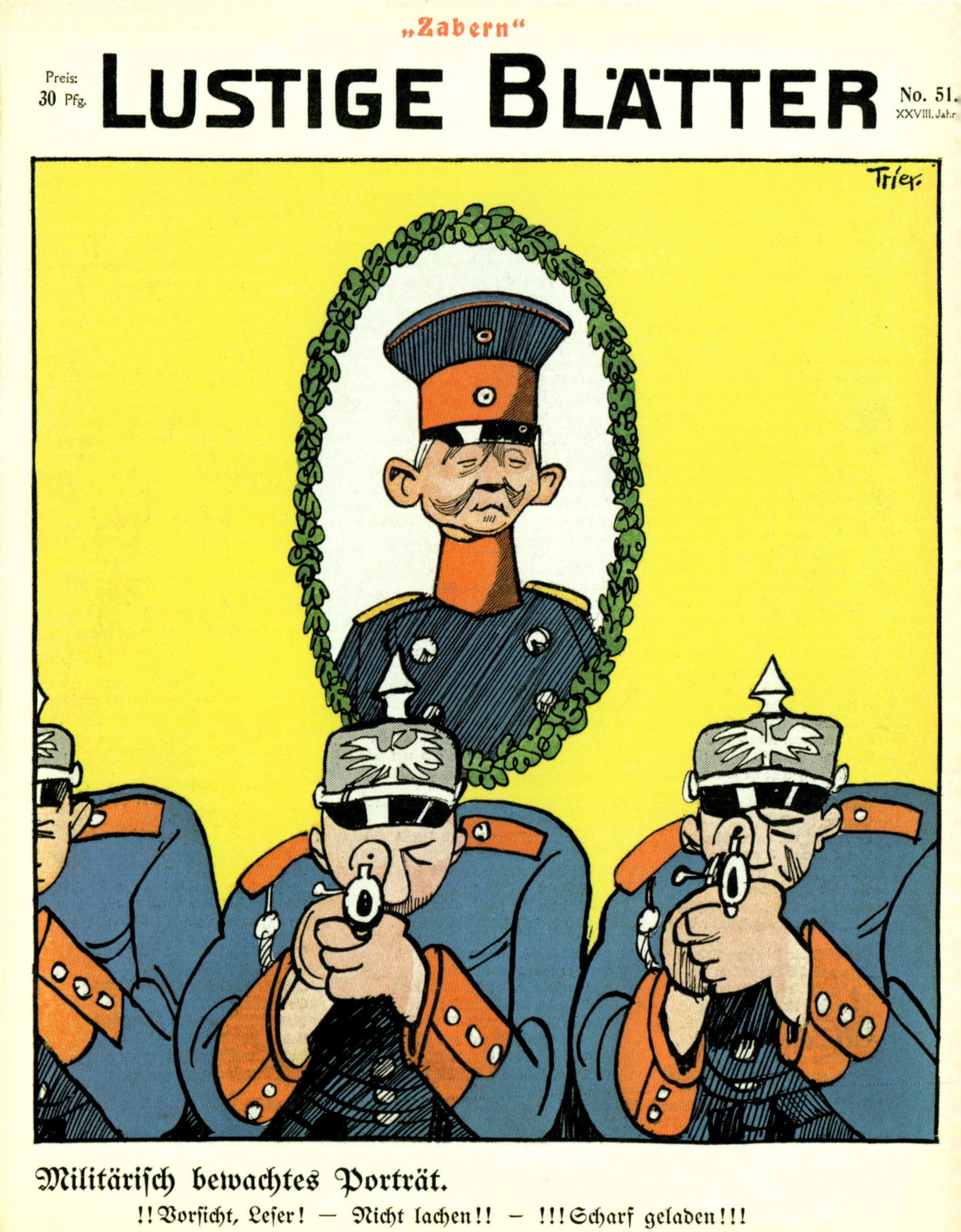

»Militärisch bewachtes Porträt«. *1913. Farblithographie aus »Lustige Blätter«.*

Die drei auf den Betrachter zielenden Soldaten schützen das Porträt-Medaillon eines Kameraden. Der Auslöser für diese Arbeit war die sogenannte Zabern-Affäre. Ein politischer Zwischenfall im elsässischen Zabern (französisch: Saverne) hatte zu einer ernsten innenpolitischen Krise geführt.

Politik und Zeitgeschehen

Seit 1911 war Walter Trier Mitglied im »Verband deutscher Illustratoren«, zeitgleich begann er auch regelmäßig an der jährlichen »Großen Berliner Kunstausstellung« teilzunehmen, ab 1917 auch an diversen Ausstellungen der »Berliner Sezession«, in deren Kreis er allerdings erst am 1. April 1925 aufgenommen worden war – und das war kein Aprilscherz!

1929 wurde er vom »Verband der Pressezeichner« zum zweiten Vorsitzenden gewählt. Im »Skizzenbuch No. 2«, das vom Verband anläßlich seines zweiten Balls am 30. November 1929 in einer Auflage von 2.000 Exemplaren als Festgabe herausgegeben worden war, schrieb der Verbandskollege Anton Mayer im Vorwort:

»Der Zeichner als Reporter dient nicht nur der Aktualität, dem Wesen des flüchtigen Tages, wenn er als getreuer Beobachter Ereignisse und Menschen im Bilde festhält: auch der ewige und unwandelbare Geist der Kunst muß in ihm lebendig sein, und nicht das kleinste Verdienst seiner schnellen Tätigkeit liegt darin, daß er diesen Geist in fröhlicher Form den Menschen näher bringt.«

Aus diesen Worten sprechen der hohe Anspruch und die ganze Eitelkeit der akademisch ausgebildeten Zeichner, die sich von den vielen all zu simplen Situationskritzeleien in der damaligen Tagespresse absetzen wollten und wohl auch schon die aufkommende Konkurrenz durch die ersten Fotoreporter fürchteten.

Trotz der angetragenen Ehre eines Vorsitzes scheint Trier weder ein glücklicher Vereinsmeier noch ein brauchbarer, sich wichtig nehmender Funktionsträger gewesen zu sein. Gemäß einigen Zeitzeugenberichten aber war er hingegen stets ein vielfach und hochgeschätzter Teamplayer. Bereits der Anfang in den Redaktionen verschiedener Satireblätter war verheißungsvoll und äußerst erfolgreich. In München begann er bei der »Jugend« und dem »Simplicissimus«, in Berlin setzte er die Arbeit bei den »Lustigen Blättern« und dem »Ulk« fort und arbeitete parallel dazu auch für die vielen verschiedenen Publikumsmagazine aus dem Verlagskonzern Ullstein. Und auch später, in London, war er schnell ein fester

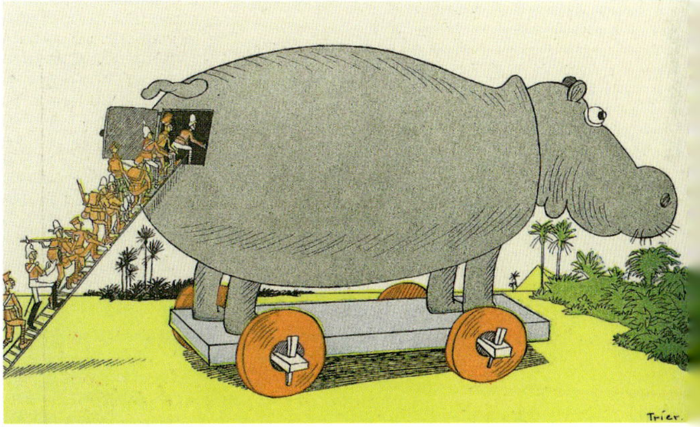

»Nach berühmtem Muster«.
1916. Farblithographie aus »Lustige Blätter«.
Unterzeile: »... haben die Engländer für ihre Operationen in Ägypten ein trojanisches Nilpferd erbaut.
Die ganze Kitchener-Armee soll darin Platz haben!«

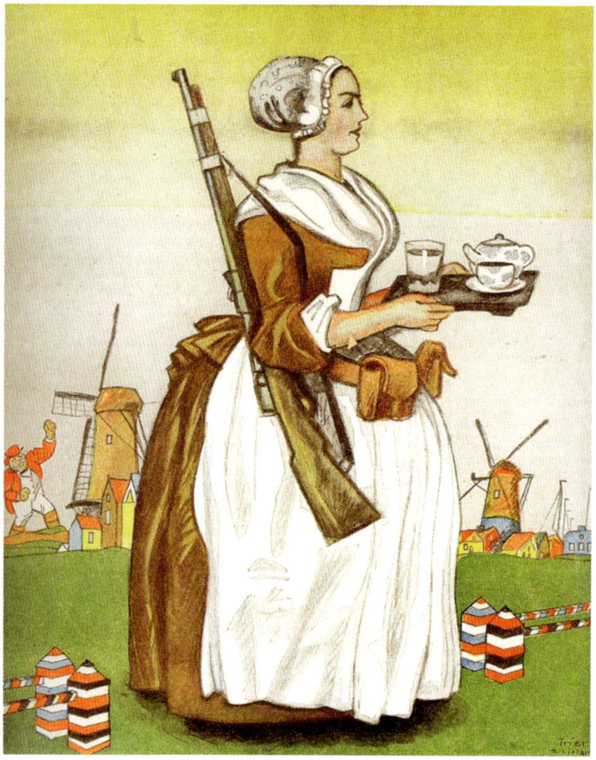

»Wilhelmintje, das energische Schokoladenmädchen«.
1916. Farblithographie aus »Lustige Blätter«.
Unterzeile: »Das will ich doch mal sehn, ob ich nicht meine Schokolade hinbringen kann, wo ich will!« Das in der Dresdner »Gemäldegalerie Alte Meister« aufbewahrte »Schokoladenmädchen« von Jean-Etienne Liotard war von Walter Trier zu einer Karikatur der niederländischen Königin umgearbeitet worden, die im Ersten Weltkrieg als scharf bewaffnete Matrone erscheint.

redaktioneller Bestandteil – beim »Lilliput« und »Daily Herald« und von 1941 bis 1944 bei Sebastian Haffners Exilblatt »Die Zeitung« –, ja selbst im fernen Kanada war er innerhalb kurzer Zeit dabei, sich einen Stammplatz bei einigen Unterhaltungsblättern wie etwa bei »New Liberty« zu erobern.

Bei nahezu all diesen Blättern war seine Spezialität die Anfertigung unverwechselbarer und unschlagbar plakativer Covermotive, mit denen er an den übervollen Zeitungskiosken sofort hervorstach. Durch sie wurde die Zeitungsgraphik in den Rang von Kunstwerken für Jedermann erhoben und die Zeitschriftenauslagen gerieten zu Ausstellungen auf Zeit.

Als Trier für den »Lilliput« engagiert wurde, ein von einer ganzen Reihe exildeutscher Journalisten nach dem Vorbild des »Uhu« in Berlin für das englische Publikum produziertes, sehr erfolgreiches literarisches Magazin, konnte er eine lang gehegte Idee durchsetzen. Während seiner über zwölf Jahre, die er für dieses Blatt arbeitete, realisierte er das radikale Konzept, jedes Cover mit denselben Grundfiguren – ein Mann, eine Frau, ein Hund – zu versehen, jedoch in weit über hundert verschiedenen Motiven und Spielarten durchexerziert. Man muß nicht lange rätseln, um dahinterzukommen, daß das Figurenpersonal eine autobiographische Anleihe ist und die Motivfolge durchaus tagebuchartige Züge ausweist. Doch es geht noch weiter. Wenn man es genau nimmt, dann sind all diese bunten Cover nicht nur typisch für Trier, sondern die recht unterhaltsame und gänzlich undogmatische Form einer höchst radikalen und lang andauernden Konzeptkunst – und das auch nicht in einem geschützten Kunstsektor, sondern auf dem hochkommerziellen, wettbewerbsdominierten und schnelllebigen Zeitungsmarkt. Chapeau!

Es gab eigentlich nur eine Periode als Pressezeichner, die Walter Trier nicht gut bekommen ist, das war während des Ersten Weltkriegs, als er als zeichnender Propagandist für die Kriegsausgaben der »Lustigen Blätter« arbeiten mußte. Als gebürtiger Prager unterstand Trier dem österreichischen Kaiser und hatte, wie alle anderen, Kriegsdienst zu leisten. Walter Trier hatte insofern noch großes Glück, als er nicht zum Dienst an der Waffe herangezogen, sondern für einen anderen Kriegsdienst als »unabkömmlich« gemustert worden war: Trier war als Zeichner für die Propagandaabteilung an der Heimatfront eingeteilt worden. Dort hatte er in unzähligen Zeichnungen

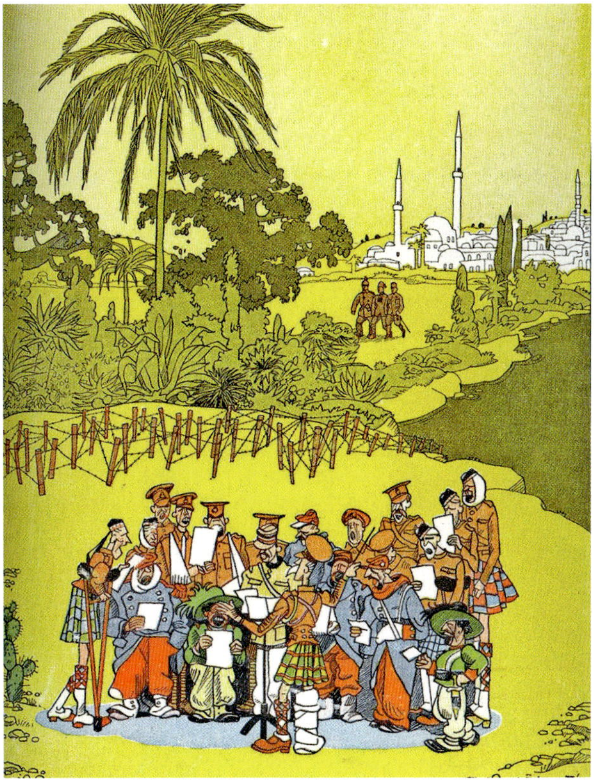

»Auf Gallipoli«. *1915. Farblithographie aus »Lustige Blätter«.*

Unterzeile: »Goddam, Jungs, ich will euch doch gar nicht abholen, – ich bring ja bloß eine Glückwunschkarte eures Königs zu eurer ausgezeichneten Haltung!« Anlaß für diese Arbeit war die Schlacht von Gallipoli auf dem europäischen Teil der Dardanellen, die auf beiden Seiten bis zu 100.000 Tote forderte und zu 250.000 Verwundeten führte. Der Jahrestag am 25. April wird heute noch in Australien, Neuseeland und Tonga als nationaler Gedenktag begangen.

den Feind verächtlich zu machen, ihn mit Hohn und Spott zu überziehen, um so die Hemmschwelle der Soldaten an der Front herabzusetzen bzw. deren Kampfmoral zu stärken.

Obwohl Trier in diesen vier Jahren enorm produktiv war, hat er doch in all diesen vielen Arbeiten nie die Grenze zur Menschenverachtung oder zum aufpeitschenden Haß überschritten, was hinter den feindlichen Linien sehr wohl registriert worden war. Denn während des Zweiten Weltkriegs wurde es ihm möglich, beim zuvor verspotteten Feind in England sicheren Unterschlupf zu finden. Allerdings hatte der unfreiwillige Kriegsdienst, vor allem die dabei angelegten redaktionellen Ketten, in ihm tiefe Spuren hinterlassen. In seiner Arbeit fremdbestimmt waren die Zeichnungen zuweilen von der Redaktion nachträglich mit irritierenden nationalistischen Untertönen versehen worden.

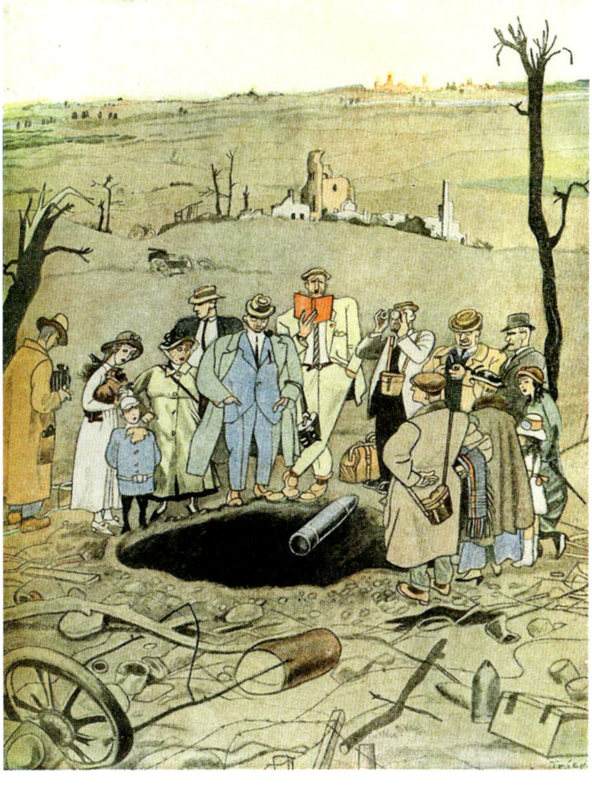

»Der Sport der Yankees«. *1916. Farblithographie aus »Lustige Blätter«.*

Unterzeile: »In Amerika werden Gesellschaftsreisen nach den europäischen Schachtfeldern organisiert: Und deshalb lassen sie uns so weit reisen? Diese Granate kenne ich ja schon aus meiner Fabrik in Pittsburg!«

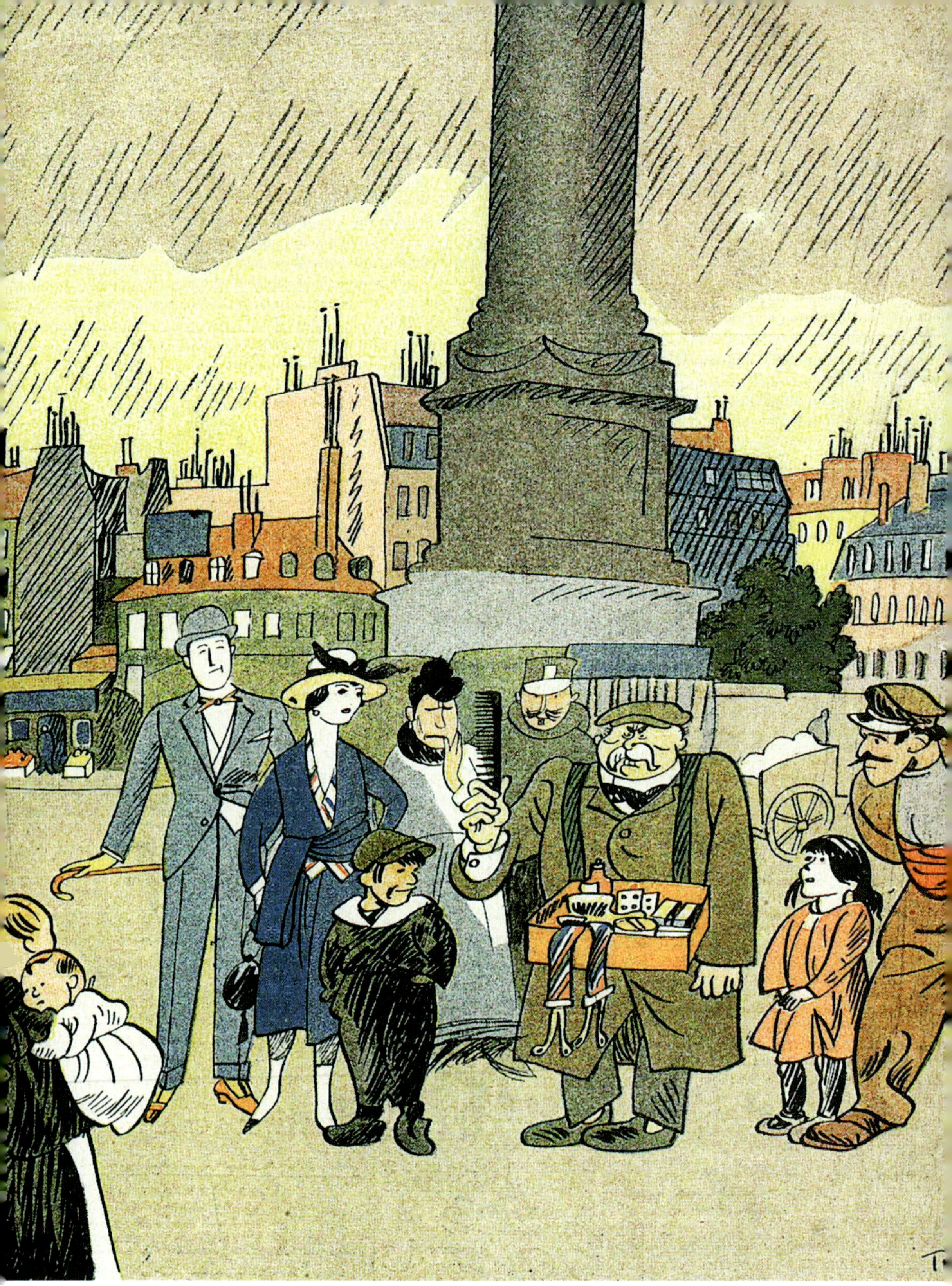

»Pariser Leben«. *1918. Farblithographie aus »Lustige Blätter«.*
Unterzeile: »Clemenceau: Kinder, kooft Kämme, wir gehen lausigen Zeiten entgegen!«

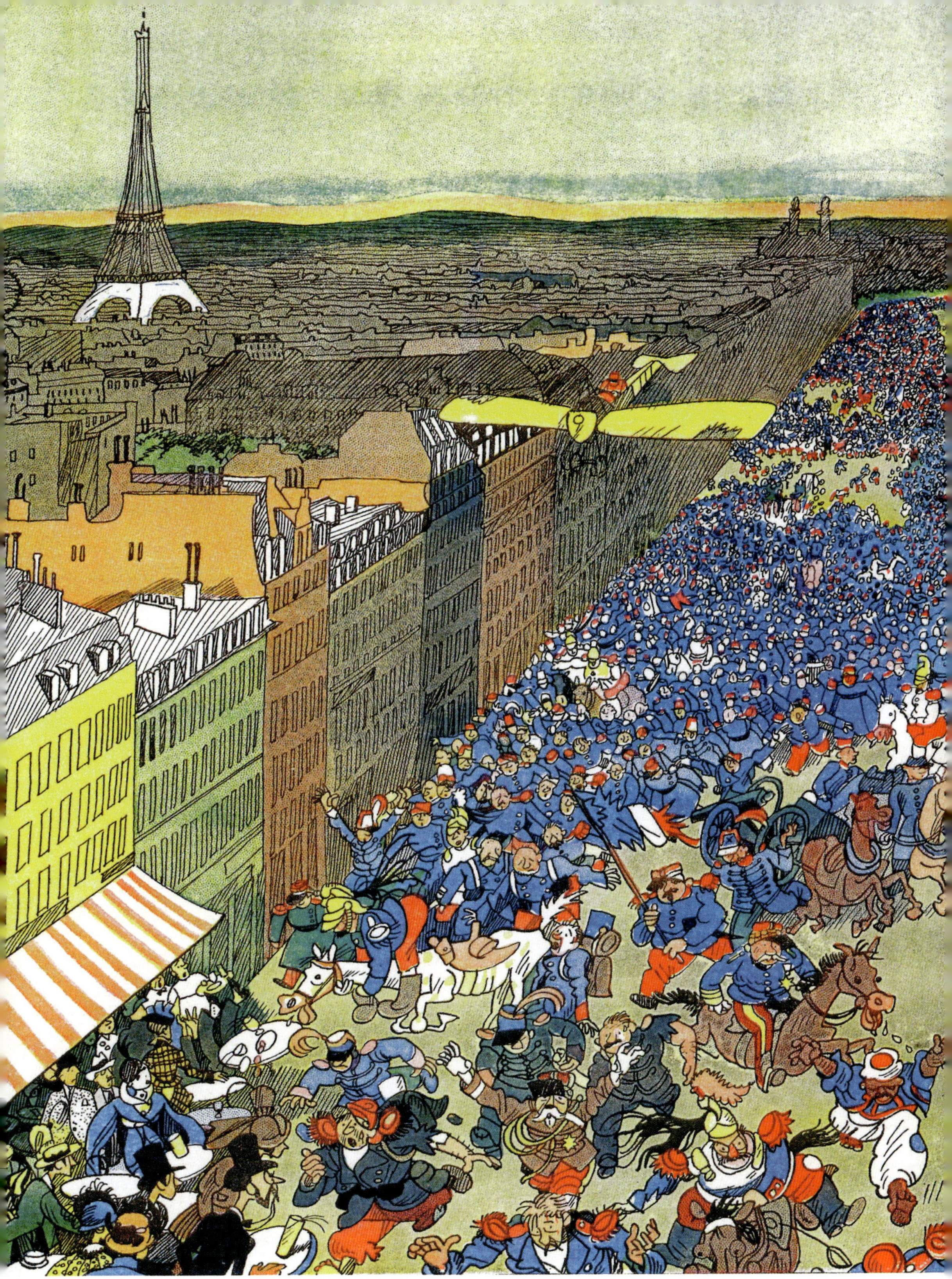

»In Paris«. *1914. Farblithographie aus »Lustige Blätter«.*

Unterzeile: »Um Gottes Willen, Soldaten, was wollt ihr denn hier? – Wir haben einen großen Sieg in Lothringen errungen, – die ganze Armee kommt, um es zu melden!«

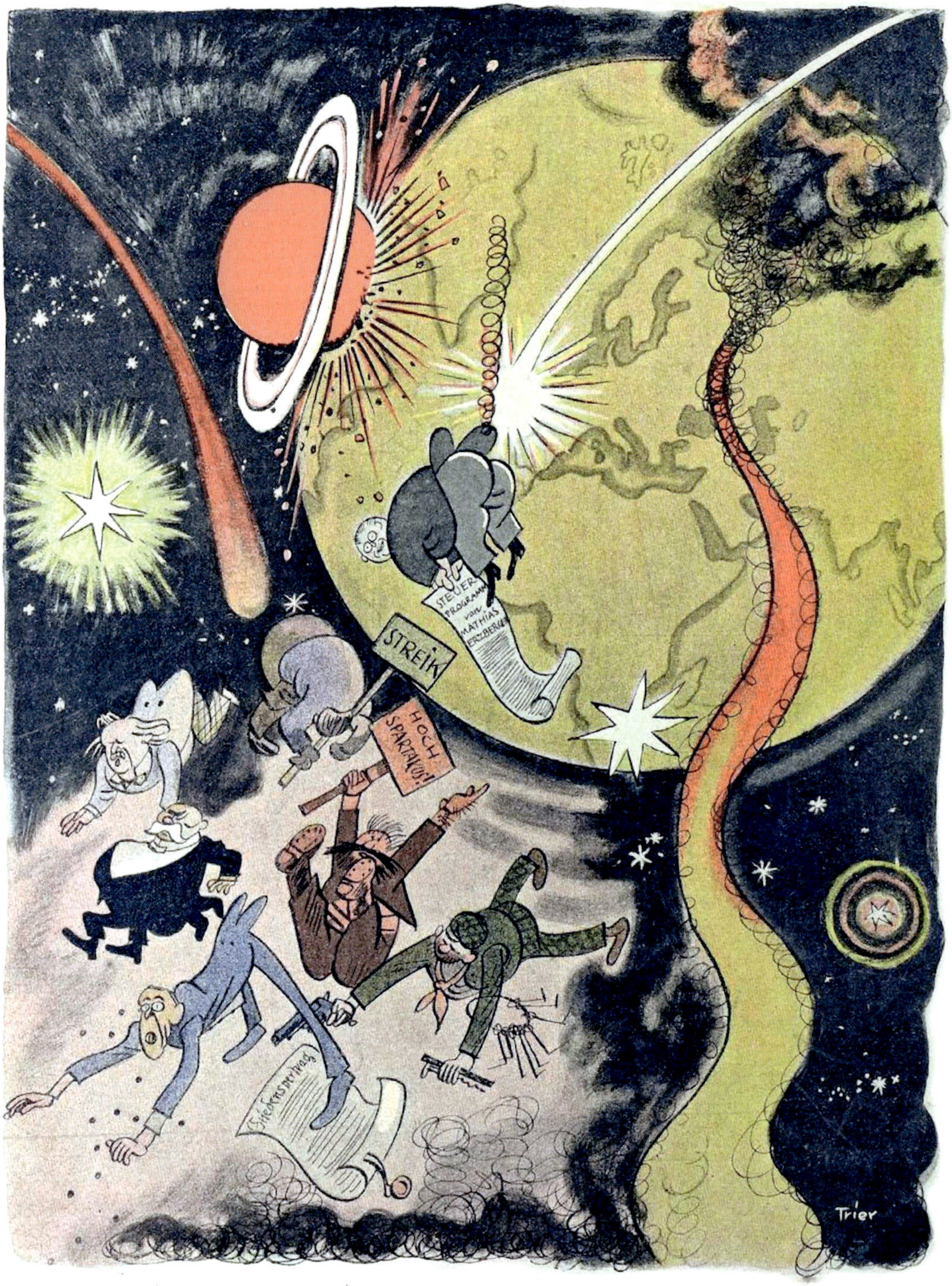

»Weltuntergang«. *1919. Farblithographie aus »Lustige Blätter«.*

Nach dem verlorenen Ersten Weltkrieg und den aktuellen Unruhen heißt es hier zynisch: »Für Ende des Jahres wird der Weltuntergang prophezeit.« – »Na, Gott sei Dank!«

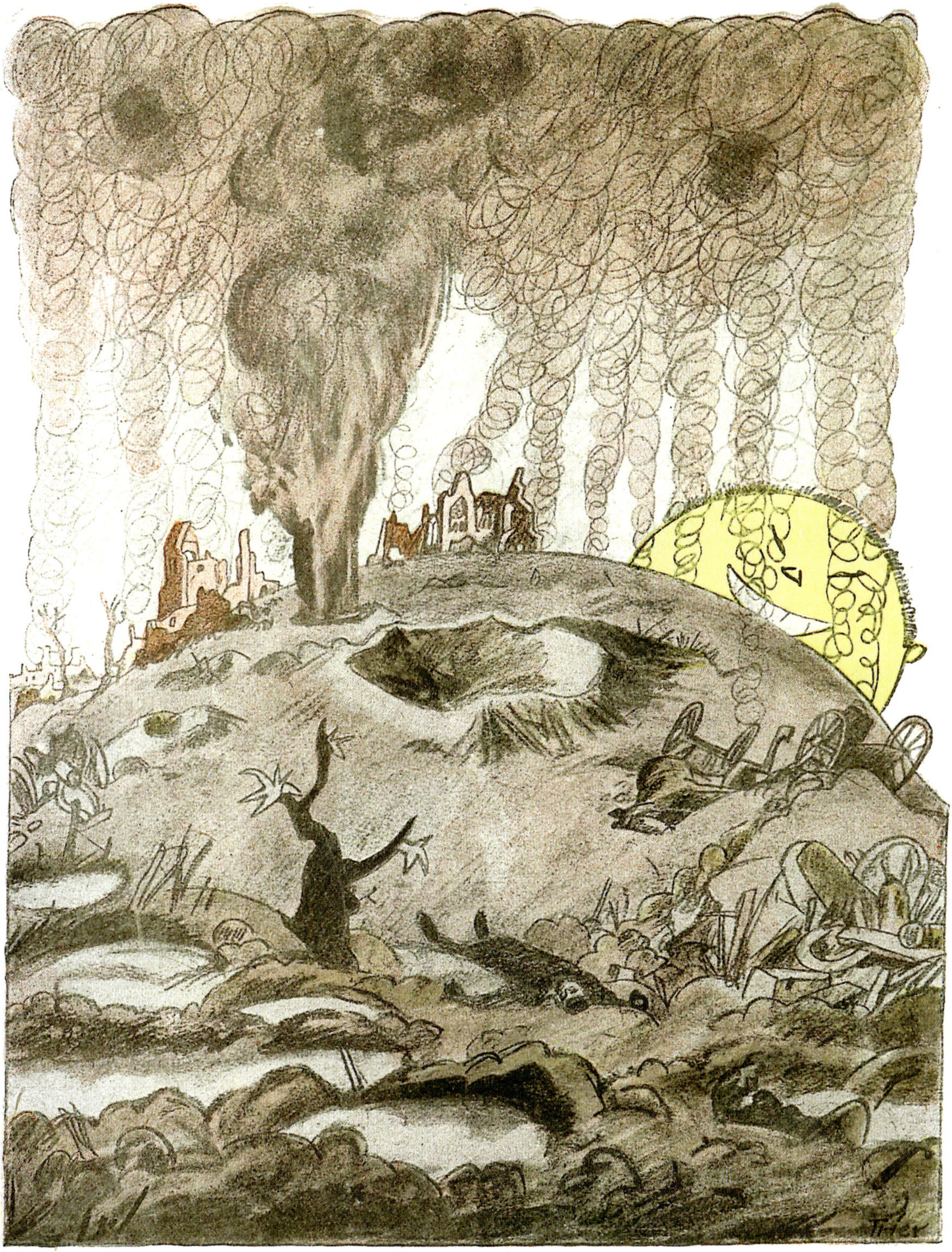

»Welterbschaft«. *1918. Farblithographie aus »Lustige Blätter«.*
Unterzeile: »Europa muß ein herbes Schicksal kosten, Es brennt und kracht,
Und gelb erhebt die Sonne sich im Osten, Und grinst und lacht!«

Zeichnung von W. Trier.

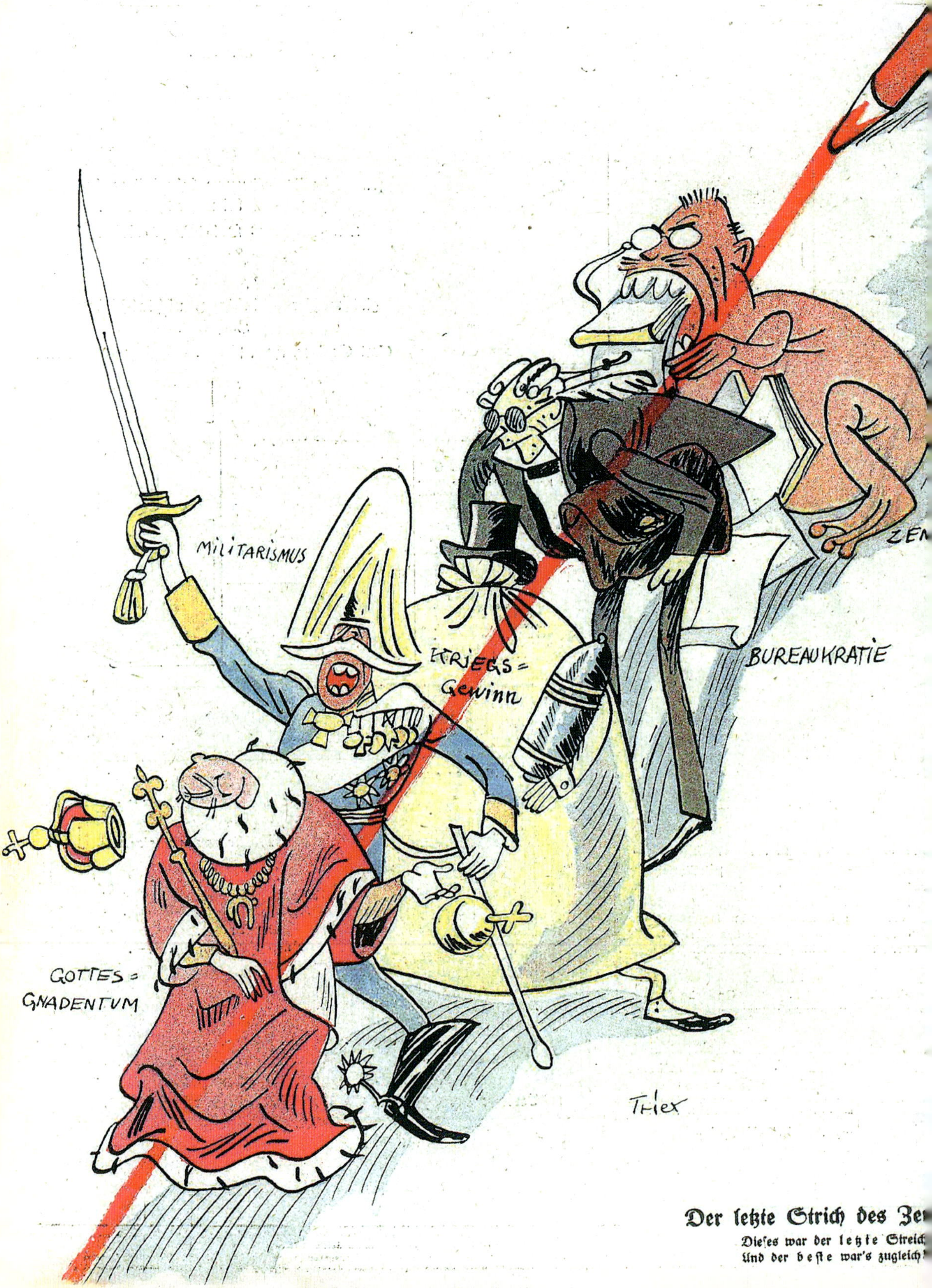

Der letzte Strich des Ze

Dieses war der l e t z t e Streic
Und der b e s t e war's zugleich

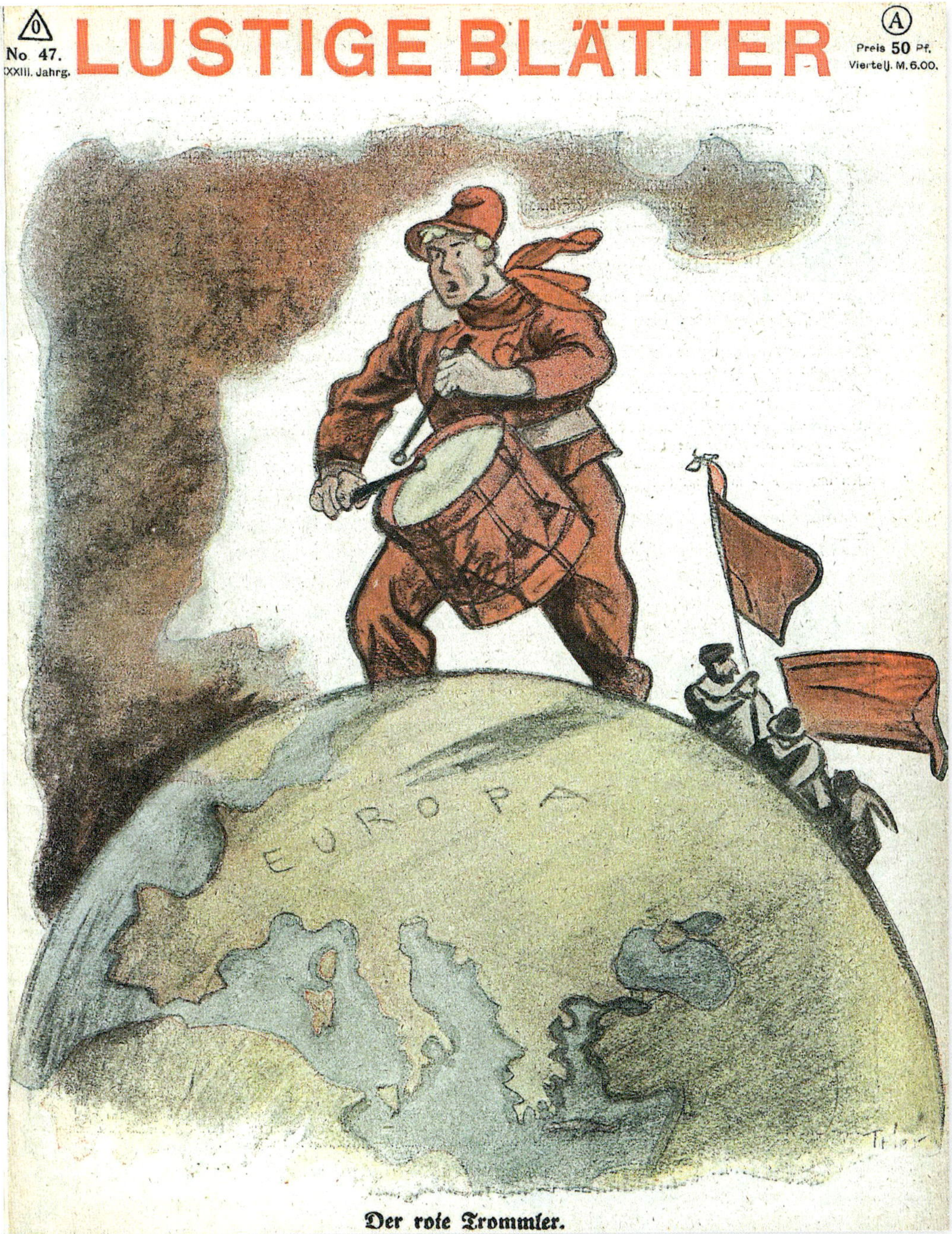

»Der rote Trommler«. *1918. Farblithographie. Titelseite für »Lustige Blätter«.*

Anders als der Ost-Berliner Lothar Lang 1972 in »Das große Trier-Buch« schrieb, »bejahte« Walter Trier hier nicht »die proletarische Revolution«, sondern schaute – ganz im Gegenteil – dem heraufziehenden Kommunismus voller Sorgen entgegen.

Der letzte Strich des Zensors«.
918. Farblithographie aus »Lustige Blätter«.
nterzeile: »Dieses war der letzte Streich,
nd der beste wars zugleich!«

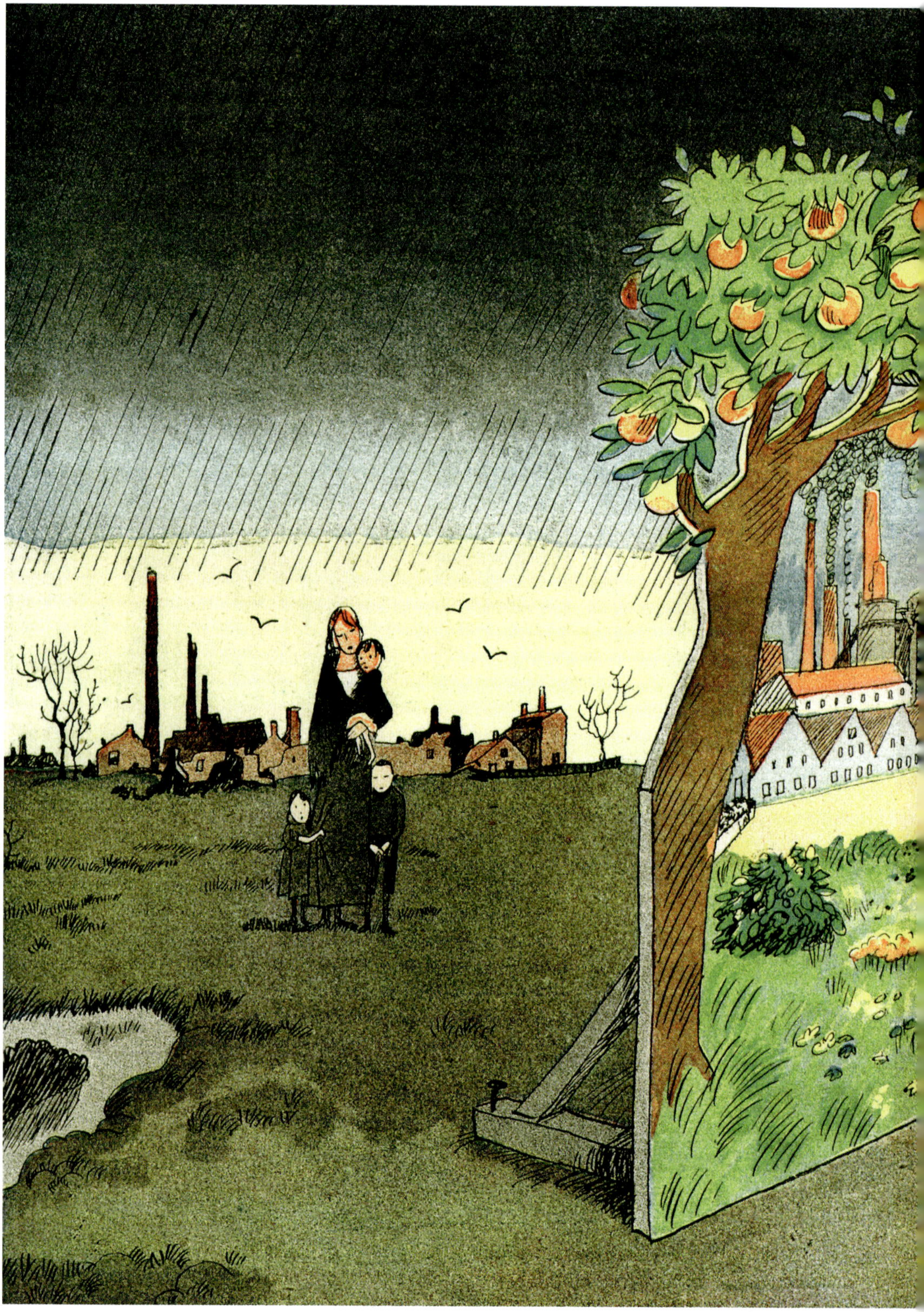

»Potemkinsche Dörfer«. *1918. Farblithographie aus »Lustige Blätter«.*
Unterzeile: »Der Bolschewist: Da schau, Deutscher, so ein Glück kannst du auch haben – (für sich: wenn er bloß nicht auf die Idee kommt, hinter die Kulisse zu kucken!)«

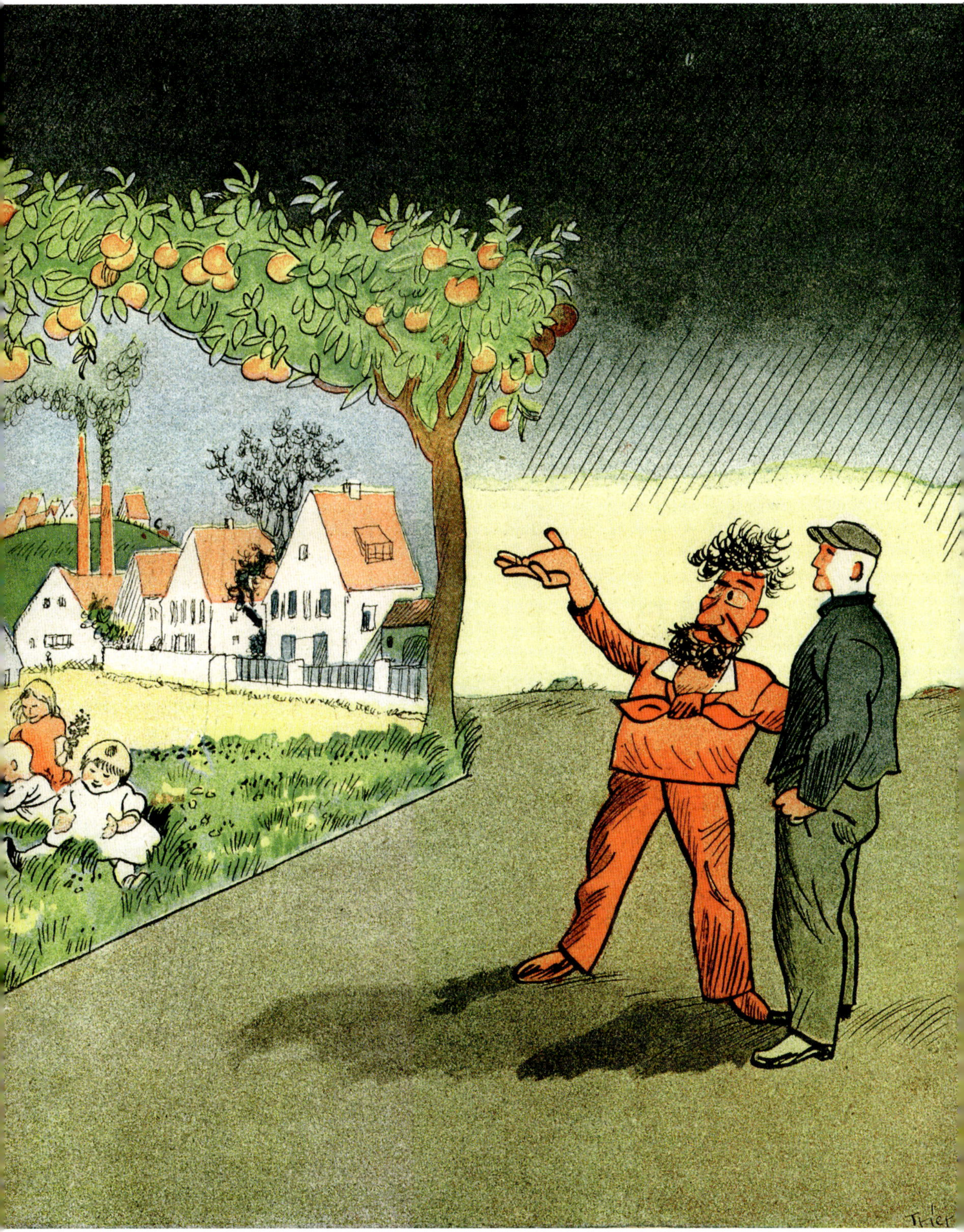
Trier

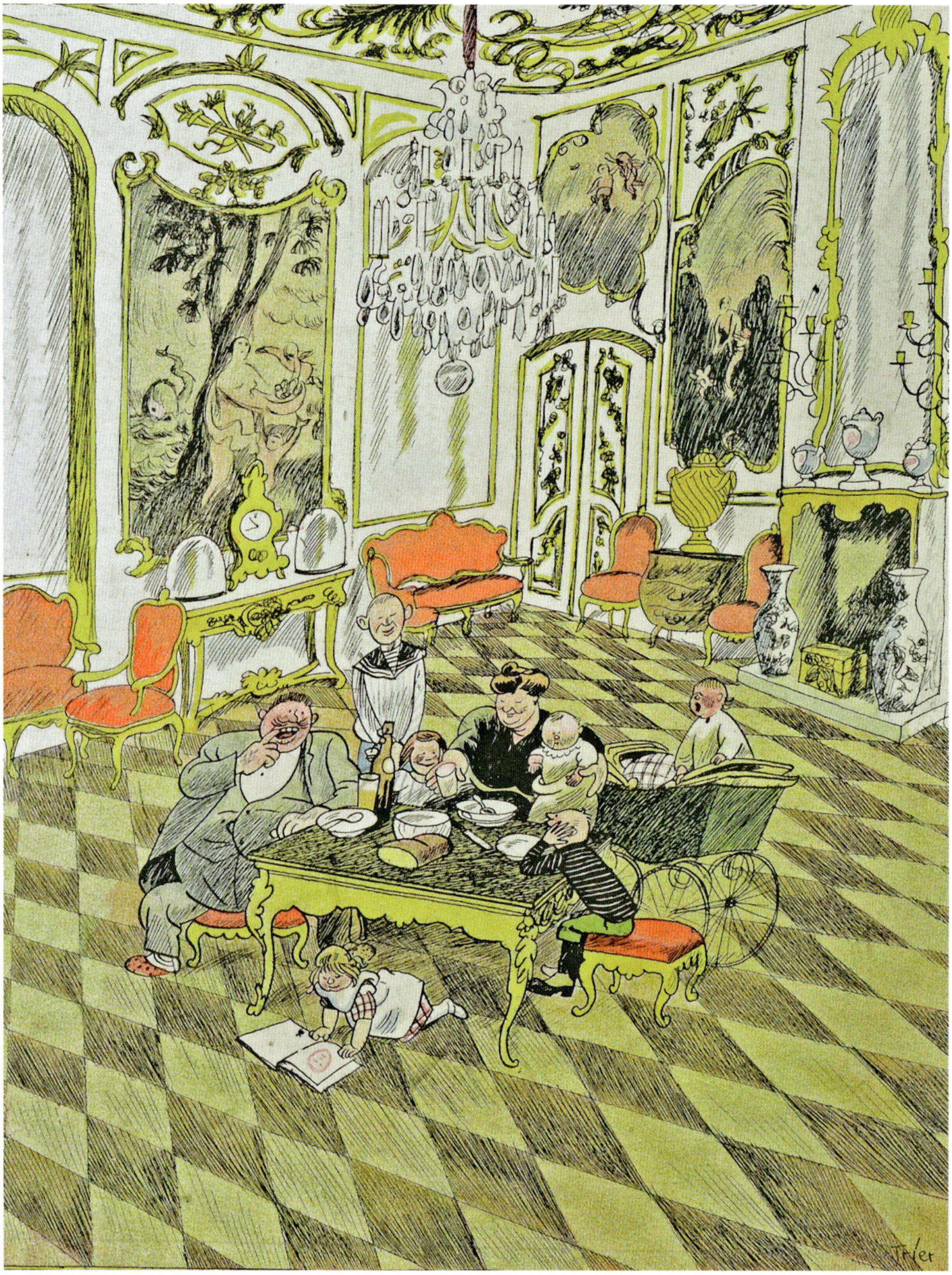

»Königliche Schlösser für Privatwohnzwecke«.
1919. Farblithographie aus »Lustige Blätter«.
Die Zeitkritik war auch veröffentlicht worden in »Der lustige Hannoveraner«, 16. Jahrgang, 1919, Heft 28.

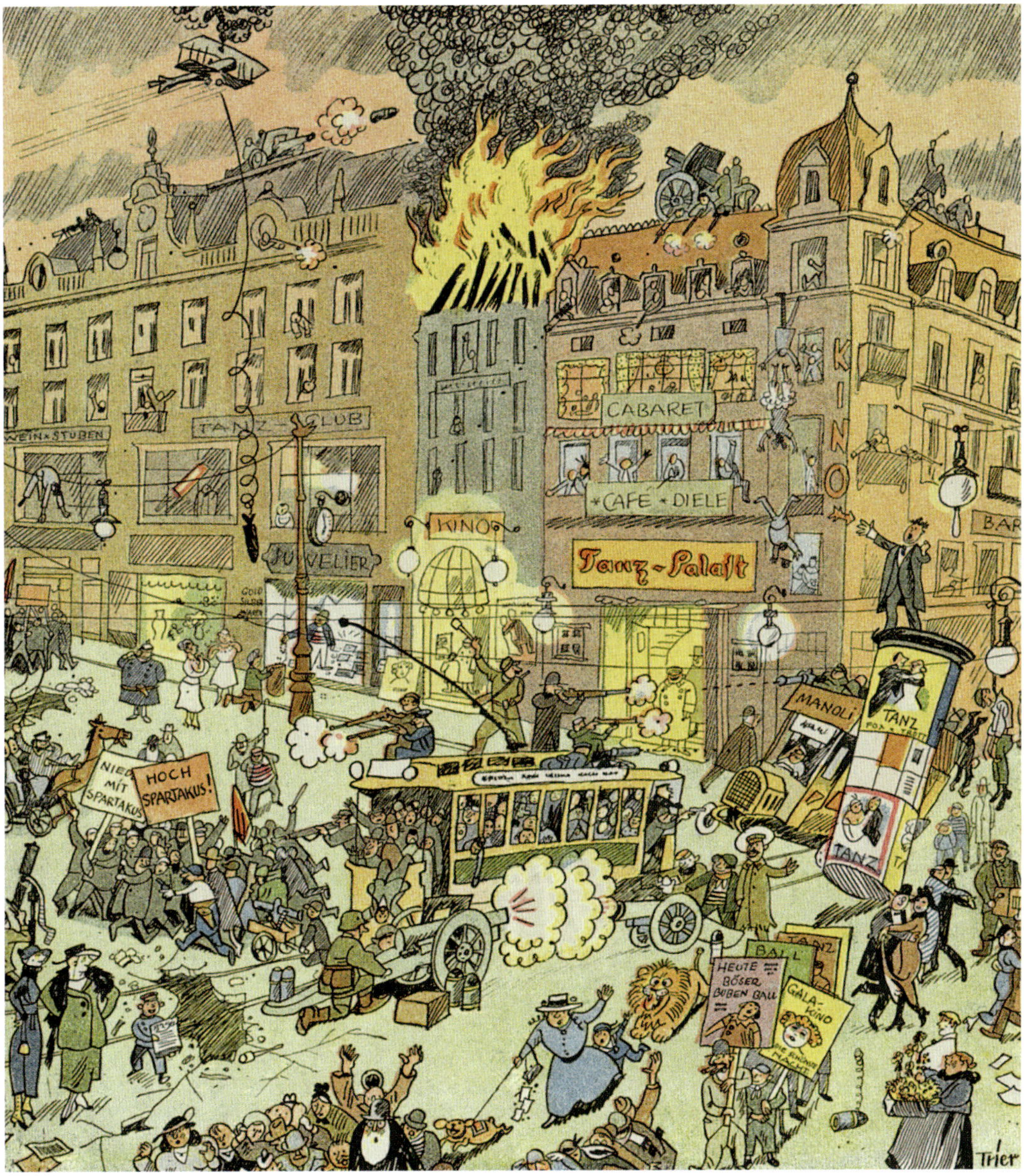

»Spartakus-Tage«. *1919. Farblithographie aus »Lustige Blätter«.*

Unterzeile: »Wie man sich im Ausland das Berliner Straßenleben vorstellt.« Der Blick geht auf einen belebten Platz in der Innenstadt Berlins mit Omnibussen, Litfaßsäulen, Demonstranten und wilden Schießereien.

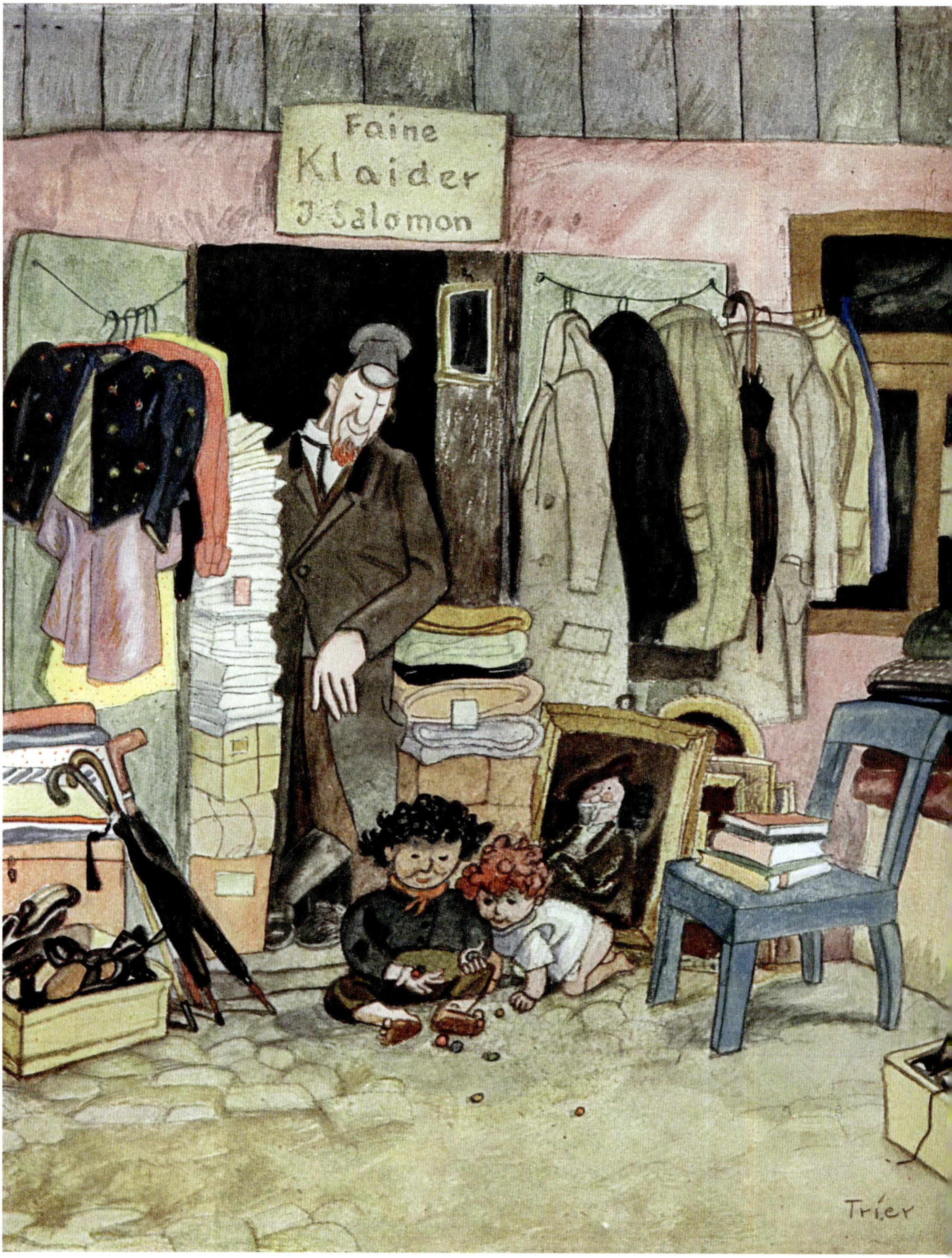

»Ghetto«. *1922. Farboffset aus »Triers Panoptikum«, Berlin 1922.*

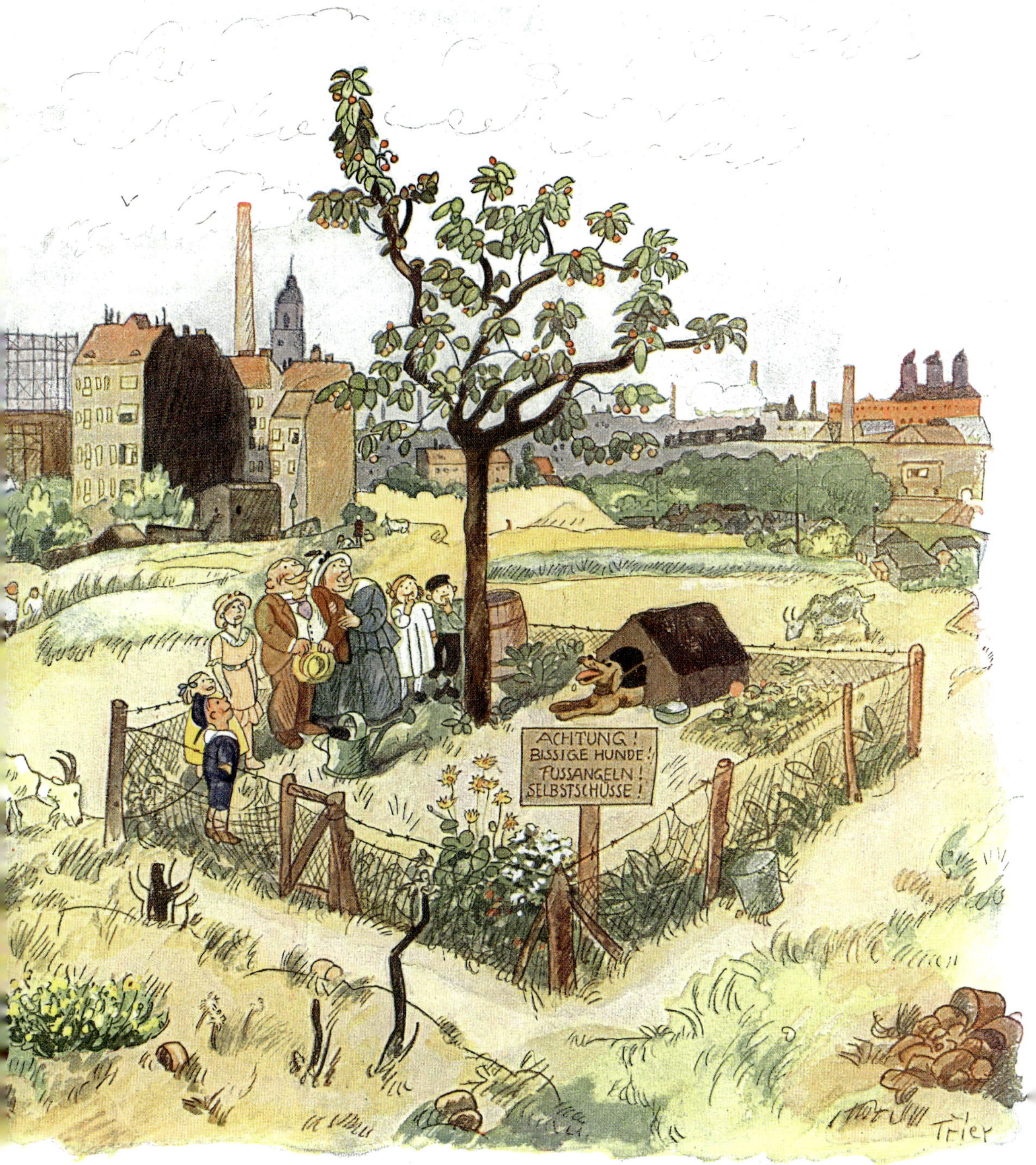

»Am Busen der Natur«. *1922. Farboffset aus »Triers Panoptikum«, Berlin 1922.*
Veröffentlicht unter dem Titel »Glückliche Besitzer« in Lustige Blätter 1918 mit der Unterzeile: »Sehste, Male, jetzt hamer eenen Kirschbaum, der wird wenigstens zwei Pfund Kirschen geben! Und wir haben doch auch mal kleen angefangen!«

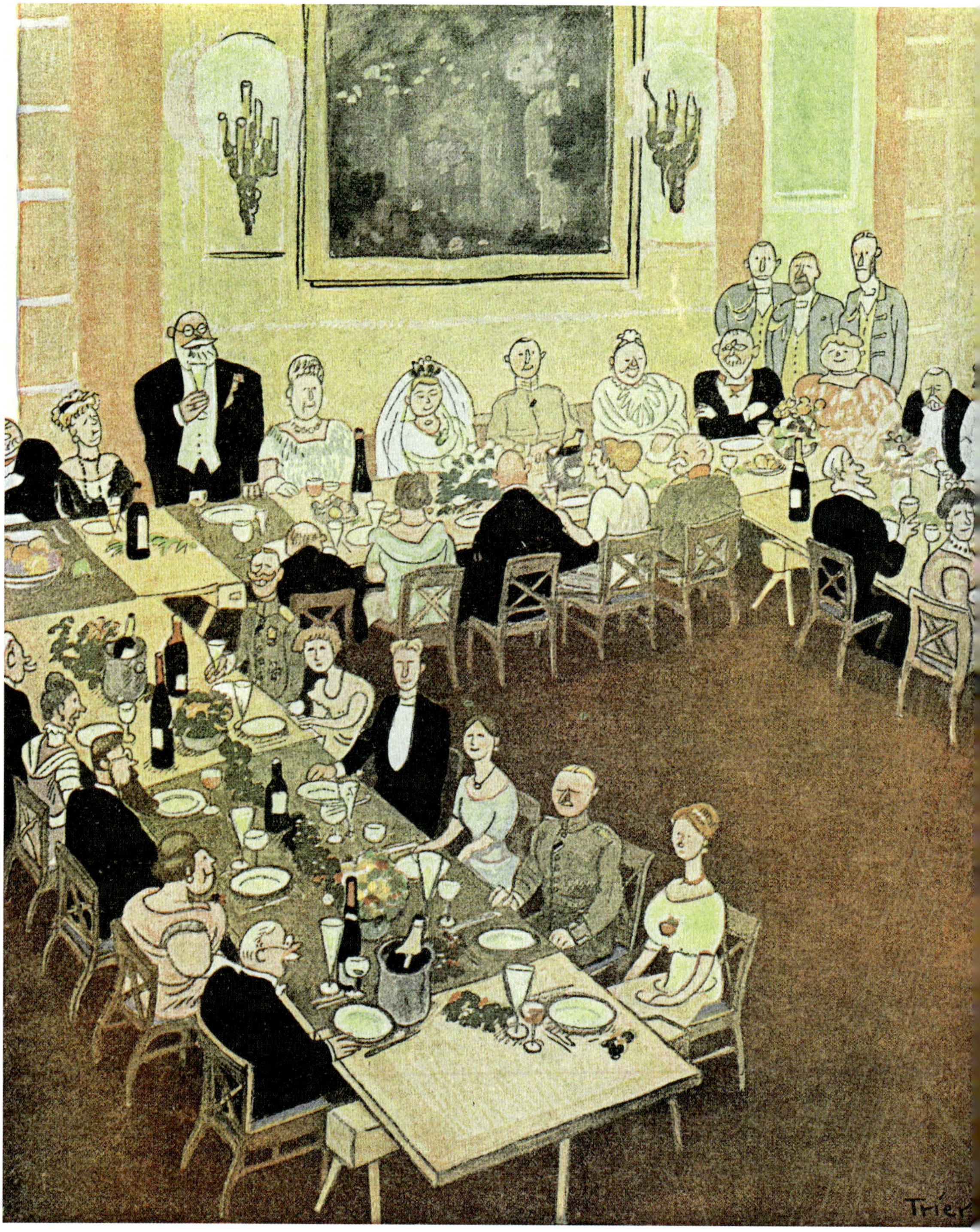

»Die blanke Tafel«. *1917. Farblithographie aus »Lustige Blätter«.*

Unterzeile: »Hochzeitsvater: Also, meine Herrschaften, Tischtücher gibts nicht. Deshalb begrüße ich Sie mit dem alten deutschen Ruf der Kegelbrüder: Gut Holz!«

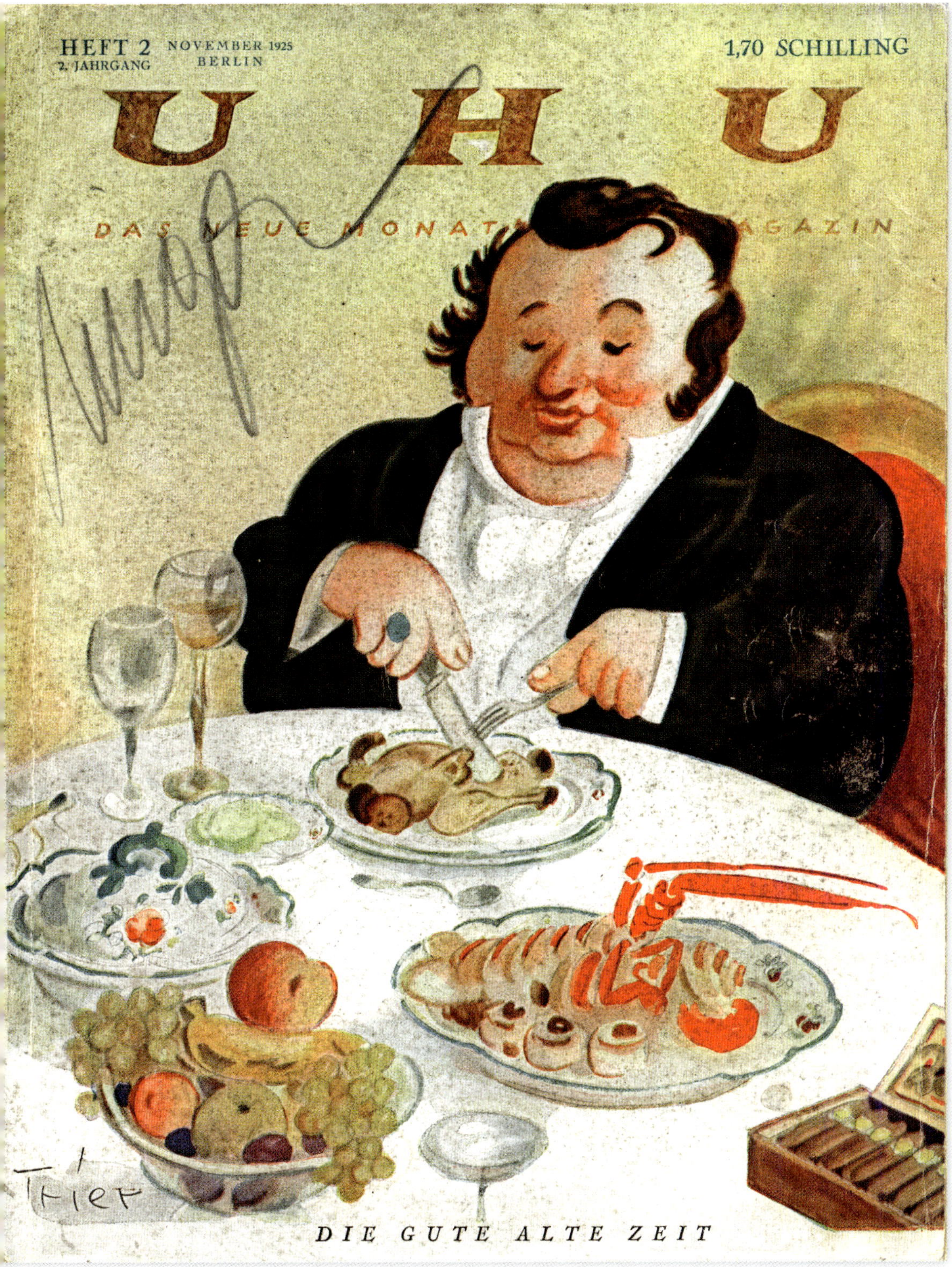

»Die gute alte Zeit«. *1925. Farboffset. Titelseite für »Uhu«.*

Ein stark übergewichtiger Mann mit Siegelring sitzt an einem vollbeladenen Abendbrottisch, mit Suppenterrine, gebratenem Hühnchen, Hummer, Weingläsern, Obstschale und Zigarrenkiste. Und das in einer Zeit, als die meisten Menschen extremen Hunger litten. Ein ganz ähnliches Motiv des völlenden Schlemmers findet sich auch bei George Grosz, in einer Illustration für: Hermynia zur Mühlen, »Was Peterchens Freunde erzählen«, 1921.

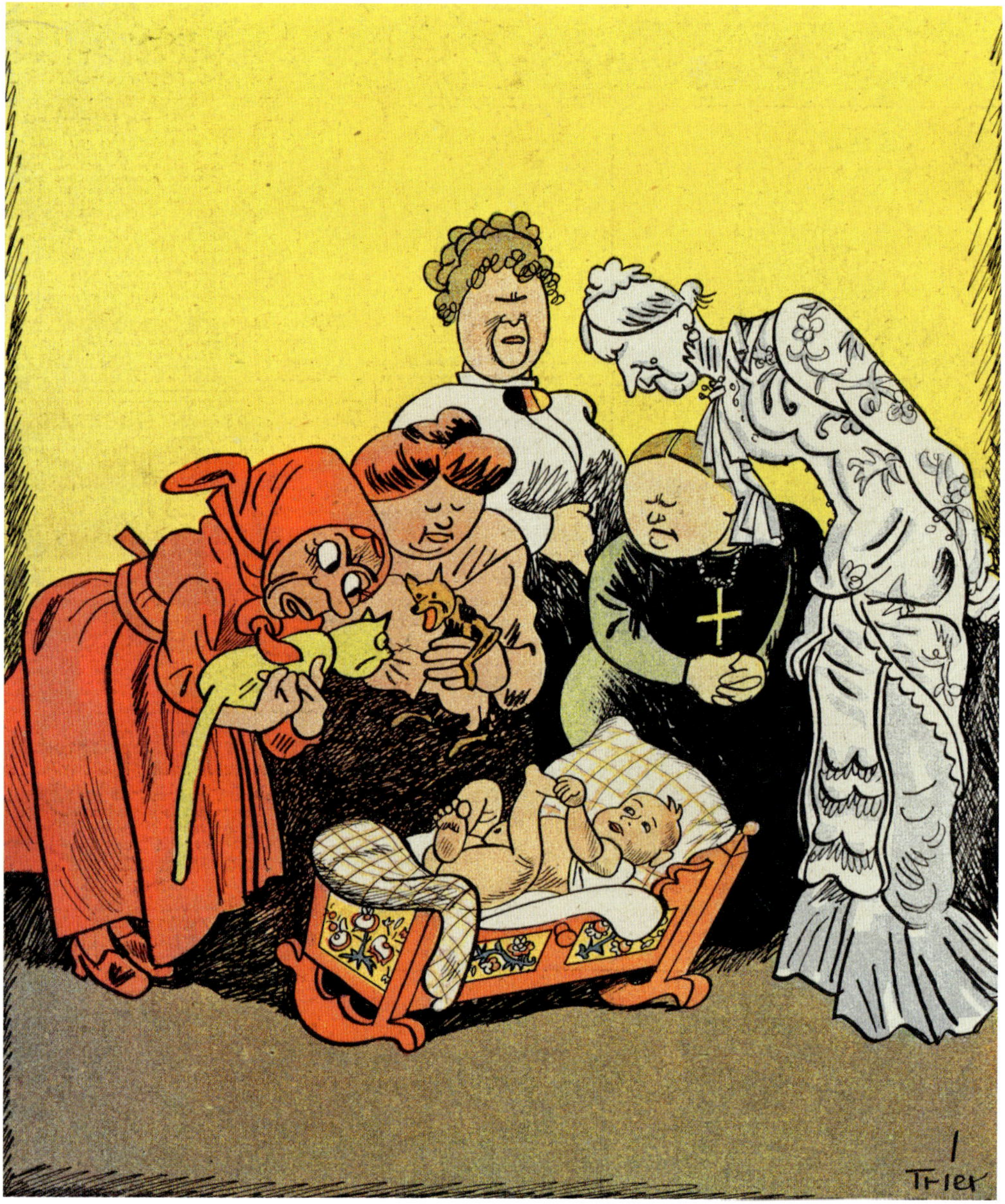

»Die einjährige Republik«. *1919. Farblithographie aus »Lustige Blätter«.*

Unterzeile: »Die Gevatterinnen: Ganz nett, das Kleine! Wenn wir nur wüßten, nach wem es schlagen wird!« Abgebildet sind fünf sehr verschiedene Frauen, die sich interessiert um die Wiege eines nackten Babys gruppiert haben. Die Frauen symbolisieren die kommunistische Partei, die Sozialdemokraten, die Deutsche Demokratische Partei, die Deutsche Zentrumspartei und die deutsche sowie die deutschnationale Volkspartei.

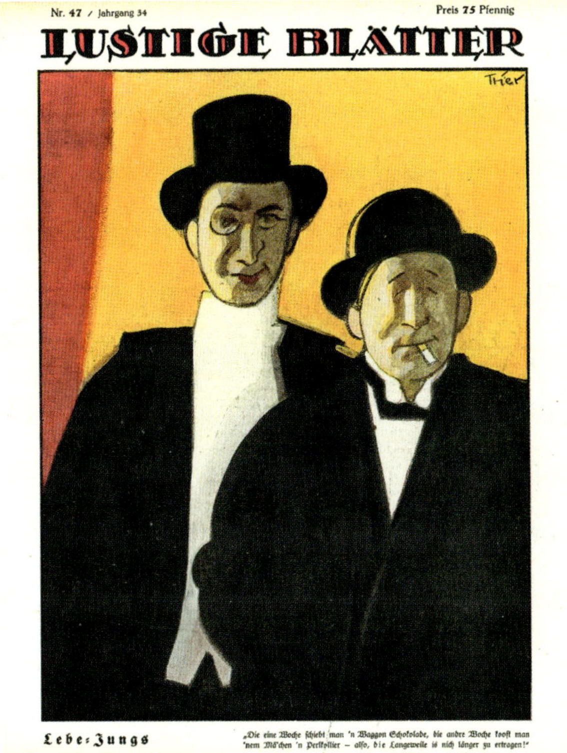

»Lebe-Jungs«.
1919. Farblithographie. Titelseite für »Lustige Blätter«.

Unterzeile: »Die eine Woche schiebt man 'n Wagon Schokolade, die andre Woche kooft man 'nem Mä'chen 'n Perlkollier – also, die Langeweile is nicht länger zu ertragen!« Zu sehen sind zwei ganz vornehme Schieber im Frack mit Zylinder und Melone, Monokel und Zigarette im Mundwinkel.

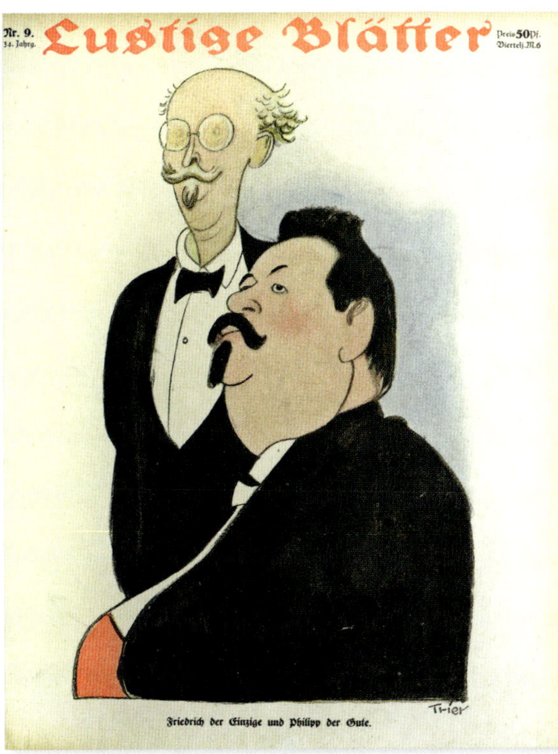

»Friedrich der Einzige und Philipp der Gute«.
1919. Farblithographie. Titelseite für »Lustige Blätter«.

Diese Karikatur zeigt die beiden wichtigsten Sozialdemokraten: Reichspräsident Friedrich Ebert und der ehemalige Reichsministerpräsident Philipp Scheidemann.

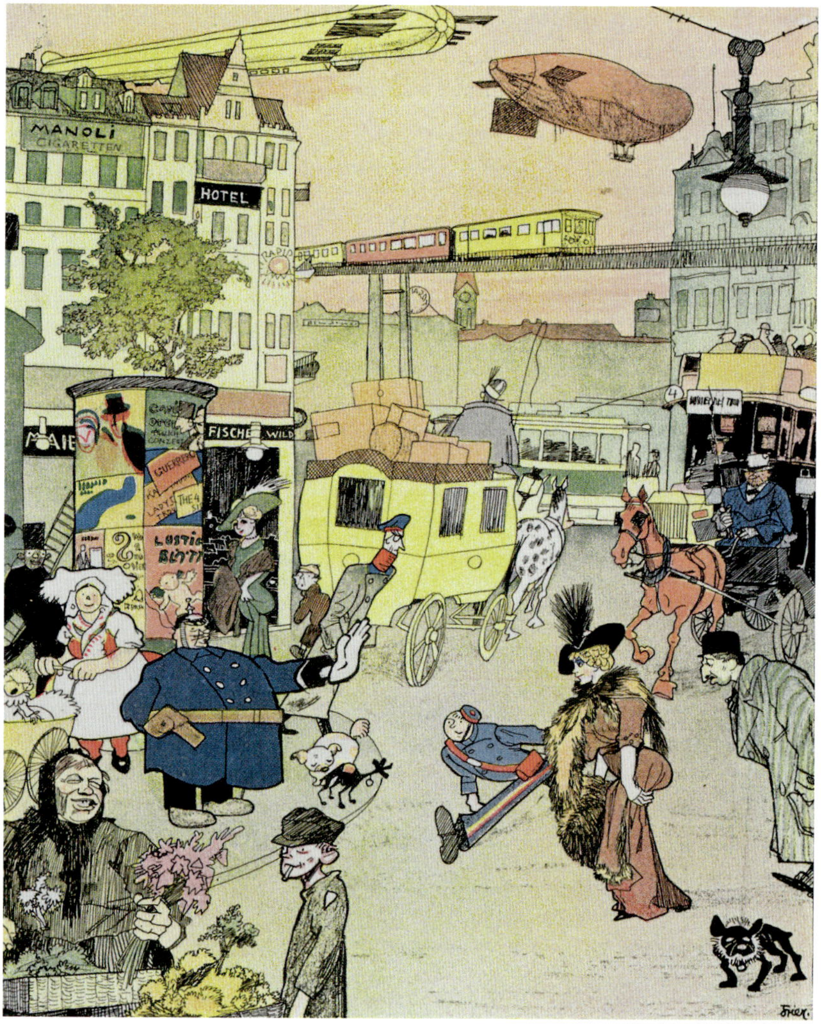

»Berliner Straßen-Symphonie«. *1912. Farblithographie aus »Lustige Blätter«.*
Unterzeile: »Das Straßenbild Berlins ist trotz der einfarbigen Autos bunt genug. v. Jagow.« Bild und Text rekurrieren auf den damaligen Polizeipräsidenten von Berlin Traugott Aschatz von Jagow, dessen Kommentar zu einer Demonstration linker Kräfte zum geflügelten Wort wurde: »Die Straße gehört dem Verkehr. Ich warne Neugierige!«

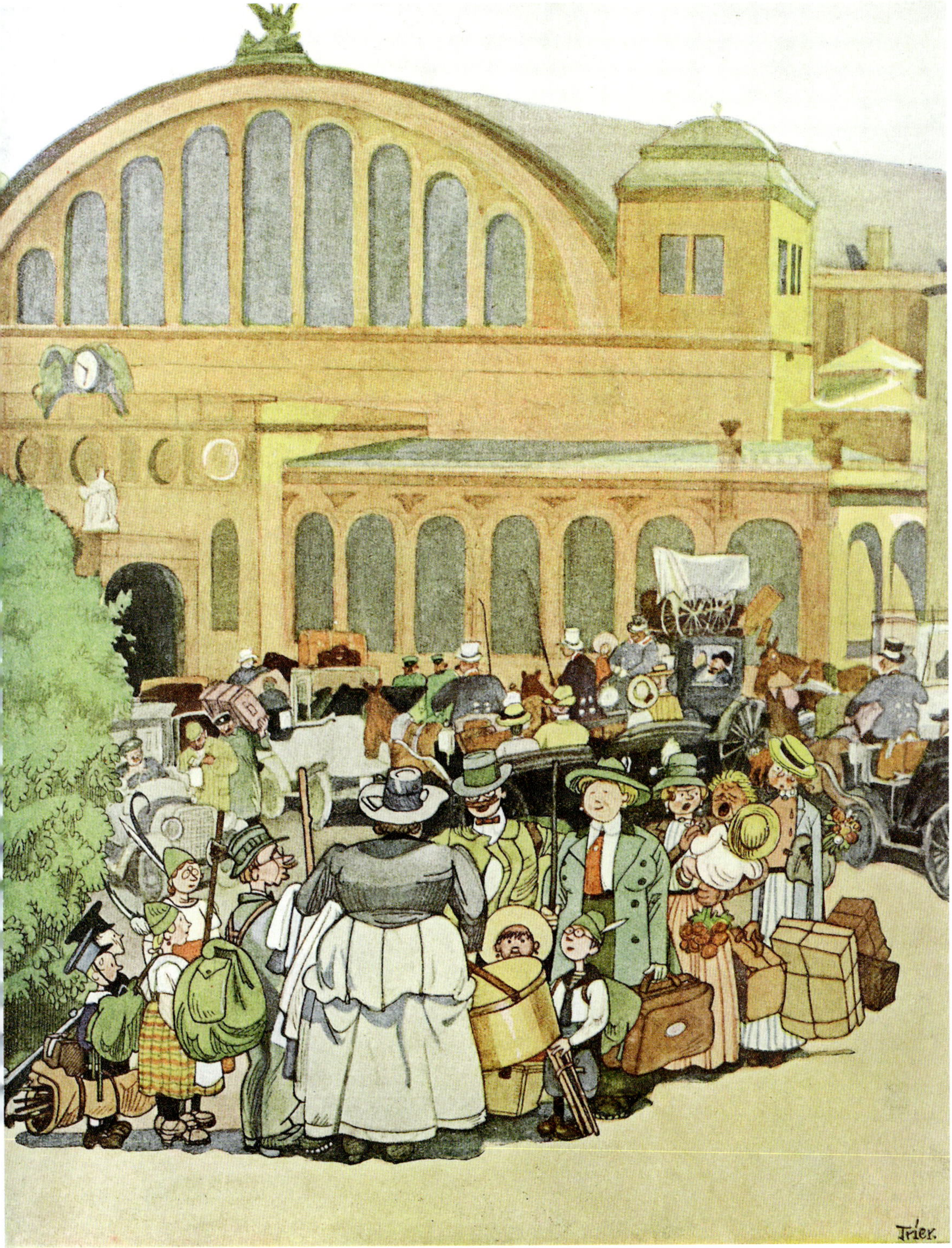

»Am Anhalter Bahnhof«. *1914. Farblithographie aus »Lustige Blätter«.*

Unterzeile: »Warum reisen Sie denn nicht mal in die Dolomiten? Zu hoch, Herr Maier, viel zu hoch! Denken Sie bloß mal an. – Jetzt wo unser kleiner Willi doch noch überall raufklettert!« Zu sehen ist der Anhalter Bahnhof in Berlin, davor eine Gruppe Reisewilliger.

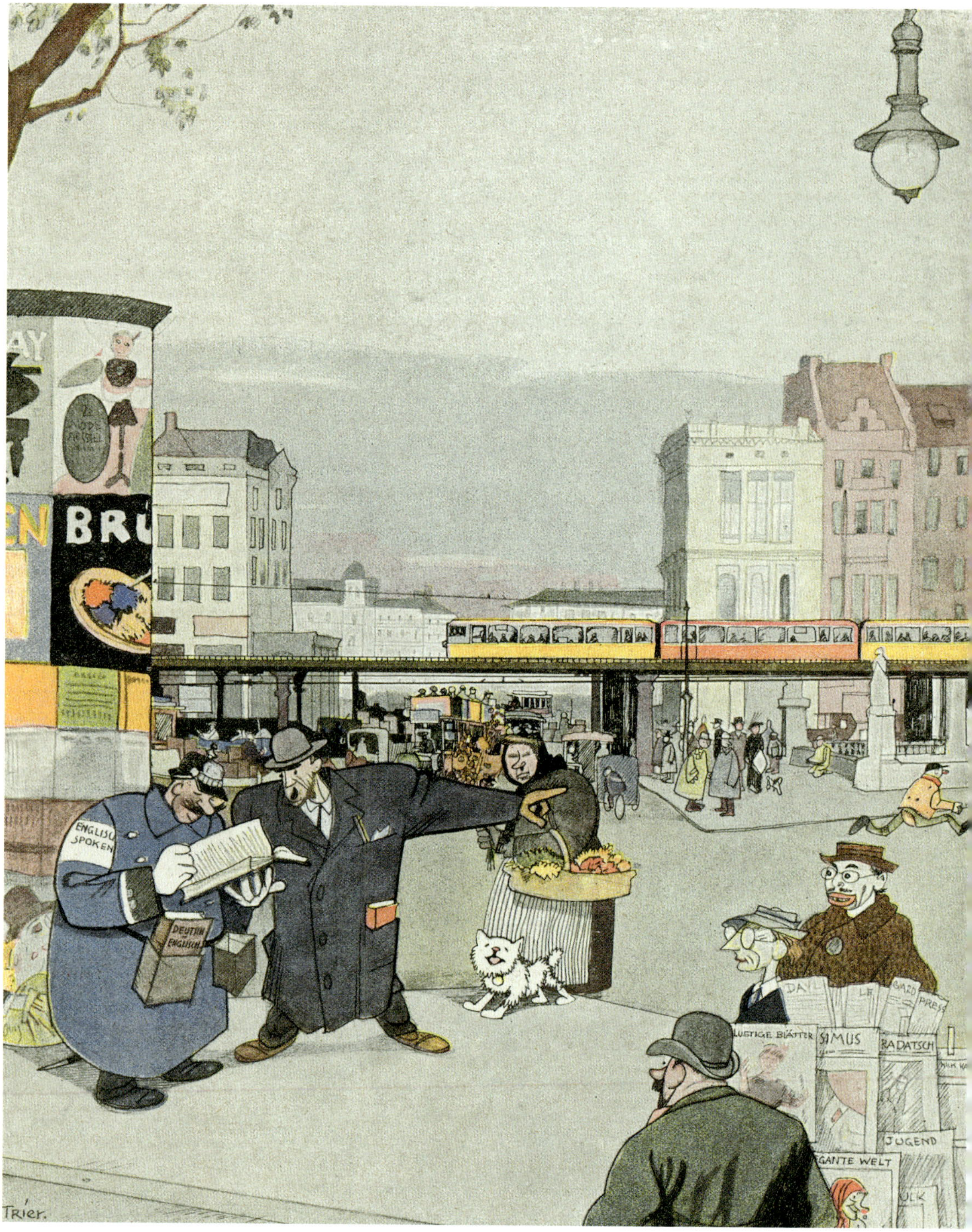

»Der englisch-sprechende Schutzmann«. *1913. Farblithographie aus »Lustige Blätter«.*
Unterzeile: »Lord Bumfiddle: Make haste, Sir! That man has taken my purse!« – »Keene Uffrejung, Mylord! Sehn wa also erst mal nach, war ‚Meek' heest!«

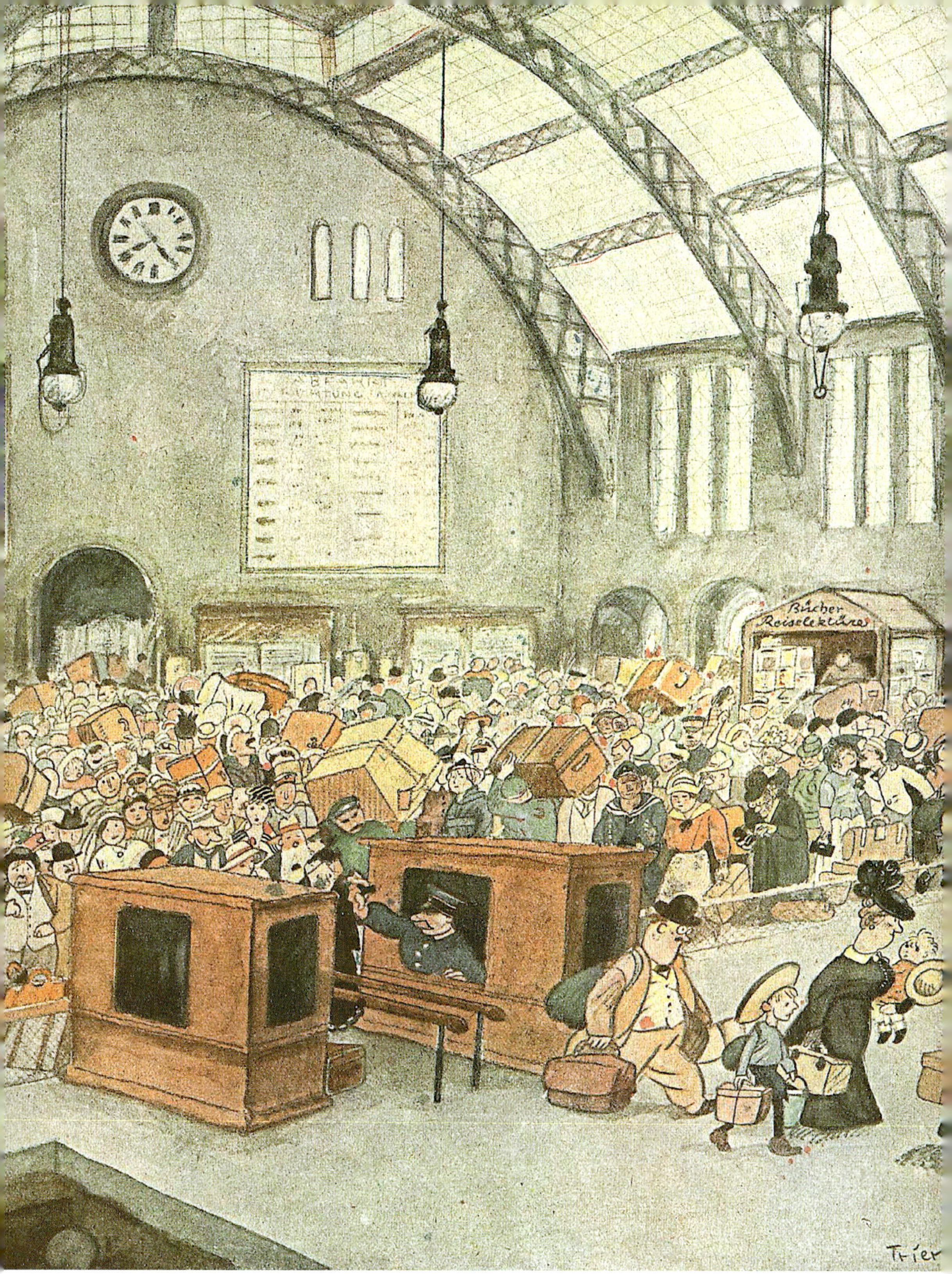

»Pfingstverkehr«. *1918. Farblithographie aus »Lustige Blätter«.*

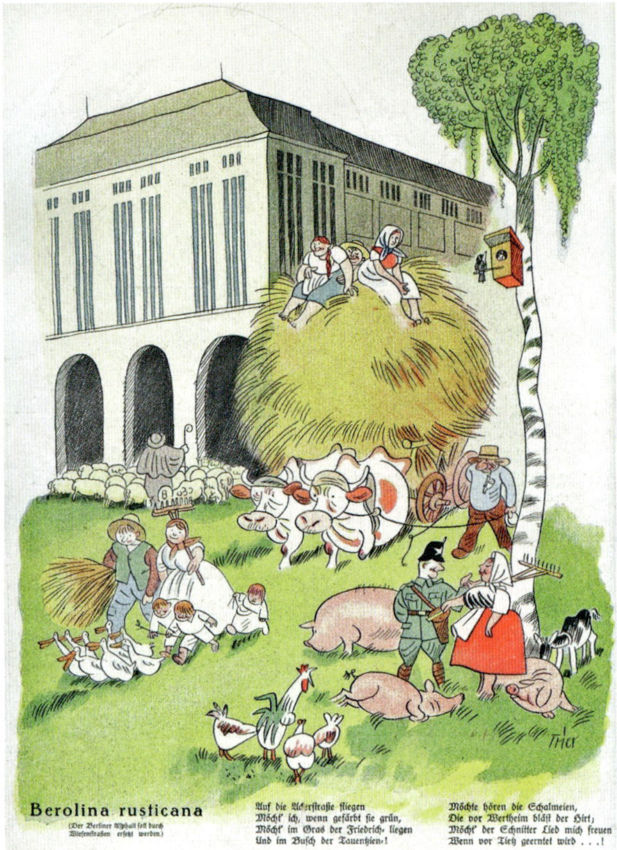

»Berolina rusticana«. *1922. Farblithographie aus »Lustige Blätter«.*

Hier blickt man vom Wittenbergplatz aus auf das KaDeWe. Der Platz davor ist mit Wiese, Birke, Heuwagen, Schweinen und Bauernpärchen zu einer ländlichen Idylle mutiert. Erstaunlich modern klingt der Begleittext: »(Der Berliner Asphalt soll durch Wiesenstraßen ersetzt werden.) Auf die Ackerstraße fliegen Möcht' ich, wenn gefärbt sie grün, Möcht' im Gras der Friedrich- liegen Und im Busch der Tauentzien-! Möchte hören die Schalmeien, Die vor Wertheim bläst der Hirt; Möcht der Schnitter Lied mich freuen Wenn vor Tietz geerntet wird ...!«

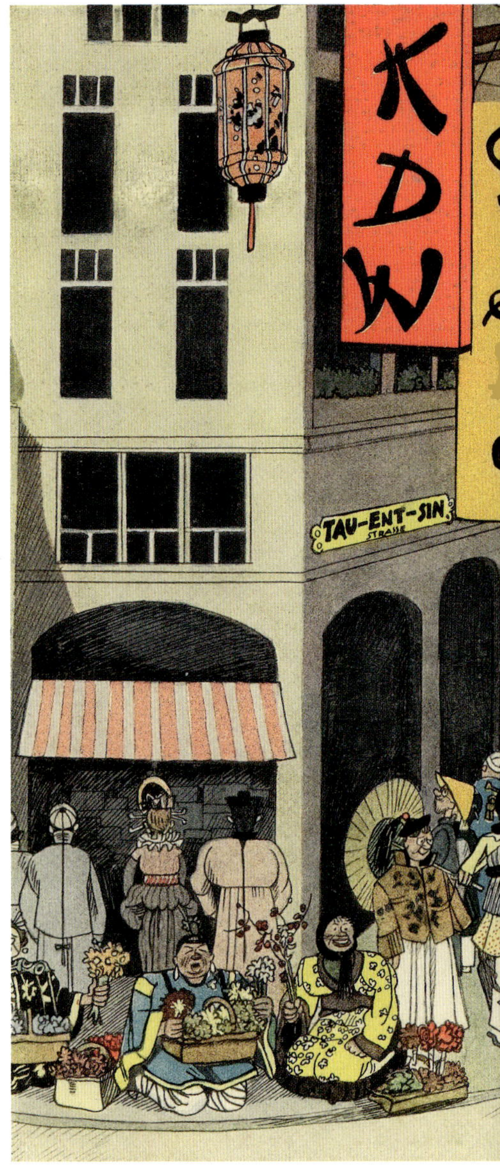

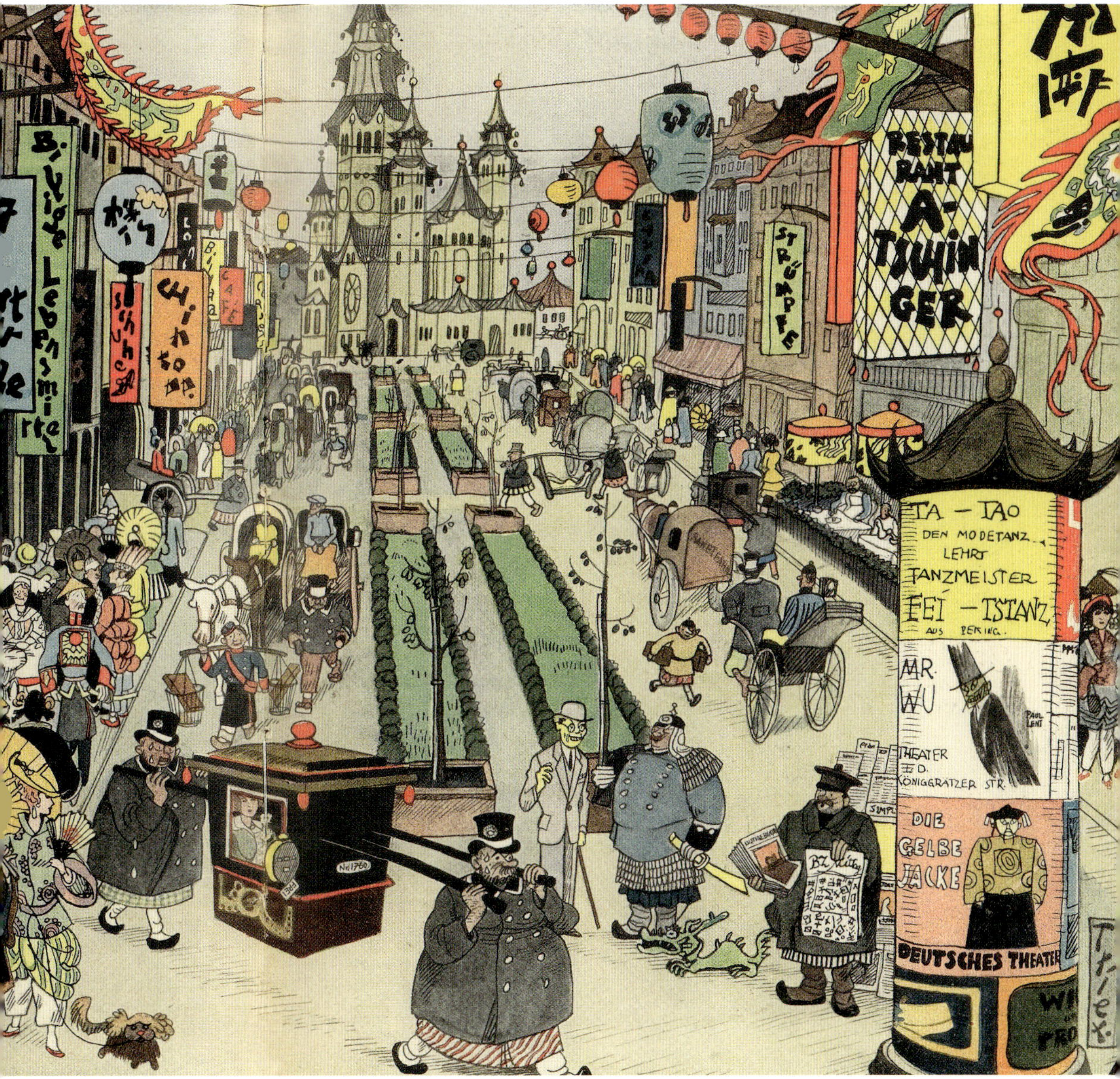

»Berlin wird chinesisch«. *1914. Farblithographie aus »Lustige Blätter«.*

Unterzeile: »Die Gelbe Jacke (Bei Max Reinhardt), Ta-Tao (Man tanzt nur ihn!), Mister Wu (Bernauer-Meinhard), Schluss: Chinesisch wird Berlin!« Zu sehen ist der Blick auf den Berliner Ku'damm mit damals noch intakter Kaiser-Wilhelm-Gedächtniskirche.

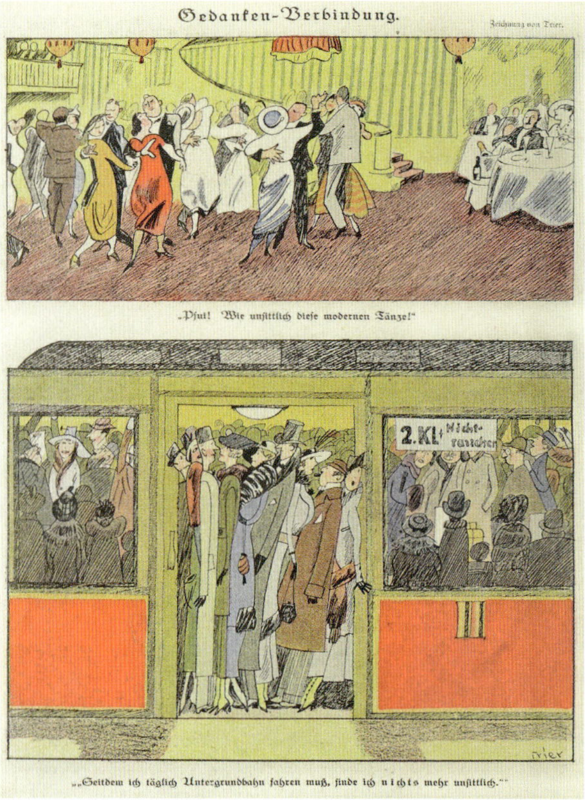

»Gedanken-Verbindung«.
1919. Farblithographie aus »Lustige Blätter«.

Oben sieht man das erfreuliche Gedränge auf einem Tanzparkett; unten das ungemütliche Gedränge in der modernen U-Bahn. Unterzeile: »Pfui! Wie unsittlich diese modernen Tänze! – Seitdem ich täglich Untergrundbahn fahren muß, finde ich n i c h t s mehr unsittlich!«

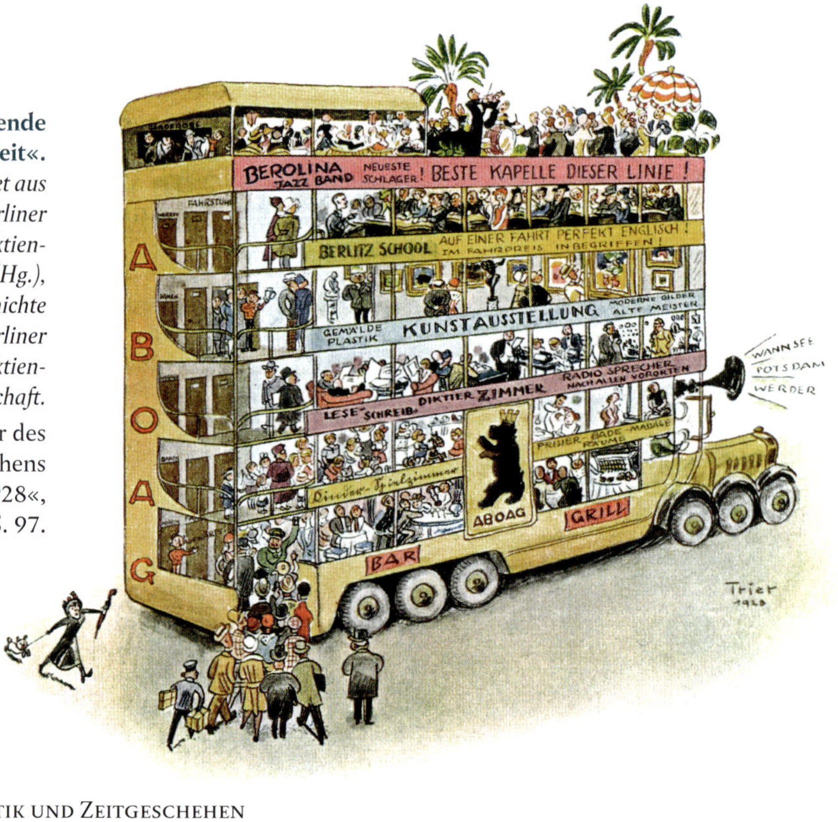

»Die kommende Zeit«.
1928. Farboffset aus Allgemeine Berliner Omnibus-Aktien-Gesellschaft (Hg.), »Bilder zur Geschichte der Allgemeinen Berliner Omnibus-Aktien-Gesellschaft.

Zur Feier des 60-jährigen Bestehens am 25. Juni 1928«, Berlin 1928, S. 97.

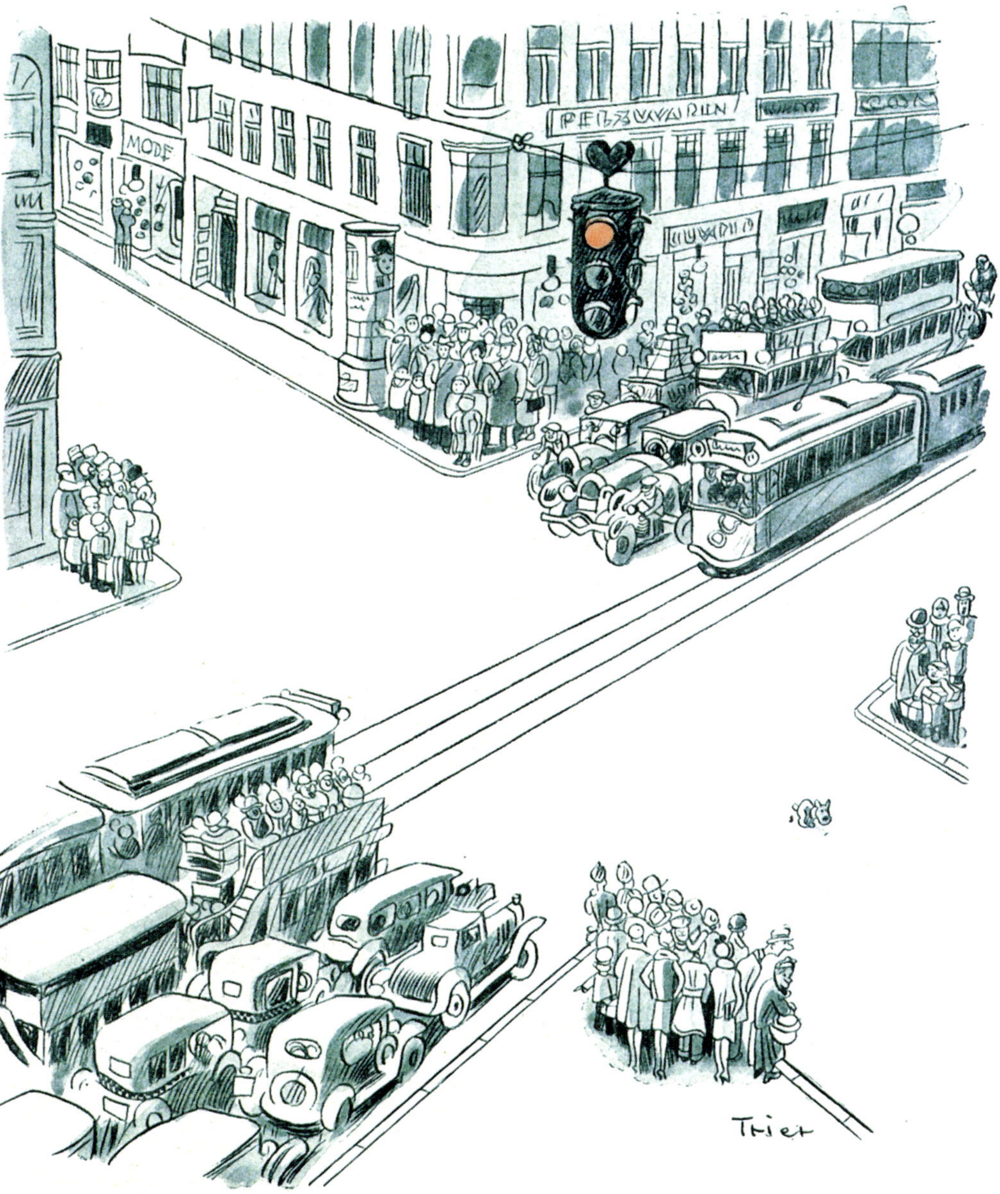

»Tempo der Grossstadt«. *1928. Farblithographie aus »Uhu«.*

Unterzeile: »Das rote Haltesignal oder Automatische Verkehrsregelung.« Der Blick geht auf eine Verkehrskreuzung, in deren Mitte eine Ampel hängt. Fußgänger, Straßenbahnen, Busse und Autos stehen still – einzig ein kleiner Hund macht sich die leere Straße zu nutze. Tatsächlich handelt es sich um das Porträt der ersten Verkehrsampel Deutschlands am Potsdamer Platz. In der »Modernen Galerie Wertheim« war dieses Blatt damals einer von Walter Triers Ausstellungsbeiträgen für eine Gemeinschaftsausstellung mit Heinrich Zille und Paul Simmel zum Thema »Berliner Humor«.

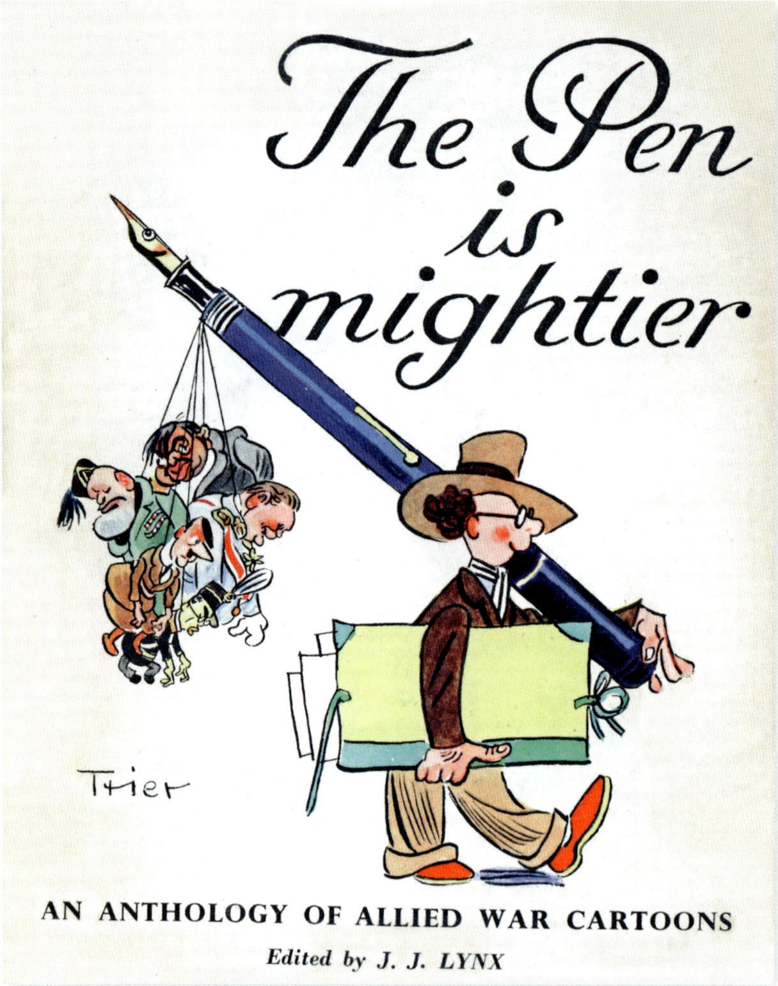

»The Pen is mightier«. *1946. Farboffset. Schutzumschlag für Joachim Joe Lynx (Hg.), »The Pen is Mightier. An Anthology of Allied War Cartoons, The Story of the War in Cartoons«, London 1946.*

Außer dieser Farbtafel gab es noch weitere 8 Karikaturen von Walter Trier.

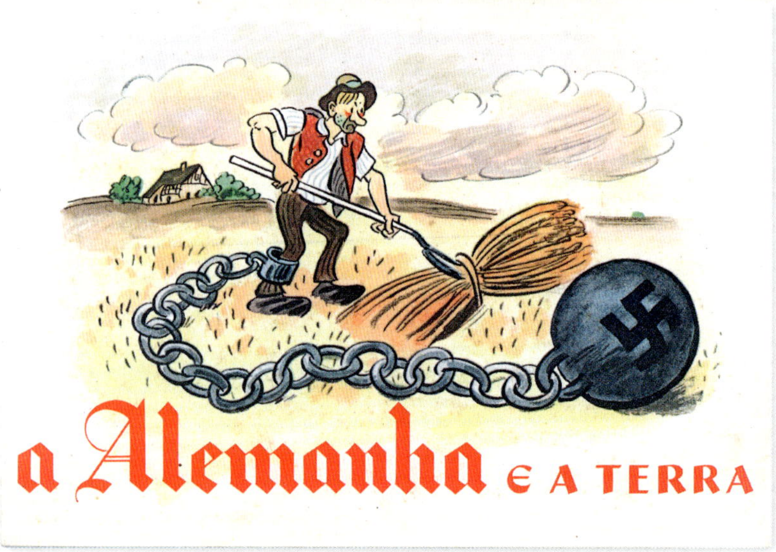

»A Alemanha e a Terra«. *1944. Farboffset. Titelseite für ein Flugblatt des Serviços de Imprensa e Informação da Embaixada Británica (Hg.), »A Alemanha e a Terra«, [London] 1944.*

In dem Heft gab es 9 Illustrationen von Walter Trier.

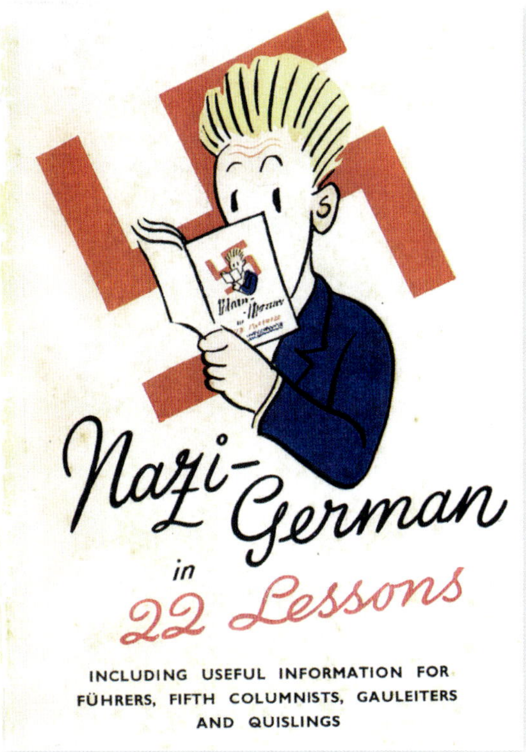

»Nazi-German in 22 Lessons«. *1942. Farboffset. Titelseite für Ministry of Information (Hg.), »Nazi-German in 22 Lessons: Including useful information for Führers, Fifth Columnists, Gauleiters and Quislings«, London [1942].*

Von diesem Flugblatt sind bislang, neben der englischen, auch eine niederländische und eine portugiesische Ausgabe bekannt. Lektüre oder Besitz derartiger Flugschriften von Walter Trier wurde mit dem Tode bestraft, wie er selbst berichtete. Vermutlich zum Schutz seiner auf dem Kontinent verbliebenen Familie verzichtete Trier auf seine prägnante Signatur. Geholfen dürfte das jedoch wenig haben, angesichts seiner Popularität und Bekanntheit. Wie den Akten zu entnehmen ist, sind große Teile seiner in Prag verbliebenen Familie von den Nazis ausgerottet worden. In einem erst kürzlich aufgetauchten Brief an einen Künstlerfreund beklagte er nach dem Krieg die Deportation seiner Nichten und Neffen in das Konzentrationslager Theresienstadt und ihren anschließenden Tod.

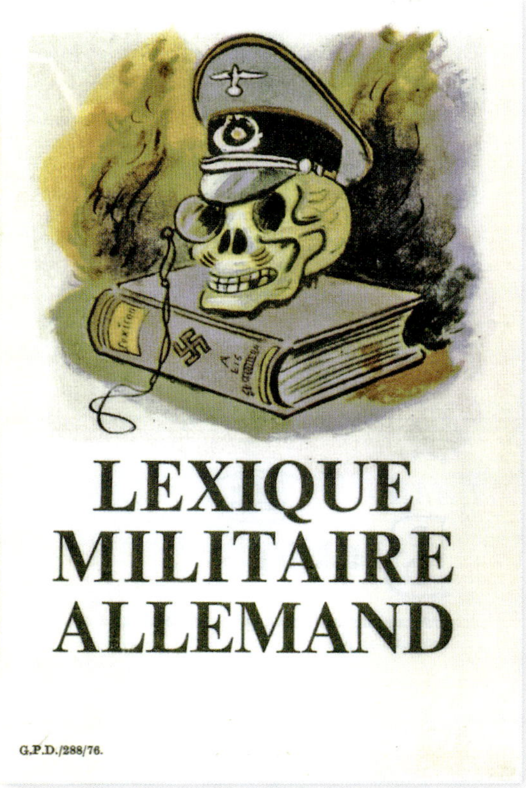

»Lexique Militaire Allemand«. *1944. Farboffset. Titelseite für ein Flugblatt des Ministry of Information (Hg.), »Lexique Militaire Allemand«, London [1944].*

Von diesem 23 seitigen Flugblatt gab es auch eine englische Ausgabe: »The German Military Lexicon« und eine portugiesische Ausgabe: »Lexico Militar Aleman«.

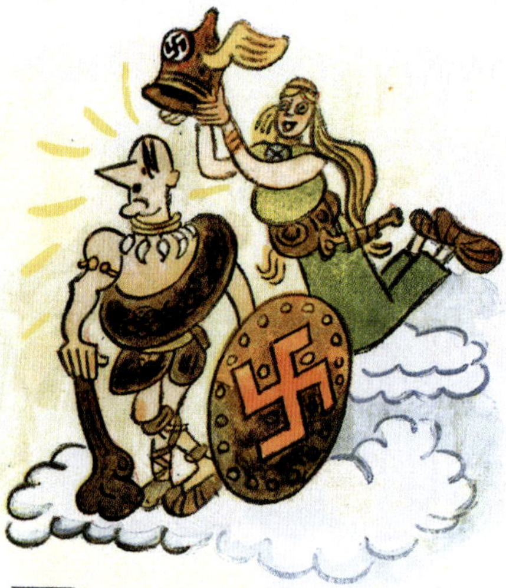

Führer

Chef du peuple allemand, inspiré par les dieux et destiné par certaines divinités aryennes à devenir le maître du monde. C'est à lui seul que revient tout l'honneur et toute la responsabilité (voir Göring, Goebbels, etc.) des brillantes campagnes en U.R.S.S. et en Méditerranée.

6

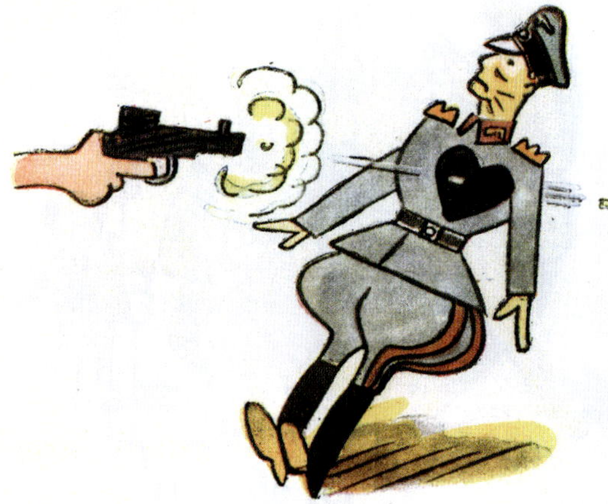

Maladie de cœur

Maladie militaire fatale qui semble affecter tout particulièrement les généraux allemands.

7

Der Führer und Herzkrankheit. *1944. Farboffset. Illustrationen eines Flugblattes des Ministry of Information (Hg.), »Lexique Militaire Allemand«, London [1944], S. 6+7.*

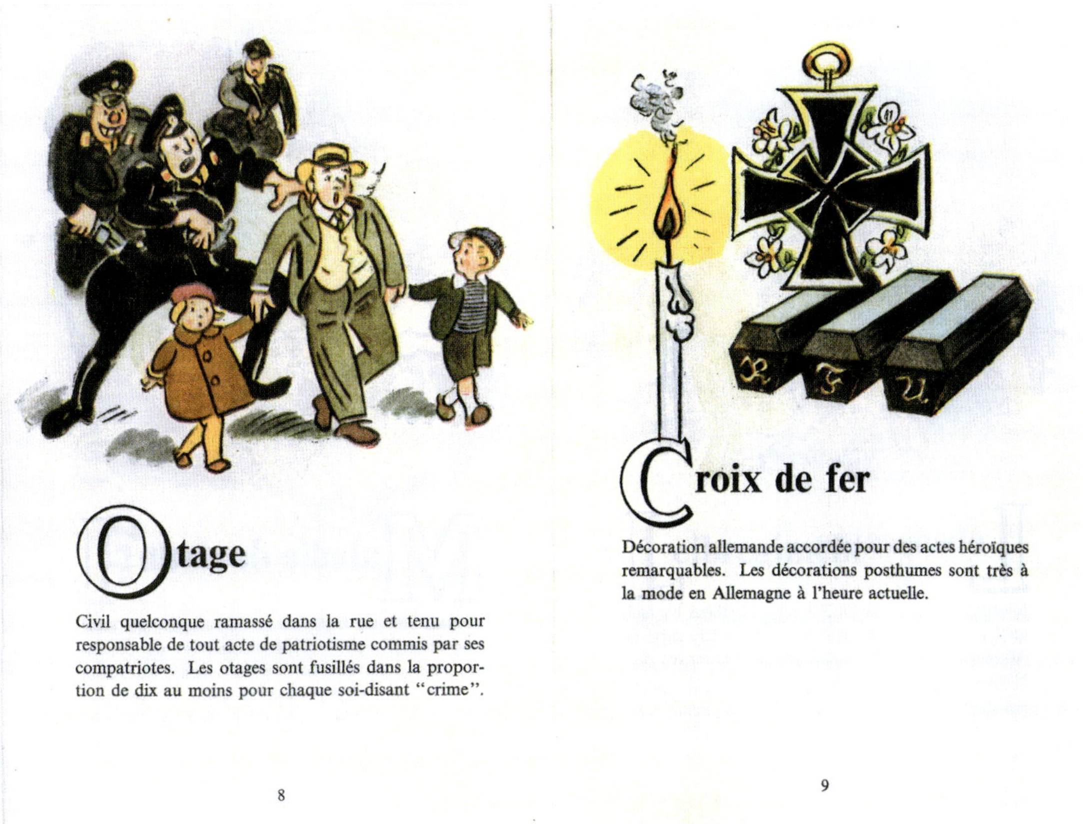

Otage

Civil quelconque ramassé dans la rue et tenu pour responsable de tout acte de patriotisme commis par ses compatriotes. Les otages sont fusillés dans la proportion de dix au moins pour chaque soi-disant "crime".

8

Croix de fer

Décoration allemande accordée pour des actes héroïques remarquables. Les décorations posthumes sont très à la mode en Allemagne à l'heure actuelle.

9

Geisel und Eisernes Kreuz. *1944. Farboffset. Illustrationen eines Flugblattes des Ministry of Information (Hg.), »Lexique Militaire Allemand«, London [1944], S. 8+9.*

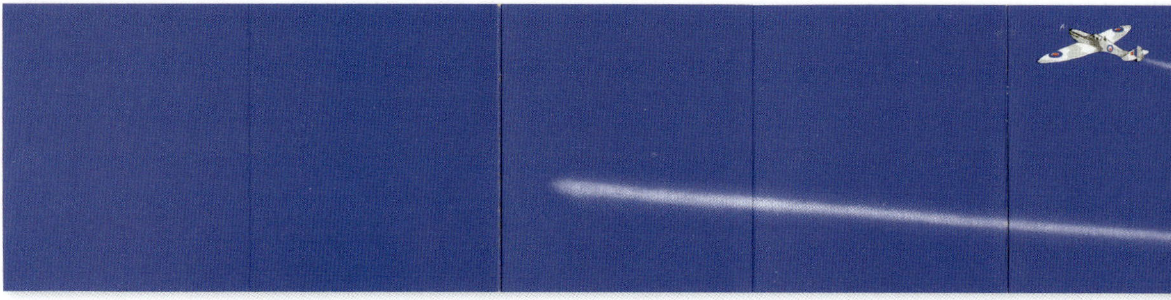

Hitler und der Luftkrieg. *1940. Farboffset. Außenseite eines Flugblattes des Ministry of Information (Hg.), »V«-Leporello. [um 1940].*

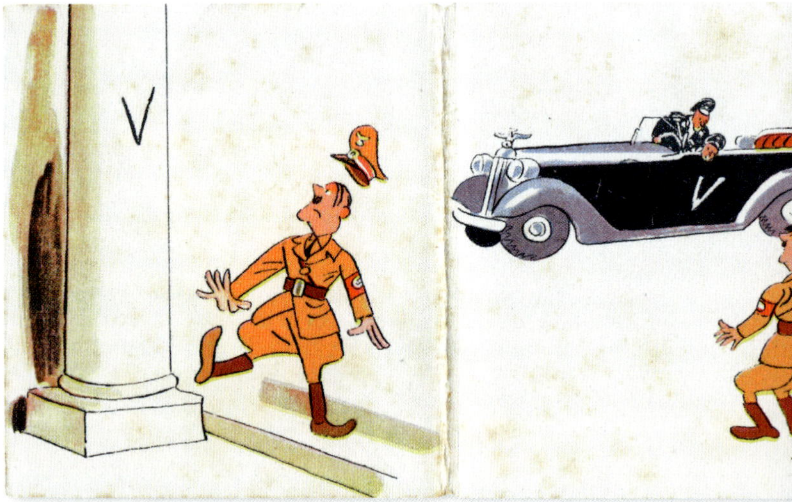

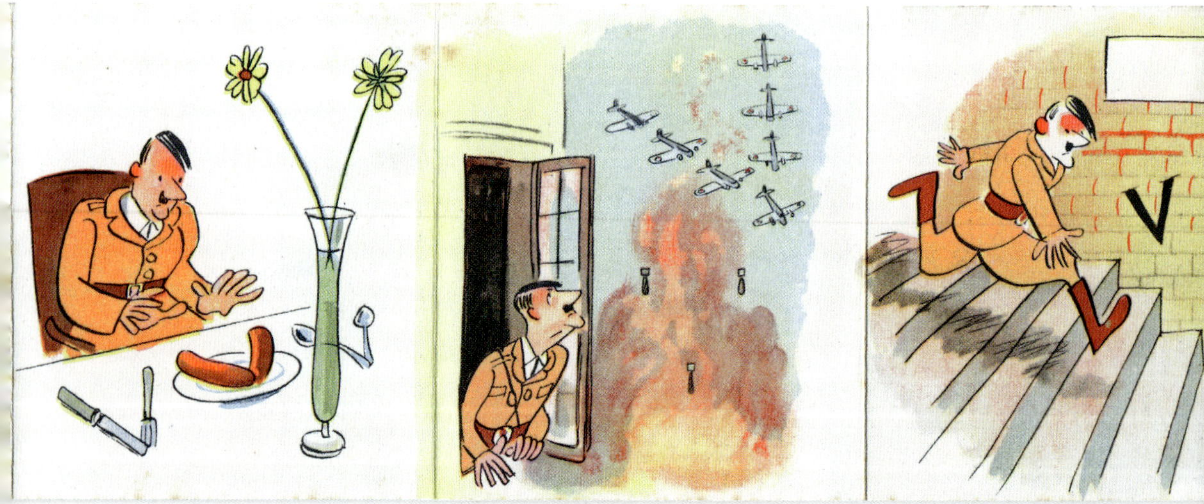

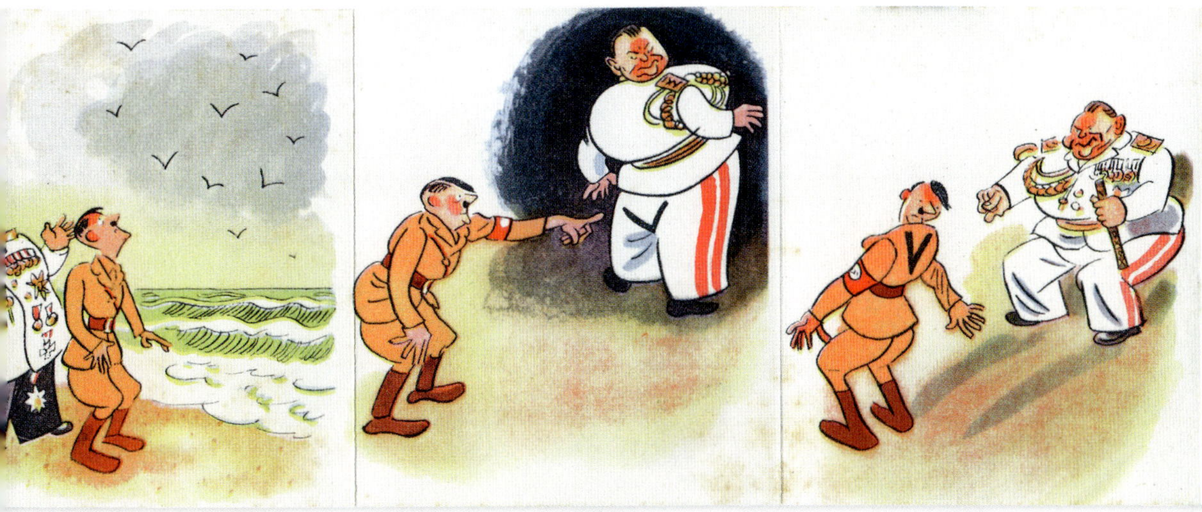

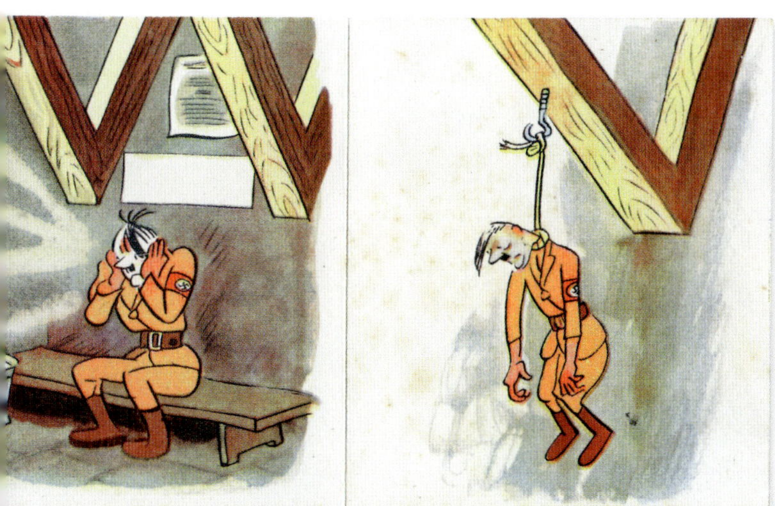

Hitler fühlt sich verfolgt.
1940. Farboffset.
10-teilige Innenseite eines Flugblattes des Ministry of Information (Hg.), »V«-Leporello. [um 1940].

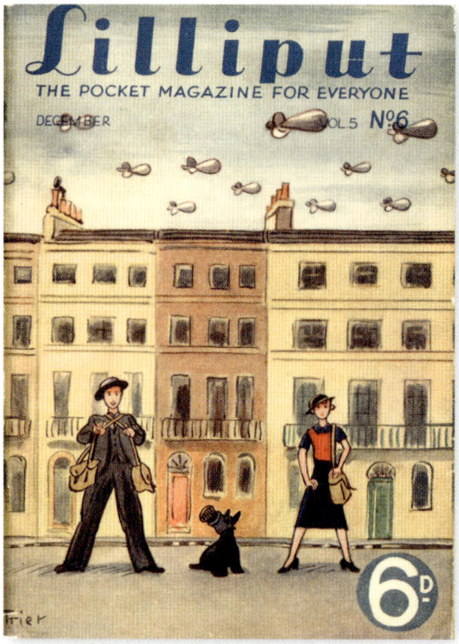

Luftschlacht um England. *1940*

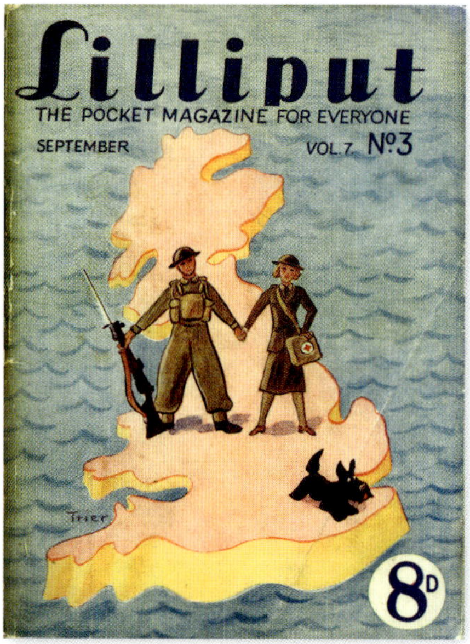

Flugzeug-Reparatur. *1940*

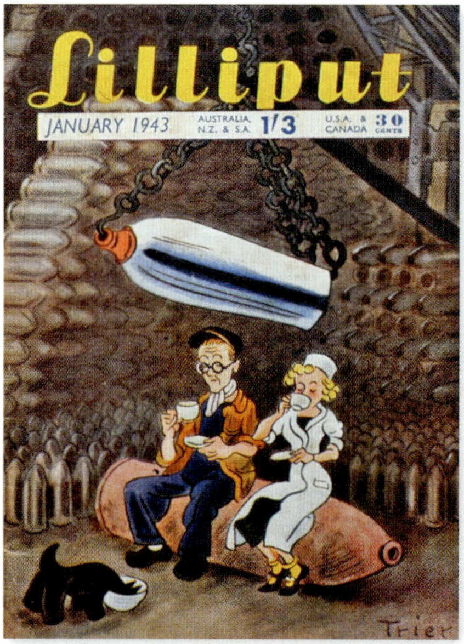

Teatime in der Rüstungsfabrik. *1942*

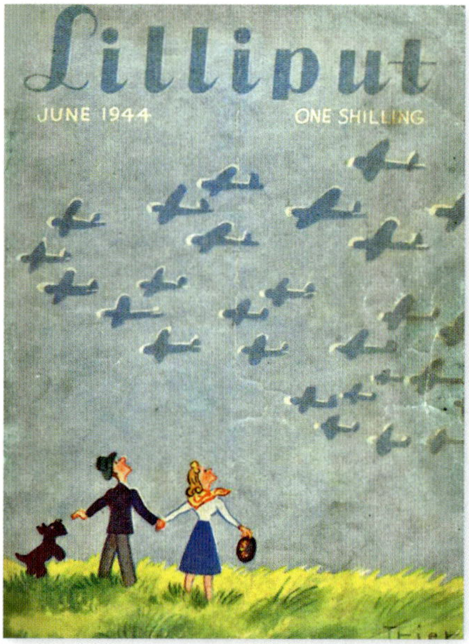

D-Day. *1944*

Farboffset. Titelseiten für »Lilliput«.

Im Juli 1940 hatte die Luftschlacht um England begonnen. Ende August warfen Bomber der deutschen Luftwaffe erstmals Bomben auch über London ab. 1942 flog die Royal Airforce zahlreiche Flächenbombardements gegen Nazi-Deutschland.

Am 6. Juni 1944 startete die Invasion der Aliierten in der Normandie, die als »Operation Overlord« Eingang in die Geschichtsbücher fand. Daher war dieses Cover von Trier entweder unglaublich hellsichtig oder enorm aktuell.

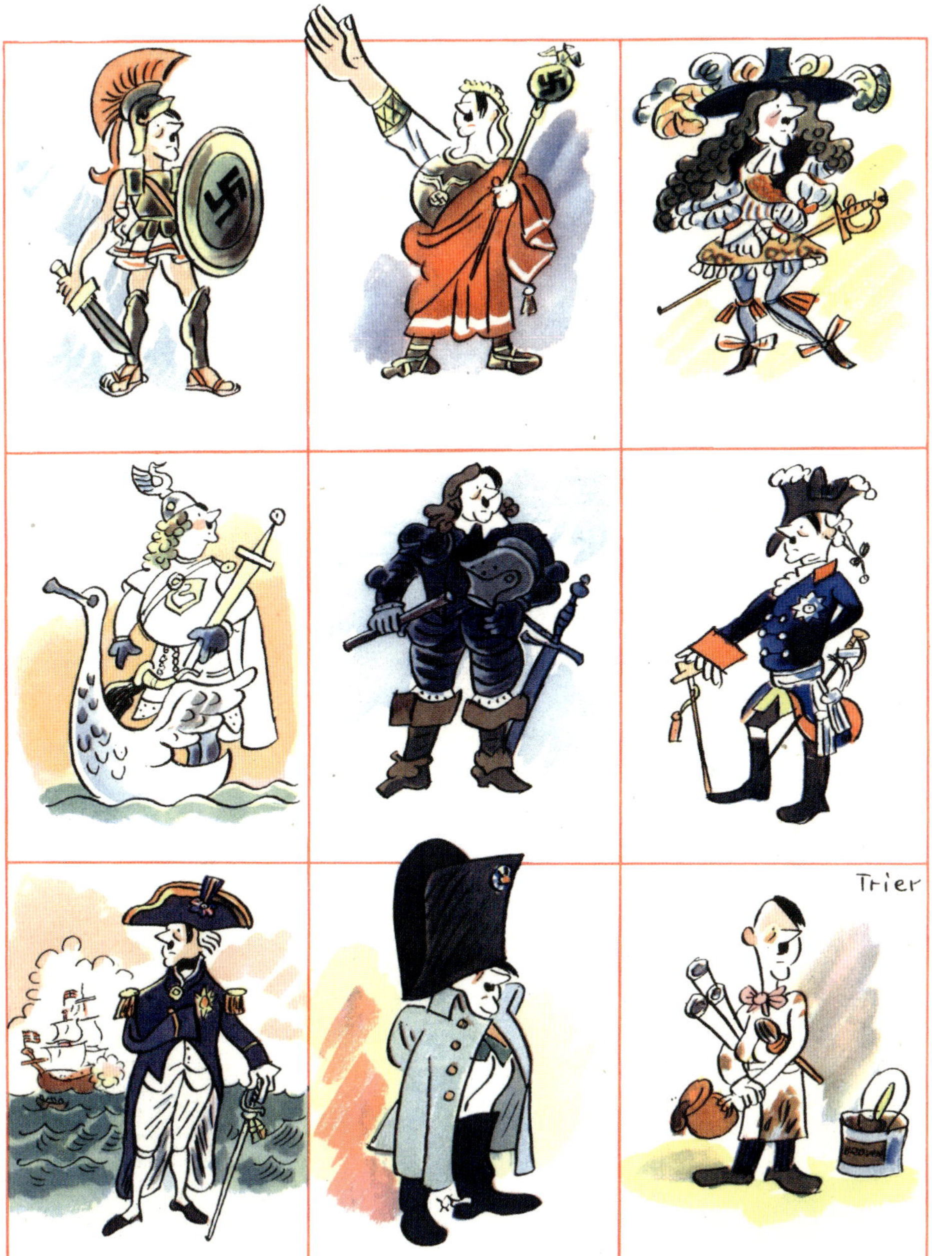

»The Painter and his Models«. *1944. Farboffset aus David Low, »Jesters in earnest, Cartoons by the Czechoslovak Artists«, London 1944.*

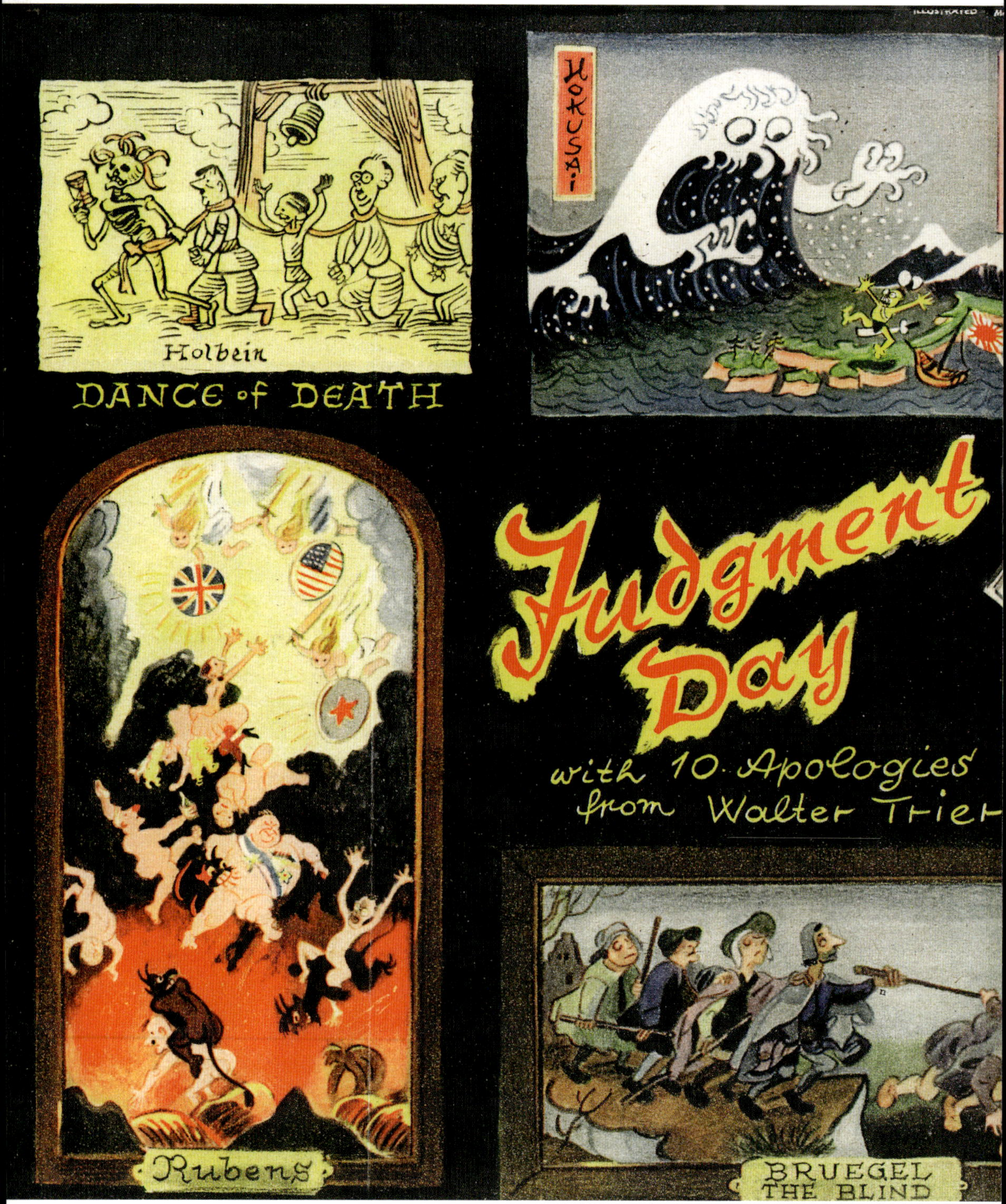

»Judgement Day with 10 Apologies from Walter Trier«.
1945. Farboffset aus »The Illustrated London News«, 12. Mai 1945.

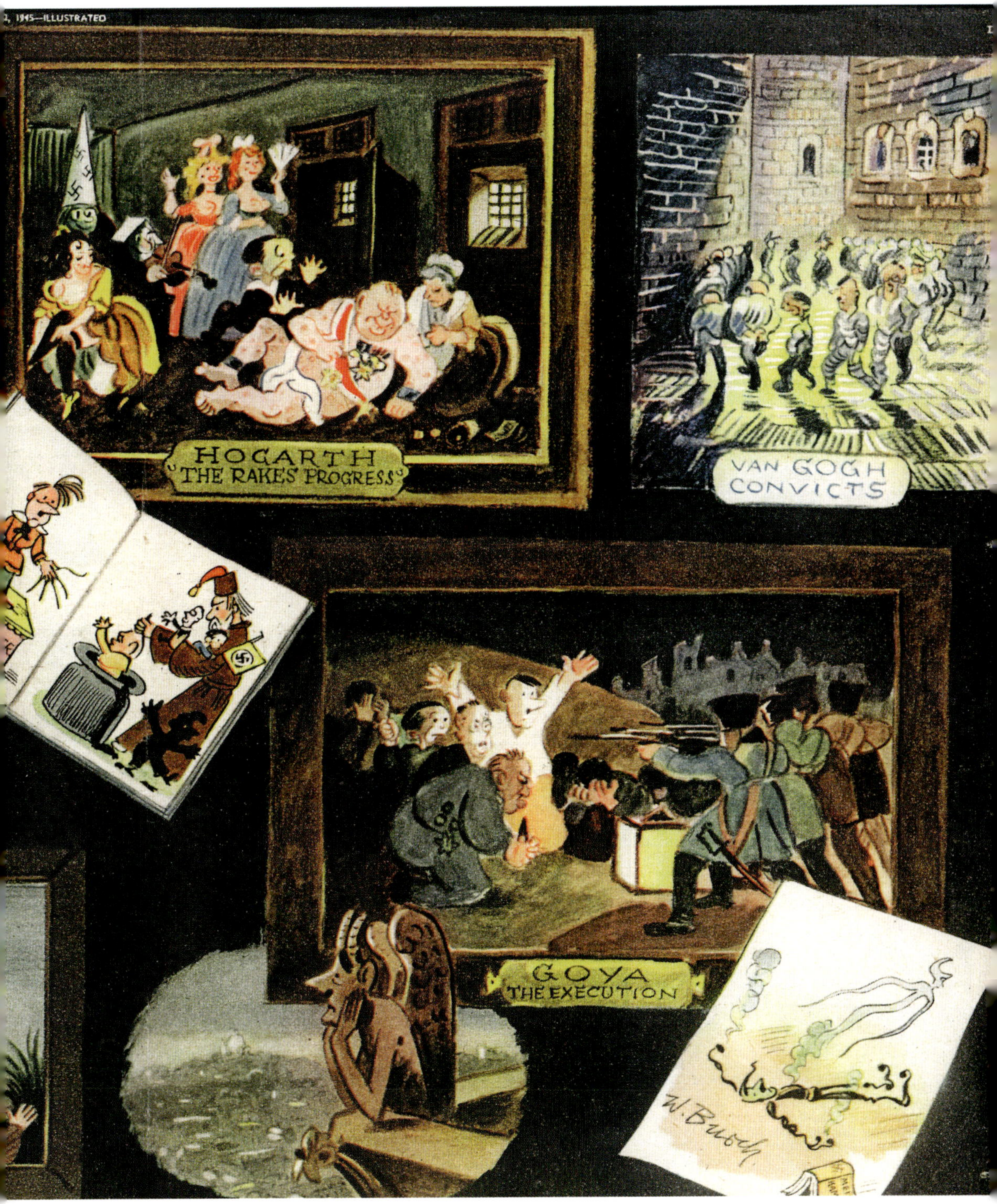

, 1945—ILLUSTRATED
HOGARTH
"THE RAKES' PROGRESS"
VAN GOGH
CONVICTS
GOYA
THE EXECUTION
W. Busch

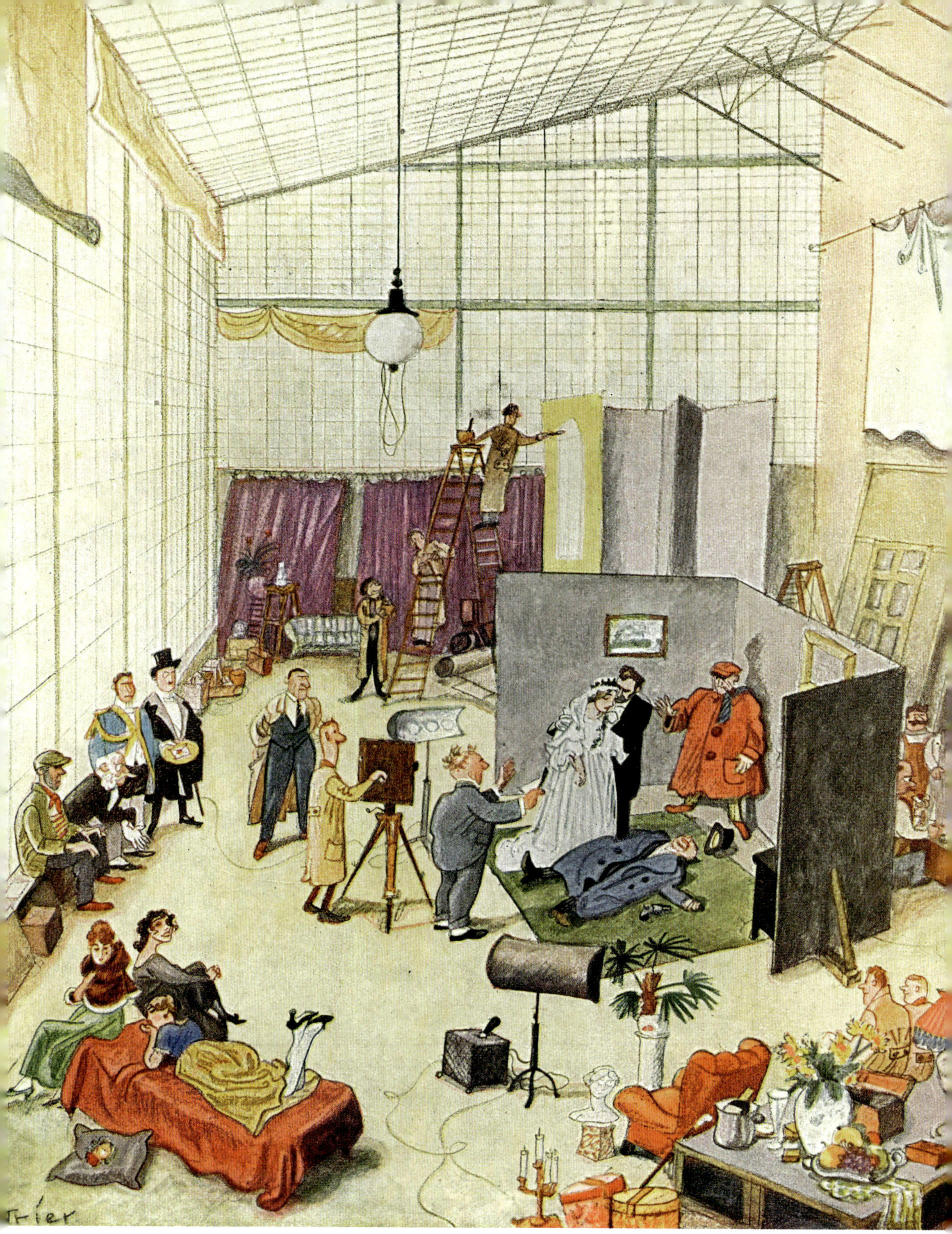

»Der Sittenfilm«. *1922. Farboffset aus »Triers Panoptikum«, Berlin 1922.*

Das Blatt war unter dem Titel »Der Mord in der Brautnacht« 1919 als Farblithographie in den »Lustigen Blättern« veröffentlicht worden. Unterzeile: »Mehr Natürlichkeit, liebe Braut, mehr Natürlichkeit! Zwei Meter Verzweiflung über den Tod des Gatten, drei Meter Seelenkampf und vier Meter Hingabe an den Geliebten!«

Filme und Stars

Ein Zeitungsartikel, der 1927 in »Die Woche« erschien und mit »vier Groteskzeichnungen von Walter Trier« geschmückt war, beschreibt besser, als man es heute – zurückschauend und vielfach abgestumpft – formulieren könnte, worin damals die Faszination des neuen Mediums »Film« erlebt wurde.

Karl Figdor schrieb unter dem Titel »Sensationsfilm« über das neue Phänomen:

»Unsere Zeit ist radikal, nicht nur in der Politik. Die durch so viele Katastrophen zermürbten Nerven haben den größten Teil ihrer Feinfühligkeit verloren. [...] Wenn wir vergessen wollen, was war und was – auch heute immer noch – im Leben des Tages an Quälendem und Zermürbendem uns entgegentritt, was uns ewig zum Kampf zwingt, zum Kampf uns Leben, dann muß es schon ein Rausch sein, der uns überwältigt, ein Rausch der Sinne oder des Herzens, der uns überfällt, uns nicht mehr zur Besinnung kommen läßt, unsere Nerven packt, uns ganz in seinen Bann zwingt.

Uns diesen Rausch den zermürbten Nerven der Menschheit zu bringen, diesen Rausch, der ein seliges Kinderträumen ist, ein Niedersinken der Fesseln von Zeit und Raum, die uns fast ersticken machen, ist heute mehr als Bringen bloßer schaler Unterhaltung, ist heute Mission. Und das Instrument dieser Mission, das der Menschheit wenigstens für Stunden das Vergessen, die Erfüllung aller Sehnsucht bringen kann, ist nichts anderes als der von allen nur ästhetischen Geistern so verleumdete Film.«

Ungeachtet aller Herabwürdigung durch das Bildungsbürgertum und Feuilleton, war nicht nur das Publikum in den Kinos von dem neuen Medium Film fasziniert, auch einige seiner Macher waren ganz begeistert von dem neuen Betätigungsfeld. So schrieb Walter Trier im Sommer 1923 seiner im Urlaub auf Hiddensee weilenden Frau:

»Dieser Tage, wurde auch der Film gedreht, für den ich die Dekorationen entworfen habe. Das Leben und Treiben in so einem [Studio] ist schon unglaublich grotesk. So habe ich in der Kantine eine Gruppe gesehen, welche es verdient festgehalten zu werden. Drei Nonnen, – jeden Augenblick gewärtig vom Regisseur abgerufen zu werden – stärkten sich. Eine aß Stullen und trank dazu eine Weiße mit Himbeer und eine rauchte eine dicke Zigarre. Von der Luft und Aufregung in so einem Film-Atelier machst du dir keinen Begriff.«

Walter Trier war schon früh, intensiv und vielfach mit dem Medium Film verbandelt: Zwischen 1919 und 1923 als einem der ersten deutschen Trickfilmzeichner, als Entwerfer und Ausstatter von Kulissen und Kostümen, als Gestalter einiger Filmplakate führender Regisseure und privat als sehr enger Freund von Karl Geyer, einer der damals wichtigsten Filmfabrikanten, dessen Firma in den 50er Jahren in der noch heute das Filmbusiness dominierenden »Bavaria Film« aufgegangen ist. Und natürlich kannte er auch eine Menge Schauspieler. So lag es nahe, daß er eine Vielzahl davon für die

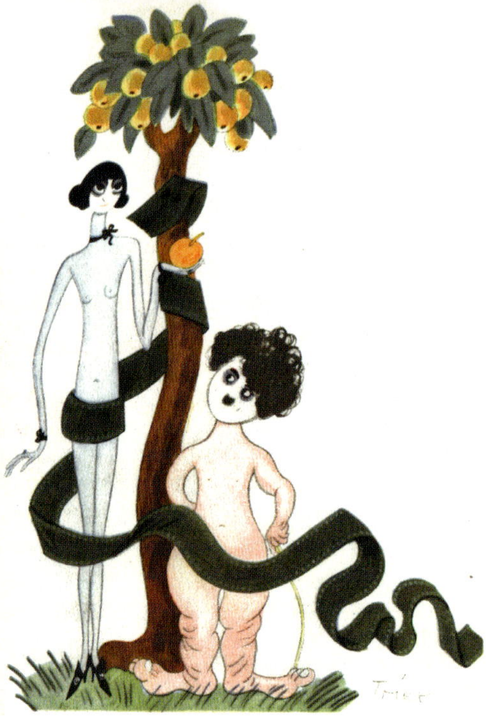

Adam Chaplin und Eva Nielsen.
1930. Farblithographie aus Fred A. Colman [d.i. Helmut Jaro Jaretzki], »Die verliebte Mode«, Berlin [1930].
Zu sehen sind die markant dünne Schauspielerin Asta Nielsen und ein übertrieben kleiner Charlie Chaplin als Eva und Adam nackt im Paradies. Um den Baum der Erkenntnis (und die Blößen der beiden Menschen) windet sich die Schlange in Form eines Filmbandes. Die dazu passende Unterzeile lautete: »Dieses aber waren die ersten Menschen und dann – wurde das Ding gedreht«. Unter dem Titel »Die Schöpfung (Film..)« war das Bild bereits 1922 in den »Lustigen Blättern« veröffentlicht worden.

Sammelbildchen der Dresdner Zigarettenfirma »Haus Bergmann« karikierte.

Im Vorwort des ersten von insgesamt drei Bänden schrieb die Firmenleitung:

»Nicht unabsichtlich hat die ›Haus Bergmann Zigarettenfabrik A.-G.‹ für die Beigaben zu ihren Zigarettenpackungen einen so großen Künstler wie Walter Trier erwählt. Der Künstler sieht die Persönlichkeiten des Sports, der Bühne, des Films, die Ereignisse des Alltags, die Märchen und Erzählungen mit seinen Augen, durch seine Brille, in der sich alles humoristisch, lustig widerspiegelt.

Karikatur heißt nicht eine mutwillige Verzerrung, ein Übertreiben des Lebendigen, nein, sie bedeutet das Lebendige, das Leben selbst. Sie gibt das Wahre der Persönlichkeit, der Darstellung in einem Augenblicke wieder, der zwischen der Wirklichkeit und dem Komischen jene herzhafte Brücke ›Humor‹ einschaltet, die uns lachen macht.

Lachen befreit. Lachen macht nachdenklich. Lachen ist etwas so unendlich Kostbares, daß man es in diesen schweren Zeiten immer wieder bringen soll.

Die sonstigen Beigaben zu Zigarettenpackungen, Bilder von Filmstars, von Prominenten aus allen Gebieten, haben trotz guter Photoreproduktion insofern keinen Sammelwert, weil ein Photo mit der Zeit altmodisch, verklungen und abgegriffen wird. Was aber bleibt, ist immer der künstlerische Niederschlag einer Empfindung, eines Wollens, eines Könnens, denn Kunst geht über Zeiten und Menschen hinweg. Sie wirkt, sie lebt weiter und hat als einzige Mittlerin die Berechtigung, den Menschen zu künden, was einstmals war und wie es war.

Die Karikaturen Walter Triers, des bewährtesten humoristischen Zeichners unserer Zeit, besitzen einen kulturellen und damit einen Sammelwert. Köstlich, wie er Farben und Formen spielen läßt, wie eigentlich jedes Bild gar keiner Unterschrift bedarf, weil die Augen sich in der Darstellung seiner Menschen, seiner Märchen verästeln müssen. Er illustriert nicht, sondern er schafft von sich aus neue, reizvolle Momente, die dem Autor die Möglichkeit geben, das Althergebrachte in einer neuen Form zu erzählen, ja mit seinem Text nur die Bilder zu unterstreichen. Kunst und künstlerische Äußerung gehören weder der Jugend noch dem Alter allein, nein, sie gehören allen, die das Gute erkennen, sich zum Guten bekennen und das Gute pflegen wollen.«

Es sollte vielleicht noch angemerkt werden, daß die Firma ausdrücklich dem Zeichner dafür dankt, daß er dieses Sammelwerk »mit zu den größten Buchauflagen 1932« gemacht hatte.

Karikaturen deutscher und internationaler Schauspieler

1932 und 1933. Farboffset. Aus der Sammelbildserie »Bühne und Film«, hergestellt von »Haus Bergmann Zigarettenfabrik« bzw. »British American Tobacco« und publiziert in Fred A. Colman [d.i. Helmut Jaro Jaretzki]/Walter Trier/Max Ehrlich (Mitarbeit), »Bergmanns bunte Bücher, Buch 1, 2 und 3«, Dresden 1932 und 1933.

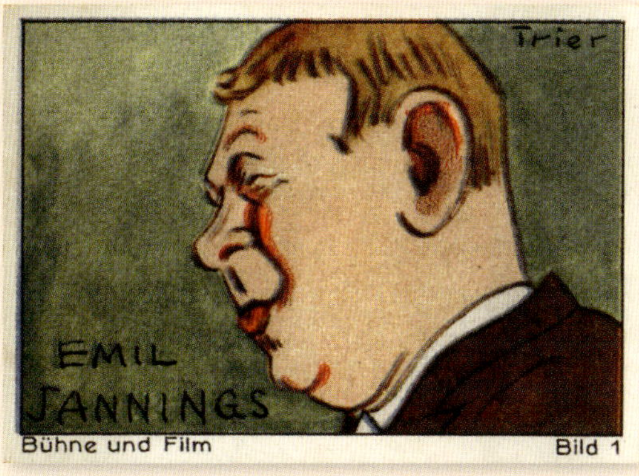

Bild 1: Emil Jannings. Charakter-Darsteller der deutschen Bühnen, seit 1920 Star des stummen und jetzt auch des Tonfilms. Sein erster Tonfilm-Erfolg: 1930: »Der blaue Engel«, nach dem Roman »Professor Unrat«.

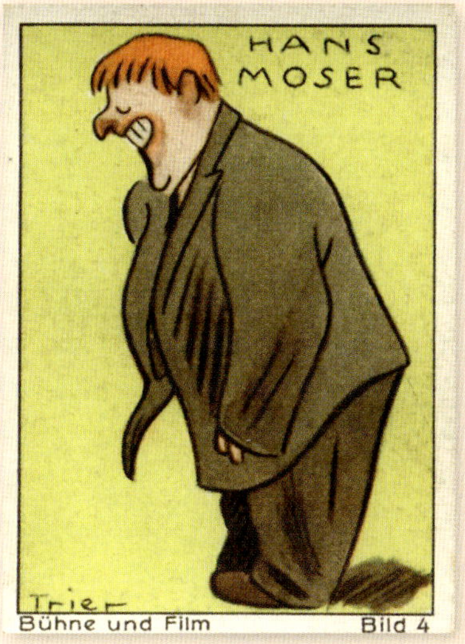

Bild 4: Hans Moser. Ein Wiener Komiker, der noch vor wenigen Jahren kleine Dienerrollen spielte und von Prof. Max Reinhardt zum erstenmal 1928 in einer Hauptrolle in dem Schaustück »Artisten« herausgestellt wurde.

Bild 5: Magda Schneider. Ein junges Wiener Mädel, das die »Itala-Film« entdeckte und in dem Tonfilm »Fräulein, falsch verbunden« erfolgreich mit der Hauptrolle betraute.

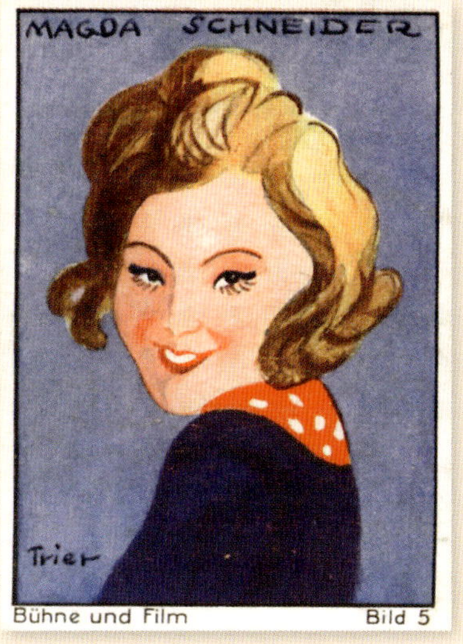

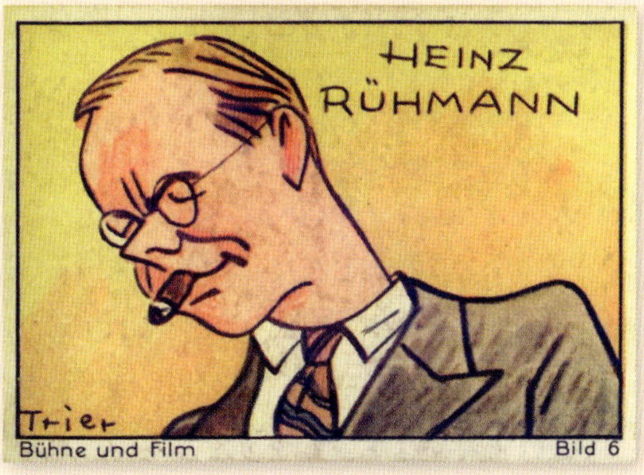

Bild 6: Heinz Rühmann. Ein in München und Berlin beliebter Bühnenkünstler, der durch den Tonfilm ungeahnte Popularität erlangte. Sein Charme und sein trockener Humor sichern ihm das Publikum.

Bild 8: Anny Ondra. Die blonde Tschechin des deutschen Lustspiels, die von dem Regisseur Karl Lamac entdeckt wurde und immer unter seiner Führung spielt.

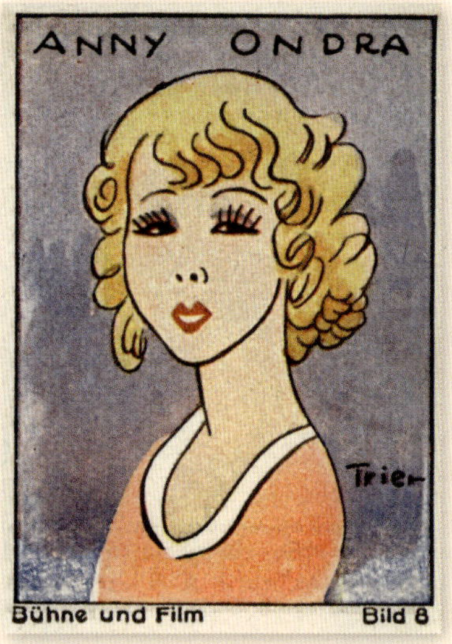

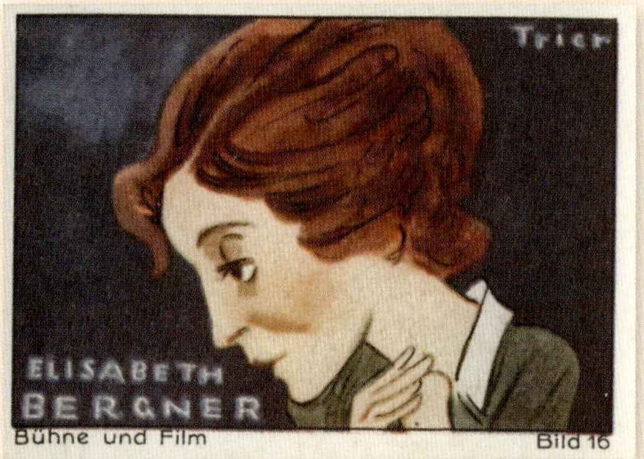

Bild 16: Elisabeth Bergner. Die eindringliche, feinnervige Schauspielerin. Ihre größten Bühnenerfolge: u.a. »Die heilige Johanna« und »Kreidekreis«, im Tonfilm: Titelrolle in dem Nero-Film »Ariane«.

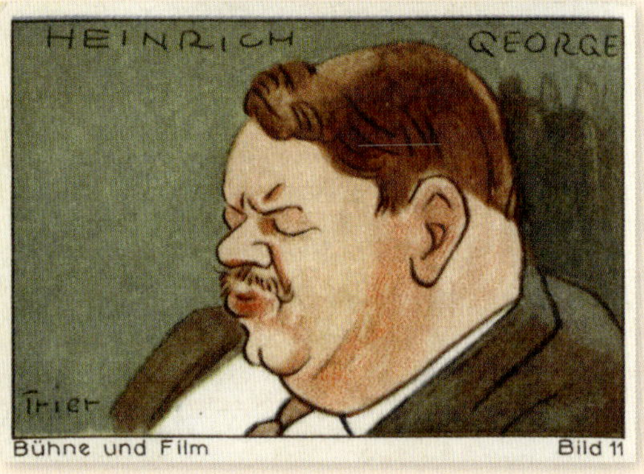

Bild 11: Heinrich George. Einer der ursprünglichsten, vielseitigsten Charakter-Darsteller der Bühne und des Tonfilms. Jede seiner Gestalten zeichnet sich durch ein unbändiges Temperament aus.

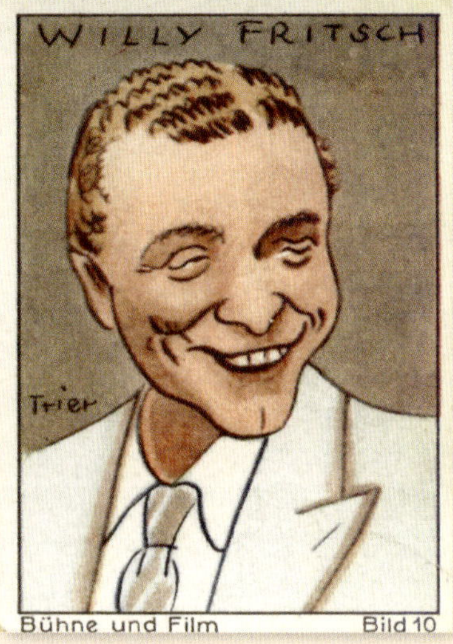

Bild 10: Willy Fritsch. Ursprünglich Mechaniker, 192 Schauspieler d. Reinhardt-Bühn 1926 erster Film Welterfolg als Leutnant Niki in dem Film »Walz- könig«. Jetzt der populärste deuts Filmdarsteller.

Bild 18: Hans Albers. Ein früherer Operettendarsteller, der von Prof. Max Reinhardt im »Verbrecher« mit einer ernsten Aufgabe betraut und damit einer der kraftvollsten Darsteller der Bühne und des Tonfilms wurde.

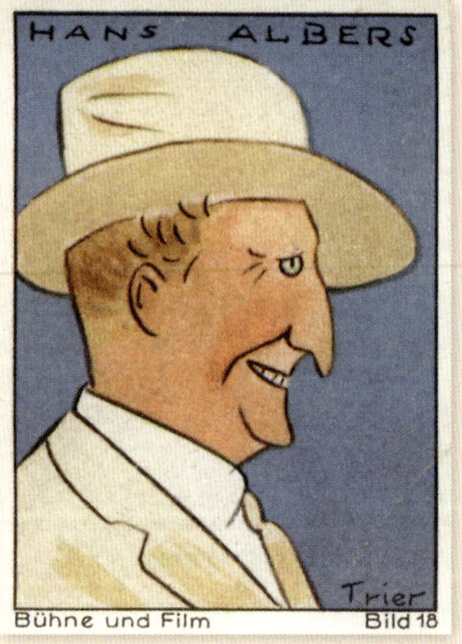

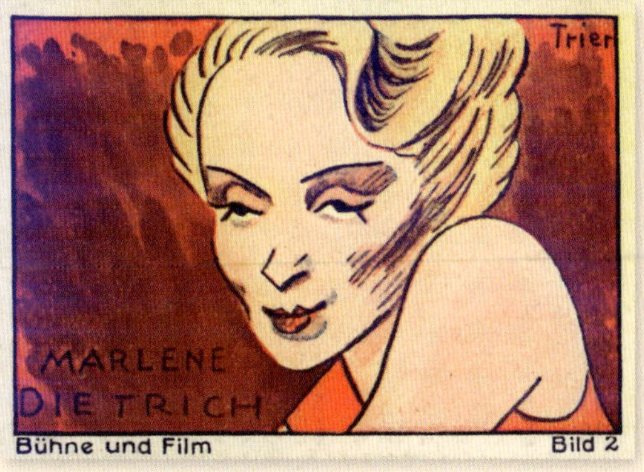

Bild 2: Marlene Dietrich. Ist nach Greta Garbo die populärste Filmschauspielerin der Welt. Sie verdankt ihren ersten Publikumserfolg dem Regisseur Josef von Sternberg in dem Film »Der blaue Engel«.

Bild 3: Greta Garbo. Die meistgenannte und bewunderte Frau der Welt. Für den Film wurde sie von ihrem schwedischen Landsmann Mauritz Stiller entdeckt. Sie wurde durch ihre Tätigkeit in Amerika weltbekannt.

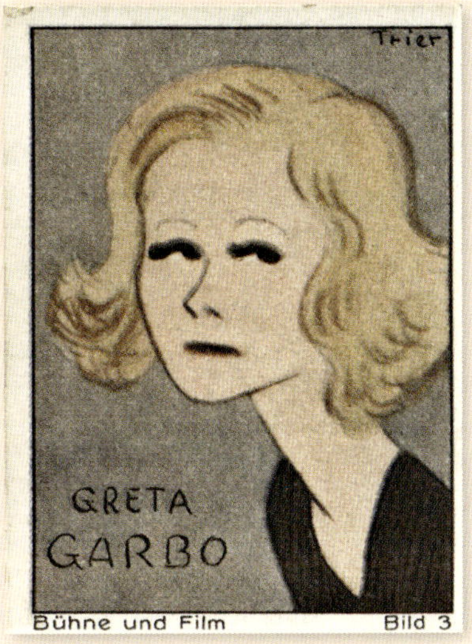

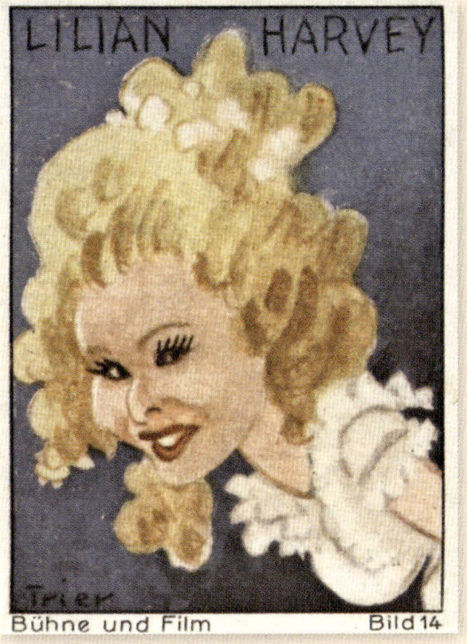

Bild 14: Lilian Harvey. Eine Deutsch-Engländerin, die von der Tanzkunst zum Film überwechselte und vornehmlich mit ihrem Partner Willy Fritsch die größten deutschen Filmlustspiel-Erfolge errang.

Bild 12: Richard Tauber. Nach dem großen italienischen Sänger Enrico Caruso der berühmteste Operntenor, der bahnbrechend für die heutige Anerkennung der Operette neben der Oper wirkte.

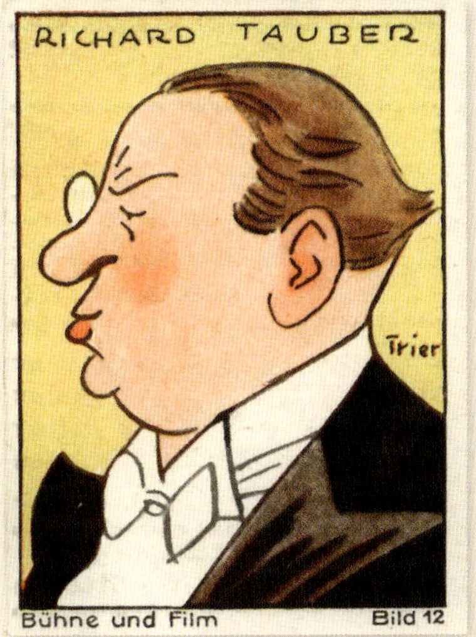

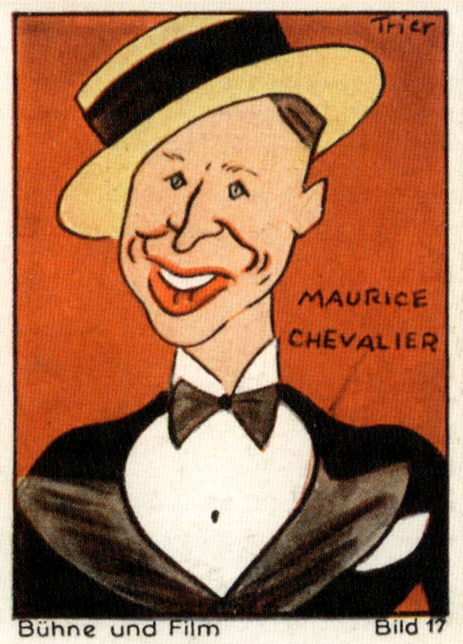

Bild 17: Maurice Chevalier. Ein von Einfällen sprühender Pariser Revue-Darsteller, dem Ernst Lubitsch durch die Filme »Liebesparade«, »Der lächelnde Leutnant« zur Weltberühmtheit verholfen hat.

Bild 13: Buster Keaton. Der Mann mit dem unbeweglichen Gesicht, war früher Varieté-Artist und zählt zu den erfolgreichsten exzentrischen Darstellern des amerikanischen Films.

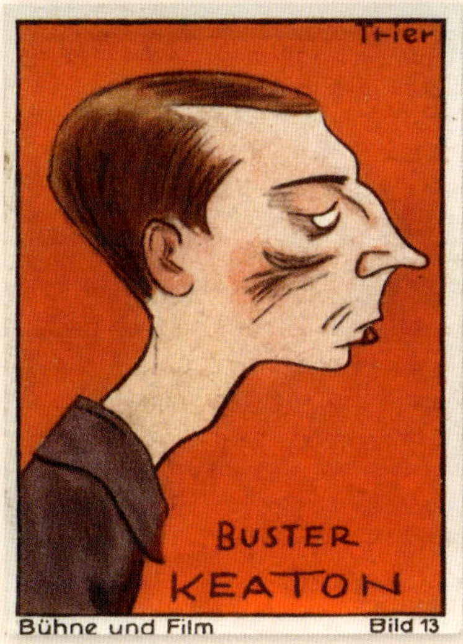

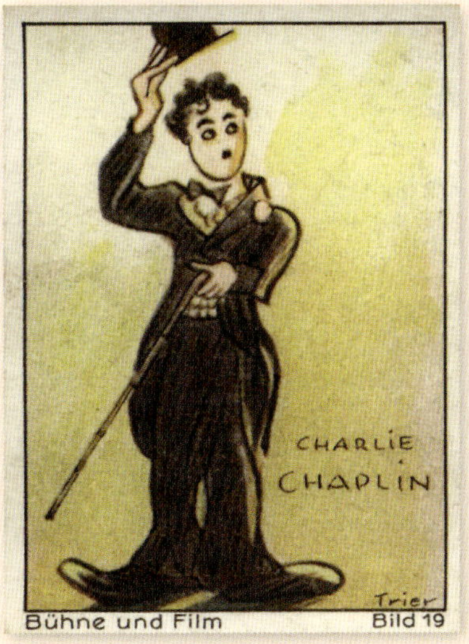

Bild 19: Charlie Chaplin. Geboren am 16. April 1889 zu Fontainbleau bei Paris [recte: Walworth, London], war ursprünglich Artist, Filmschauspieler und ist seit 1913 der größte Exzentrik der Welt, der eine eigene Figur und einen eigenen Darstellungsstil geschaffen hat.

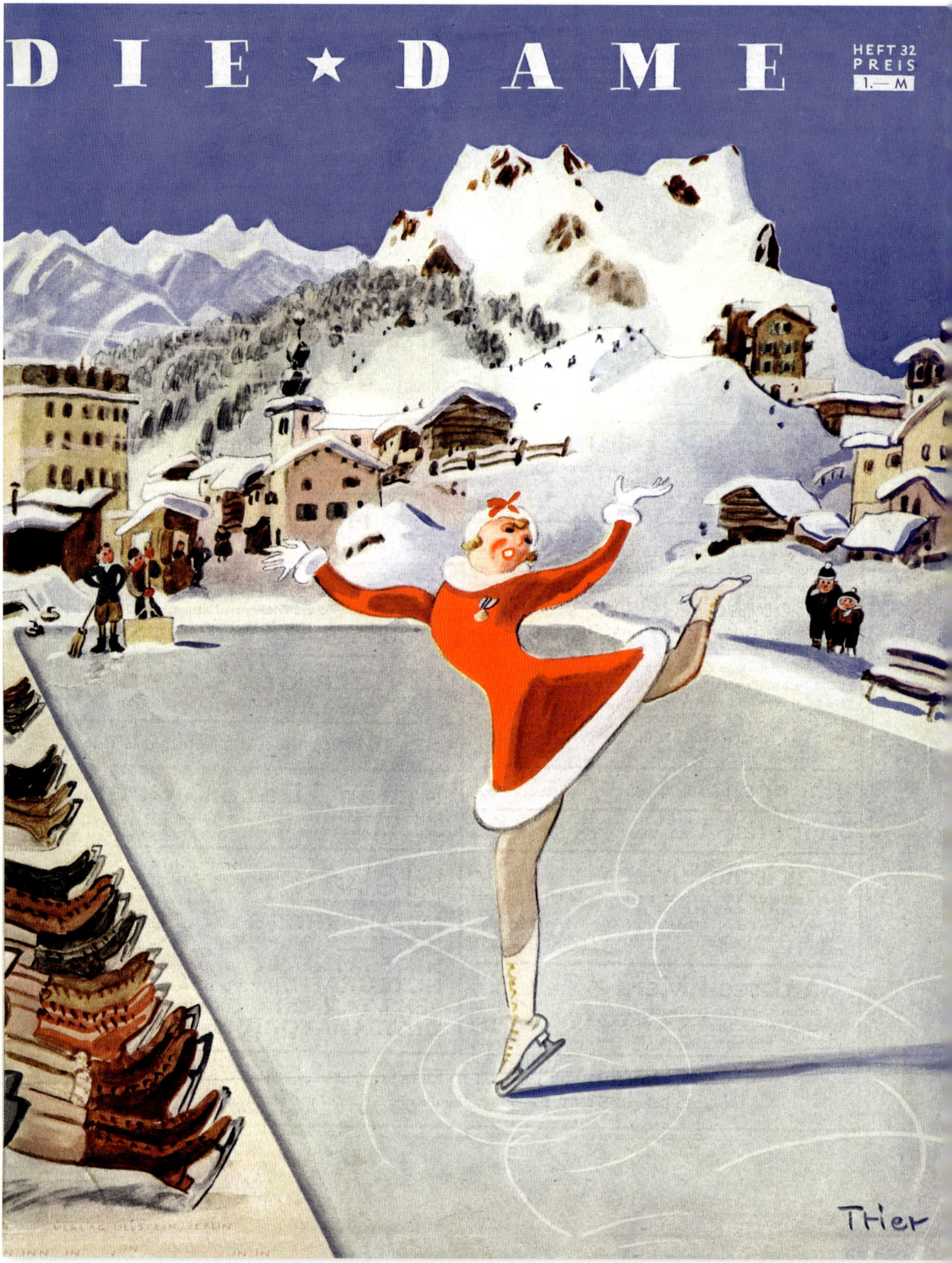

Sonja Henie. *1932. Farblithographie. Titelseite für »Die Dame«.*
Walter Trier porträtierte die norwegische Weltmeisterin im Eiskunstlauf auf der Natureisbahn von Davos. Das zumindest legt die Zwiebelhaube der Kirche im Hintergrund nahe, die an St. Theodul erinnert. Die junge Eisläuferin zählte damals zu den Sportlieblingen der ganzen Welt.

Sportler und andere Helden

Seit seiner Kindheit war Walter Trier ein begeisterter Sportler. Die Familie Trier gehörte zu den ersten Prager Familien, die Tennis spielte und deren Kinder ganz unterschiedlichen Sport betrieben. Max Brod berichtet davon, daß sie als Kinder manchmal auf den Exerzierplatz am Invalidenhaus hinausgezogen sind, eine Ecke der riesigen Fläche abgeteilt haben und mit ein paar Gleichgesinnten Fußball spielten.

»Es war selbstverständlich, daß die Trierbuben die ersten waren, die in Prag, außerhalb der großen Klubs, einen echt englischen Lederfußball mit einer Gummi-›Seele‹ besaßen, die aufgeblasen wurde. Sie waren in allem die ersten zur Stelle, führten in Schwimm- und Rudersport Neuerungen ein. Übrigens ohne sich damit patzig zu machen, einfach aus Freude an der Sache.«

Der erwachsene Walter Trier kultivierte eine ganze Reihe dieser Leidenschaft. Aktiv betrieb er Fußball – als rechter Innenverteidiger im Berliner »Künstler-Sportclub ›Oase‹, dem Maler, Schauspieler und Schriftsteller angehören« –, trainierte gemeinsam mit Herbert Böcher, dem deutschen Meister über 800 und 1 500 Meter,

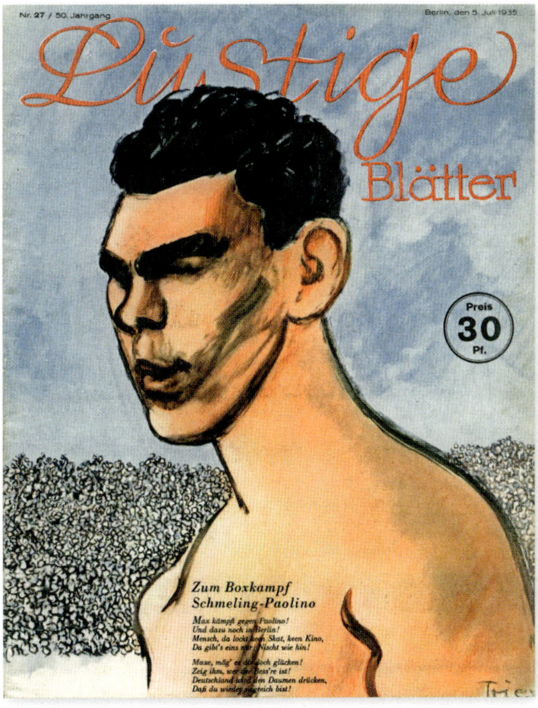

»Zum Boxkampf Schmeling-Paolino«. *1935. Farblithographie. Titelseite für »Lustige Blätter«.* Unterzeile: »Max kämpft gegen Paolino! Und dazu noch in Berlin! Mensch, da lockt keen Skat, keen Kino, Da gibt's eins nur: Nischt wie hin! Maxe, mög' es dir doch glücken! Zeig ihm, wer der Bess're ist! Deutschland wird den Daumen drücken, Daß du wieder siegreich bist!« Das war das letzte von Walter Trier in Hitler-Deutschland gedruckte Titelblatt, denn von nun an wird sein Publikationsverbot von den Nationalsozialisten konsequent umgesetzt.

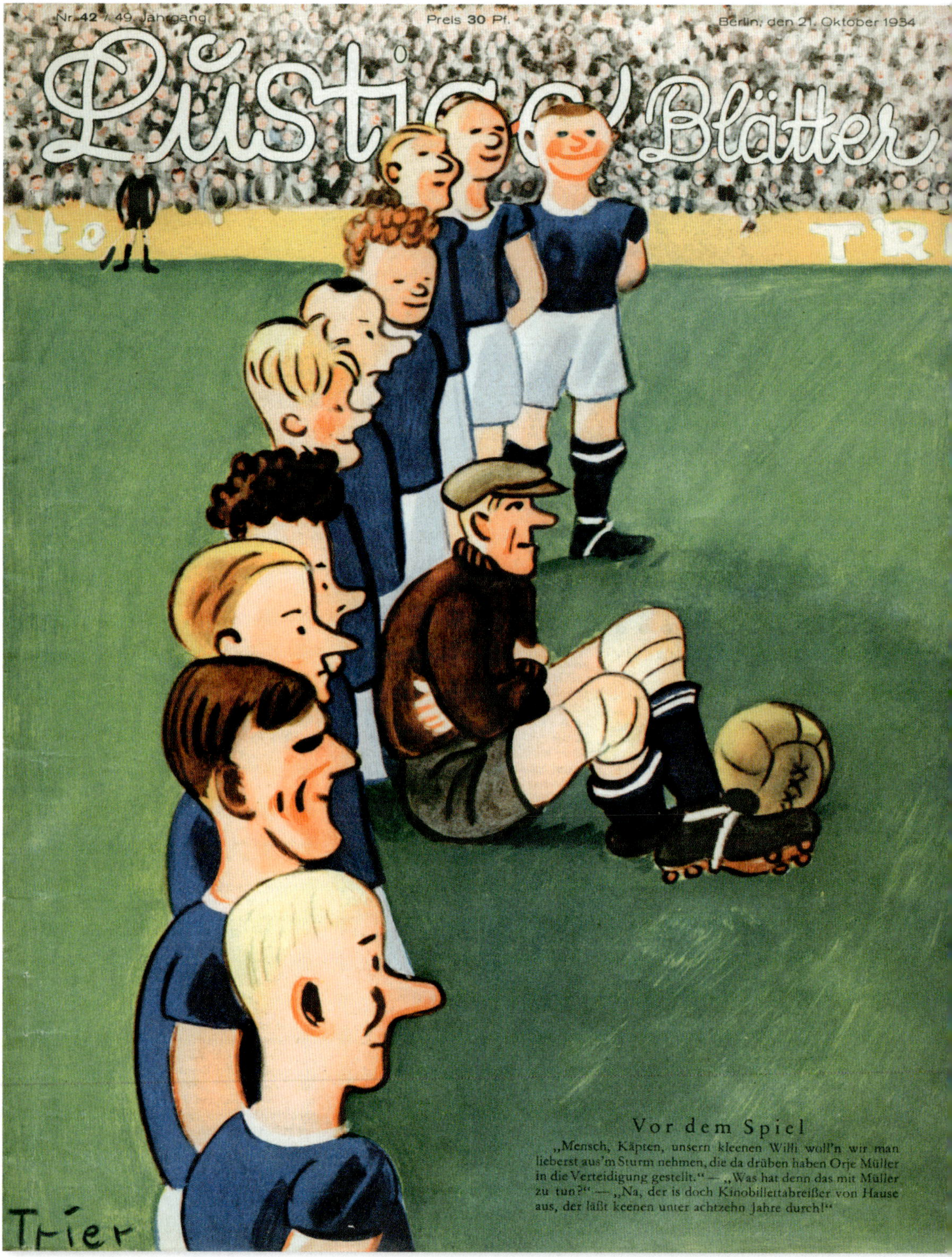

»**Vor dem Spiel**«. *1934. Farblithographie. Titelseite für »Lustige Blätter«.*

Unterzeile: »Mensch, Käpten, unsern kleenen Willi woll'n wir man lieberst aus'm Sturm nehmen, die da drüben haben Orje Müller in die Verteidigung gestellt – Was hat denn das mit Müller zu tun? – Na, der ist doch Kinobillettabreißern von Hause aus, der läßt keenen unter achtzehn Jahre durch!«

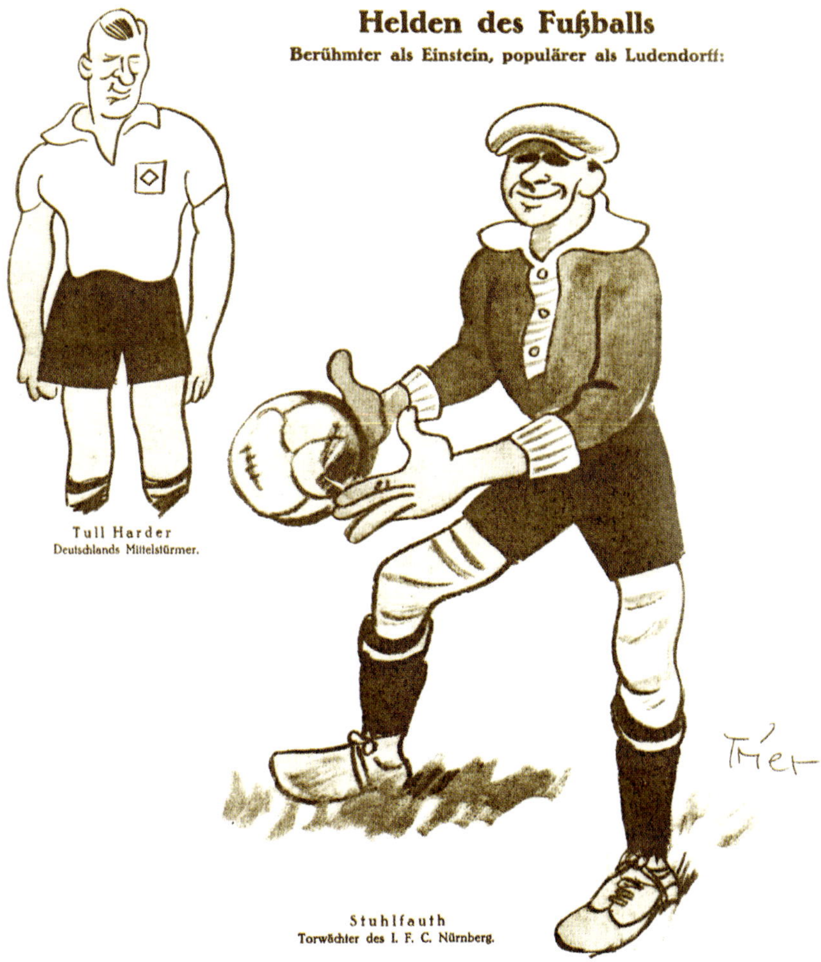

»Helden des Fußballs«. *1924. Lithographie aus »Lustige Blätter«.* Unterzeilen: »Berühmter als Einstein, populärer als Ludendorff: Tull Harder Deutschlands Mittelstürmer. Stuhlfauth Torwächter des 1 F.C. Nürnberg.«

fuhr regelmäßig Ski in der Schweiz und in der Hohen Tatra, segelte mit Frau und Tochter sowie der Familie Geyer auf den Seen rund um Berlin und auf der Ostsee, spielte eifrig Tennis sowie Tischtennis – das sogar im eigenen Wohnzimmer! – und erkämpfte sich 1932 gemeinsam mit Frau und Tochter das goldene Sportabzeichen.

Zuletzt wurde über Triers Sportleidenschaft in Kanadas Presse berichtet:

»Es gab eine Zeit, da hielt ich es für unmöglich, ohne Skifahren leben zu können, aber ich habe herausgefunden, daß es geht.«

Das bezog sich vermutlich auf seine Zeit in England, denn zuletzt hielt er die kanadischen Winter für die besten auf der Welt und verbrachte die meisten seiner Wochenenden im Winter mit Skifahren in Collingwood. So war es nur konsequent, daß er den Bauplatz für sein Haus schließlich danach ausgesucht hat, daß es möglich war, von der Haustüre aus gleich auf die Skipiste zu gelangen.

Im Begleittext zu Triers vielen Sportler-Karikaturen hieß es in Band 1 der »Bergmanns Bunten Bücher« von 1932:

»Selten war eine Zeit so erfüllt von dem Gedanken der sportlichen Betätigung wie die unsrige. Was früher idealistisch vorschwebte, ist heute eine Tatsache geworden: Der Körper, der in der Freiheit der Natur sich Bewegung aus dem Spieltrieb heraus schafft. Die Vielfalt der Sportarten und Sportbetätigung läßt jedem die persönliche Wahl offen, je nach Veranlagung den Körper zu stählen. Das Aufstreben der Technik in unserem Zeitalter hat uns den logischen Aufbau einer Architektur, eines Räderwerkes, eines ganzen Schaltwerkes gelehrt. Genau so kann der Mechanismus des Körpers Gesetzen unterworfen werden, die den Menschen nach ständiger wohlbehüteter Entwicklung die Möglichkeit einer freien schöpferischen Betätigung bieten.«

Und Carl Diehm schrieb in dem 1921 erschienenen »Sport-Brevier« folgendes

»zum Geleit: [...] Sport will nicht bedichtet, er will erlebt werden. [...]

Der Sportsmann am Toto mit der Brieftasche in der einen und dem Ticket in der anderen Hand, der ist nicht ausgerufen. Aber geht hinaus ins Freie, wenn starke Arme ein leichtes Boot übers Wasser ziehen, wenn nervige Fäuste windgeblähte Segel regieren, wenn schlanke Bretter auf weißem Schnee in wundervoller Zeichnung zwei nebeneinanderlaufende Linien ziehen oder der menschliche Körper dem Vogel gleich weit über die Schanze fliegt, wenn junge Leiber sich in sonnenwarmen Fluten baden, wenn frische Kehlen Wanderlieder singen, wenn ein edles Pferd dem Schenkel des Reiters gehorcht, wenn schlanke Läuferinnen wie Rehe durch den Wald eilen, wenn gelenkige Knaben den Ball über die Wiese schlagen [...] da erlebt ihr die Poesie des Leibes, da ist Sport! [...]

Freudebringer ist er uns geworden, von Freuden, die unsere Väter und Mütter nicht gekannt haben, Freuden und Seligkeiten, die uns reicher machen. [...]

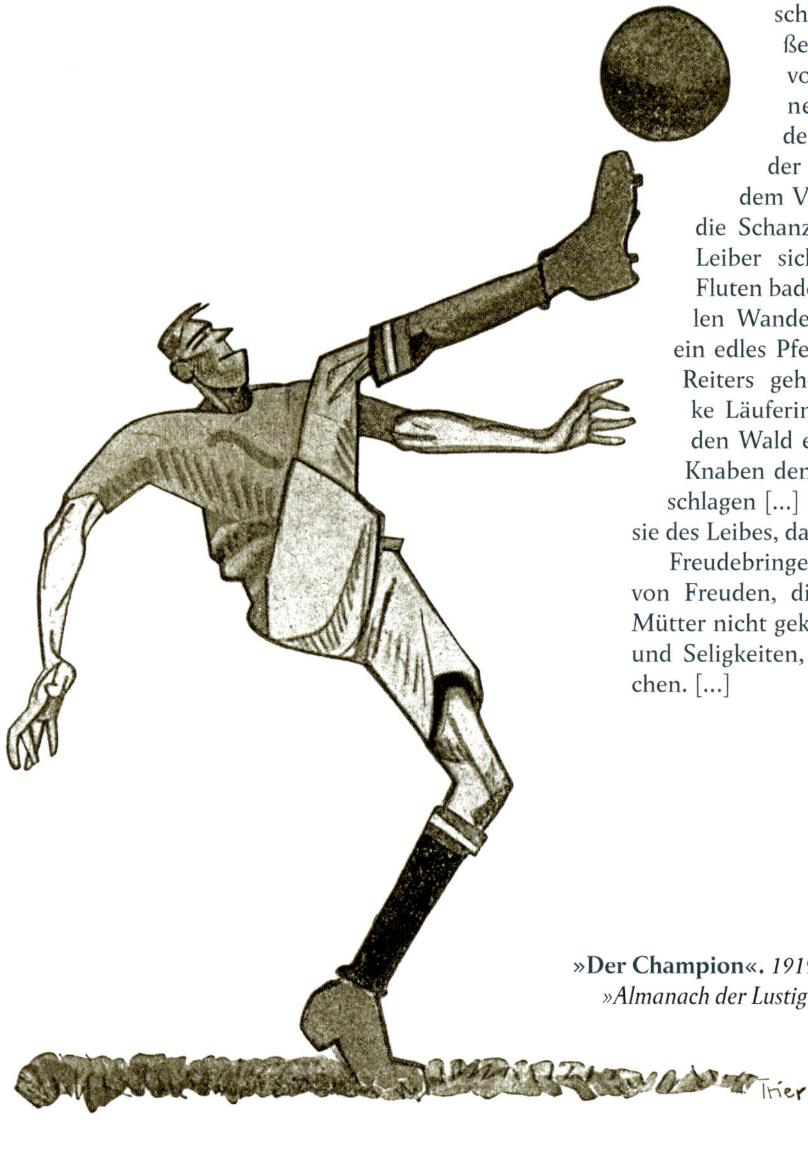

»Der Champion«. *1919. Lithographie aus dem »Almanach der Lustigen Blätter 1919«, Berlin 1919, S. 18.*

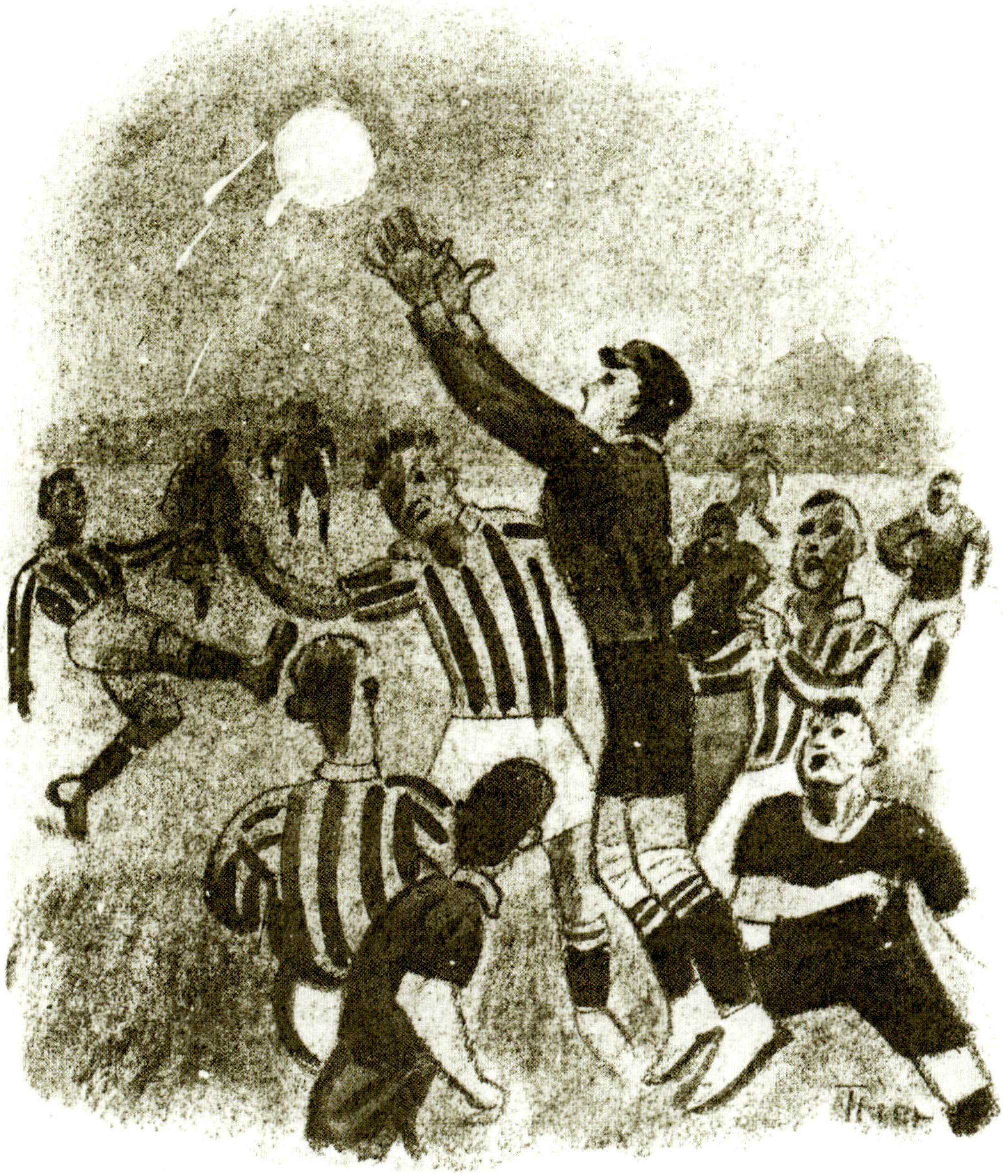

»Fußball-Match«. *1925. Lithographie aus »Lustige Blätter«.*
Unterzeile: »Wir müssen die Saison abschließen – es ist schon ein Schneeball im Spiel!«

Noch mehr hat uns der Sport geschenkt: [...] die Frau!

Während noch die schwüle Erotik der Dekadenzzeit unsere Literatur und Kunst durchzieht, macht sich die Jugend frei von der entnervenden Herrschaft des frühreifen Sinnenlebens. Die Geschlechter treten sich kameradschaftlich gegenüber und lassen der Liebe unbefangen Zeit, sich zu entwickeln. Diese Kameradschaft danken wir dem Sport, er durchbrach die Tantenprüderie ebenso wie das Gliederverschlingen im Tango. Wo junge Mädchen in leichten Kleidern rudern oder wie leichtsinnige Dianen über die Wiese eilen oder nymphengleich ins Wasser schießen, da gibt es reine Atmosphäre im Mannesleben.

»Fußball«. *1922. Farbof*
aus »Triers Panoptiku
Berlin 19

Unter dem Ti
»Vor dem Tor« wu
dieses Match –
aufgrund
Farbrikgebäude
Hintergrund vermutl
auf dem Sportpl
der Berliner Siemensst
zu lokalisieren is
1922 auch in d
»Lustigen Blätter
veröffentlic

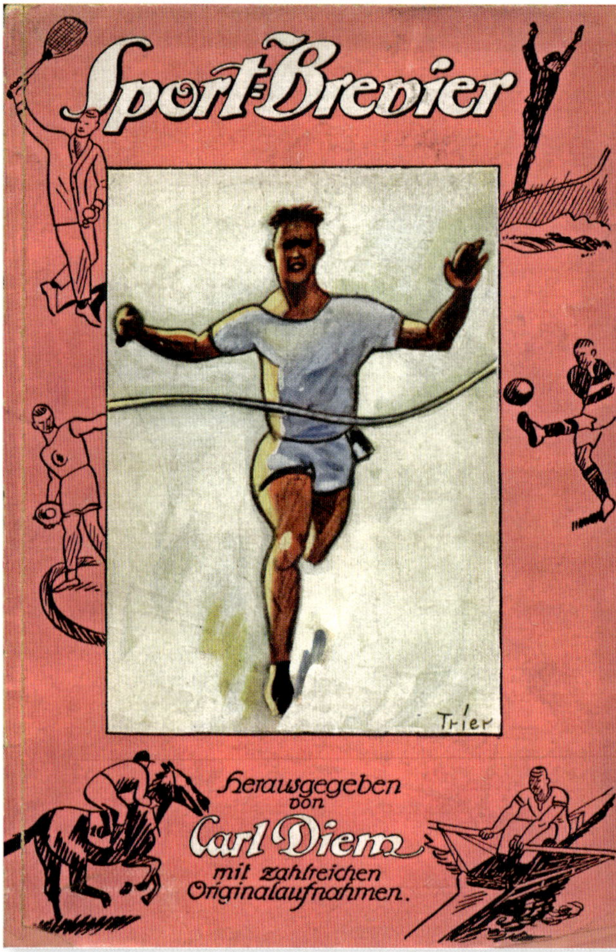

»Sport-Brevier«. *1921. Farboffset. Pappeinband für Carl Diem (Hg.), »Sport-Brevier«, Berlin, 1921.*

Zwar hat ein namhafter Gelehrter gerade vor dem Schwimmen vor Augen des Mannes die Weiblichkeit gewarnt. Es schade der Heiratsfreudigkeit des stärkeren Geschlechts; aber wovor haben namhafte Gelehrte noch nicht gewarnt?

Daß heute die Frau im Sport leicht, d.h. zweckmäßig, bekleidet vor den Mann tritt, wird die Sittenreinheit gewiß nicht herabsetzen, dafür bringt es der Frau überhaupt erst ihren Körper als solches, nicht nur als Kleiderständer für die alles beschönigende Mode, zum Bewußtsein.

Durch diese Errungenschaft werden beide Geschlechter recht schnell zu einer wahren Körperkultur kommen, ohne die es eine wirkliche Kultur in höchstem Sinne nicht gibt.«

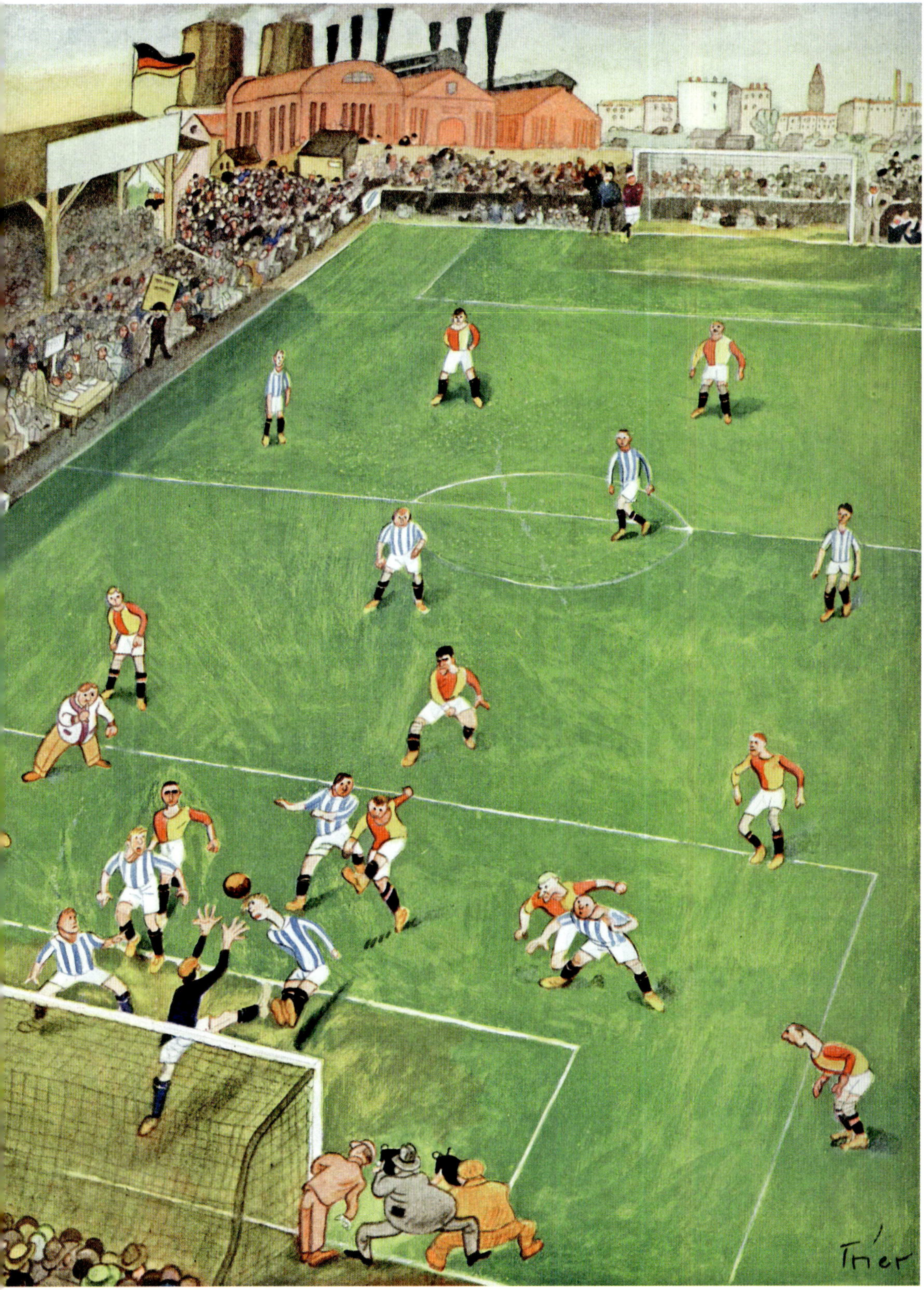
Trier

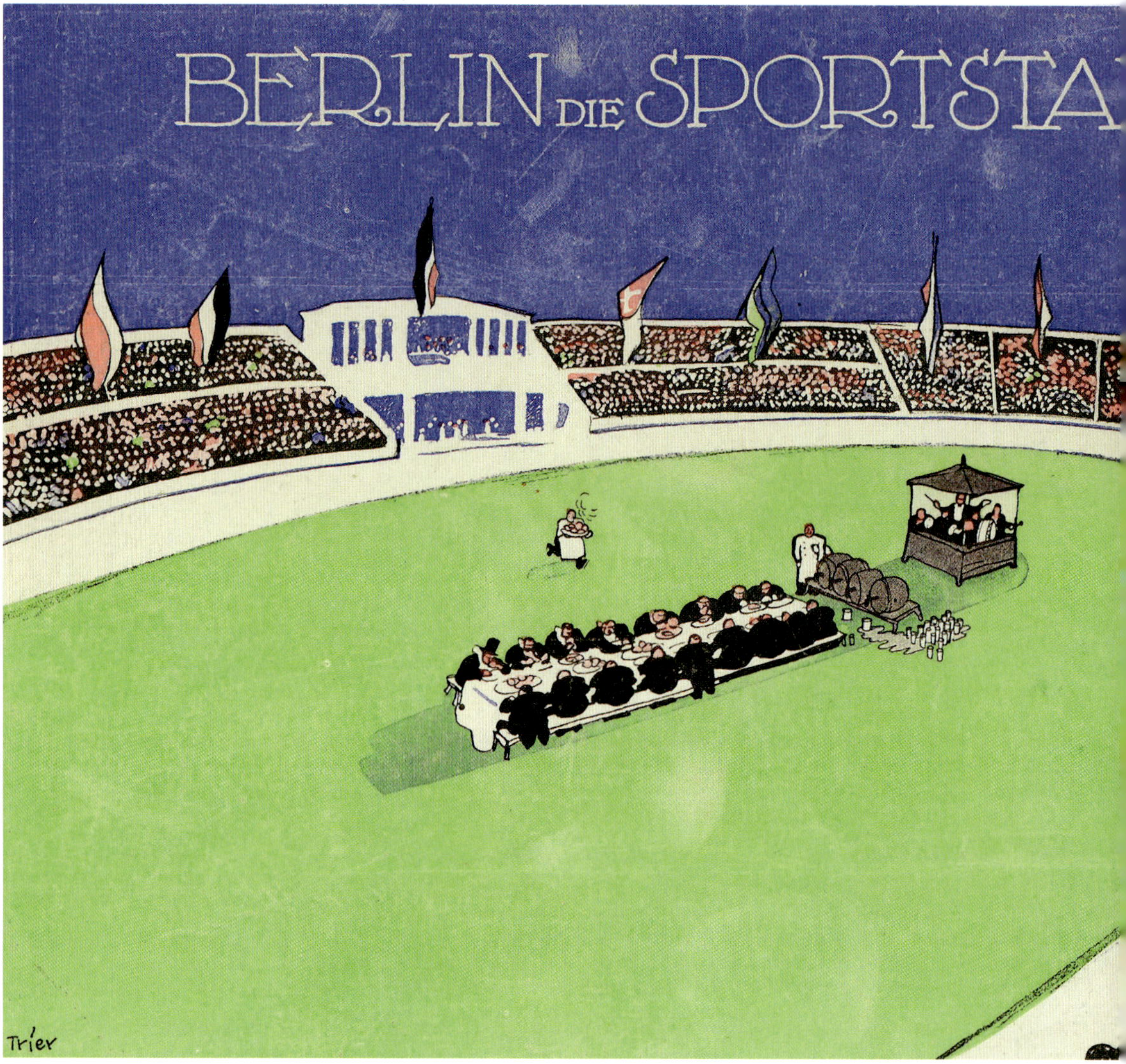

»Berlin, die Sportstadt«. *1914. Farblithographie aus »Lustige Blätter«.*

So wie auf manch anderer (Sp)Ortskarikatur, die aufgrund von Architekturzitaten zu lokalisieren ist, nahm Walter Trier auch hier Anleihen an der Wirklichkeit. In seinem Plakatentwurf »Motto: Olympisches Eisbeinwettessen im Stadion«, der anläßlich der Vergabe der Olympischen Sommerspiele an Berlin für 1916 entstanden ist, porträtierte er das 1913 in der damals noch eigenständigen Stadt Charlottenburg eingeweihte »Deutsche Stadion«. Dieses wurde bereits 1934 wieder abgerissen, um Platz für das noch heute stehende »Olympiastadion« zu schaffen.

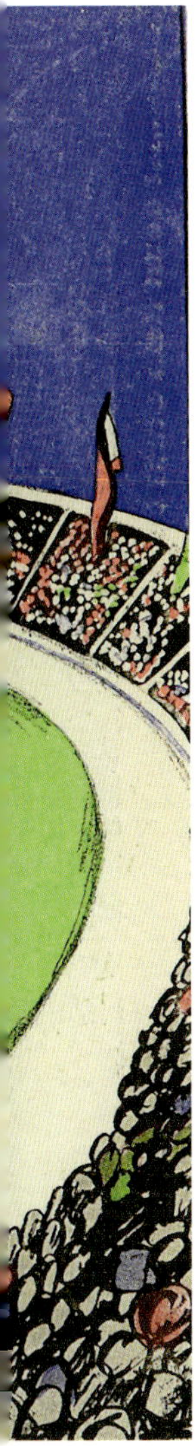

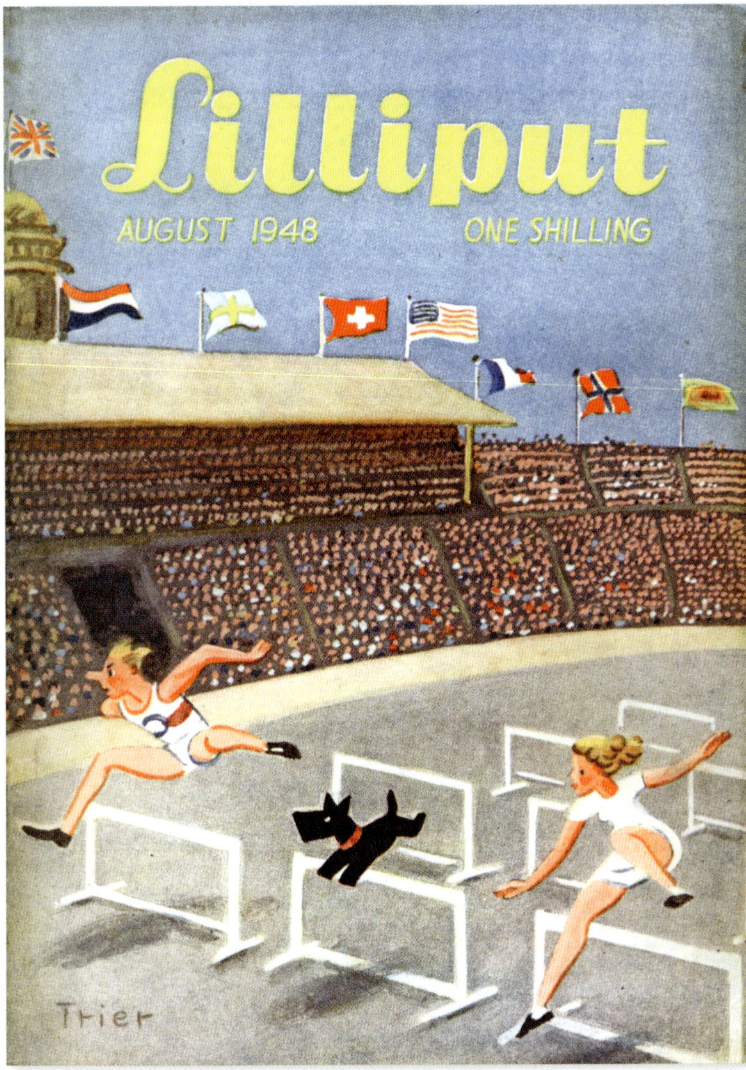

Olympiade in London. *1948. Farboffset. Titelseite für »Lilliput«.*

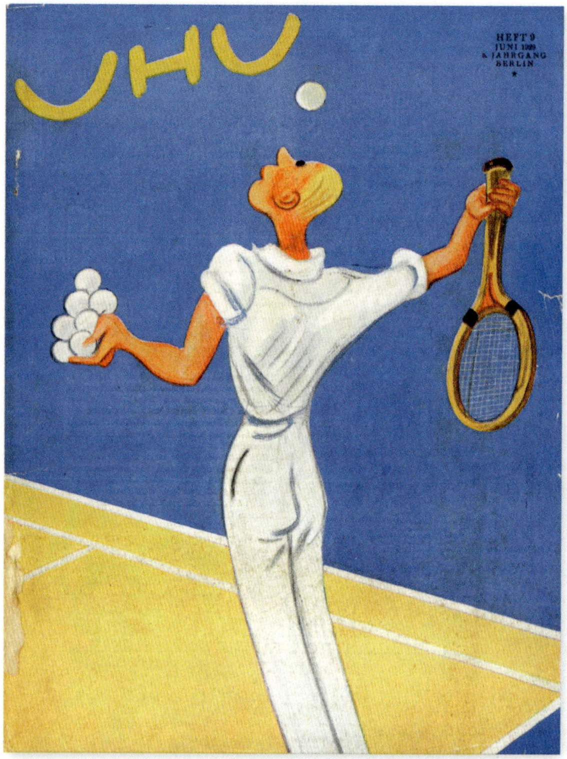

Tennisspieler.
1929. Farboffset.
Titelseite für »Uhu«.

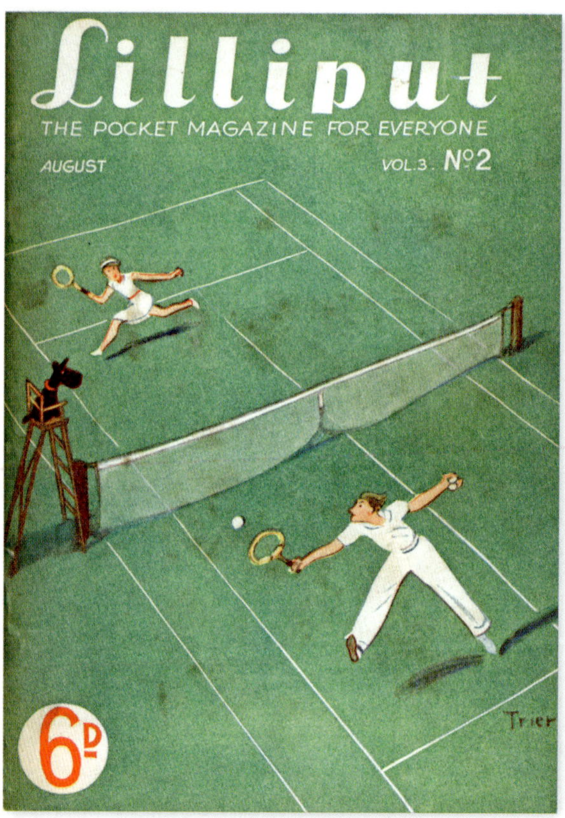

Tennismatch.
1938. Farboffset.
Titelseite für »Lilliput«.

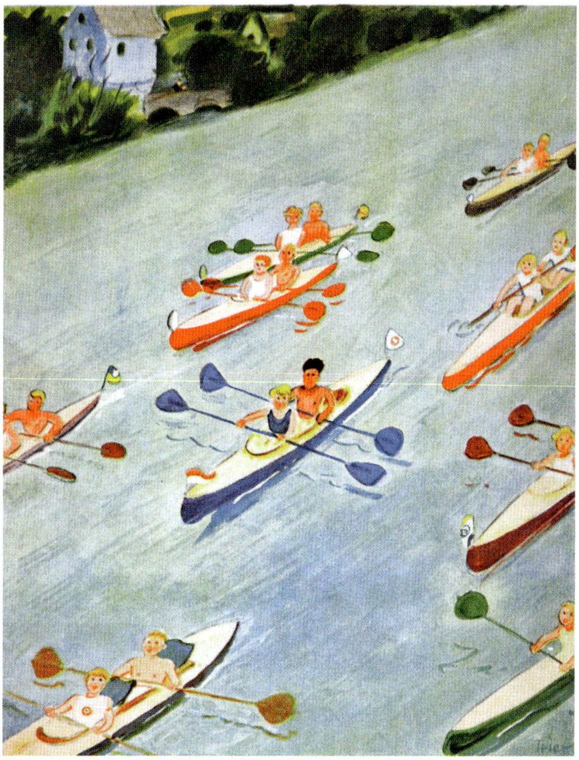

»Training«. *1931. Farblithographie aus »Lustige Blätter«.*

Unterzeile: »Die Trude ist ja wieder Paddelmeisterin geworden. – Na ja, die ist auch Köchin in einer Fabrikküche; da rührt sie den ganzen Tag in dem großen Suppenkessel rum.«

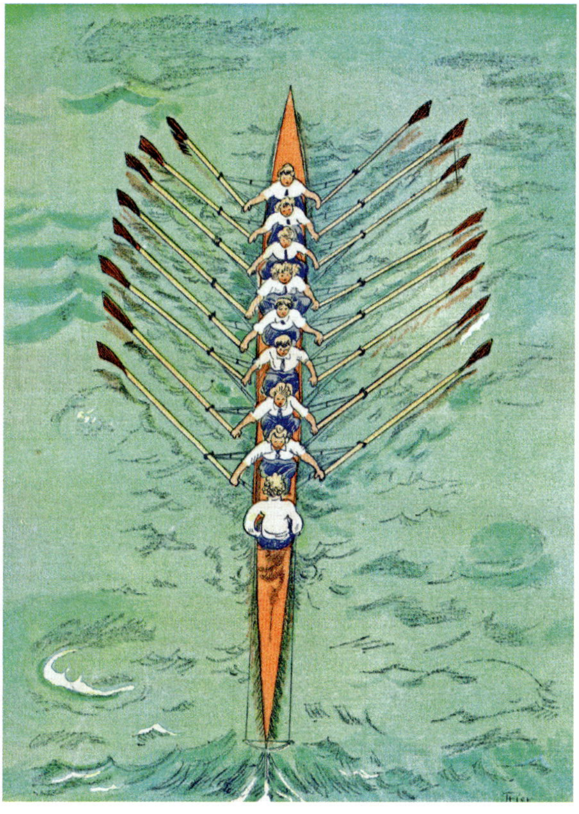

»Doping«. *1918. Farblithographie aus »Lustige Blätter«.*

Unterzeile: »Werden wir denn am Sonntag gegen die Neuköllner Mannschaft antreten? – Nee, die Chancen sind zu ungleich; Neukölln hat diese Woche ein Ei mehr gekriegt!«

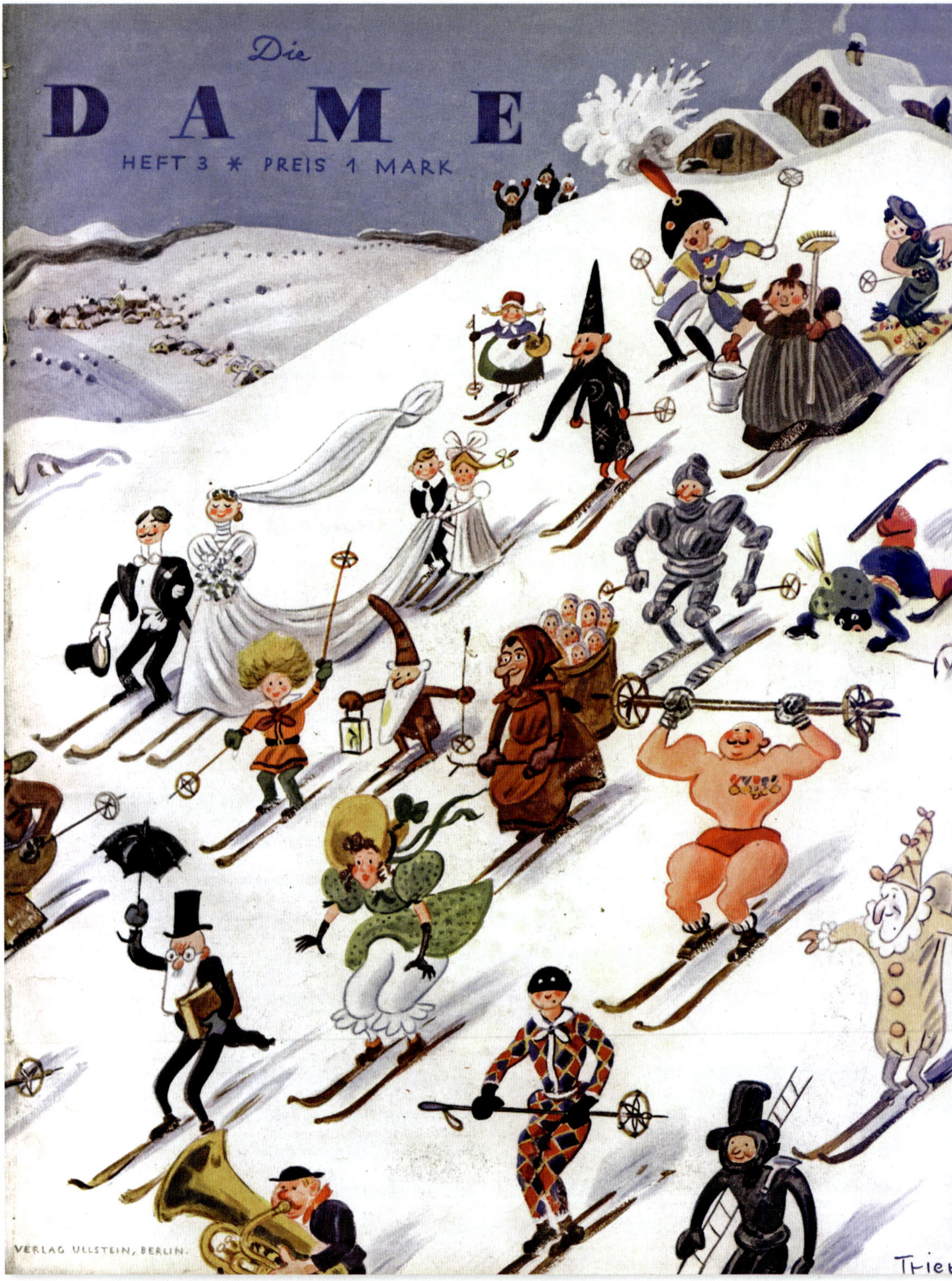

Skifasching. *1935. Farblithographie. Titelseite für »Die Dame«.*

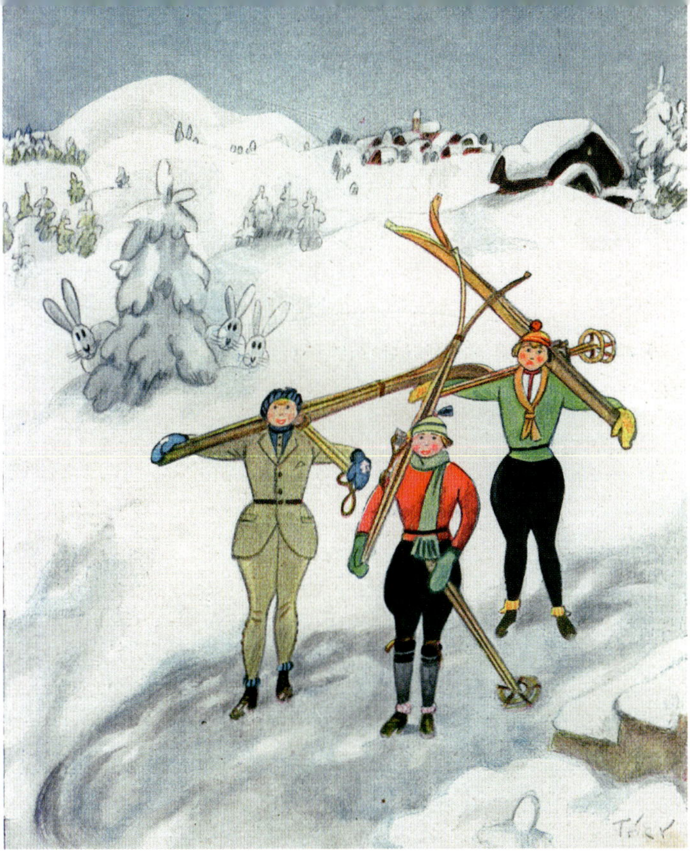

»Die drei Schneehaserln«.
1924. Farblithographie aus »Lustige Blätter«.

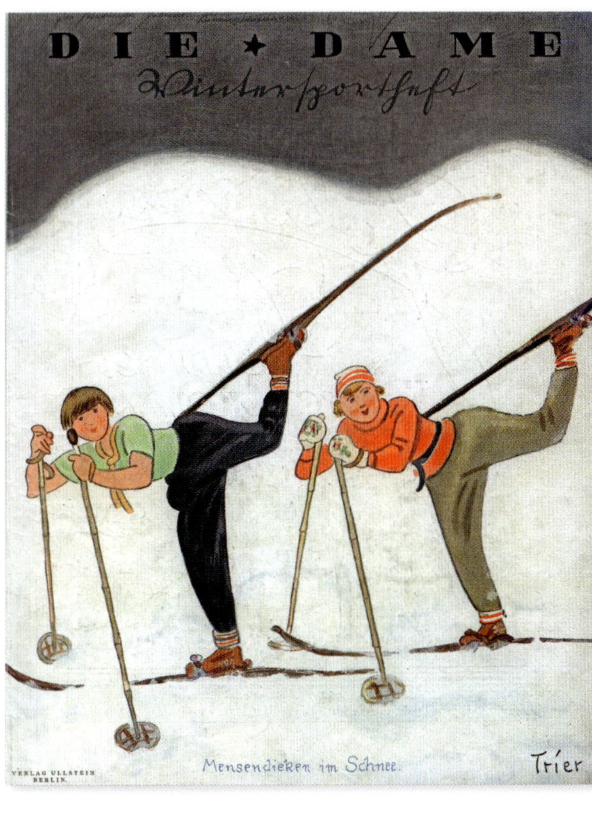

»Mensendieken im Schnee«.
1926. Farblithographie. Titelseite für »Die Dame«.

Sportgymnastik nach Vorgaben der amerikanischen Ärztin und Gymnastiklehrerin Bess M. Mensendieck war in den 1920er Jahren schwer in Mode. Diese »bestimmte, besonders dem Körper der Frau angepaßte Gymnastik« fand sogar Eingang in den deutschen Sprachgebrauch.

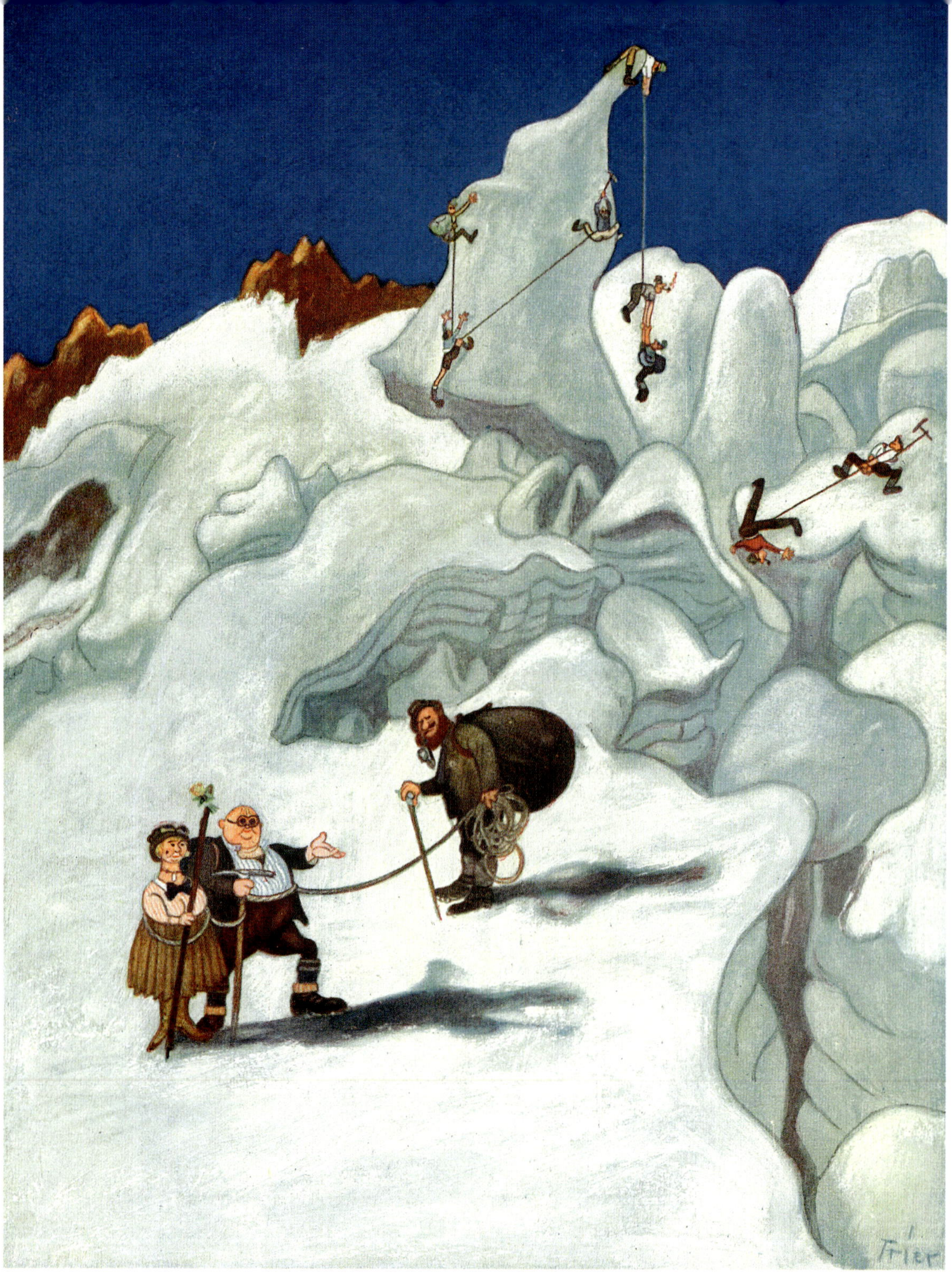

»Am Gletscher«. *1922. Farboffset aus »Triers Panoptikum«, Berlin 1922.*

Ein Jahr zuvor unter dem Titel »Die praktische Berlinerin« auch erschienen in den »Lustige Blätter«. Dort gab es die Unterzeile: »Sämtliche Alpengletscher sind im Vorrücken. Eine neue Eiszeit zieht heran. – Er: ... Und so werden in absehbarer Zeit diese Eismassen auch nach Deutschland vorrücken. – Sie: Ach, da können wir ja zu Hause den Eismann abbestellen!«

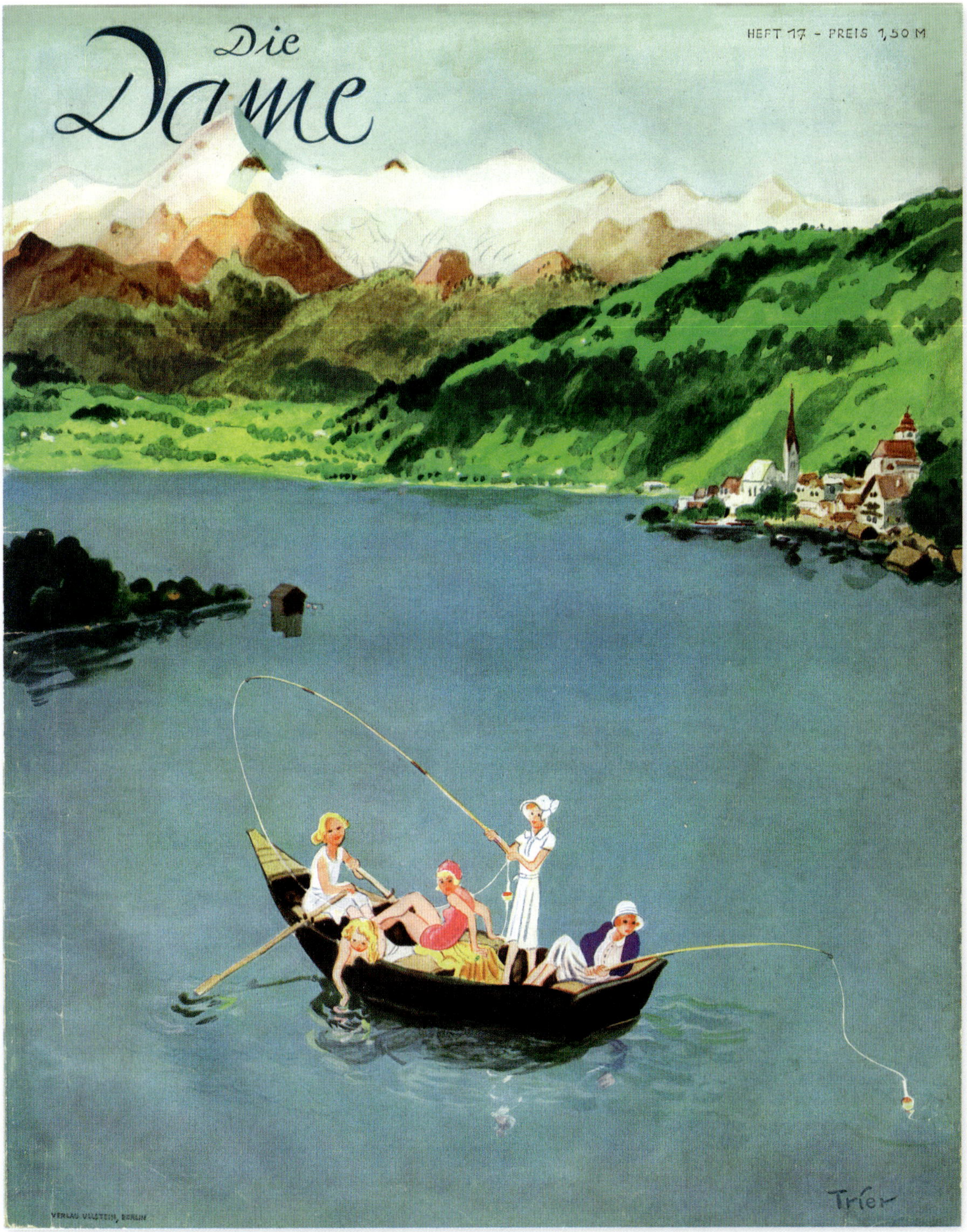

Die Damen angeln. *1931. Farblithographie. Titelseite für »Die Dame«.*
Auf einem See sitzen fünf Damen in einem Boot und angeln.
Bei dem Bergsee könnte sich um den Wolfgangsee im Salzkammergut handeln.

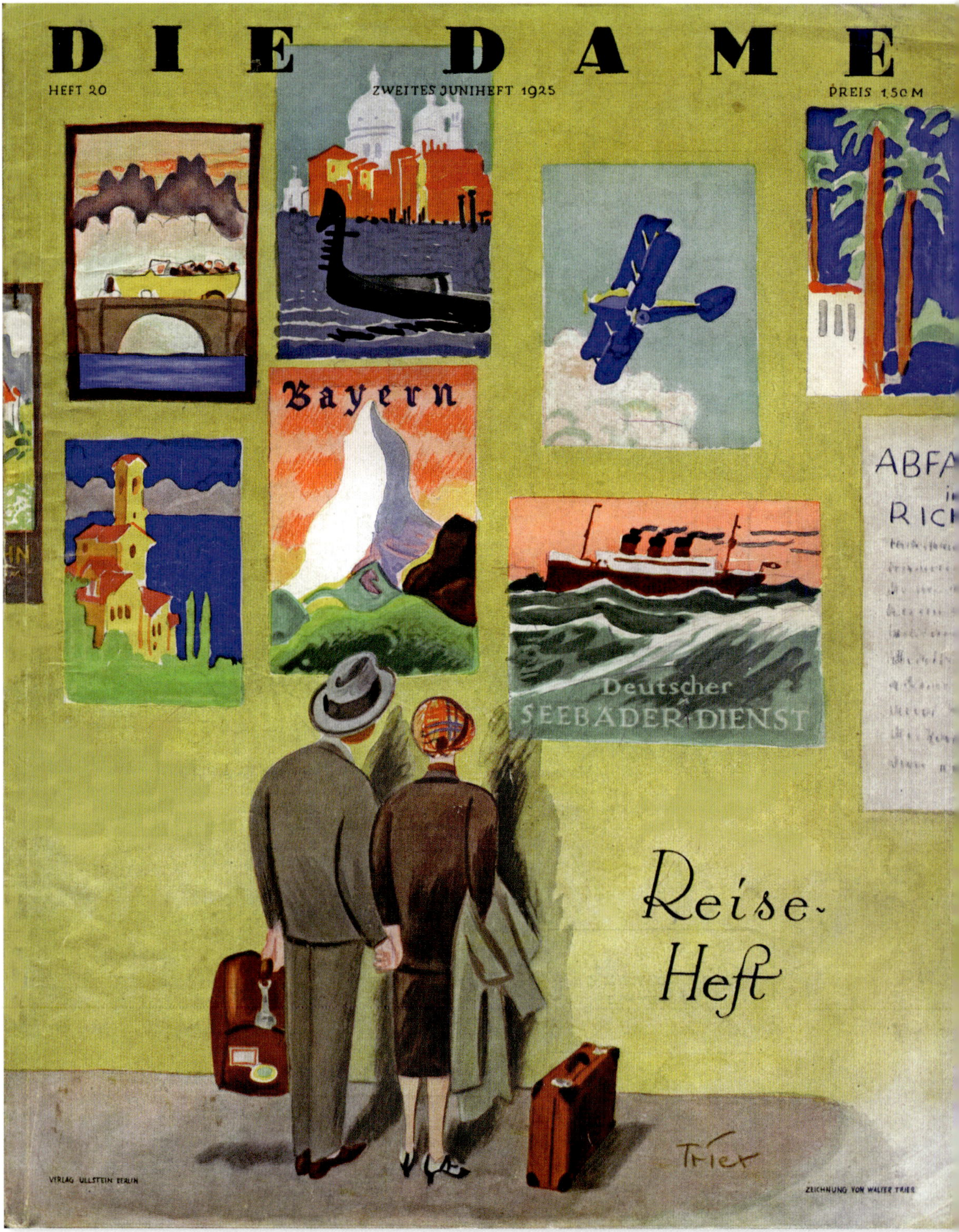

Urlaubsplakate. *1925. Farblithographie. Titelseite für »Die Dame«.*

Andere Länder und Leute

Auch wenn man es sich heute kaum mehr vorstellen kann (oder mag), mehrfach pro Jahr stattfindende Urlaubsreisen durch die arbeitende Bevölkerung – gar in ferne Länder – sind eine relativ junge Entwicklung, die vor gerade einmal einhundert Jahren begann. In den Jahrhunderten zuvor diente das Reisen nur ausnahmsweise und auch nur den Spitzen der Gesellschaft der Erholung oder Unterhaltung, sondern war den »Fahrenden Leuten« oder Handelsreisenden vorbehalten, eventuell noch ein notwendiges Übel zu Bildungszwecken. Denn komfortabel war eine Reise in der Kutsche nicht wirklich.

Eine deutliche Besserung erfuhr die Mobilität ab der Mitte des 19. Jahrhunderts durch den Bau der Eisenbahn, nicht nur wegen des gestiegenen Reisekomforts, sondern weil durch feste Routen und Fahrpläne nun erst eine sinnvolle Planung überhaupt möglich war. Zu Beginn des 20. Jahrhunderts gab es für wenige, sehr betuchte Menschen die Möglichkeit, mit dem Zeppelin zu fahren – sogar bis Amerika! Erst ab der Mitte des 20. Jahrhunderts kamen Flugreisen in Mode.

Der Grundstein einer »Reiseindustrie«, wie es sie heute gibt, wurde also just zu der Zeit gelegt, als Walter Trier so richtig mit beiden Beinen im Berufsleben stand. Dank seiner wohlhabenden und weltoffenen Eltern war er persönlich seiner Zeit voraus, denn er war schon als Kind an Ferienreisen gewohnt, da die Familie regelmäßig von Prag an die Ostsee gereist und standesgemäß in einem der vornehmen Strandhotels abgestiegen war.

Als Familienvater – der teilweise mit der Gestaltung besonders schöner Reisehefte sein Geld verdiente – war es für ihn daher selbstverständlich auf Reisen zu gehen. Auf Hiddensee machte die junge Familie Trier wiederholt Station im »Haus am Meer« – einer kleinen Familienpension, zu deren Stammgästen auch Albert Einstein, Käthe Kollwitz, Rudolf Steiner, Gerhard Hauptmann, Wilhelm Murnau, Conrad Veidt, Ernst Toller und die Familie von Thomas Mann zählten. Diese Aufzählung ist – wie an anderen Stellen – kein eitles »Name-Droping«, sondern soll der besseren Vorstellung dafür dienen, wie fächerübergreifend und eng die damalige »Intelligenzija«, man könnte sie auch die kulturelle »Haute Volaute« nennen, vernetzt war. Ob und wer sich damals in den verschiedenen Bereichen, Orten und Veranstaltungen begegnete, war weniger eine Frage des eigentlichen Berufsfeldes und der gesellschaftlichen Position, als vielmehr das Ergebnis der politischen und weltanschaulichen Einstellung bzw. der gemeinsam konsumierten Presse, mit den dort erschienenen Reiseberichten und geschalteten Reklameanzeigen.

Triers fuhren auch wiederholt mit vom »Prager Tagblatt« organisierten Winterreisen in die Hohe Tatra oder ins Riesengebirge, und mit ihnen eine Reihe Berliner Redaktionskollegen. Mit anderen Freunden reisten sie seit 1922 regelmäßig in die Alpen, vorzugsweise in die Schweiz, aber auch nach Österreich und Bayern – zum Bergwandern oder Skifahren. Zum Baden

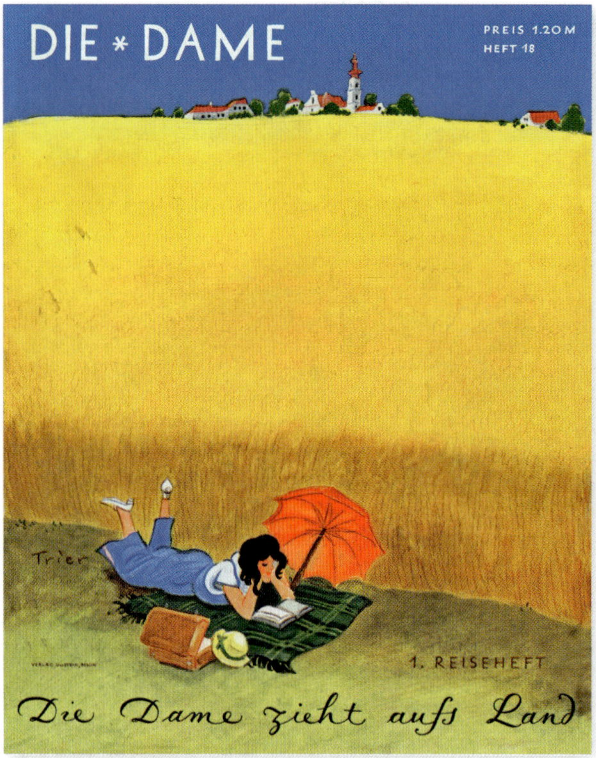

»Die Dame zieht aufs Land«. *1932. Farblithographie. Titelseite für »Die Dame«.*

an die Ostsee ging es eher alleine mit Frau und Tochter.

Nur sehr vereinzelt waren Triers Reisen beruflich motiviert, wie etwa eine Studienreise nach Frankreich und Nordafrika, zu den Festspielen nach Salzburg oder in die Ferienhäuser einzelner wohlhabender Auftraggeber; andere – nach Ibiza, England und an den Bodensee – waren der Suche nach einem sicheren Fluchtziel vor den Nazis geschuldet.

Das Mittel der Wahl war meist der Zug, nur ausnahmsweise ein Privatwagen oder gar das Flugzeug. Wie es auf einem großen Überseedampfer aussieht, das lernte Walter Trier zunächst bei der Arbeit für die »Bremen« kennen, wo er 1929 den Kinderraum ausgestaltete. Zur ersten eigenen großen Schiffspassage kam es bei seiner Auswanderung von England nach Kanada im August 1947.

Walter Trier reiste nicht nur mit besonders wachen Augen durch die Welt, um die Schrullen der Einheimischen oder besonders pittoreske Orte zu entdecken, sondern ständig auf der Jagd nach humorigen Motiven, welche die Reisenden in der Fremde boten.

Des Weiteren war er geradezu begierig, fremde Länder, andere Sitten und neue Leute kennenzulernen und dieses Wissen im Bild festzuhalten. So verwundert es kaum, daß ihm ein besonders feines Gespür nachgesagt wurde. Mit unverhohlenem Stolz zeigte er ein Blatt, das einst in Berlin entstanden war und von dem die Engländer fanden, daß es typisch englisch sei.

Eine Idee von Walter Triers Arbeitseifer auf Reisen bekommen wir durch Erich Kästners autobiographisch angehauchten Roman »Der kleine Grenzverkehr«, in dem er den gemeinsamen Besuch der Salzburger Festspiele 1937 beschrieb.

»Karl« – gemeint ist Walter Trier – »will früh im Mirabellengarten zeichnen. Überhaupt, er aquarelliert, zeichnet, tuscht und rötelt wie ein Besessener. Er ist – und das hat Salzburgs Schönheit bewirkt – chronisch ›angeheitert‹. [...] Karl entdeckte ich auf einer der Salzachbrücken. Dort skizzierte er mit Buntstiften einen Angler, der im Fluß auf einem herausragenden Stein stand. Ich wartete, bis auch der Hintergrund, die auf einem Hügel gelegene Müllner Kirche mit dem hübschen roten Dach, im Bilde war. [...] Auf dem Hügel überm Hellbrunner Park, im Monatsschlößchen, sah ich die volkskundliche Sammlung, die schöne Beispiele des in diesen Gauen angesiedelten Spieltriebes aufweist. Karl sah ich hierbei übrigens auch. Er skizzierte, hatte drei Buntstifte in der Hand und zwei zwischen den Zähnen. [...] Karl schmunzelte. ›Wenn du mich jetzt noch fragst, warum ich, statt zu zeichnen, nicht fotografiere, wo das doch viel schneller geht, schmeiß' ich dich die Treppe hinunter.«

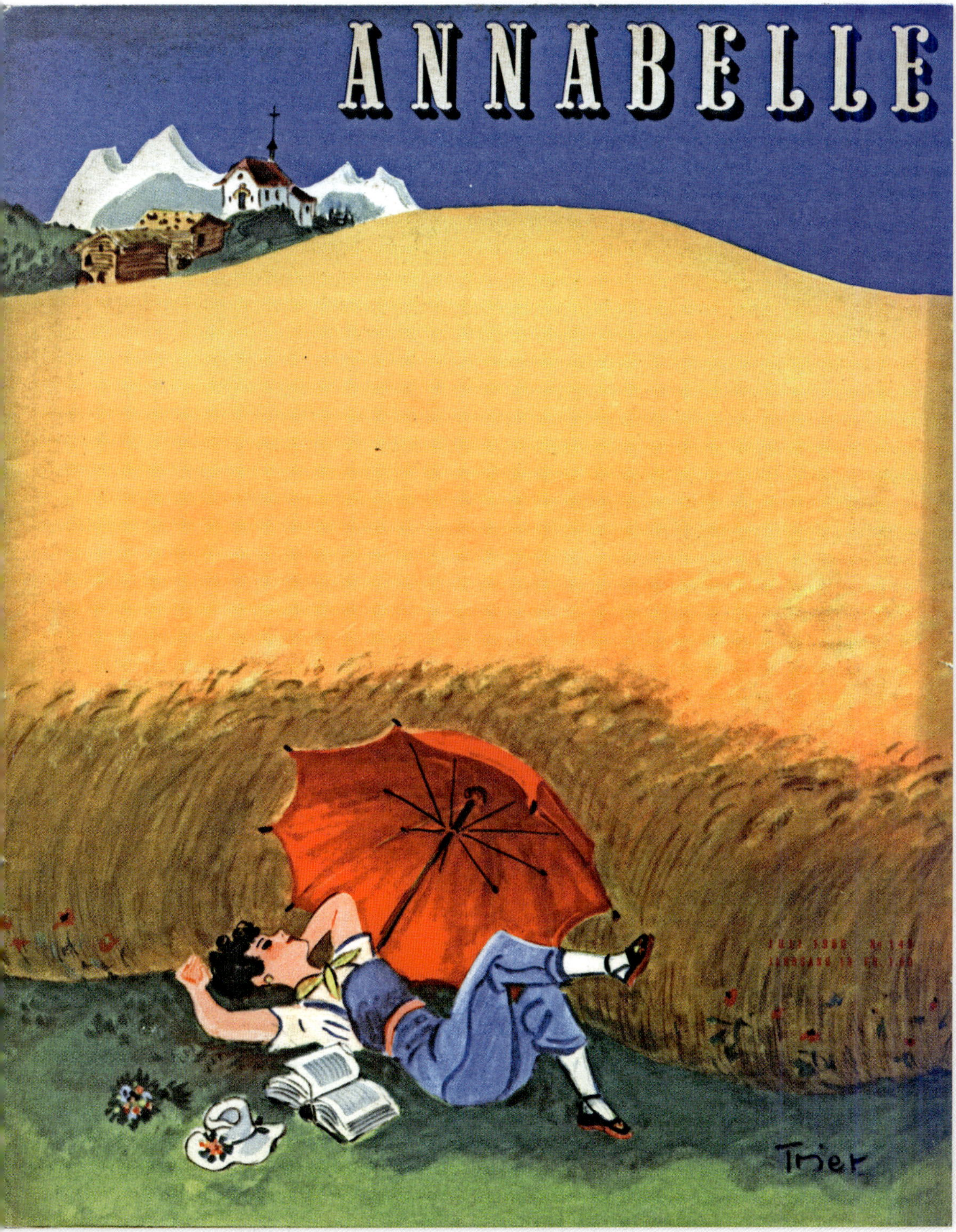

Annabelle im Kornfeld. *1950. Farboffset. Titelseite für »Annabelle«.*

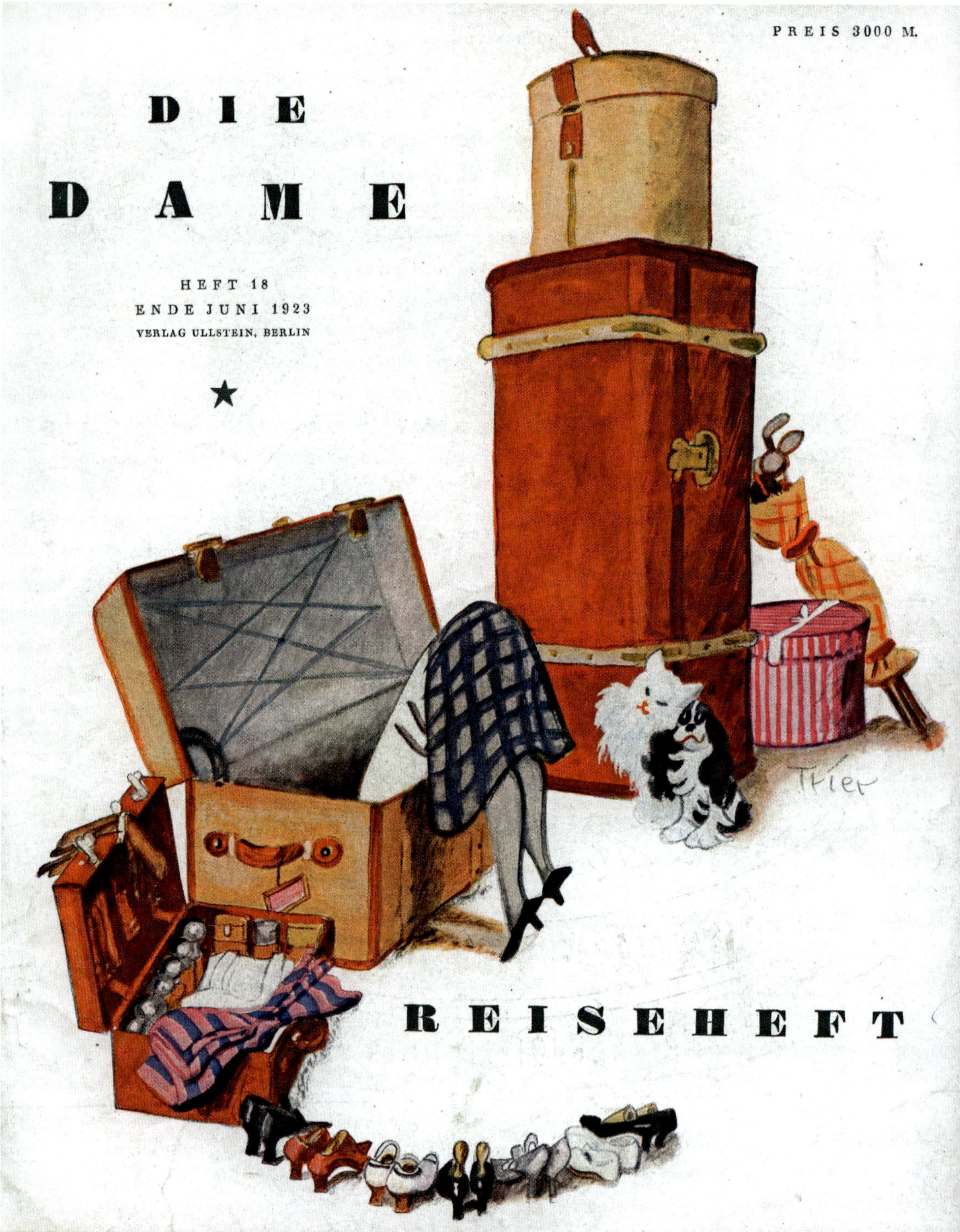

Die Dame packt Koffer. *1923. Farblithographie. Titelseite für »Die Dame«.*

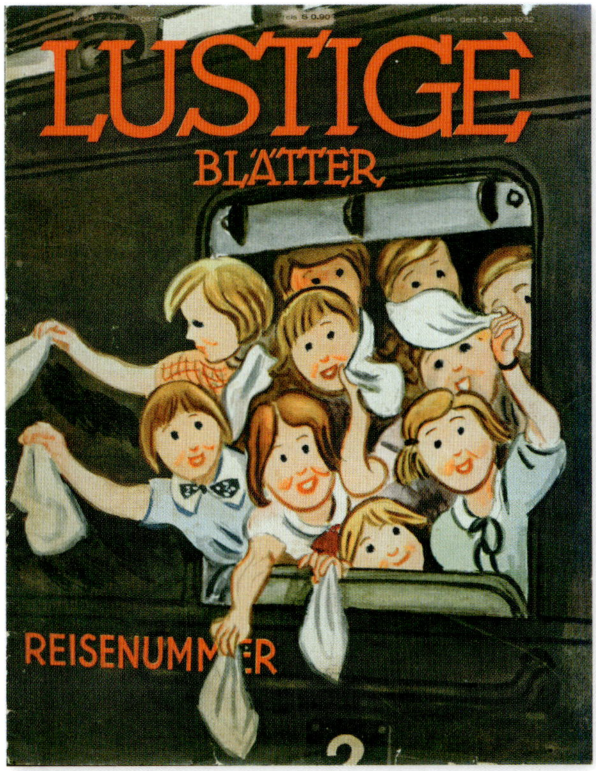

Abfahrt ins Ferienlager.
1932. Farblithographie.
Titelseite für
»Lustige Blätter«.

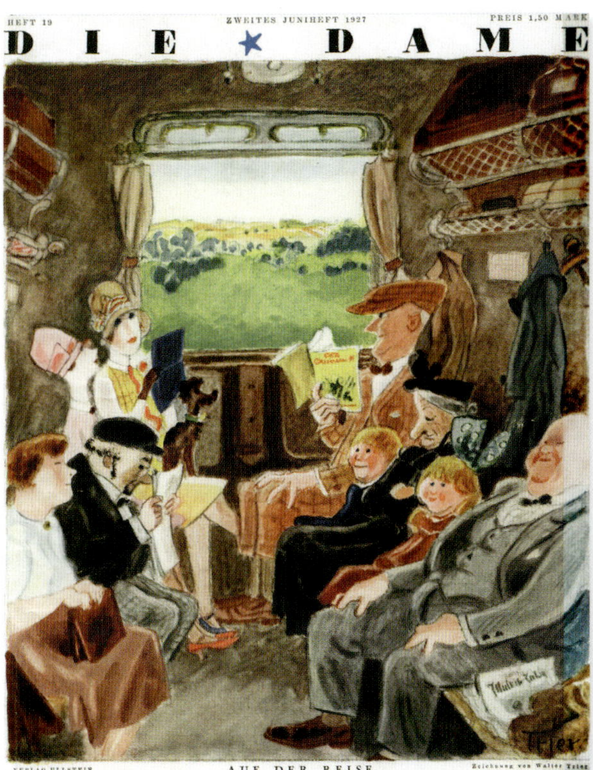

»Auf der Reise«.
1927. Farblithographie.
Titelseite für
»Die Dame«.

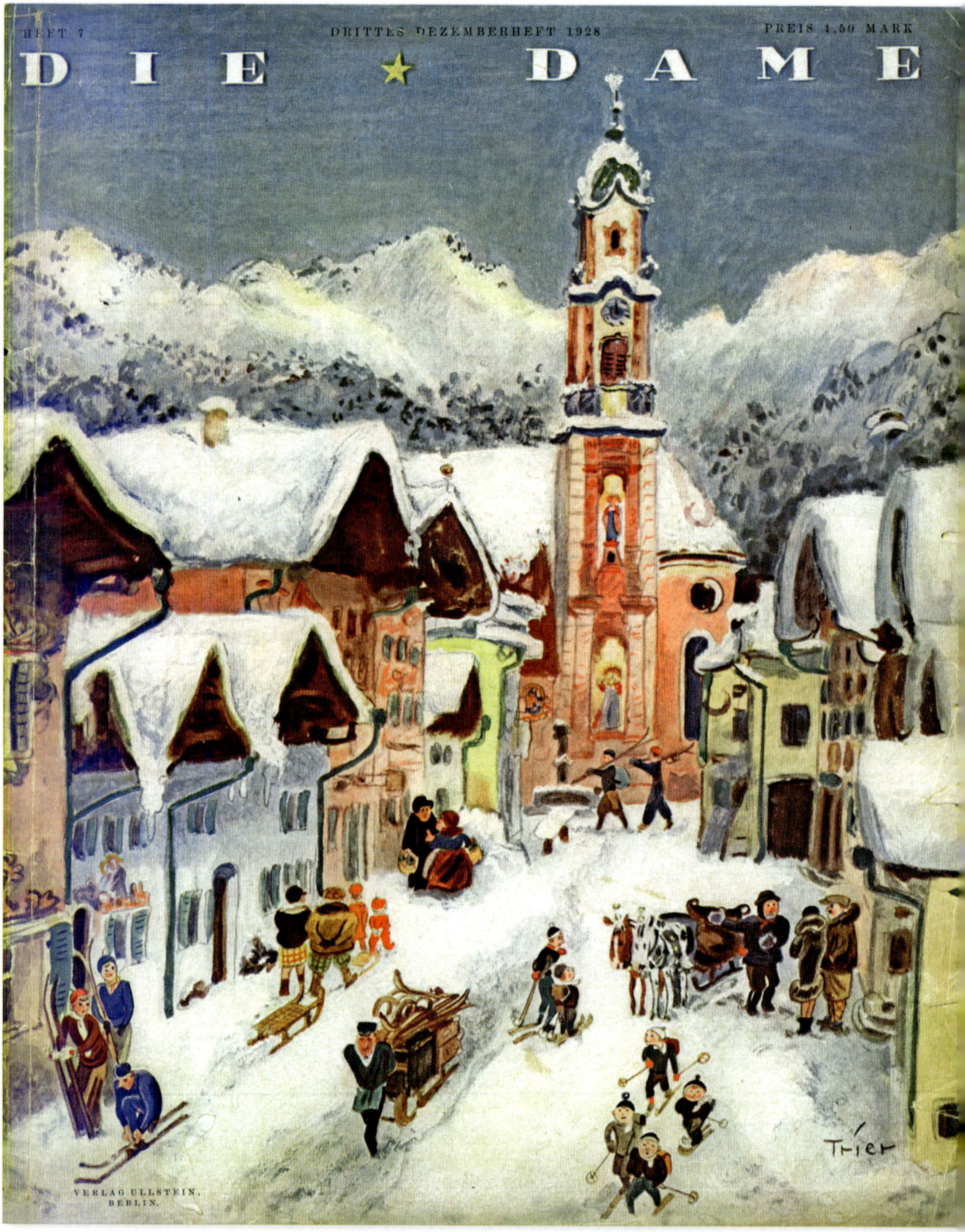

Ski und Rodel gut! *1928. Farblithographie. Titelseite für »Die Dame«.*
Bei dem Ort könnte es sich um Mittenwald handeln.

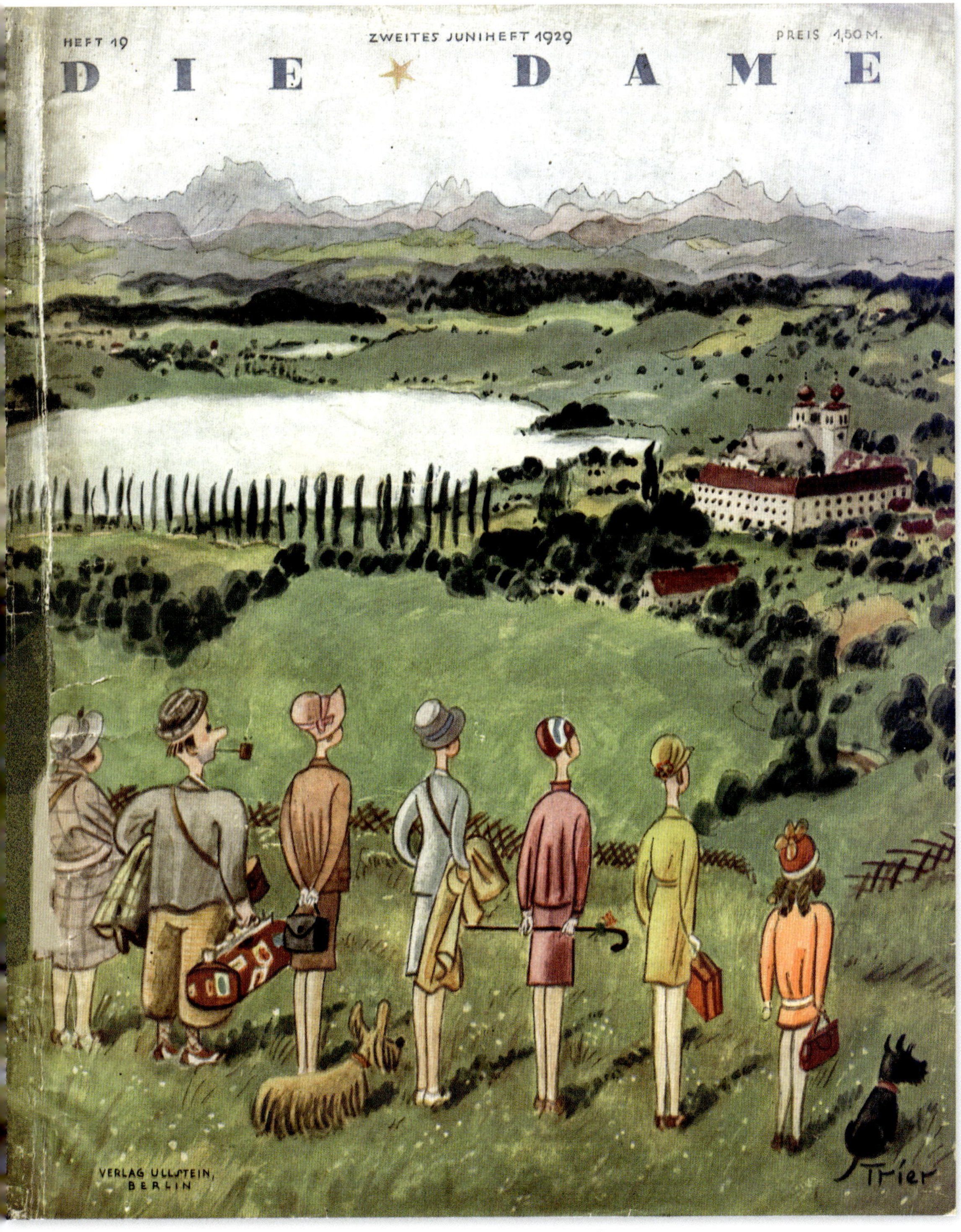

Familie Perkins bestaunt die Alpen. *1929. Farblithographie. Titelseite für »Die Dame«.*

Gut möglich, daß hier Kloster Ettal gemeint ist. Das Blatt war Walter Triers Beitrag auf der »Ausstellung des Verbandes der Pressezeichner«, die in der »Modernen Galerie Wertheim Berlin« um 1930 als Nr. 162 zu sehen war; dort unter dem Titel »Amerikaner auf Reisen«. Im »Dame«-Heft folgten dem bunten Cover noch drei Schwarz-Weiß-Zeichnungen als Fortsetzung. Unter dem Titel: »Doing Europe« sieht man dieselbe Familie, stets genau so aufgereiht, zunächst vor der Mona Lisa im Pariser Louvre, dann vor den Pyramiden von Gizeh und schließlich unterhalb des Vesuv in Italien.

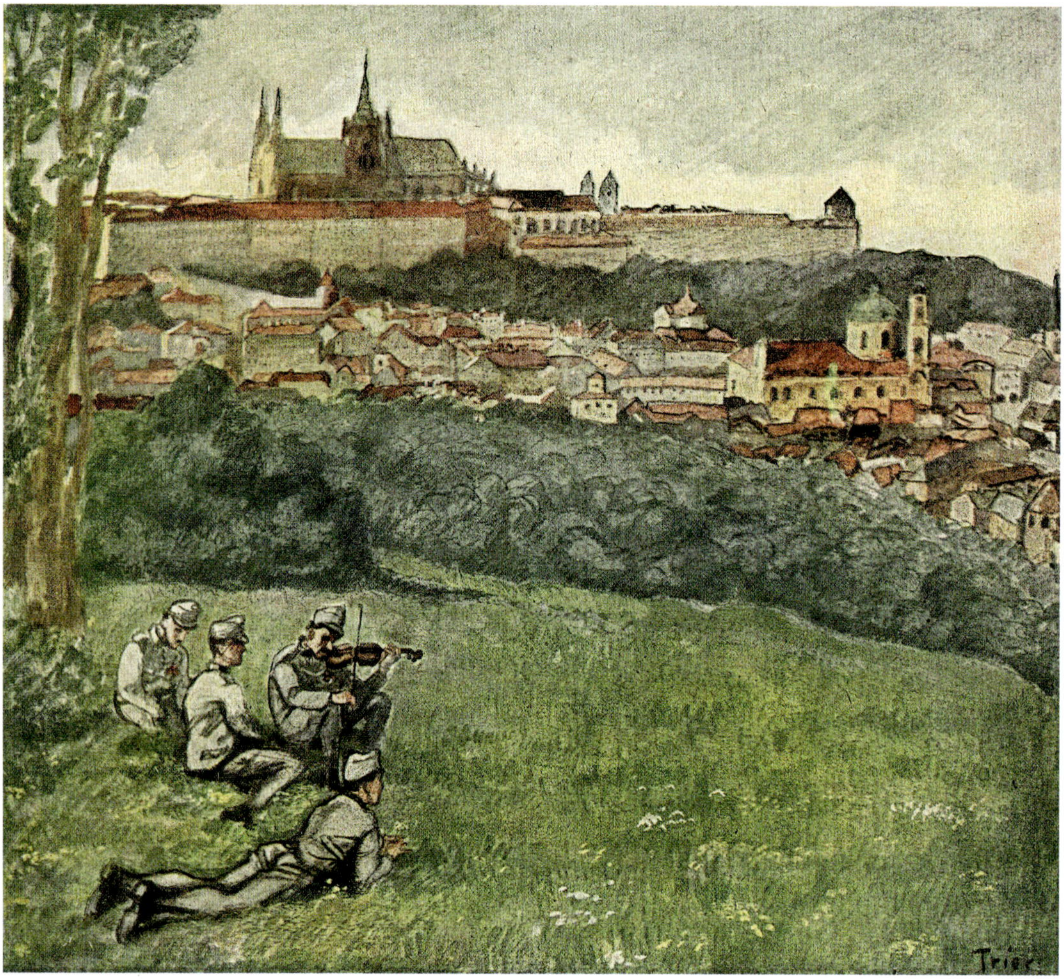

Blick auf Prag. *1917. Farblithographie aus »Lustige Blätter«.*

Unter dem ungewöhnlichen Landschaftsporträt steht das folgende Gedicht des böhmischen Dichters Hugo Salus: »Tagesneige. Hochsommerdämmer im träumenden Prag. Da, durch den horchenden Bürgergarten Grüßt's mit einem unsäglich zarten Geigenvollklang den scheidenden Tag. Lauschend staun' ich. Die Stadt entschwand, Sind es die farbigen Sonnenstrahlen, Die meinem Blick dieses Traumbild malen Schwermütig träumendes Heideland. Nein, eine fremde Sehnsucht zwingt Süß meine Seele, mit ihr zu träumen. Da, da klagt sie zwischen den Bäumen, Draus der Geigenklang zu mir dringt. Sitzen im Gras vier Pusztasöhne, Wunde Soldaten. Sie schau'n vor sich hin; Einer hält träumend die Geige ans Kinn Und entlockt ihr die schluchzenden Töne. Klagt seine Schwermut ins Land hinaus, Pusztaschwermut zur Tagesneige. Weint nicht, ihr Braven! Eure Geige Leitet euch bald, bald wieder nach Haus ...«

»Aus friedlich-fröhlichen Kindheitstagen«
1916. Farblithographie aus »Lustige Blätter«
Zu sehen ist der Weihnachtsmarkt auf dem Altstädter Rin
in Prag. Walter Trier publizierte dieses Blatt 1922 in seine
Sammlung »Triers Panoptikum«

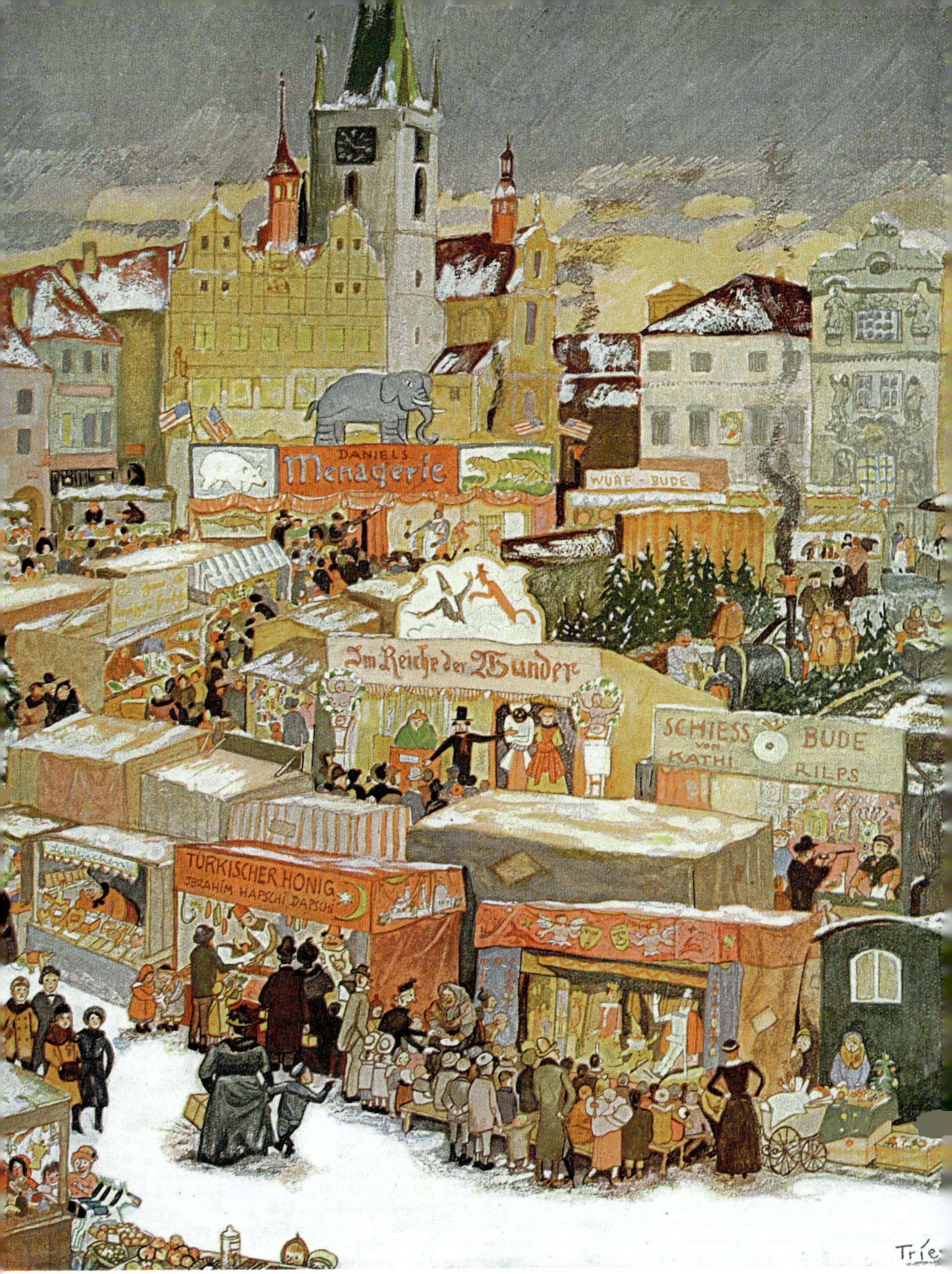
DANIELS
Menagerie
WURF-BUDE
Im Reiche der Wunder
SCHIESS BUDE
VON
KATHI RILPS
TÜRKISCHER HONIG
IBRAHIM HAPSCHI DAPSCHI
Trie

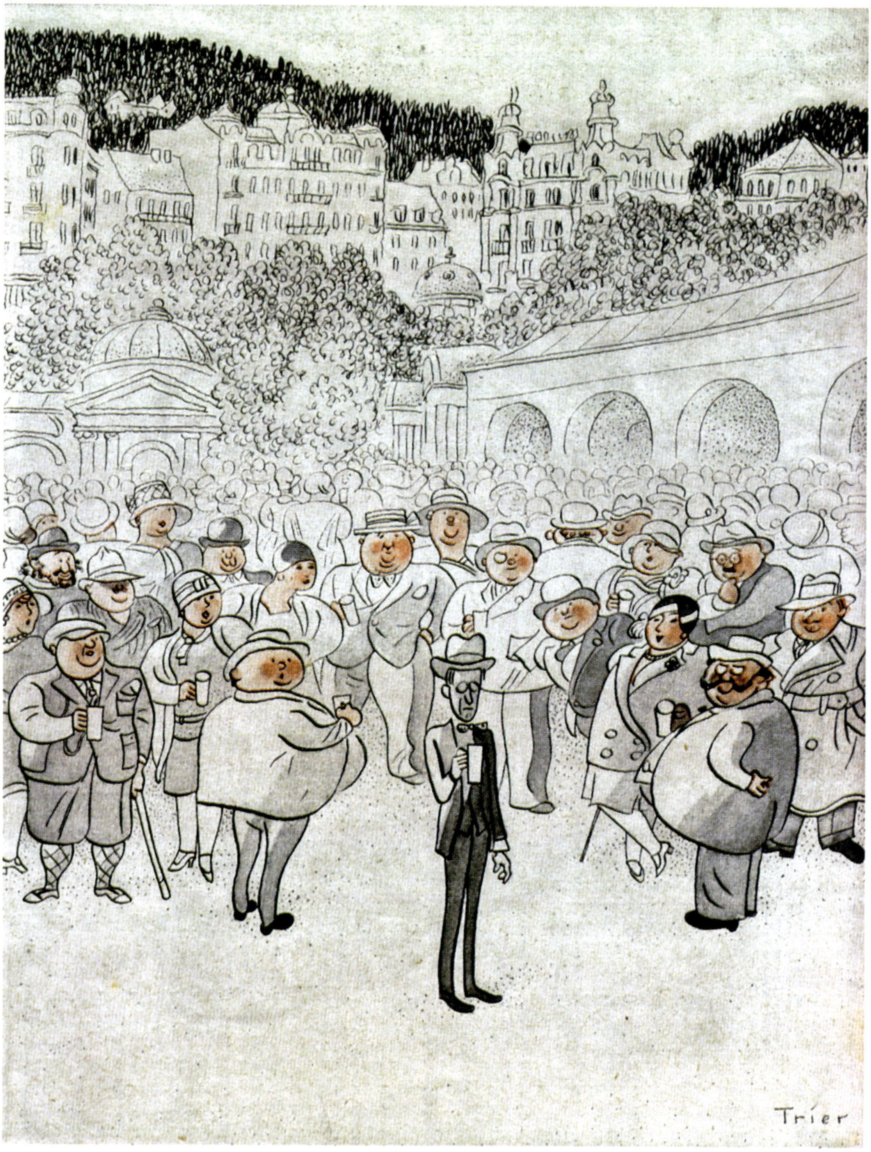

Der einsame Kurgast. *1928. Farboffset aus »Uhu«.*
Unterzeile: »Der Mann, der nach Marienbad fuhr, weil seiner Tante die Kur so gut bekommen war.«

»Straßenreinigung in Heidelberg«
1928. Farboffset aus »Uhu«
Das Blatt nimmt erkennbar Bezug auf den 1925 von Fred Raymond komponierten und von Fritz Löhner-Beda getexteten Gassenhauer »Ich hab' mein Herz in Heidelberg verloren«

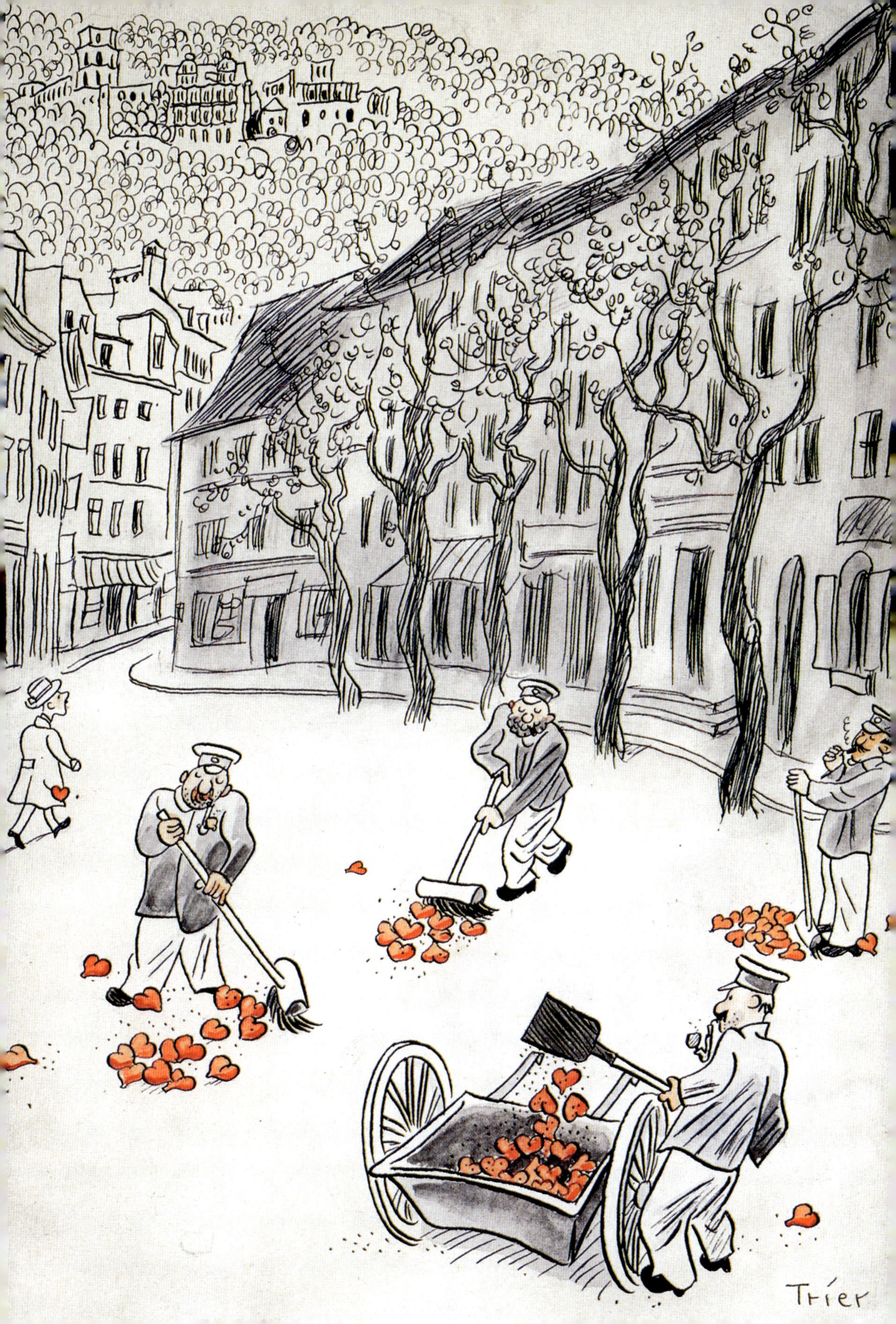
Trier

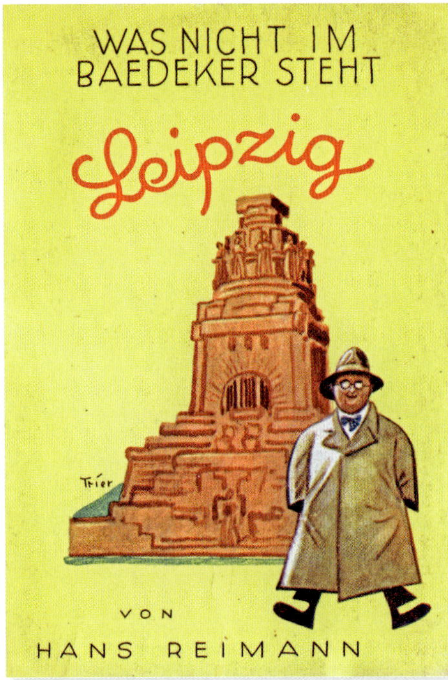

Das Völkerschlachtdenkmal. *Farboffset. Schutzumschlag für Hans Reimann, »Das Buch von Leipzig«, Was nicht im »Baedeker« steht Bd. VI, München 1929.*

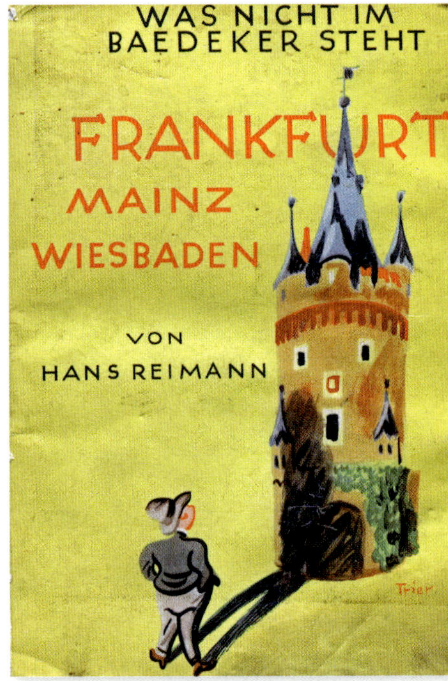

Das Eschersheimer Tor. *Farboffset. Schutzumschlag für Hans Reimann, »Das Buch von Frankfurt. Mainz. Wiesbaden«, Was nicht im »Baedeker« steht Bd. IX, München 1930.*

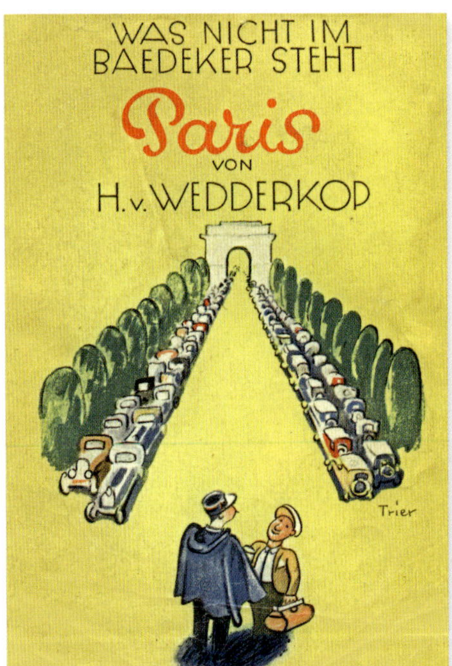

Die Champs-Élysées. *Farboffset. Schutzumschlag für Hermann von Wedderkop, »Das Buch von Paris«, Was nicht im »Baedeker« steht Bd. VII, München 1929.*

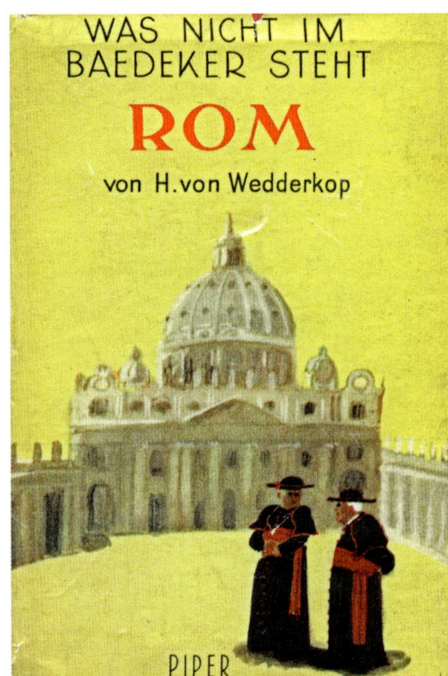

Der Petersplatz. *Farboffset. Schutzumschlag für Hermann von Wedderkop, »Das Buch von Rom«, Was nicht im »Baedeker« steht Bd. XIII, München 1931.*

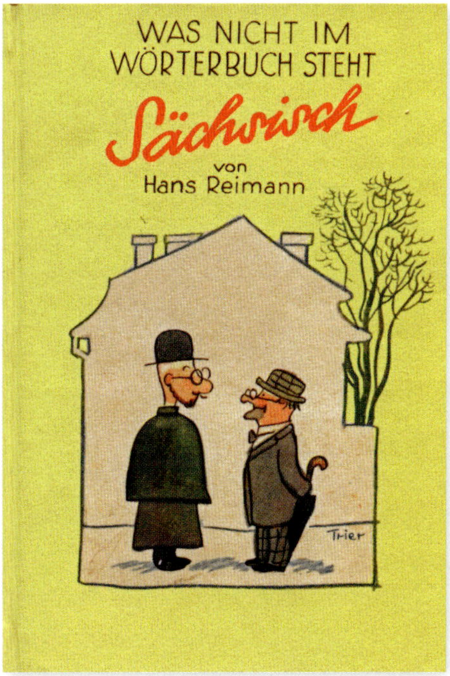

Zwei Sachsen. *Farboffset. Schutzumschlag für Hans Reimann, »Sächsisch«, Was nicht im »Wörterbuch« steht Bd. I, München 1931.*

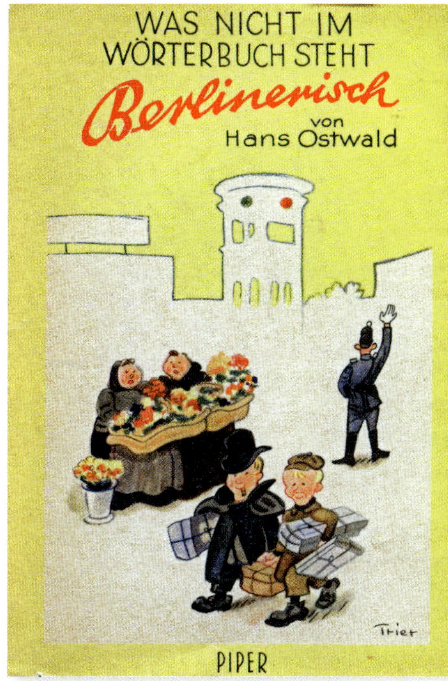

Der Potsdamer Platz. *Farboffset. Schutzumschlag für Hans Ostwald, »Berlinerisch«, Was nicht im »Wörterbuch« steht Bd. II, R. Piper Verlag, München 1932.*

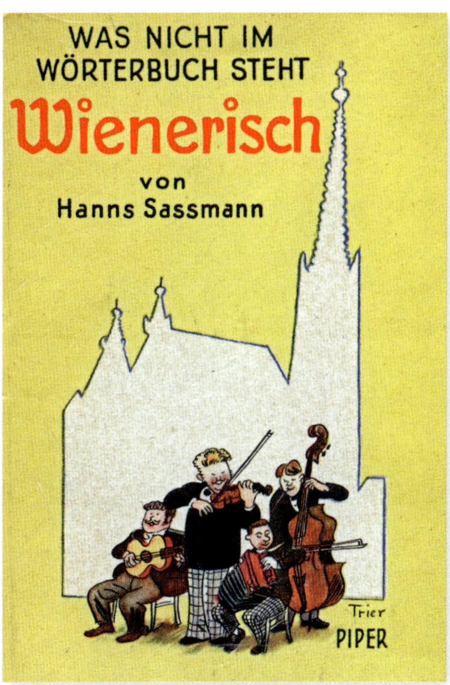

Der Stephansdom. *Farboffset. Schutzumschlag für Hanns Sassmann, »Wienerisch«, Was nicht im »Wörterbuch« steht Bd. V, [1935].*

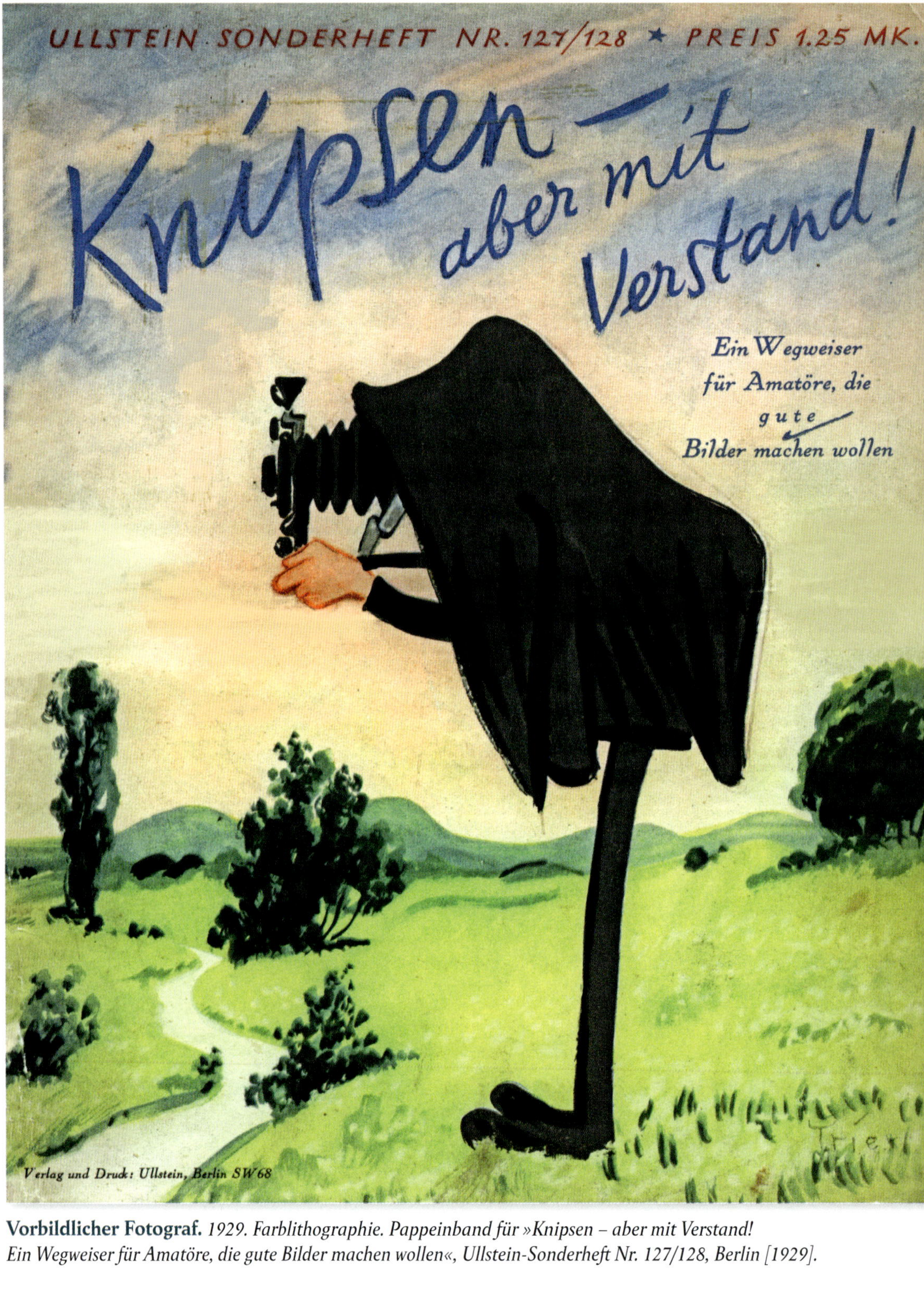

Vorbildlicher Fotograf. *1929. Farblithographie. Pappeinband für »Knipsen – aber mit Verstand! Ein Wegweiser für Amatöre, die gute Bilder machen wollen«, Ullstein-Sonderheft Nr. 127/128, Berlin [1929].*

Plakatives

Von den Anfängen als Zeichner berichtete der bereits erwähnte Hans Reimann in seinem Porträt aus dem Jahre 1928.

»Der lange, stille Trier lebte damals in München. Sein Atelier lag im katholischen Kasino der Max-Vorstadt, und nebenan war eine Schneider-Werkstatt, mit deren Insassen er den Lokus teilte. Das hatte zur Folge, daß sich Trier für die Kehrseite der Menschen mehr und mehr zu interessieren begann und dadurch notwendigerweise Karikaturist wurde. Porträt-Karikaturen sind heute noch seine Stärke.«

Reimann berichtet weiter, daß der junge Trier »den gräßlichen Hermann Vogel« verehrte, »der die niedlich gestrichelten Kohle-Zeichnungen für die ›Fliegenden‹ schuf«, was er gar nicht goutierte. Einverstanden war Reimann hingegen, daß Trier

»den wertvollen Adolf Hengeler« schätzte, »den Gulbransson mit zernuppelter Zigarre festgehalten hat. [...] Den seligen Oberländer lernte er erst später schätzen, und Triers zweitgrößtes Erlebnis hieß Wilhelm Busch. ›Kuck dir doch mal Raffaels Madonna an!‹ riet ein Freund dem emportalentierenden Trier. Aber Trier guckte sich den Hermann Vogel an und spielte Fußball und gondelte nordwärts, nach Schweden. Und begann seine Tätigkeit beim Dr. Eysler mit Landschaften, in denen viel Schweden und viel Meeresküste und viel Horizont abgespiegelt war. Und entdeckte an sich immer stärker die Fähigkeit, Physiognomien und Gesamteindrücke von Zeitgenossen zu karikieren. [...]

In der Kneipzeitung der Akademie zu München überraschte er durch eine Serie höllisch scharf gesehener Charakterköpfe, und der ›Simplicissimus‹ brachte um selbige Zeit Triers erste Bilder, ziemlich kniffflige Arbeiten: Rowdies, deren einem ein griffestes Messer im Gesäß stak, und sonstige Eigentümlinge, auf deren Schultern sich kahlgerupfte Vögelchen niedergelassen hatten. Und dann Blätter mit weltweitem Hintergrund und fast bruegelischer Perspektive. Meist Bleistift und die Détails mit dünner Feder betont.«

Und Reimann bemerkt weiter:

»Außer mir und George Grosz und Walter Mehring beschäftigte sich der junge Trier damit, die Technik einzelner Illustratoren (nach Verdecken der Unterschrift) zu erraten.«

Ohne Zweifel: Walter Trier hatte – entgegen aller gezielt gestreuter Gerüchte – nicht nur die alten Meister intensiv studiert, sondern auch die Arbeit der zeitgenössischen Maler und Zeichner genau beobachtet, und das merkt man seinem Werk immer wieder an.

Hermann Karl Frenzel, der damals wichtigste Kritiker in Sachen »Gebrauchsgraphik«, urteilte 1931 in dem international beachteten Fachorgan der Werbefachleute über Trier:

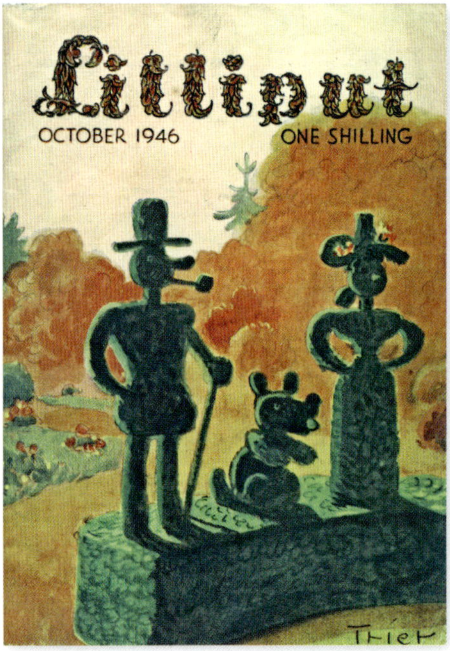

Taxushecke. *1946. Farboffset. Titelseite für »Lilliput«.*

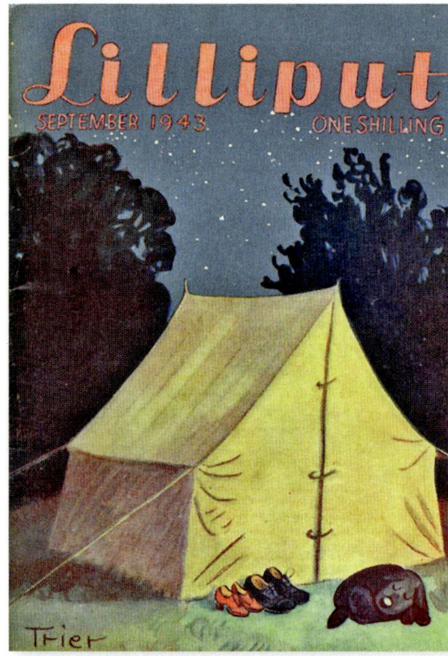

Im Zelt. *1943. Farboffset. Titelseite für »Lilliput«.*

»Ohne Müdigkeit durchforscht er jedes Ding und Wesen, jede Situation nach der Seite, wo sie noch etwas Liebenswürdiges hat. Seiner ganzen Kunst merkt man immer die schöpferische Lust an. Und so leicht und flüssig sie in ihrer letzten Form erscheinen mag, so ist sie doch schwer erkämpft und erarbeitet.«

Von diesem Ringen, aber auch von der eigenen Demut, klingt noch etwas nach, als Trier in einem seiner letzten großen Interviews leicht verzweifelt zugibt:

»Ich fange an und denke, daß ich der größte Maler der Welt bin«, sagte er. »Aber nach zwei Stunden weiß ich, daß ich der schlechteste bin. Dann lege ich die angefangene Arbeit beiseite, manchmal für Jahre.«

So kommt es, daß obschon er noch die meisten der angefangenen Bilder beendet hat, im Nachlaß auch noch einige unvollendete Arbeiten und angefangene Projekte schlummern.

Gegen Ende seines Lebens haderte er schließlich auch mit einer Leidenschaft, die ihn als jungen Zeichner begeisterte. Damals zeichnete er außer Karikaturen besonders gern Bildergeschichten und orientierte sich dabei an dem von ihm verehrten Wilhelm Busch. Besonders kreativ war er bei der Typographie, der Anordnung der Einzelbilder und der Erzählweise. Nicht selten verquickte oder vermischte er die unterschiedlichen Genres von Karikaturen und Comicstrips – und scheute beim Begleittext auch vor eigener Dichtkunst nicht zurück.

Die Neigung für Bildergeschichten erhielt gegen Ende seines Lebens jedoch einen kräftigen Dämpfer.

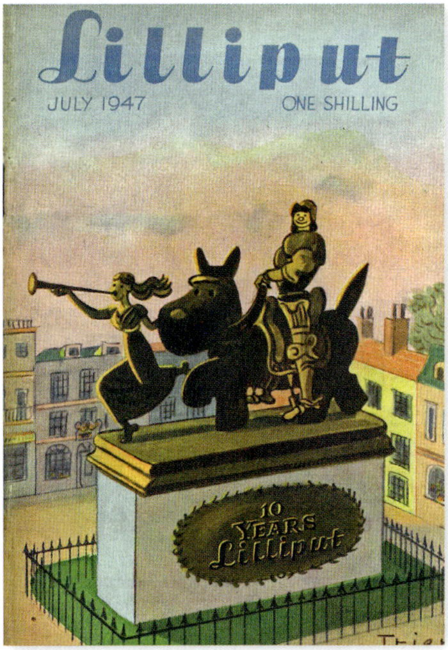

»10 Years Lilliput«. *1947. Farboffset. Titelseite für »Lilliput«.*

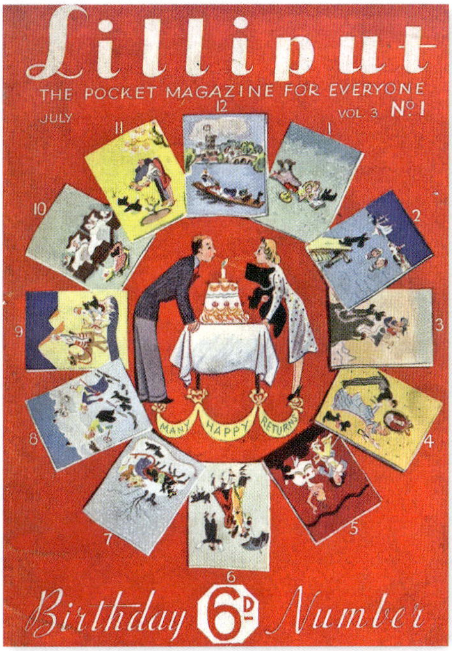

»Second Birthday Number«. *1939. Farboffset. Titelseite für »Lilliput«.*

»In Torontos Straßenbahnwagen«, erzählte Trier, »riecht es meist wie in einem Pub. Dort scheint immer mindestens ein betrunkener Passagier mitzufahren. Der Rest sitzt daneben oder hängt an den Gurten und schaut erschrocken und verstört. Denn sie lesen Comics. Sie alle lesen diese Comics, die nur so strotzen vor Ärger, Mord und Totschlag. [...] Anstatt so etwas ›Comics‹ zu nennen, sollte man sie ›Tragics‹ heißen. Aber vielleicht bin ich auch zu sauer.« Und er endete: »Wenn so etwas die Leute zum Lachen bringen kann, dann will ich nicht länger zeichnen.«

Oh Herrje, möchte man da ausrufen, was würde Walter Trier nur in der heutigen Zeit machen, mit all den vielen Egoshooter-Spielen, Horrorshows, Splattermovies, den pornographischen und haßerfüllten You-Tube-Filmchen? Vermutlich, nach einmaligem tiefem Durchatmen, schlicht unendlich viel Stoff für seine Bildgrotesken entdecken, und ganz schnell wieder zum Zeichenstift greifen.

Doch tatsächlich hatte er nicht genügend Zeit gehabt, sich von dem erlebten Schrecken und der Anstrengung, die ihn die Auswanderung bis nach Übersee gekostet hatte, zu erholen und die Trauer über den Verlust der vertrauten Heimat zu verarbeiten.

Auch bekam er keine Gelegenheit mehr mitzuerleben, daß und wie seine Art zu malen, längst Schule gemacht hat und es all die Jahre weltweit eine zwar kleine, aber sehr treue Fangemeinde gab. Ohne daß man davon je erfuhr, wuchsen nämlich immer wieder junge Künstler nach, die nicht nur seine einzigartigen Bilderfindungen verehrten, sondern auch seinen Stil adaptierten.

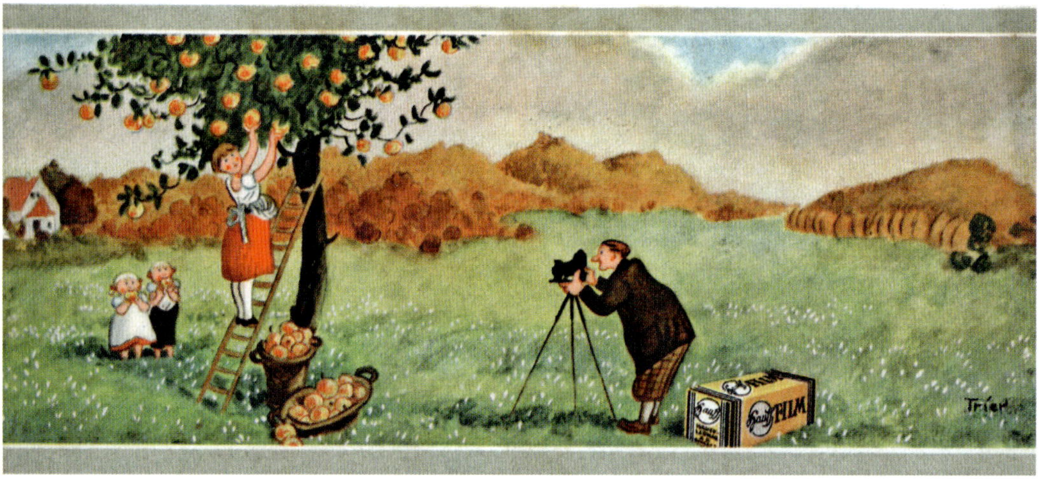

Fotograf in der Wiese – im Schnee – im Meer. *1930.* Drei Farboffsetdrucke auf drei verschiedenen Reklamebroschüren von »Hauff Leonar Mitteilungen« der »Hauff Leonar-Gesellschaft / Hauff-Leonar A.-G. Wandsbek«.

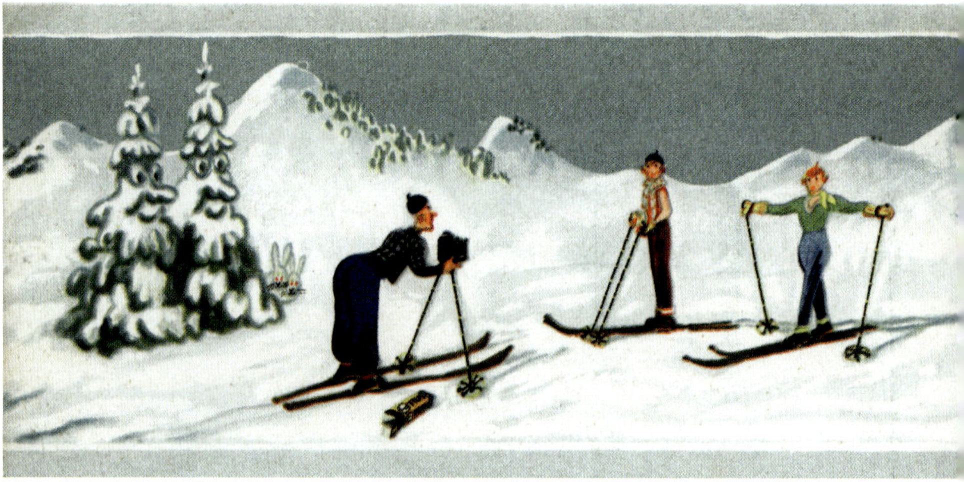

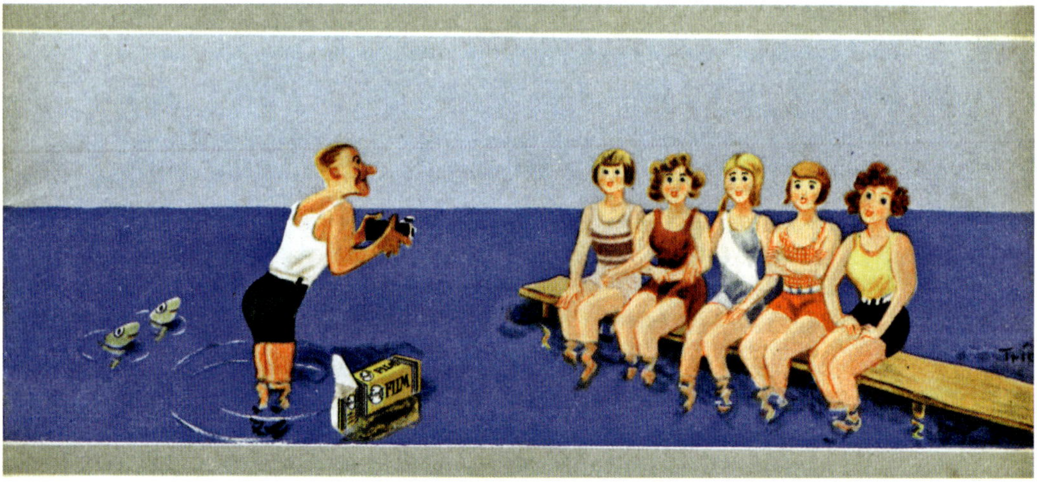

Die aktuell zunehmend aus dem Gleichgewicht geratende, immer leichtsinniger agierende Welt – mit gezielt gestreuten, manipulativen Fake-News, weltweit grassierender Hatespeach in den Sozialen Medien, den ungebremsten Eitelkeiten einzelner Machthaber und der massiven Zerstörung von Natur und Kultur –, also die real immer verrücktere Welt, hätte ihm gewiß genügend Stoff für seine kritische, stets verkehrte Weltansicht geboten.

Und was ist mit uns? Gerade in solch einem Moment des allgemeinen Wahnsinns hätten wir doch seine stets wohltemperierten Bildkompositionen so bitter nötig und vermissen Walter Triers Kunst daher um so mehr: Seine »unkaputtbaren« Utopien, seine beständige Menschenfreundlichkeit und die farbenfrohen, vom Grauschleier des Alltags befreiten, uns Lachen machenden und Hoffnung gebenden Grotesken.

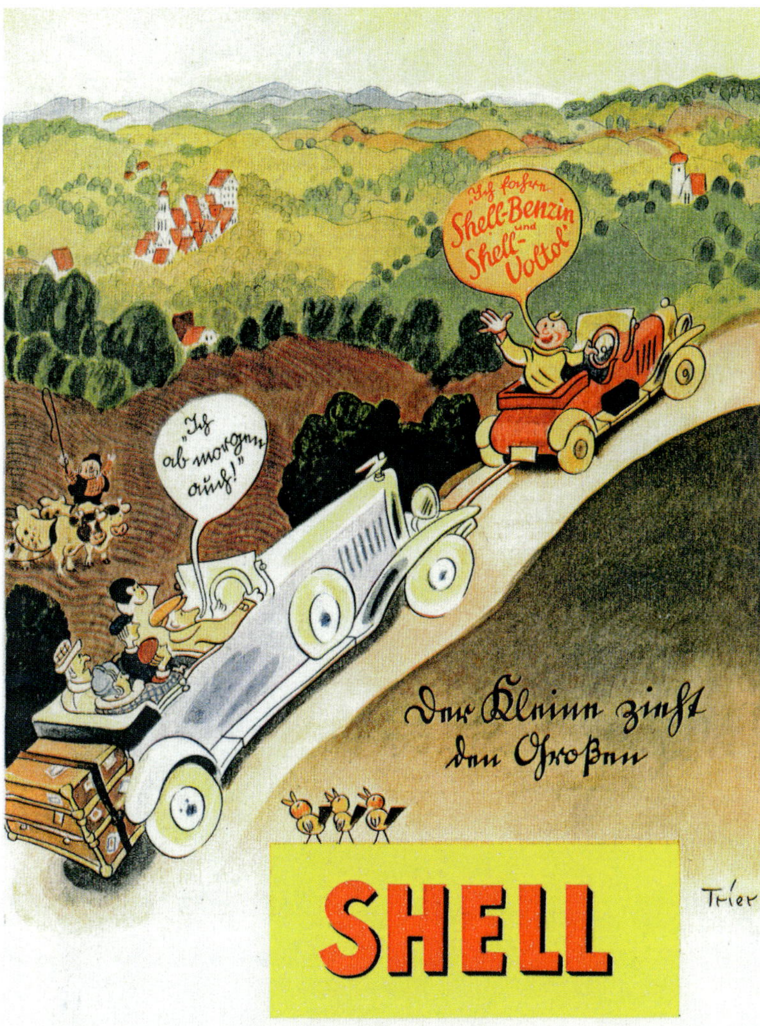

»Der Kleine zieht den Großen«. *1929. Farboffset. Reklameseite für »Shell« in »Conti-Echo«.*

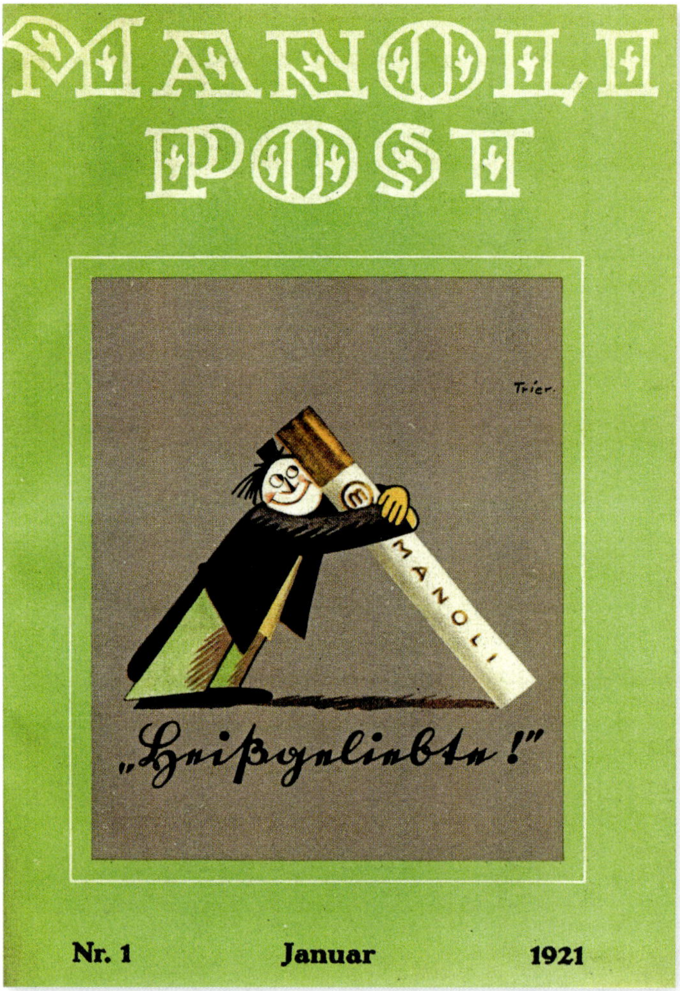

»Heißgeliebte!« *1921. Farblithographie. Titelseite für »Manoli-Post«.*

Die Berliner Zigarettenfabrik nutzte dieses hinreißende Motiv als Großplakat, Prospekt, Reklameanzeige und Covermotiv. 1924/25 wurde es in dem Fachorgan »Gebrauchsgraphik« als Beispiel für vorbildliche Reklamegraphik gepriesen. Ein anderer Kritiker befand: »Die Zigarettenfirma Manoli brachte ein allerliebstes Plakat von Trier: Pierrot umarmt eine Manoli. Unterschrift: Die Heißgeliebte! Nichts weiter als das! Der Name der Ware nur auf ihr selbst im Bilde zu sehen. Ohne Aufdringlichkeit und deshalb umso einprägsamer.«

Köstliche Cocktails. *193*
Farblithographie. Pappeinband f
»Cocktails, Bowlen. Pünsche und vie
andere köstliche Mischgetränke m
und ohne Alkohol«, Ullstein-Sonderhe
Nr. 163, Ullstein-Verlag, Berlin [193

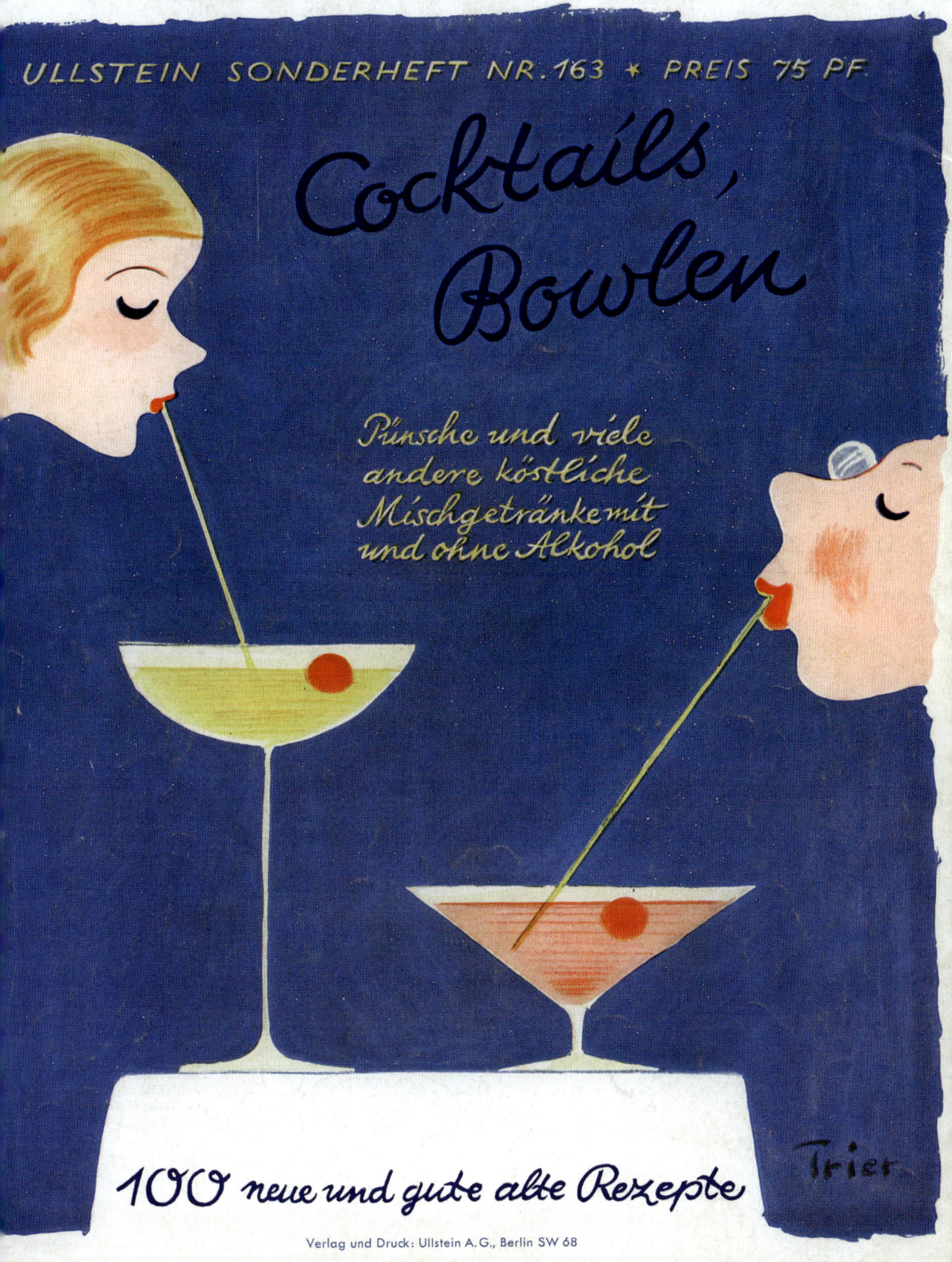
ULLSTEIN SONDERHEFT NR. 163 * PREIS 75 PF
Cocktails, Bowlen
Pünsche und viele andere köstliche Mischgetränke mit und ohne Alkohol
Trier
100 neue und gute alte Rezepte
Verlag und Druck: Ullstein A.G., Berlin SW 68

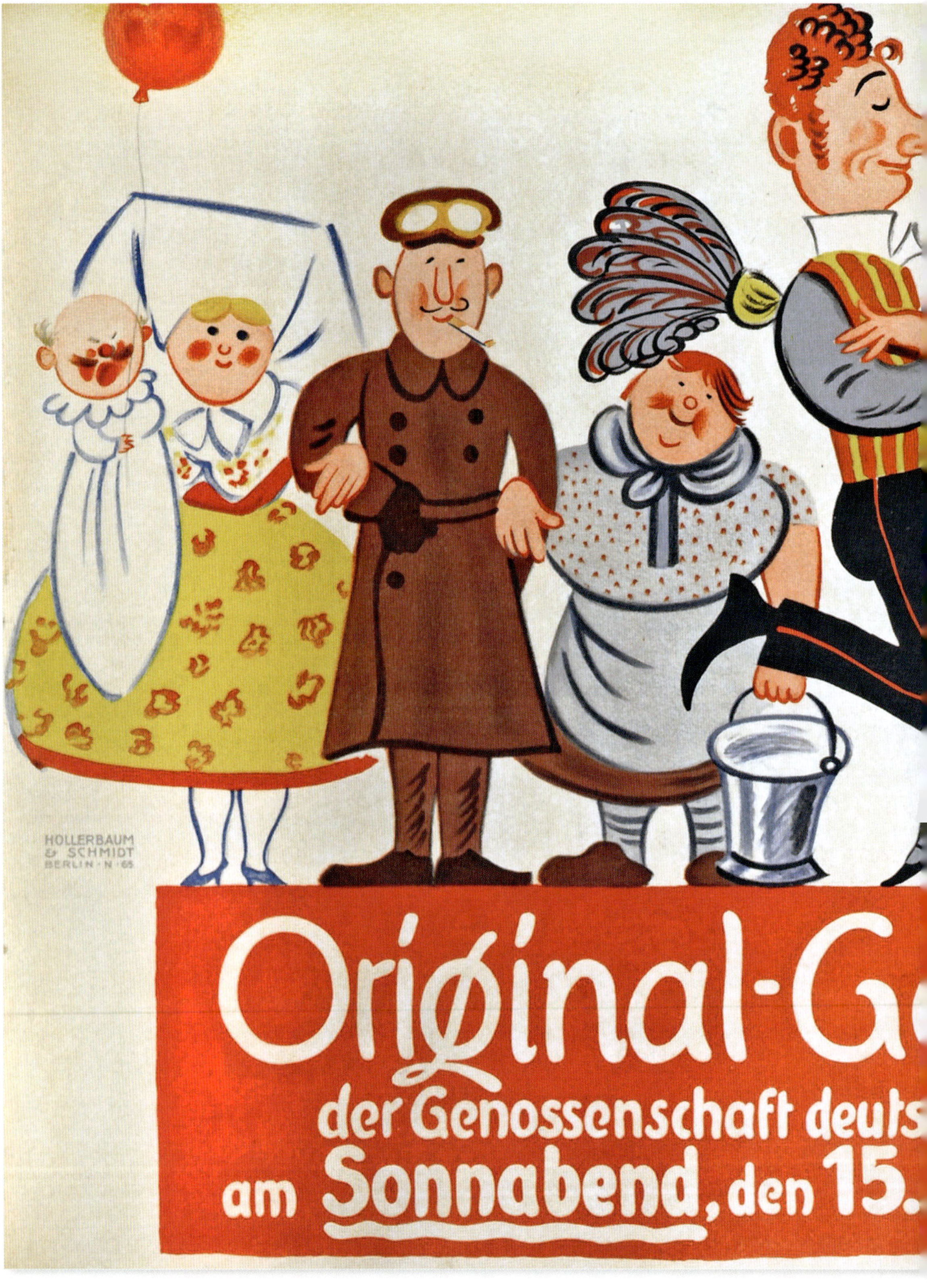
HOLLERBAUM
& SCHMIDT
BERLIN · N · 65
Original-G
der Genossenschaft deuts
am Sonnabend, den 15.

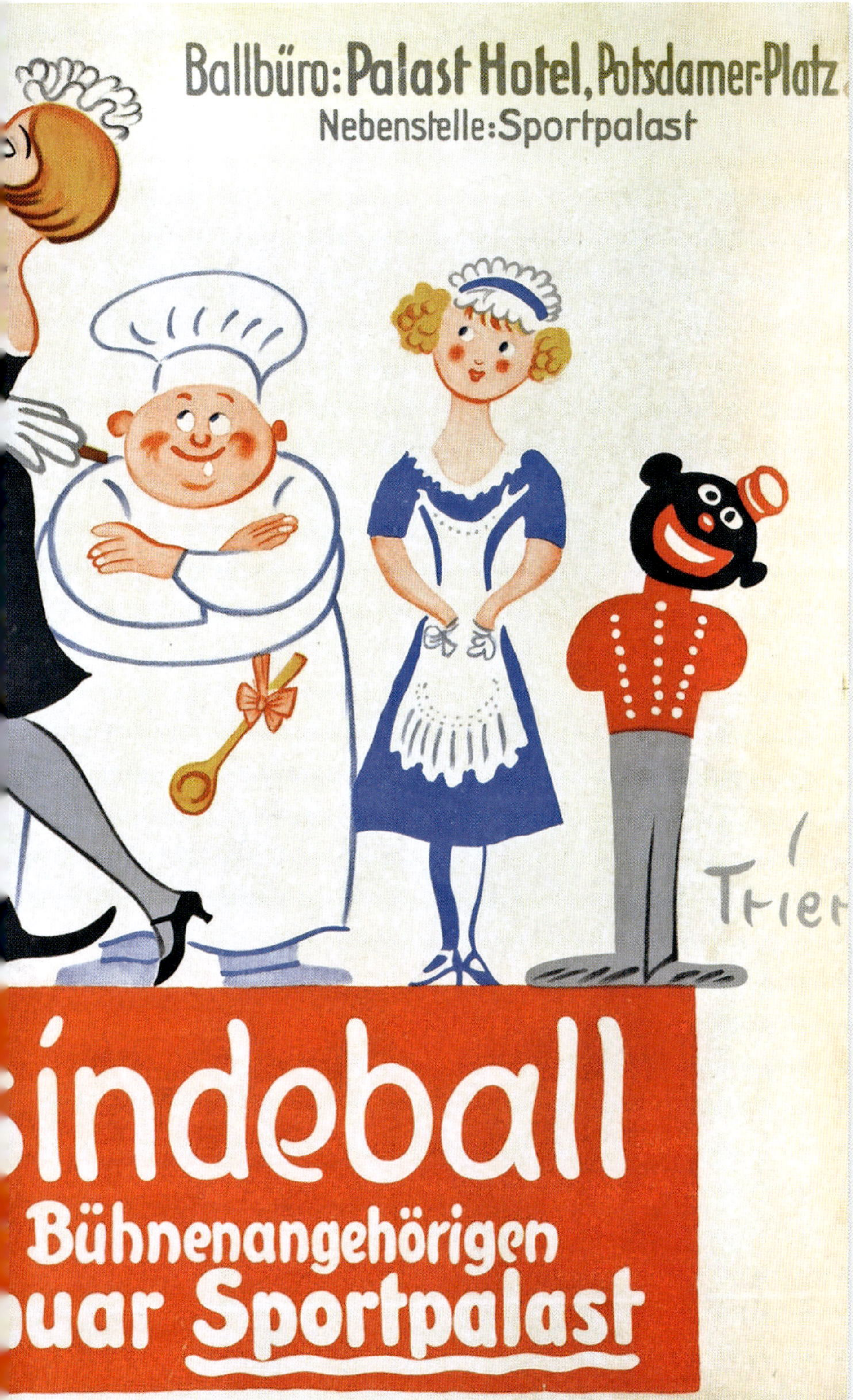

»Original-Gesindeball«
1926. Farblithographie. Plakat für das Berliner Kabarett »Die Bösen Buben«.

1927 wurde dieses Plakat in dem Fachorgan »Gebrauchsgraphik« für seine vorbildliche künstlerische Gestaltung gewürdigt.

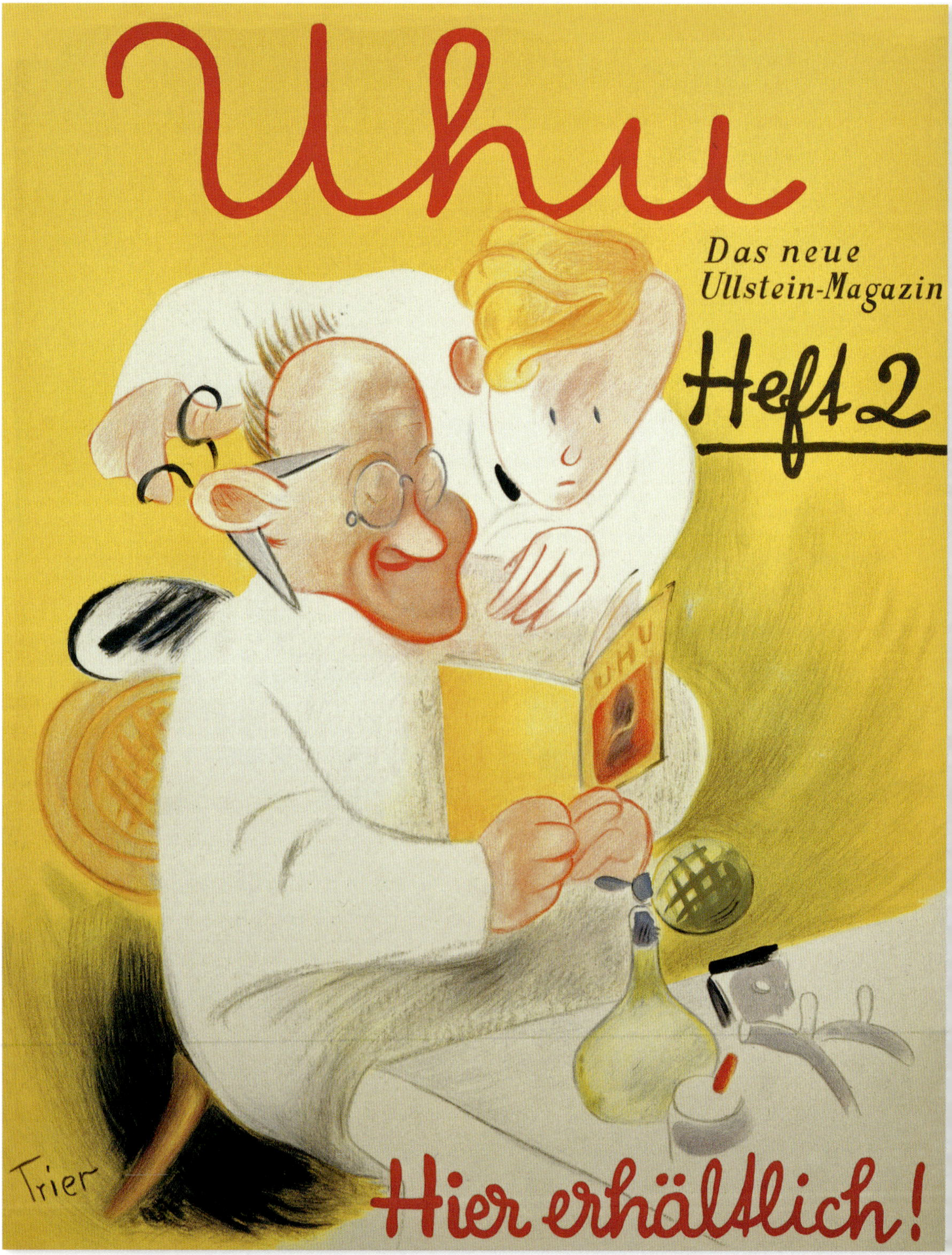

Gefährliche Lektüre. *1924. Farblithographie. Plakat für »Ullstein-Verlag«.*
Das Plakatmotiv war gleichzeitig auch das Covermotiv der aktuellen Ausgabe des »Uhu«.

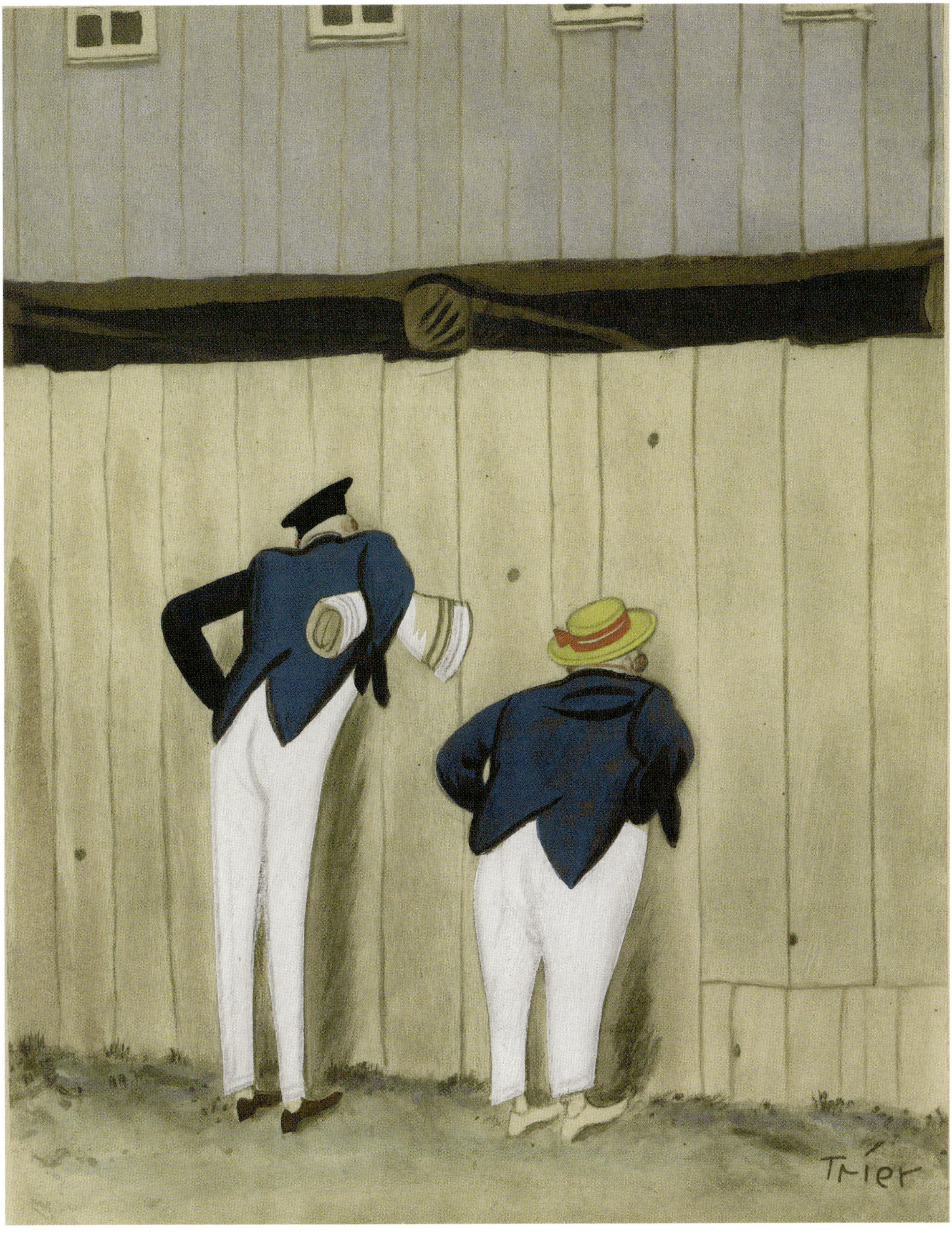

»Die Astlochgucker«. *1925.*

Im Herbst 1928 war ein Aquarell diesen Titels in der »Berliner Secession« ausgestellt, dessen Verbleib leider unbekannt ist. Dieser Kupferdruck war Bestandteil einer Künstlermappe. Die Datierung ergibt sich aus der Veröffentlichung als Cover der »Dame«.

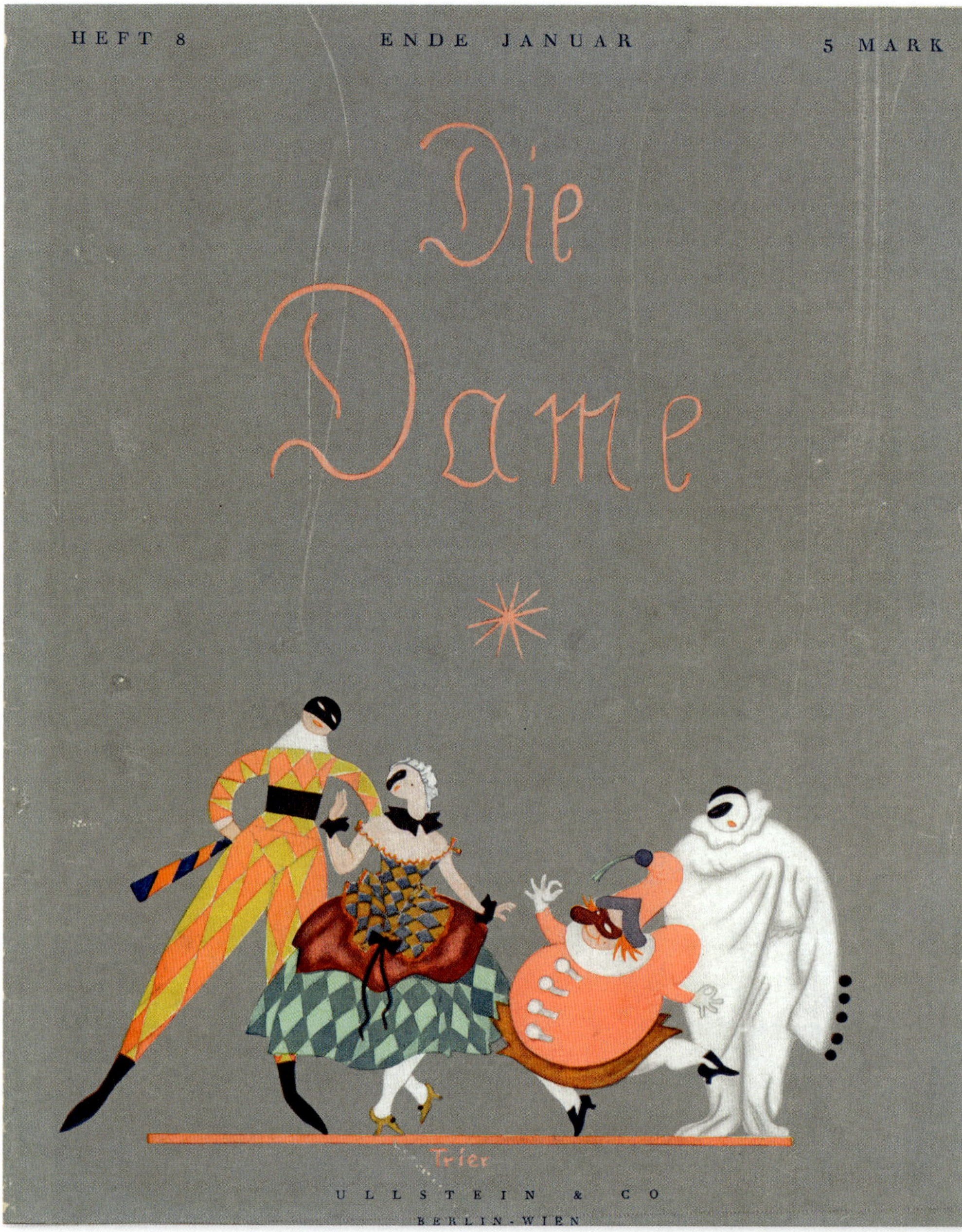

Comedia del' Arte. *1921. Farblithographie. Titelseite für »Die Dame«.*

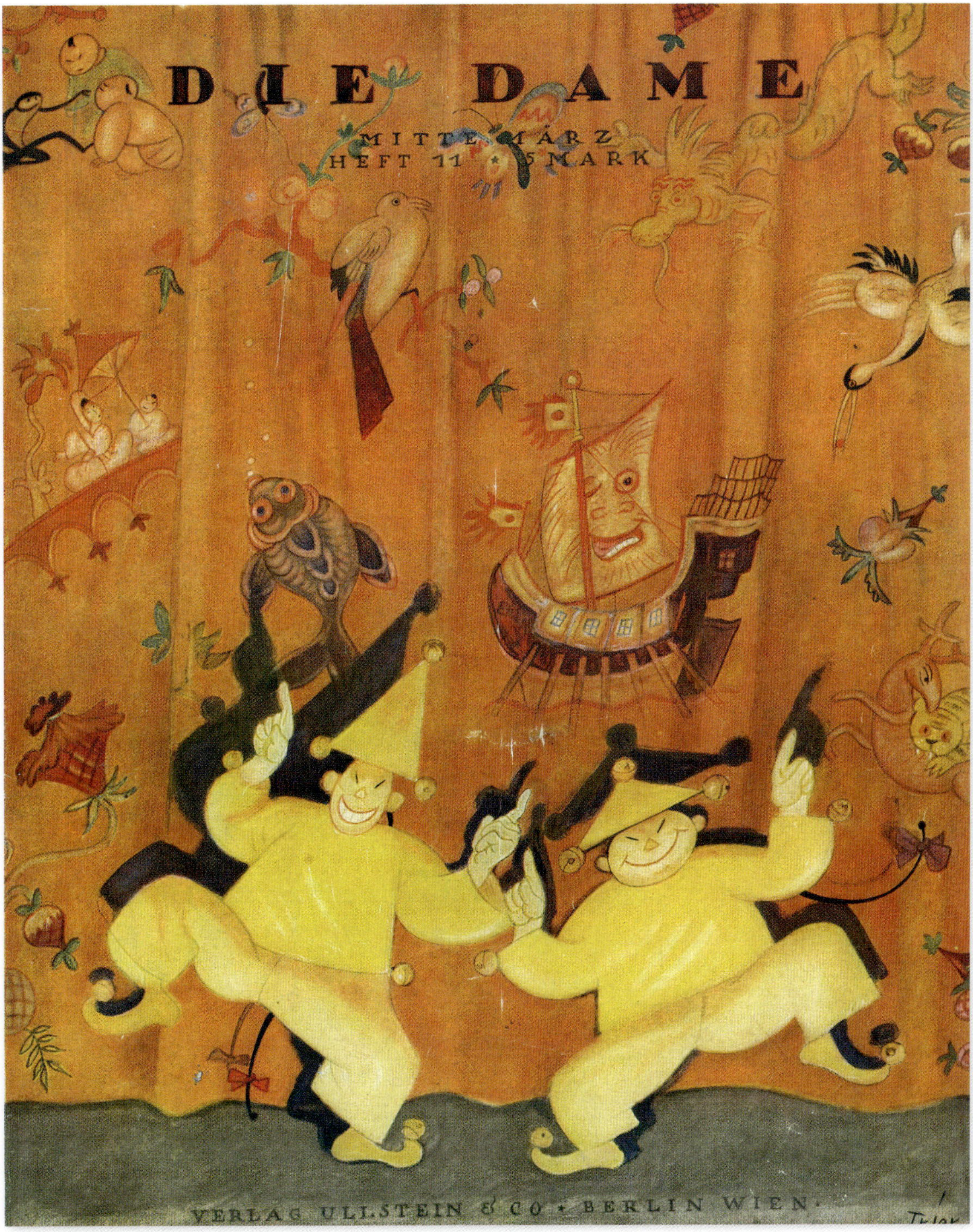

Tanzende Chinesen. *1921. Farblithographie. Titelseite für »Die Dame«.*

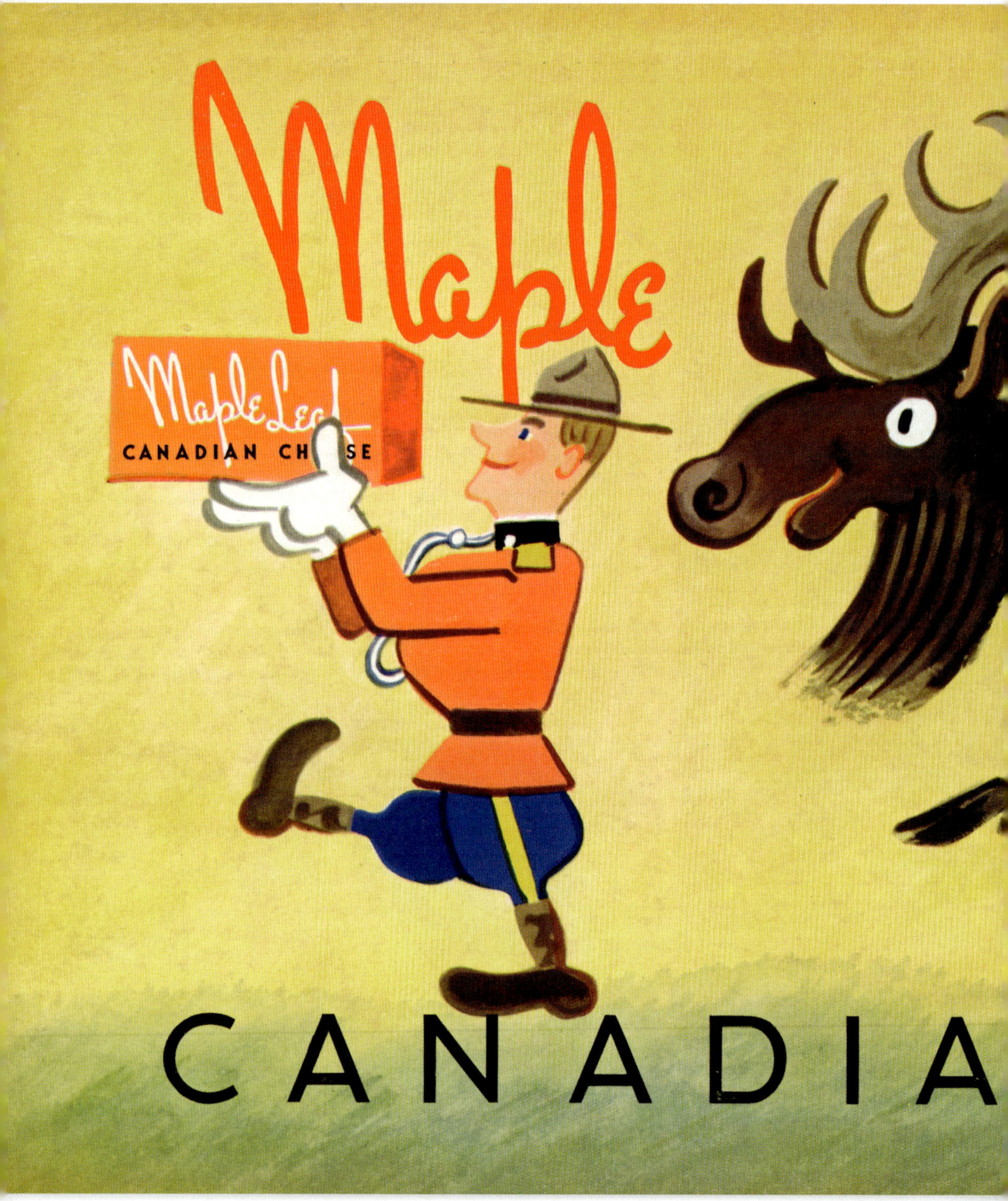

Parade mit Mountie, Elch und Biber. *Uum 1948. Farboffset. Plakat für »Maple Leaf Canadian Cheese« von »Canada Packers Limited«.*

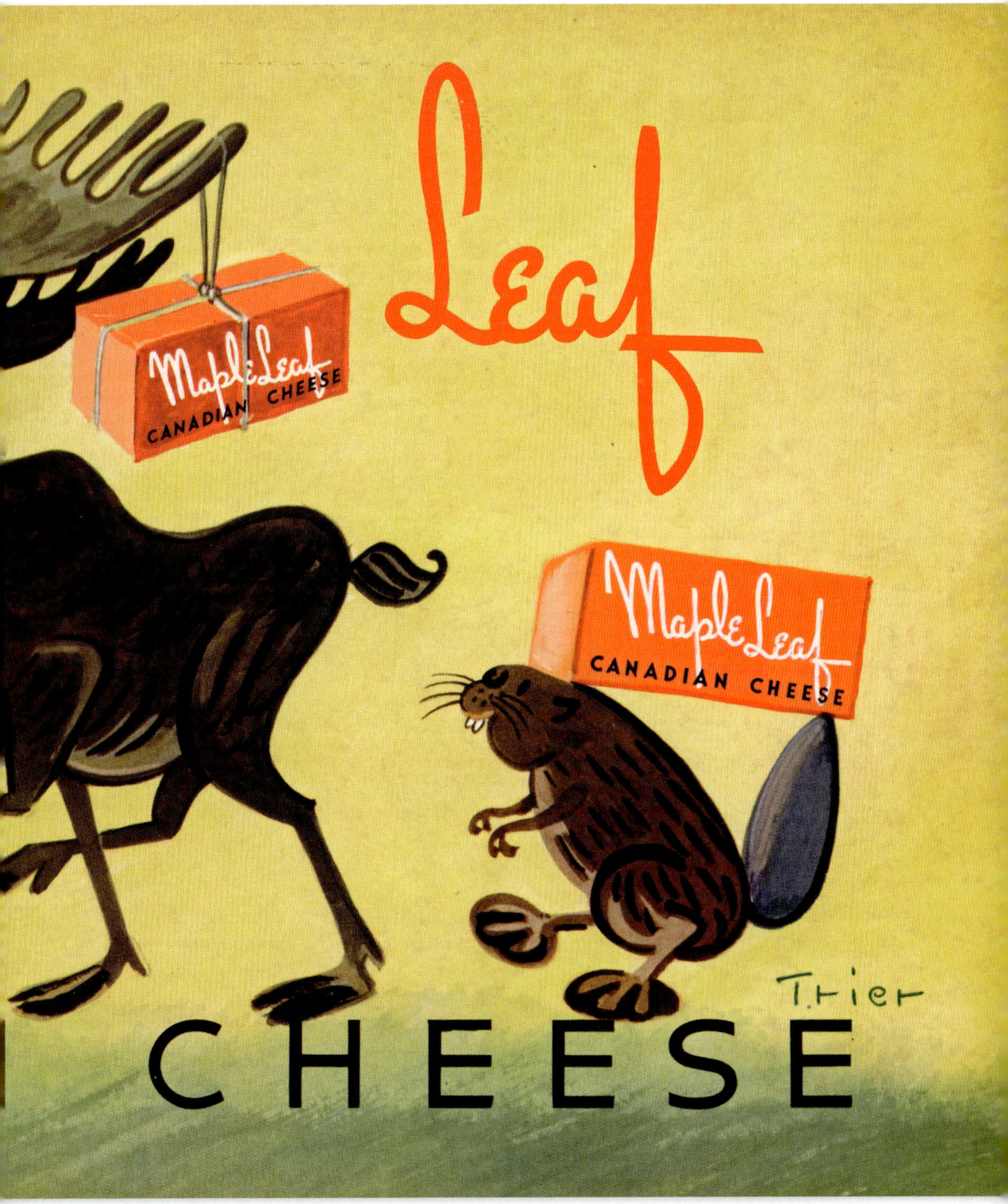

Die Reklame für »Canada Packers« war sehr anspruchsvoll, denn die Motive wurden – wie hier – als kleine Blätter im Miniformat verbreitet, oder aber als Straßenbahnplakate gedruckt bzw. von professionellen Anstreichern in ein Riesenformat übertragen und an den Ausfallstraßen plaziert.

Festmahl mit Häuptling, Elch und Biber. *Um 1948. Farboffset. Plakat für »Maple Leaf Canadian Cheese« von »Canada Packers Limited«.*

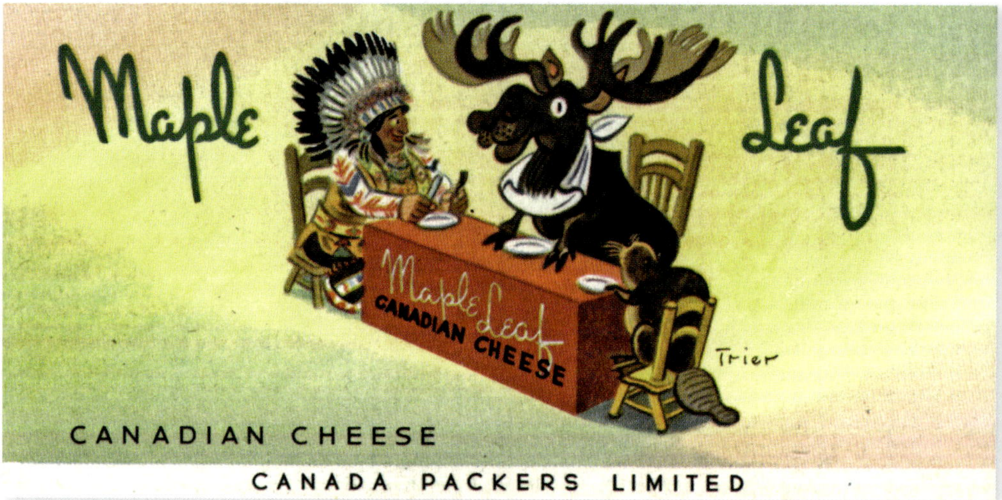

Zug mit »5 famous flavours«. *Um 1948. Farboffset. Plakat für »Maple Leaf Cheese« von »Canada Packers Limited«.*

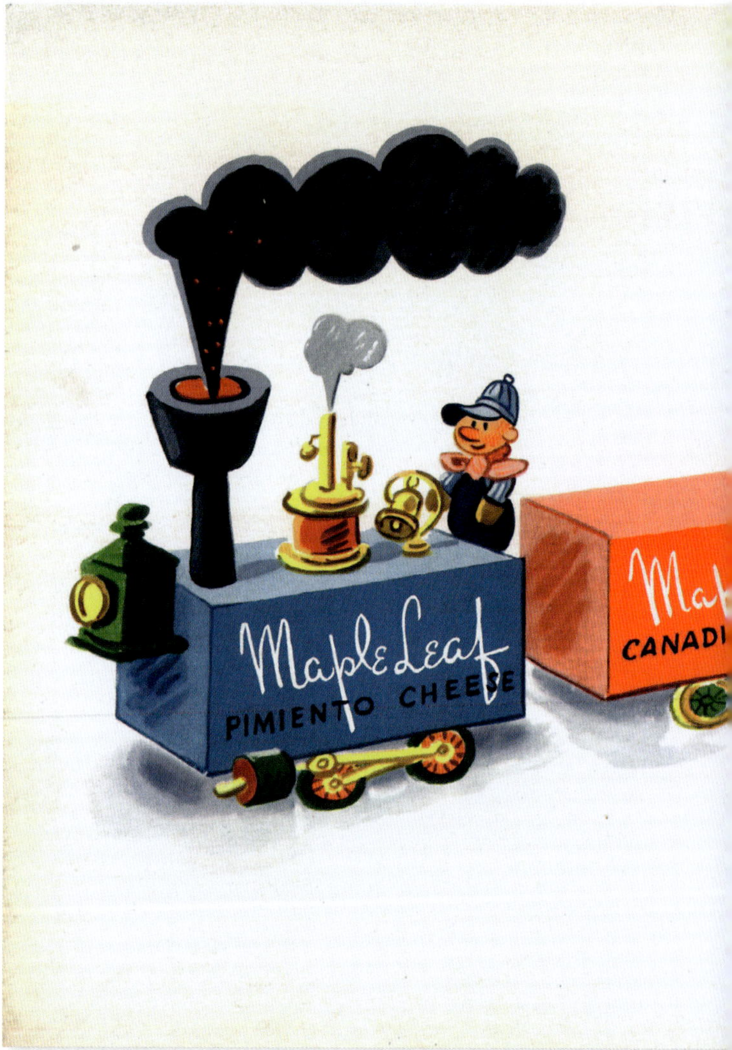

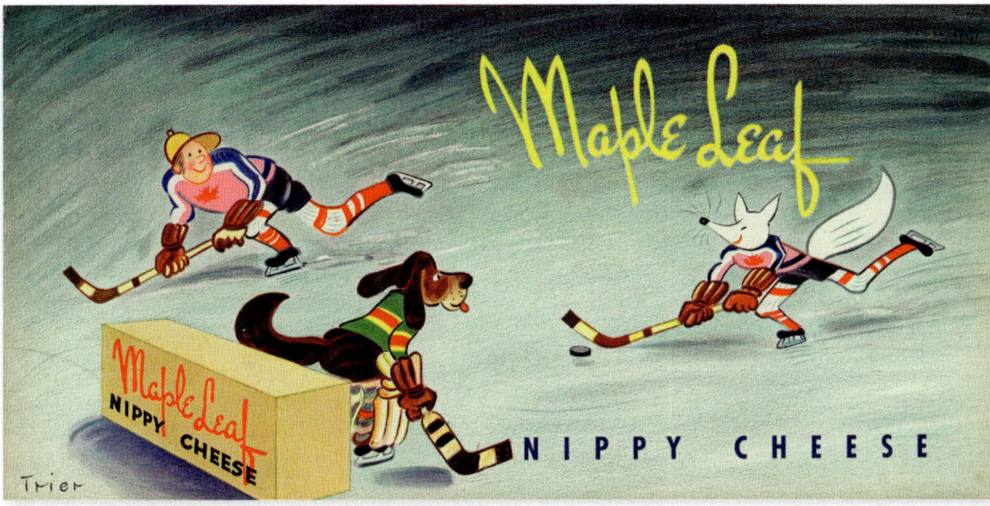

Eishockeymatch mit Spieler, Hund und Fuchs. *Um 1948. Farboffset. Plakat für »Maple Leaf Nippy Cheese« von »Canada Packers Limited«.*

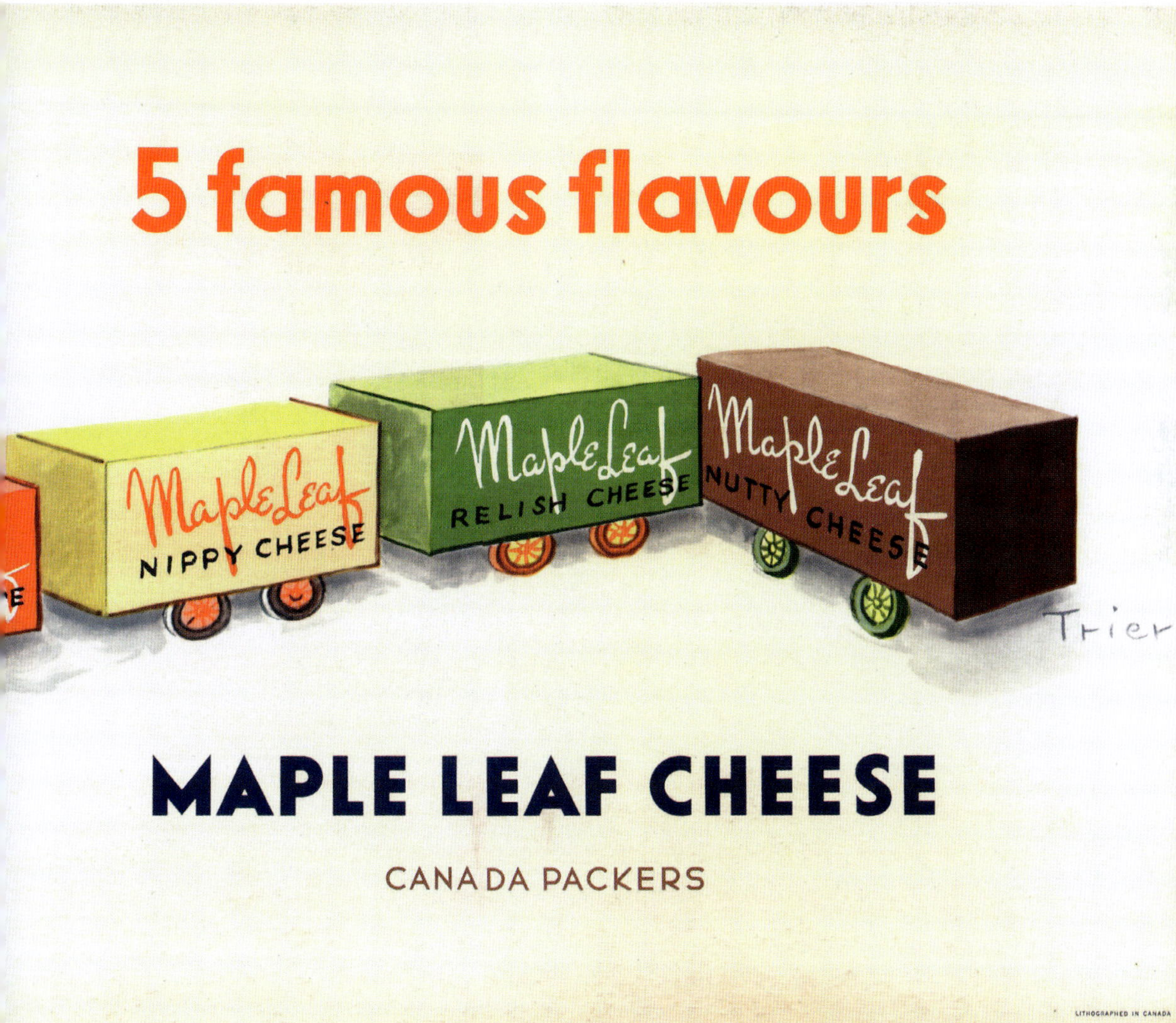

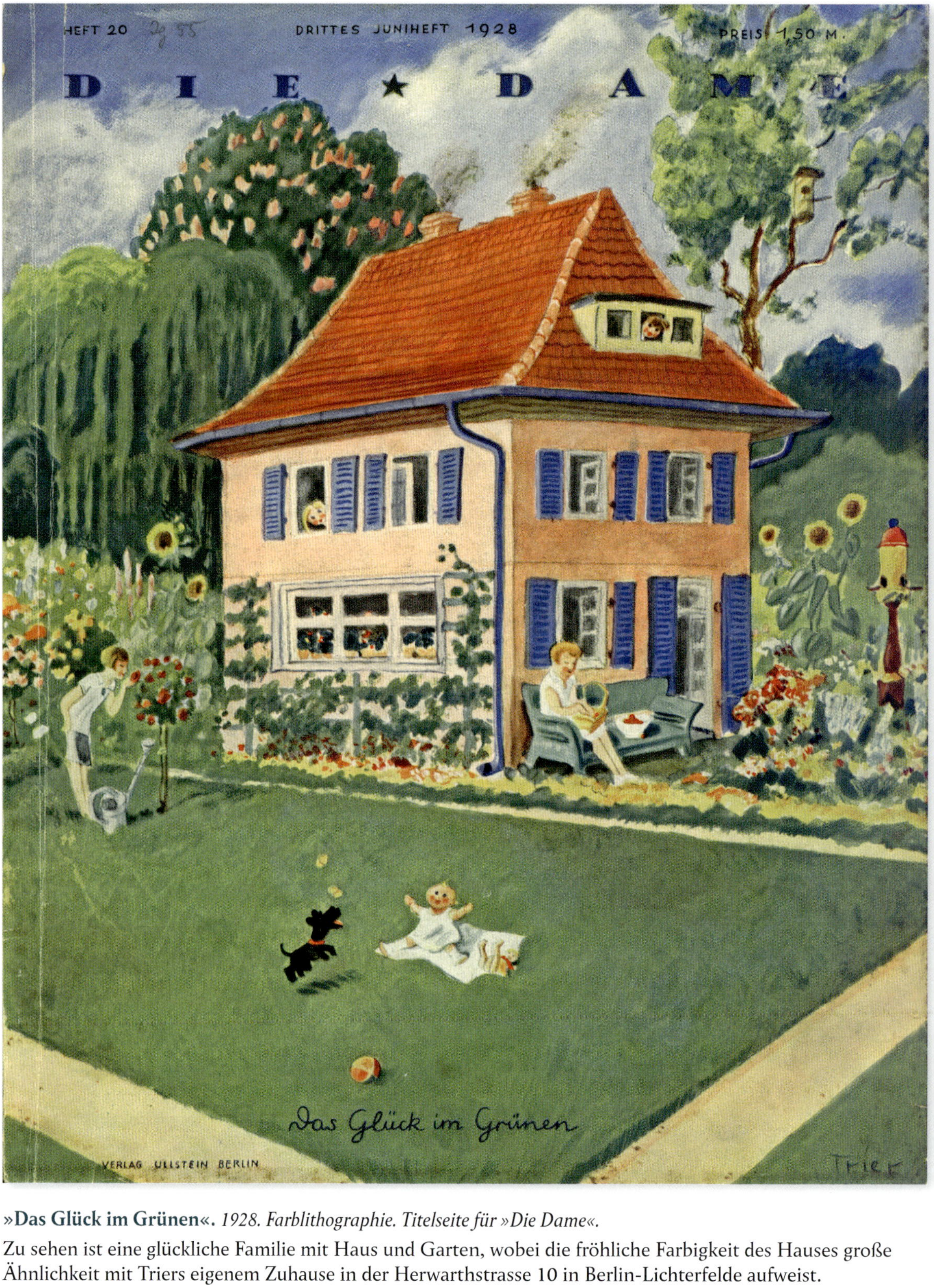

»Das Glück im Grünen«. *1928. Farblithographie. Titelseite für »Die Dame«.*
Zu sehen ist eine glückliche Familie mit Haus und Garten, wobei die fröhliche Farbigkeit des Hauses große Ähnlichkeit mit Triers eigenem Zuhause in der Herwarthstrasse 10 in Berlin-Lichterfelde aufweist.

Nachwort

Humor ist, wenn man trotzdem lacht

Selbst nach oberflächlicher Betrachtung all der Druckgraphik und ebensolcher Lektüre der Kapiteleinleitungen dürften auch jene Leser, denen Walter Trier bislang unbekannt war, ein gutes Gespür für seine verdrehte, selbstironische, stets wohlmeinende Weltsicht und sein konsequent menschenfreundliches Wesen bekommen haben.

Wer allerdings schon einen Blick in die Kurzbiografie geworfen hat, war vielleicht überrascht, darin von zwei Weltkriegen, von Flucht und Vertreibung erfahren zu haben. Solch ein Kontrast geht nicht wirklich gut zusammen. Auf der einen Seite eine konsequent bunt, erfrischend frech gemalte Heiterkeit und auf der anderen Seite brutale Menschenverachtung und alles vernichtender Haß. Wie wäre solch ein Auseinanderklaffen von Utopie und Wirklichkeit denn auszuhalten? Die einzig passende Antwort auf diese Frage, gibt uns der Künstler selbst – in seinem Werk, in seiner Biografie und in seiner Berufsbezeichnung. Als Humorist!

Die zwischenzeitlich dramatischen Begleitumstände, unter denen Walter Trier seine Bilder und Illustrationen angefertigt hat, machen deutlich, daß dieser Humor keinesfalls einer eventuell allzu naiven Weltsicht entsprang oder als blauäugiger Blick auf die Realität verkannt werden darf, sondern weitaus tiefergehende Wurzeln, ja eine sehr ernstzunehmende, lebenserhaltende Bedeutung besitzt.

Zunächst gründet Triers einzigartiger Humor in seiner glücklichen Kindheit und der besonderen deutsch-jüdischen Sozialisation in Prag; des Weiteren in seinem beruflichen Umfeld in der Weltmetropole Berlin mit einer alles überragenden Unterhaltungsbranche, bestehend aus qualitativ hochrangig besetzten Zeitungsredaktionen, zahlreichen kritischen Bühnen sowie wahren Kinopalästen. Doch darüber hinaus hat sich Triers Weltsicht auch in den dunkelsten Momenten der Weltgeschichte als einzig wahre Lebensphilosophie bzw. sinnvolle Überlebensstrategie bewährt – ganz nach dem Motto: Humor ist, wenn man trotzdem lacht!

Wie sehr man mit dieser (nur scheinbar) banalen Einstellung gerade die übelsten und brutalsten Menschenschinder in Angst und Schrecken versetzen kann, davon legt Walter Triers Schicksal ein gutes Zeugnis ab. Nicht ohne Grund wurden von den Nazis »grundsätzlich alle von Trier bebilderten

Bücher abgelehnt«, selbst wenn sie inhaltlich einwandfrei gewesen wären, und ihr Besitz wurde – nach Auskunft des Künstlers – mit dem Tode bestraft.

Triers auf den ersten Blick harmlos, frech und fröhlich wirkende Bilder waren in ihrem Spott furchtlos, hemmungslos, schonungslos – und aufgrund ihrer freundlichen Erscheinung und Popularität besonders breitenwirksam. Das hatten die Nationalsozialisten seit den frühen Zwanziger Jahren, d.h. schon lange vor ihrer eigentlichen »Machtergreifung« 1933, zu spüren bekommen und sie taten daher »gut« daran, seine Bilder zu fürchten.

Walter Trier zog alles und jeden durch den Kakao, mit Vorliebe natürlich die mächtigen und besonders eitlen Zeitgenossen, und er hatte es bevorzugt auf ihre Doppelmoral und falschen Versprechen abgesehen. Derartige Protagonisten gab er mit Vorliebe und Konsequenz dem allgemeinen Spott preis. Entlarvende Heiterkeit kann nicht nur ansteckend sein, sondern auch subversiv und so zersetzend wirken. Und nichts fürchten Emporkömmlinge und skrupellose Machthaber mehr als das. Da Lachen befreit und Lächerlichkeit tödlich wirken kann, ist Humor eine gefährliche Waffe.

Doch Trier lachte nicht nur grundsätzlich gerne über manchen Zeitgenossen, sondern war natürlich auch zur Selbstironie fähig. Grundvoraussetzungen dazu sind ein kritischer Geist sowie eine gesunde Portion Distanz, aber auch Selbstgewissheit und Vertrauen in die eigenen Fähigkeiten. Alles Eigenschaften, die in Walter Triers humanistisch geprägtem, liberalem Elternhaus gepflegt und gefördert worden waren. Aufgrund dieser besonders positiven Kindheitserfahrungen wird nachvollziehbar, daß Walter Trier zeitlebens das Wachhalten und Erinnern an diese glückselige Kinderzeit wichtig war. Hier liegt die Wurzel seines von ihm lebenslang gepflegten kindgemäßen Gemüts, das ihm bei der Arbeit als Kinderbuchillustrator wertvoll und hilfreich sein sollte, und ist vermutlich auch der Grundstein für seine Leidenschaft für altes Spielzeug. Beim Sammeln und der ständigen Beschäftigung mit diesen kreativ aufgeladenen, fragilen und kleinen Objekten konnte er in Phantasiewelten abtauchen und sich dabei auch als Erwachsener stets die positiven Erlebnisse und die erfahrene Liebe seiner Familie vergegenwärtigen.

Sich derart seines heilen Kerns zu vergewissern heißt, immer wieder und überall regenerieren und Kraft tanken zu können. Nun wird verständlich, warum ihm auf der Flucht das Mitnehmen und die Unversehrtheit dieser Sammlung so wichtig waren, ja während der Luftangriffe auf England zeitweilig sogar wichtiger wurde als das eigene Leben.

Der unschlagbare Witz und das Amüsement der jüdisch geprägten Kultur im Berlin der Zwanziger Jahre wurde durch das Erstarken der Nationalsozialisten, die Gleichschaltung der Massen, die Vertreibung und Vernichtung der geistigen Eliten nachhaltig zerstört. Nicht nur die heute noch bekannten, weltberühmten und künstlerisch besten Regisseure, Musiker und Schauspieler ihrer Zeit versuchten der Barbarei zu entkommen, auch Schriftsteller, Wissenschaftler und Maler nahmen bei ihrer Flucht das Beste mit, was Deutschland damals zu bieten hatte: ihr kritisches Denken und den unnachahmlichen Humor. Dieser sprichwörtliche Exodus des Geistes hat bis heute sicht- und spürbare Lücken gerissen.

Mit Walter Trier verlor Deutschland den von ihm gerade erst aus der Taufe gehobenen »Grotesken Realismus«, womit sein einzigartiger und in dieser Konsequenz auch nur von ihm praktizierte gesellschaftskritische, fröhlich-freche, satirisch-bissige Seitenzweig der Neuen Sachlichkeit gemeint ist. Obwohl diese seriöse Dimension seiner Kunst erst im Nachhinein so richtig zutage trat. Denn sofern Trier überhaupt von der zeitgenössischen Kunstkritik eines Urteils für würdig befunden wurde, dominieren Vokabeln wie niedlich, kindlich, harmlos. Nur sehr vereinzelt haben die damaligen Kunstfreunde das Doppelbödige und Tiefsinnige in Triers Bildern erkannt – und diese Einschätzung wurde in Fach-

Amor auf Skiern. *1924. Farblithographie. Titelseite für »Die Dame«.*

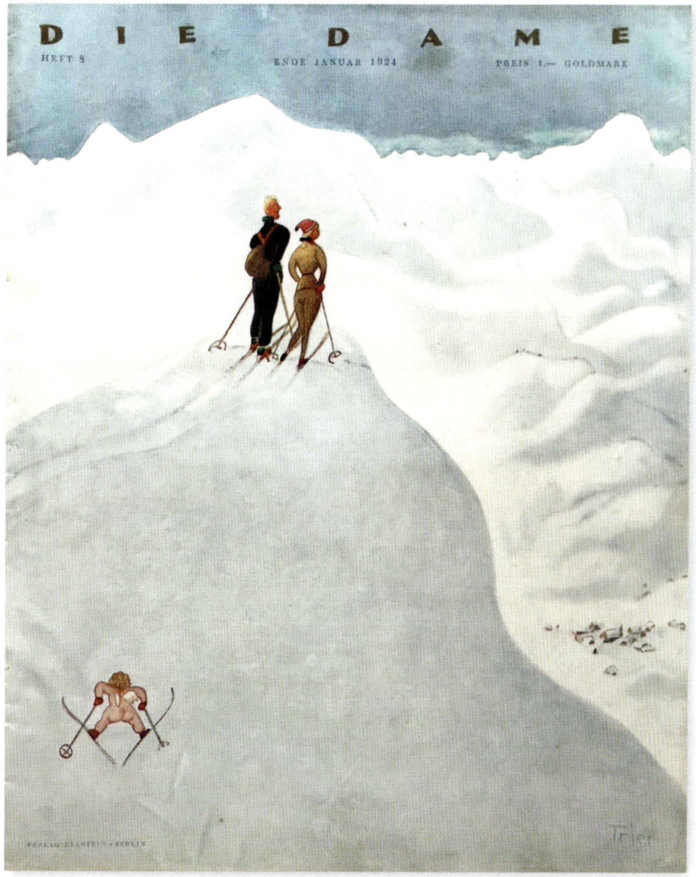

kreisen viele Jahrzehnte einfach und unbedacht weitertradiert, zumal den meisten seriösen Kritikern die enorme Begeisterung des »normalen« Publikums und die erkennbar tiefe Liebe in den vielen Kinderaugen ohnehin suspekt war, ja geradezu verdächtig vorkam.

So wurde das höchst humanistische Weltbild, in dem Triers Werk gründet und die scharfe Zeitkritik, die in nahezu allen seinen Bildern aufblitzt, schlicht übersehen bzw. gänzlich unterschätzt. Anders als der Zeitgenosse George Grosz, der die Realität ins Häßliche verzerrte, oder Heinrich Zille, der auf eine fast schon pittoreske Weise die Armut und das Elend der Straße dokumentierte, kleidete Walter Trier seine Zeitkritik in ein positives Gewand. Es bereitete ihm eine diebische Freude, wenn er seine Kinderbucharbeiten an den Wänden hochseriöser Kunstausstellungen plazieren konnte, am besten noch neben den Gemälden einiger seiner besonders ernsthaften Kollegen.

Ein Witz – egal ob mündlich, schriftlich oder gezeichnet – wirkt durch die vollkommen unerwartete Fallhöhe seiner Pointe. Gemeinhin ist diese negativer Art – nach der Devise: Schadenfreude ist die schönste Freude. Und es ist immer leichter (und erleichternder), über die Dummheiten anderer zu lachen, als sich mit deren Erfolgen zu freuen. Doch genau so funktionieren Walter Triers Humor und Gesellschaftskritik: Er wertete die Schwachen nicht ab, sondern stets auf; und er machte sich konsequent über die vermeintlich Starken und Erfolgreichen lustig. So wurden bei ihm etwa die erbärmlichsten Huren zu feinen Anstandsdamen, oder die im Alltag noch lange nicht gleichberechtigten Frauen erscheinen bei ihm nahezu ausnahmslos selbstbewußt, dominant – und stets größer gezeichnet als ihre männlichen Partner. Oder aber er bevorzugte in den Hungerjahren die Darstellung dickgefressener Schlemmer – und das auch noch mit Vorliebe auf Zeitschriftencovern.

Womit Trier ganz elegant und ohne jedes ideologische oder dogmatische Manifest eine der zentralen Forderungen der politisch links stehenden Künstler aus der sogenannten »Novembergruppe« realisiert hat – nämlich die Kunst hinaus auf die Straße zu tragen. Und erfolgreich war er damit obendrein, wie die Schilderung Erich Kästners im Nachruf auf seinen Zeichner belegt. Kästner berichtet, wie erfreulich Triers bunte Zeitschriftencover an den Kiosken auf den vorbeihastenden Bürger wirkten. Auch Reklamefachleute stellten genau diese Breitenwirkung von Triers Arbeiten fest. Allerdings bemängelten sie zu

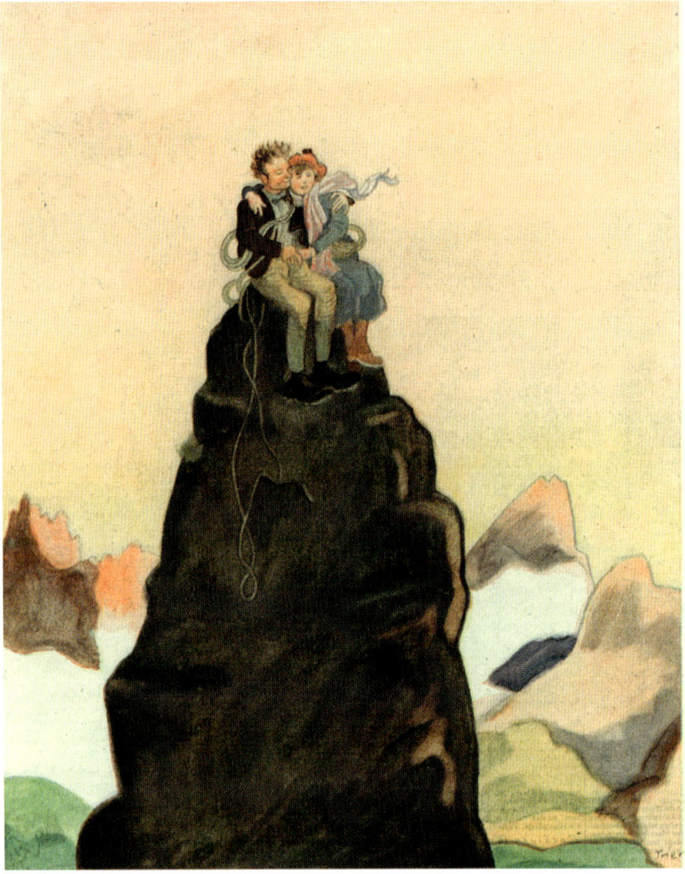

»Gipfelkunst«. *1919. Farblithographie aus »Lustige Blätter«.*
Unterzeile: »Ist ja sehr schön, Robert; aber wenn man die Aufnahmen im Kino gesehen hat, ist man doch ein bißchen enttäuscht.«

recht, daß Triers Werbung nicht wirklich den Konsum ankurbelte, sondern das Publikum »nur« positiv stimulierte und erheiterte. In einigen Fällen riet Trier in seiner Reklame sogar dezidiert vom Kauf der Ware ab – natürlich nur, um mit dem gegenteiligen Effekt beim Publikum zu spielen. Aber es steckt schon etwas Wahres dahinter. Walter Trier funktionierte nicht wirklich als Propagandist. Er wollte den Betrachter nicht von irgend etwas überzeugen und schon gar nicht zum sinnlosen Konsum erziehen, sondern ihn stets nur an die eigenen Wünsche und Sehnsüchte erinnern, positive Utopien schaffen und diese dann all denjenigen vor Augen halten, die sie bereits vergessen oder aufgegeben hatten. Aufgrund des mitgelieferten positiven, freundlichen Kontextes wurden Ängste bewußt minimiert und Hoffnungslosigkeit ausgeklammert, damit die verborgenen, vergessenen, brachliegenden Kräfte mobilisiert werden. Oder wie es einer der wenigen Zeitgenossen Triers formulierte: Er warf Zuckerstückchen in jeden bitteren Kelch. Ein echter Philanthrop eben.

Doch Triers Humor lebt nicht nur von unerwarteter, extremer Aufwertung, sondern auch von einer konsequenten Verdrehung der Tatsachen und Hierarchien. Man darf nämlich nicht den Fehler machen, zu glauben, Trier hätte in seinen Bildern stets nur Positives dargestellt. Auf diesen Leim gingen schon die meisten seiner Zeitgenossen, die sich allzu schnell und oberflächlich von seinen bunten Bildern lediglich gut unterhalten fühlten. Um die kritische Dimension in Triers Kunst zu erkennen, muß man genau hinschauen und den zeitgeschichtlichen, gesellschaftlichen Kontext kennen. Dann erkennt man etwa, daß das Bild eines Schulmeisters eigentlich die Kritik an der Prügelstrafe behandelt oder daß all die luxuriös gekleideten Damen bzw. fettgefressenen Herren den damals herrschenden sozialen Mißständen und extremen Hungerjahren einen krassen Spiegel vorhielten. Aufgrund des manchmal allzu vielen Rosa wurde von Trier der Finger in die Wunde des oft grauen Alltags gelegt. Da die jeweils für die Misere Verantwortlichen oder gar spezielle Bösewichte dem Publikum bestens bekannt waren, konnte er darauf verzichten, sie zusätzlich per Konterfei auch noch zu bauchpinseln. Dieses Fehlen eindeutiger Namen und Anlässe macht uns heute eine Einschätzung und Beurteilung vieler Zeichnungen zwar schwer, ja manchmal fast unmöglich, doch diese Mühe sollte es uns wert sein.

Wie wenig Triers lustige Bildchen zu unterschätzen sind, das zeigten schließlich die Nazis – denen seine entlarvenden Lächerlichkeiten ein gewaltiger Dorn im Auge waren. In der Form gefällig und beim Publikum beliebt, mußte auf seine jüdische Abstammung, seine pazifistische, wehrkraftzersetzende Gesinnung und seine schnoddrige Respektlosigkeit zurückgegriffen werden, um ihm, der seit 1918 den Paß seiner tschechischen Heimat besaß, ans Leder zu können. Bereits unmittelbar nach der »Machtergreifung« taucht sein Name auf der ersten schwarzen Liste für die bildenden Künstler auf und der Besitz seiner Bilder war mit tödlichen Konsequenzen verbunden, heißt es. Doch weil Berufsverbote, Ausgrenzungen und andere Drohkulissen lange Zeit nichts nützten und Walter Trier schließlich ganz offen seine Verachtung für den Führerkult und die Gewalt verherrlichenden Nazis kundtat, wurde ihm von einem gesinnungstreuen Kollegen die Gestapo auf den Hals gehetzt. Walter Trier, der schon alle Vorbereitungen zur Flucht getroffen hatte, konnte sich und seine Familie gerade noch rechtzeitig in Sicherheit bringen, dabei mußte er jedoch seinen gesamten irdischen Besitz – also all seine Kontakte, seine Einrichtung, seine Bilder und unerledigten Aufträge – zurücklassen. Diese dramatische Geschichte erzählte Trier erst viele Jahre später, in einem Zeitungsinterview für eine kanadische Zeitung. Und auch da fand er nur knappe Worte. Anstatt in dem erlebten Horror zu verharren, betonte er das Glück, das er und seine Familie gehabt hätten – konnte also ohne Bitterkeit, Zorn oder Haß auf seine Peiniger zurückblicken, auch wenn er das Erlebte nie mehr vergessen hat. Eine Rückkehr ins einst von ihm so geliebte romantische Deutschland kam für ihn nicht mehr in Frage – trotz lukrativer Angebote und sentimentaler Anwandlungen, die ihn als Vertriebenen hin und wieder überfielen.

Wie bereits erwähnt, fokussierte er sich, obwohl so mancher Freund und Teile seiner Prager Familie dem Holocaust zum Opfer gefallen waren, ganz auf das eigene kleine private Glück; nämlich, daß er sich, seine Frau, die geliebte Tochter sowie seine Kunst und die Spielzeugsammlung hat erst nach England retten und später weiter bis nach Kanada mitnehmen können. Auch wenn er im Exil die Heimat und alten Freunde sehr vermißte. Diese gewaltige atmosphärische Erschütterung spürt man in seinen nun entstehenden Bildern fast mehr, als daß man sie sieht oder benennen könnte – vor allem wenn man sie mit seinen frühen Arbeiten vergleichen kann –, weil er sich hervorragend in sein jeweils neues Umfeld integrieren und neue Stile adaptieren konnte. Diese Anpassung war vor allem seiner persönlichen Zurückhaltung zu verdanken, geschah aber auch aus einem ganz simplen wirtschaftlichen Interesse, denn um sich und seine Familie ernähren zu können, galt es immer wieder neue Auftraggeber zu generieren.

Insgesamt stellt es einen unglaublichen Verlust dar, daß Trier auf dem Höhepunkt seiner künstlerischen Karriere in Berlin aus dem gewohnten Umfeld gerissen worden war und nicht weiter seinen eigenen Stil vorantreiben konnte. Danach – in England und Kanada – war er viel zu sehr mit dem wirtschaftlichen Überleben und der damit einhergehenden Anpassung an die neuen Verhältnisse beschäftigt, als daß er weiter an seinem eigenen Stil arbeiten oder gar nur eine »L'art pour l'art« betreiben konnte. Hier haben uns die Nazis um ein spannendes Kapitel europäischer Kunst gebracht – und das unwiederbringlich und definitiv zu unserem Schaden!

Anknüpfend an Theodor W. Adornos 1949 erstmals formulierten These, daß »nach Auschwitz ein Gedicht zu schreiben barbarisch« ist – ein provokantes Diktum, das seinerzeit auf die gesamte Literatur und Kunst ausgeweitet und vielfach falsch interpretiert wurde –, muß man angesichts von Triers Werk feststellen, daß seinerzeit wohl tatsächlich das Paradies, in das uns Walter Trier immer wieder in seiner Kunst entführen wollte, wenn nicht verloren gegangen ist, so doch zumindest eine gewaltige Erschütterung erfahren hat. So probat Humor und Lachen als Mittel gegen Unterdrückung und Peiniger sein mögen, – jener unfaßbaren Greuel und jenem unglaublichen Ausmaß an Vertreibung und Vernichtung waren die positiven Utopien Walter Triers nicht gewachsen. Die Maschinerie der nationalsozialistischen Todeslager haben uns in einen solchen Abgrund menschlichen Handelns blicken lassen, daß seither niemand mehr vor irgendwie gearteter menschenverachtender Ideologie, niederträchtiger Willkür, böswilligen Verleumdungen oder sinnloser Brutalität sicher sein kann. Doch heute, mehrere Generationen später, darf man angesichts der (damaligen) Befürchtung, daß das Paradies für immer verloren schien, nicht verzweifeln oder resignieren, sondern sollte sich, im Gegenteil, eben dies zur Aufgabe machen: Immer wieder das Unmögliche versuchen und selbst in den schwierigsten Momenten bewußt Zuversicht und Humor kultivieren.

Auch für diesen tapferen Optimismus kann Walter Trier beispielhaft sein, denn obwohl der einst so populäre Künstler durch die Vertreibung im kulturellen Gedächtnis seiner Heimat beinahe vollständig ausgelöscht worden war, seine unschlagbar komischen, analytisch genauen und künstlerisch wertvollen Bilderfindungen haben überdauert und werden, sofern endlich aus ihrem Dornröschenschlaf befreit, ihre Wiederentdeckung feiern und erneut ihre unwiderstehliche Breitenwirkung entfalten. Und diese zweite Anerkennung Triers dürfte – gerade aufgrund des großen Kontrastes zur brutalen Lebenswirklichkeit – noch inniger und nachhaltiger ausfallen, denn er hatte so recht mit seinen formvollendeten und zugleich verdichteten Kompositionen, seinem absolut treffsicheren Strich, seiner delikaten Farbigkeit, seinen pazifistischen Utopien, seiner freundlichen Lebenseinstellung und seinem stets wachsamen, aber nie verletzenden Spott.

Nachdem Trier während zweier Weltkriege zunächst gesehen und dann auch am eigenen Leib erfahren hatte, wozu erwachsene Menschen fähig sind, konzentrierte er sich bewußt auf die Kinder. Zum einen, weil sie als die Vertreter der zukünftigen Generationen gelten, zum anderen weil er aufgrund der eigenen positiven Erfahrung wußte, wie wertvoll, lebenswichtig und zukunftsweisend eine zufriedene, glückliche Kindheit ist. Gelingt sie, so kann sie lebenslang als Rückzugsort eines Menschen fungieren – gelingt sie nicht, so müssen wir das Schlimmste befürchten.

Noch 1932 lautete die Hoffnung:

»Hallo! Das zweite Buch der ›Bunten Bücher‹ ist da und die Autoren, Walter Trier und Fred A. Colman, haben sich über die große Auflagenhöhe von Buch I, die zahlreichen Zuschriften von Eltern, Kindern und Erziehern aus allen Teilen Deutschlands so gefreut, daß sie nicht umhin konnten, sich mit dem zweiten Buch – schneller, als man es gedacht – der Öffentlichkeit vorzustellen. [...] Was gibt es Schöneres, als arbeiten und wirken zu dürfen? Arbeiten und wirken in einer Zeit, die voll der Bedrängnis, des Hungers und der Qualen ist! Aber gerade darum sind wir alle mit Liebe an die Arbeit gegangen. Wir wollten Freude bringen, wir wollten den beschaulichen Humor, gleichzeitig die unbewußte Belehrung für jung und alt bieten. Nicht trocken, nicht jovial, sondern aus dem Herzen quellend und zum Herzen sprechend. [...] Kunst und künstlerische Äußerung gehören weder der Jugend noch dem Alter allein, nein, sie gehören allen, die das Gute erkennen, sich zum Guten bekennen und das Gute pflegen wollen.«

Dieser seit Beginn des 20. Jahrhunderts proklamierte Universalanspruch an die Kunst – also der Wegfall von Altersgrenzen – wirkte nach der schrecklichen Erfahrung aus dem Ersten Weltkrieg mit seinen üblen Nationalismen danach zum Glück auch über Sprach- und Landesgrenzen hinweg. Der englische Karikaturist David Low befand, anläßlich

An den Klippen von Dover.
1942. Farboffset. Titelseite für »Lilliput«.

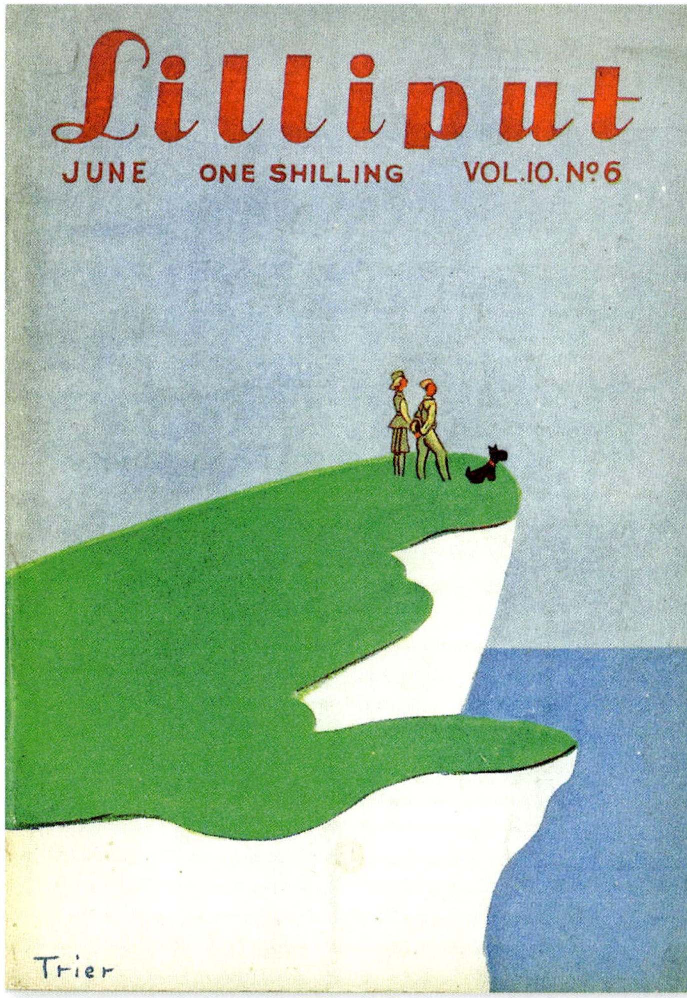

einer Gemeinschaftsausstellung von Walter Trier mit vier weiteren tschechoslowakischen Cartoonisten 1944 in London:

»If Hitler has not succeeded in establishing his ›New Order‹ in Europe, certainly he has established the United Nations of cartoonists. [...] Cartoons from Czechoslovakia, like those from the United States, Soviet Russia, or China, present no difficulties to the understanding of people in Britain, because, above all, they reflect the common approach to the one subject-matter of our day – war against Nazi Germany.«

Genau hier lag Triers Chance, trotz seines Exils in anderen Sprach- und Kulturregionen weiterhin seiner Arbeit nachgehen und mit seinem erlernten Beruf auch in der Emigration Geld verdienen zu können. Denn anders als zu Zeiten des Ersten Weltkriegs, als die Bildsatire noch sehr stark von Nationalismen, Stereotypen und eigenen Identitäten und Symbolen geprägt war, war während des Zweiten Weltkriegs der Gebrauch von Komposition, Symbolen, Analogien oder Allegorien bereits international verbreitet und das Verständnis von Bildsatire den Betrachtern anderer Länder keineswegs mehr fremd. Als Maler hatte er es zwar grundsätzlich deutlich einfacher als seine schreibenden Autorenkollegen, die sich in einen neuen Sprachbereich eingliedern mußten, doch auch neue kulturelle Eigenarten müssen erkannt und höchst sensibel gehandhabt werden – schon gar, wenn es um Sprachwitz und humoristische Spitzen geht.

Wie bewußt Walter Trier bei aller Anpassung an neue Kulturen und Gepflogenheiten sowie bei aller Heiterkeit und Schnörkel in seinen Bildern für das angelsächsische und kanadische Publikum seine kritische Haltung pflegte und wie sehr ihm in dieser Hinsicht kongeniale Schriftsteller, Redakteure und Verleger fehlten, belegen Briefe und Zeitungsberichte aus seinen letzten Lebensjahren, in denen er das Fehlen von satirischer Kunst in seiner neuen Heimat bemängelte.

»I think it has something to do with lack of age-old traditions. It is photography rather than satirical paintings that we find here« –

lautete seine diplomatisch verpackte Kritik.

Kurzbiografie

1890 Am 25. Juni wird Walter Trier in der Prager Gemeinde Weinberge geboren.
1905 Besuch der Prager Kunstgewerbeschule; anschließend Studium an der Prager Kunstakademie.
1907 Umzug nach München und Besuch einer Privatmalschule.
1908 Am 14. Oktober Immatrikulation an der Münchner Akademie, in der Klasse des Franz von Stuck.
1909 Im Sommer Abschluß des Kunststudiums an der Münchner Akademie. Wenig später erscheint Walter Triers erste Zeichnung im »Simplicissimus«.
1910 Im Februar folgt eine Zeichnung in der »Jugend«. Kurz darauf wird er von den Verlegern Dr. Otto Eysler und Hermann Ullstein nach Berlin abgeworben. Im September nimmt Trier erstmals an einer Kunstausstellung teil.
1911 Ab Frühjahr 1911 (bis 1932) nimmt Walter Trier regelmäßig an der jährlichen »Grossen Berliner Kunstausstellung« teil und er wird Mitglied im »Verband deutscher Illustratoren«.
1912 Walter Trier ändert seine Signatur, um sich von einem Kollegen abzusetzen, der eine ähnliche Signatur wie er verwendete. Walter Trier lernt Helene Mathews kennen. Sie heiraten im darauf folgenden Jahr.
1914 Während des Ersten Weltkriegs leistet Walter Trier seinen Kriegsdienst am Zeichenbrett. Für ein populäres Propagandablatt, für Feldpostkarten und Kriegsbilderbogen entwirft er zahllose Karikaturen. Geburt der Tochter Margarete.
1917 Walter Trier nimmt an der »Frühjahrs-Ausstellung der Berliner Sezession« teil, gleichzeitig illustriert er erstmals ein Kinderbuch.
1919 Im Sommer wird sein erster Zeichentrickfilm vorgeführt. Am Eröffnungsabend von Max Reinhardts Kabarett »Schall und Rauch« wird sein zweiter »Karikaturenfilm: Ein Tag des Reichspräsidenten« gezeigt, die Musik dazu spielt Friedrich Holländer.
1921 Vom »Deutschen Bund Heimatschutz« erhält Trier den Auftrag historisches Spielzeug zu zeichnen. Im Dezember erscheint ein ausführlicher Artikel über die private Spielzeugsammlung Walter Triers.
1922 Walter Trier entwirft seine erste Filmdekoration.
1923 In den Zeichnungen für die »Lustigen Blätter« thematisiert Walter Trier immer wieder die Gefahr, die von der politischen Rechten, dem Militarismus und den ewiggestrigen Monarchisten droht.
1924 Im September zeichnet Walter Trier eine aufsehenerregende Werbekampagne für den »Uhu«, ein modernes und anspruchsvolles Unterhaltungsmagazin. Der Kampagne folgt ein regelmäßiges Engagement.
1925 Am 1. April wird Walter Trier wird zum neuen Mitglied der »Berliner Secession« gewählt.
1926 Teilnahme an einer Gemeinschaftsausstellung mit Malern und Graphikern, darunter George Grosz, Heinrich Zille und Emil Orlik.
1927 Beginn der Freundschaft zu den drei Clown-Brüdern Alberto, Paolo und Francois Fratellini. Studienreise mit dem elsässischen Künstler Lucien Adrion und Sigbert Marzinsky nach Frankreich, Spanien und Nordafrika.
1928 Im Mai Teilnahme an der »Grossen Berliner Kunstausstellung« des »Vereins Berliner Künstler«. Es entstehen die Wandmalereien für das Foyer des »Kabaretts der Komiker«.

1929 Walter Trier wird zum Zweiten Vorsitzenden des »Verbandes der Pressezeichner« gewählt. Erich Kästners erster Kinderroman »Emil und die Detektive« erscheint im Spätherbst.

1933 Am 20. Februar erfolgt die letzte Eintragung Walter Triers in der Präsenzliste der »Berliner Secession«. Mitte März 1933 veröffentlicht das »Börsenblatt des deutschen Buchhandels« die erste offizielle schwarze Liste für die bildenden Künste und aller verbotenen Autoren und Verlage.

1934 Im Winter erscheinen immer wieder Arbeiten von Walter Trier im »Prager Tagblatt«, außerdem nimmt er an der »I. Internationalen Karikaturisten Ausstellung« in seiner Heimatstadt teil.

1935 Die letzten Zeichnungen sowie die letzten beiden Bücher erscheinen in Hitler-Deutschland. In der »Jugendschriftenwarte« wird darauf hingewiesen, »daß grundsätzlich alle von Trier bebilderten Bücher abgelehnt werden, auch wenn sie inhaltlich einwandfrei sind«.

1936 Walter Trier hält sich im Februar in London auf. Im Dezember verläßt Trier mit seiner Familie Berlin für immer. Nur einen Tag später hätte er »Besuch« von der Gestapo bekommen. Die Flucht führt über Bièvres bei Paris, wo er Station bei seinem Malerkollegen Lucien Adrion macht.

1937 Ab Juli erscheint monatlich ein von Trier gestaltetes Cover für »Lilliput. The Pocket Magazine for Everyone« in London. Im Sommer trifft er sich mit Erich Kästner zu einer Arbeitsbesprechung in Salzburg.

1938 Erich Kästner besucht Walter Trier in London. Es ist ihr letztes persönliches Treffen. Im Sommer nimmt Trier an der international beachteten Kunstschau »Twentieth Century German Art« teil, gemeinsam mit allen anderen seit 1937 in Deutschland als »entartet« verfemten Künstlern. Im November folgt in Paris die Teilnahme an der Ausstellung »Freie Deutsche Kunst«.

1939 Walter Trier erhält ein Angebot von Walt Disney, das er ablehnt.

1940 Das britische »Ministry of Information« beauftragt Walter Trier mit Karikaturen gegen Nazi-Deutschland.

1941 Ab 3. September zeichnet Walter Trier regelmäßig Karikaturen für »Die Zeitung, das Blatt der deutschsprachigen Emigranten in England.

1942 Auch in der amerikanischen Presse erscheinen politische Karikaturen Triers.

1943 Walter Trier nimmt an der Ausstellung »Cartoons by Z.K., Hoffmeister, Pelc, Stephen, Trier in The Czechoslovak Institute« in London teil, die vom Außenminister der tschechischen Exilregierung eröffnet wird.

1944 Walter Trier zeichnet regelmäßig für eine Kolumne in »The Daily Herald«.

1945 Auftrag für plastische Karikaturen verschiedener Delegierter der »United Nations Organization«.

1947 Im Februar erhalten Walter und Helene Trier die britische Staatsbürgerschaft. Am 9. August erfolgt die Auswanderung nach Kanada.

1948 Es gibt eine erste Ausstellung über seine Arbeiten für »Canada Packers«.

1949 Ab Januar Planungen für das eigene Haus in Collingwood. Teilnahme an der »77th Annual Spring Exhibition der Ontario Society of Artist« und der »Art Gallery of Ontario« in Toronto.

1951 Im April gibt es eine erste Ausstellung von Walter Triers Ölbildern und Aquarellen im »Hart House« der Universität von Toronto. Er zeichnet Illustrationen für »New Liberty«. Am 8. Juli erliegt Walter Trier bei der Arbeit einem Herzschlag.

Karikaturen, Illustrationen und Reklame

Walter Triers Druckgraphik

Mit der Bildauswahl für diesen Bildband wurde versucht, aus den weit über tausend Druckgraphiken, die Walter Trier zwischen 1910 und 1951 angefertigt und in der damaligen Presse, in Büchern oder als Reklame veröffentlicht hat, einen möglichst repräsentativen Überblick zu vermitteln – von den Anfängen in Berlin, über die Arbeiten in England bis hin zum Spätwerk in Kanada.

Das Publikum sollte aber nicht nur Vergnügen beim Anschauen der einzelnen Bilder empfinden können, sondern ganz zwanglos nebenbei auch einen nachvollziehbaren Einblick in Walter Triers hochinteressantes Leben sowie in die historischen Geschehnisse bekommen.

Schließlich galt es der breiten Öffentlichkeit, neben jener Handvoll weltberühmter Buchikonen und einigen heißgeliebten Kinderbuchillustrationen, möglichst viele unbekannte und unerwartete Bilder vorzulegen, um so auf den unglaublich umfangreichen, bislang immer noch kaum gehobenen Bilderschatz hinzuweisen.

In die engere Auswahl kamen nur ganzseitige Drucke, also keine Vignetten oder kleinformatige Illustrationen, da der jeweilige Kontext nicht hätte berücksichtigt werden können und wegen der sich unangenehm auswirkenden, divergierenden Formate. Ebenso mußten andere gebrauchsgraphische Arbeiten wie Reklameanzeigen, Bühnendekorationen und -kostüme sowie historische Dokumente unberücksichtigt bleiben. Denn es ging darum, ein schönes Bilderbuch vorzulegen, möglichst ohne störenden Quellenbalast. Aus diesem Grund wurden auch die technischen Daten weitestgehend reduziert.

Angesichts eines umfangreichen Œuvres dürfte es kaum schwergefallen sein, diese Vorgaben zu erfüllen, könnte man denken. Doch weit gefehlt. Aufgrund der Menge wundervoller Motive und zahlloser unbekannter Kompositionen lauerte an allen Ecken und Enden die beständige Qual der Wahl.

Insofern galt es einige Grundsatzfragen zu klären. Als die wohl wichtigste Entscheidung ist die Beschränkung auf das druckgraphische Werk Walter Triers zu nennen, also auf Lithographien und frühe Offsetdrucke.

Obwohl die wenigen erhaltenen Originale – Gemälde, Gouachen, Zeichnungen, Skizzen und Entwürfe – künstlerisch besonders wertvoll und ungemein aufschlußreich wären, erachte ich es für sinnvoll, diese erst in einem zweiten Schritt vorzustellen. Zunächst sollte es darum gehen, einen Einblick in das komplette Lebenswerk Walter Triers zu gewinnen, wofür sich die unzähligen Pressegraphiken eher eignen, da sie zuverlässig datier- und lokalisierbar sind.

Wem hier nun zu wenig »Aura« des Originals zu wehen droht, dem sei entgegen gehalten, daß historische Druckerzeugnisse längst als (kunst)historisch einzigartig gelten und dem Rang eines Originals gemäß ge- und behandelt werden.

Da Walter Triers einst massenhaft gedruckte Arbeiten zu den frühen Beispielen der modernen Drucktechnik zählen, gilt es zudem über manch vermeintlich schlechte Bildqualität hinweg zu sehen. Aufgrund des historisch bedingten, nahezu immer miserablen Bildträgermaterials – stark säure- oder holzhaltiges Papier, das je nach Aufbewahrungsort bzw. -klima mehr oder weniger stark vergilbte – kann es große Abweichungen im optischen Gesamteindruck der überlieferten Arbeiten geben; dazu können noch Kratzer, Löcher, Wasser- und Schimmelflecken oder Kinderkritzeleien kommen.

Gemäß all diesen Überlegungen wurden hier nun 243 Druckgraphiken versammelt, die seit ihrem erstmaligen Erscheinen nicht wieder zu sehen waren und selbst Fachleuten weitgehend unbekannt sind. Wem allerdings die präsentierte Fülle noch nicht ausreicht, wer persönliche Highlights vermißt oder wer nun überhaupt erst auf den Geschmack gekommen ist, sei auf die Handvoll Publikationen verwiesen, die in der nachfolgenden »Literaturauswahl« aufgeführt sind.

Die Aufteilung in zehn Großkapitel setzt hier thematisch leicht verständliche Schwerpunkte. Die Zusammenstellung innerhalb der Kapitel erfolgte weitestgehend nach ästhetischen Gesichtspunkten, allerdings stets mit Rücksicht auf die ursprünglichen Proportionen und Druckformate.

Als besonders kreativem und wegweisendem Schriftkünstler war es Walter Trier wichtig, Titelzeilen oder wichtige Textteile in seine Kompositionen einzubeziehen bzw. eine jeweils stimmige Typographie zu entwickeln. Daher wurde hier Wert darauf gelegt, möglichst viele der originalen Schriftzüge abzudrucken. Leider waren die Bildvorlagen nicht immer vollständig – gerade die schnelllebige Pressegraphik wird gerne Opfer von schlechter Buchbindetechnik oder wüsten Randbeschneidungen. Halten wir es daher mit Robert Gernhardt: Freuen wir uns also darüber, daß es diese bunten Bilder überhaupt noch gibt.

Es darf vielleicht noch erwähnt werden, daß der vorliegende Bildband eine wechselvolle Entstehungsgeschichte hat.

Ein erster, höchst vielfältiger Prototyp lag bereits im Frühjahr 2019 vor und hätte gut und gerne sofort in Druck gehen können. Ein eigentlich nur zur Abrundung gedachter Arbeitsbesuch in der AGO von Toronto jedoch brachte das bisherige, schon sehr schöne Konzept ein erstes Mal ins Wanken. Denn dort gab es noch viel mehr und noch viel tolleres Bildmaterial, das es verdient hätte, endlich gezeigt zu werden. Fazit: Ein zweiter Entwurf entstand. Dann jedoch gab es verlagsmäßig eine gravierende personelle Veränderung, so daß auch dieser zweite Entwurf in der Schublade verschwand.

Ein Jahr später eröffnete sich der hoffnungsvolle Versuch einer Reanimation, der jedoch an den ökonomischen Folgen zerschellte, welche die erste Corona-Welle im Frühsommer 2020 im Kulturbereich verursacht hatte.

Nur wenige Wochen später bot sich im Herbst 2020 schließlich eine erneute Chance und ein dritter Anlauf wurde unternommen, wenn auch – durch den mittlerweile weltweit wegen Covid-19 verhängten Lockdown – logistisch und arbeitstechnisch stark eingeschränkt. Ein dritter, notgedrungen etwas abgespeckter Entwurf entstand.

Als sich projektintern endlich Licht am Horizont abzuzeichnen begann, wurde gleichzeitig immer deutlicher, daß die Bildbeschaffung für diesen dritten Entwurf, aufgrund der immer restriktiver werdenen äußeren Einschränkungen, wieder obsolet geworden war ... und ein Ende der mittlerweile dritten Pandemie-Welle war nicht abzusehen.

Finster entschlossen, endlich einen schönen Bildband zu Walter Trier vorlegen zu können und nicht länger auf weitere Chancen oder Wiederbelebungsversuche zu hoffen, wurden Anfang 2021 dann alle bisherigen Konzepte über den Haufen geworfen und ein kompletter Neustart vorgenommen. Hier ist er nun, der Bildband mit der Entwurfsnummer 4.

Leser und Betrachter sind jetzt herzlich eingeladen, mit großem Amüsement und voller Schaulust in dem von Trier geschaffenen höchst irdischen Paradies auf Zeit spazieren zu gehen und dabei zahlreich versteckte sowie kaum merkliche, aber absolut treffsichere Spitzen gegen Zeitgeist und Bösewichte zu entdecken. Denn merke: Selbst im schönsten Paradies ist jederzeit mit einer Schlange zu rechnen – mit mindestens einer!

Literaturauswahl

Lothar Lang (Hg.), ›Das Grosse Trier Buch‹ (mit über 300 Reprints, davon 64 in Farbe), ›Eulenspiegel Verlag‹, [Ost-]Berlin 1972 bzw. ›Atrium Verlag‹, Zürich 1972.

Martha H. Hurdalek u. a., ›Humorist Walter Trier. Selections from the Trier-Fodor-Foundation Gift‹ (mit einigen Reprints), ›Art Gallery of Ontario‹, Toronto 1980.

Antje Neuner-Warthorst, ›»Da bin ich wieder!« Walter Trier‹ (Begleitheft für die Ausstellung in der ›Kunstbibliothek‹ mit 50 farbigen und s/w Abbildungen), ›Museumspädagogischer Dienst der Staatlichen Museen Preußischer Kulturbesitz‹, Berlin 1999.

diess., ›Walter Trier – »Politik, Kunst, Reklame«‹ (Katalogbuch zur gleichnamigen Wanderausstellung im ›Wilhelm-Busch-Museum‹ von Hannover, ›Bilderbuchmuseum Burg Wissem‹ und ›Museum Haus Ludwig‹ in Saarlouis mit 285 farbigen und s/w Abbildungen), ›Atrium Verlag‹, Zürich 2006.

diess., »Please come and see me sometimes.« – ›Kommentierte Bibliographie zu Walter Trier‹, in: Ruairí O'Brien / Bernhard Meier (Hg.), Das Trojanische Pferd (›Erich Kästner-Jahrbuch Band 6‹), Würzburg 2010, S. 137-193.

diess., ›Walter Trier – Eine Bilderbuch-Karriere‹ (Künstler-Biographie mit 143 farbigen und s/w Abbildungen), ›Nicolai'sche Verlagsbuchhandlung‹, Berlin 2013.

Antje Maria Warthorst, Walter Trier – ›Die Biografie‹ (neu bebilderte Ausgabe mit 87 S/W-Abbildungen und 16 Fotos), ›Favoritenpresse‹, Berlin 2021.

Quellen

Alle Abbildungen entstammen dem »Walter-Trier-Archiv«, Konstanz.
Die Veröffentlichung der Abbildungen und Texte von Walter Trier erfolgt mit Genehmigung der Erben von Walter Trier, Vancouver, Canada – vertreten durch Renate Reichstein von der »Agentur Bild & Wort«, Hamburg.

Die Veröffentlichung des Vorwortes von Robert Gernhardt erfolgt mit freundlicher Erlaubnis von Almut Gehebe-Gernhardt, wofür ich herzlich danke.

Glossar zu den Textzitaten

Rudolf Arnheim (1904 Berlin – 2007 Ann Arbor, Michigan). Psychologe, Kunst- und Medienwissenschaftler. Bis zu seiner Auswanderung 1933 arbeitete er als Kulturredakteur an der »Weltbühne«, damals unter der Leitung von Carl von Ossiezky. Seit 1942 lehrte er an verschiedenen amerikanischen Universitäten Kunstpsychologie, unter anderem in Harvard.

Carl Diehm (1882 Würzburg – 1962 Köln). Sportwissenschaftler und Sportfunktionär. 1913 begründete er die Verleihung des »Deutschen Sportabzeichens«. Bis 1933 war er Generalsekretär des »Deutschen Reichsausschusses für Leibesübungen«. Während der NS-Zeit bekleidete er prominente Ämter und war maßgeblich an der Organisation der Olympischen Spiele 1936 in Berlin beteiligt.

Max Brod (1884 Prag – 1968 Tel Aviv). Dr. jur., Feuilletonredakteur beim »Prager Tagblatt«, Theater- und Musikkritiker, Schriftsteller. Bedeutsamer als sein eigenes literarisches Werk werden bis heute seine Bemühungen um das Werk von Franz Kafka, die Entdeckung von Franz Werfel sowie die Förderung der Komponisten Leos Janacek und Jaromir Weinberger beurteilt.

Karl Figdor (1881 Wien – 1957 Zürich). Journalist und Schriftsteller. Noch vor 1914 nach Berlin gezogen, begann er seine Karriere im Außenressort der »Vossischen Zeitung«. Später arbeitete er beim »Berliner Tagblatt«; nach seiner Emigration 1937 in die Schweiz für die »Basler Nationalzeitung«, den »Zürcher Tages-Anzeiger« und die »Weltwoche«. Zudem verfaßte er eine Reihe Abenteuerromane und Filmdrehbücher.

Edith Jacobsohn, geb. Schiffer (1891 Berlin – 1935 London). Übersetzerin und Verlegerin. Seit 1915 war sie mit Siegfried Jacobsohn verheiratet, dessen publizistisches Erbe sie 1926 antrat. Zuvor schon hatte sie mit ihrem Vermögen mehrmals dessen Verlag vor dem Konkurs gerettet. Zudem hatte sie 1924 mit einer englischen Freundin den Kinderbuchverlag »Williams & Co.« gegründet – aus dem später der »Cecilie Dressler Verlag« und der »Atrium Verlag« hervorgingen. 1929 hatte sie Erich Kästner darum gebeten, für ihren Verlag ein Kinderbuch zu schreiben. Es entstand »Emil und die Detektive«.

Siegfried Jacobsohn (1881 Berlin – 1926 ebenda). Journalist, Herausgeber und Theaterkritiker. Gründete 1905 die Zeitschrift »Die Schaubühne«, die 1918 umbenannt wurde in »Die Weltbühne« und sich zu einem Forum der pazifistischen Linken entwickelte. Die wichtigsten Mitarbeiter waren Alfred Polgar, Kurt Tucholsky und Carl von Ossietzky.

Kurt Maschler (1898 Berlin – 1986 London). Verleger. Der gelernte Buchhändler war schon früh als Teilhaber verschiedener Verlage tätig, bis er 1935 den von Edith Jacobsohn im Schweizer Exil gegründeten »Atrium Verlag« übernahm und bis 1937 von Berlin und Wien aus leitete. 1938 floh er über Amsterdam nach London, wo er bis 1976 den »Atrium Verlag« leitete.

Hans Reimann (1889 Leipzig – 1969 Hamburg). Kabarettist und Publizist. Zunächst Mitarbeiter bei verschiedenen Zeitschriften u.a. auch bei der »Weltbühne«, später Herausgeber eigener satirischer Blätter und Mitbegründer von Kabaretts in Leipzig und Frankfurt a.M.

Kurt Robitschek (1890 Prag – 1950 New York). Theaterregisseur und Autor. Ab 1910 lebte er als freier Journalist und Librettist in Wien, bis er 1924 in Berlin als Conferencier anfing und mit Paul Morgan die Leitung des »Kabarett der Komiker« übernahm. 1933 emigrierte er nach Wien und floh 1938 weiter nach New York, wo er bis zu seinem Tod als Agent im amerikanischen Showgeschäft tätig war.

Danksagung

Im Nachhinein könnte man glauben, ein Bildband zu Walter Trier war schon lange überfällig und sei daher eigentlich ein Kinderspiel gewesen, dennoch bedurfte es der gewaltigen Kraftanstrengung einiger weniger. An erster Stelle danke ich Karl-Wilhelm Warthorst (Konstanz) für seine nun schon weit über dreißig Jahre währende, dabei nie müde gewordene geistige und mentale Unterstützung.

Des Weiteren sei Siegfried Eckert (Bielefeld) für seine große Hilfsbereitschaft bei der Beschaffung von Bildmaterial, gerne auch in aller letzter Sekunde, gedankt. Seine in über zwei Jahrzehnten zusammengetragene Sammlung von Büchern, Zeitschriften, Reklame und anderen Druckerzeugnissen liefert nicht nur Stoff für lange Fachgespräche, sondern ist eine ständige Quelle der Inspiration.

Auch die Mitarbeiterinnen in der Abteilung »Prints and Drawings« der »Art Gallery of Ontario« (Toronto) – Brenda Rix (Manager) und Alexa Greist, Ph.D. (Associate Curator) – haben durch ihr überaus kollegiales Entgegenkommen während meines zweiten Forschungsaufenthaltes im Mai 2019 einen wichtigen Teil zum Gelingen dieses Projektes beigetragen.

Für seinen verlegerischen Wagemut sei Bodo von Hodenberg (Berlin) gedankt, für ein reibungsloses Arbeiten unter erschwerten Rahmenbedingungen aufgrund des zweiten Corona-Lockdowns im Frühjahr 2021 der Graphikerin Eva Schmid (Berlin).

Ein besonderer Dank geht schließlich an Dorette Gehebe (Frankfurt am Main) und Gabriele Roth-Pfarr (Frankfurt am Main) für die spontane und äußerst freundliche Hilfsbereitschaft rund um das Vorwort von Robert Gernhardt.

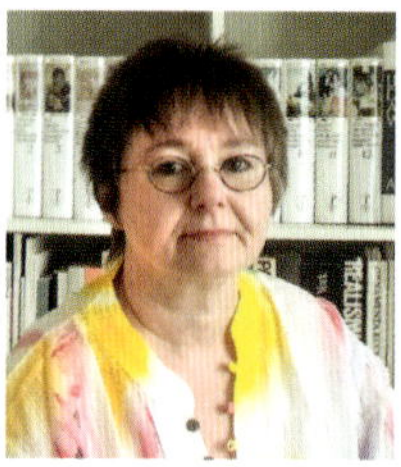

Dr. Antje M. Warthorst
(Jg. 1965)

lebt in Konstanz. Sie studierte Kunstgeschichte und Archäologie, u.a. an der Pariser ›Sorbonne‹, mit Schwerpunkt auf der Malerei der Frührenaissance. Während ihrer Tätigkeit an den ›Staatlichen Museen zu Berlin‹ 1997 auf den in Vergessenheit geratenen Walter Trier aufmerksam geworden, ist sie seither darum bemüht, Werk und Bedeutung dieses Künstlers hochzuhalten. Das 2007 von ihr gegründete ›Walter-Trier-Archiv‹ dient der Erfoschung des Werkes von Walter Trier, der kritischen Grafik im Allgemeinen und des ›Grotesken Realismus‹ im Besonderen.

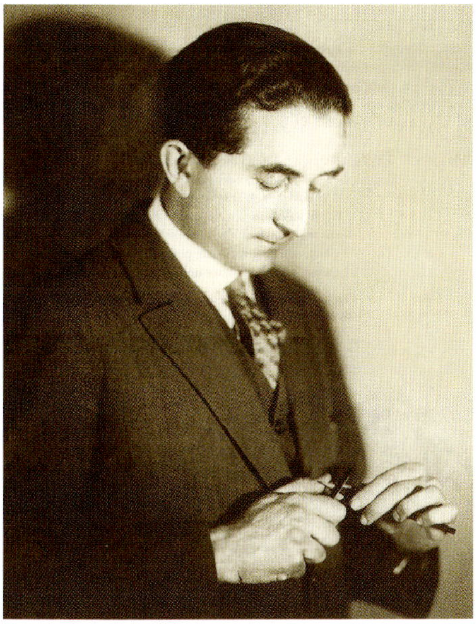

Walter Trier

(1890-1951)

Geboren in Prag, studierte er zunächst an der dortigen ›Kunstgewerbeschule‹ und ›Kunstakademie‹, anschließend in München bei Franz von Stuck. Unmittelbar nach dem Examen wurde er nach Berlin abgeworben, wo er bis zu seiner Flucht vor den Nationalsozialisten 1936 glücklich lebte und arbeitete. Die Stationen seines Exils waren London, Toronto und schließlich Collingwood, Ontario, wo er in seinem Atelier verstarb.

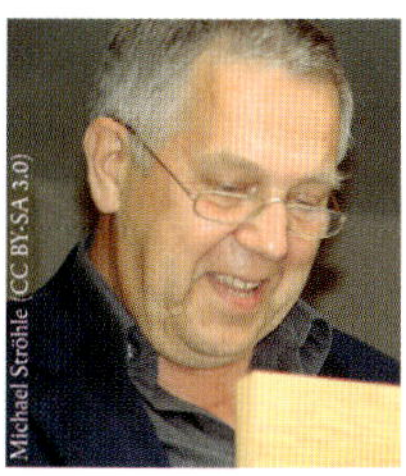

Robert Gernhardt

(1935 - 2006)

Geboren in Tallin (Estland), floh Gernhardt 1946 mit der Familie nach Göttingen. Studium der Malerei an der »Staatlichen Akademie der Bildenden Künste« in Stuttgart sowie der Germanistik an der »Freien Universität Berlin«. Von 1964 bis 2006 freiberuflich als Maler, Zeichner, Karikaturist und Schriftsteller in Frankfurt / Main tätig. Mitbegründer der »Neuen Frankfurter Schule«, Mitglied des »Deutschen Künstlerbundes«, Co-Autor diverser Comedyshows und Film-Drehbücher für Otto Waalkes. Gernhardt gilt als einer der wichtigsten zeitgenössischen Dichter deutscher Sprache.

Das hier abgedruckte Vorwort entstand im Zusammenhang mit der von der Buchautorin kuratierten Trier-Retrospektive, die am 11. Juni 2006 im »Wilhelm Busch-Museum«, Hannover, eröffnet worden war. Der am 30. Juni 2006 verstorbene Gernhardt schrieb am 18. und 24. Juni 2006 an die Autorin: »Ja, mir haben meine Worte zu Trier auch Freude gemacht -; Richtiger: die Möglichkeit, etwas zu ihm sagen zu können. (...) Weniger gut (ist) mein Zustand, der es definitiv ausschließt, Hannover zu besuchen: Das läuft nicht mehr. Schade, ich hätte Originale und Sie gerne gesehen. (...) So bleibt mir nur zu sagen: Dank. Und: Möge jeder Künstler im Laufe seines Nachlebens jemanden finden wie Sie! Beste Wünsche für Leben + Tun.«

Walter Trier in der Favoritenpresse

»Der Zeichner mit dem guten Blick« Erich Kästner über Walter Trier

Diese reich bebilderte Biografie verfolgt den spannenden Lebensweg eines der größten deutschen Humoristen: von seiner Kindheit im Schoße einer jüdischen Familie in Prag über die Ausbildung an der Münchner Akademie und die ersten Berufsjahre in Berlin bis zum Exil in London und Kanada.

Antje M. Warthorst schildert eine Künstlerkarriere, die von den Umbrüchen des 20. Jahrhunderts und einer kritischen Weltsicht bestimmt ist und liefert damit zugleich eine Kultur- und Illustrationsgeschichte der ersten Hälfte des 20. Jahrhunderts. Mit diesem Buch gelingt es der Autorin, Walter Trier aus dem Schatten von Erich Kästner zu holen für dessen Kinderbücher er Illustrationen von Weltruhm schaffte.

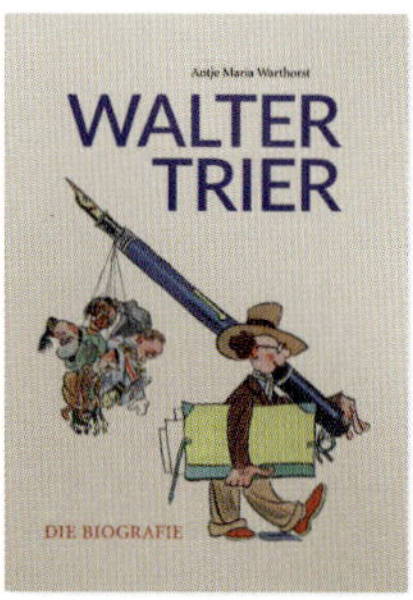

»Wer, im damaligen Berlin, mit Ziffern im Kopf, stupide vom Lärm der Stadt, durch die Straßen hetzte und am ersten besten Kiosk einen ... ›Trier‹ sah, blieb stehen, holte Luft und – lächelte. So hat Walter Trier sein Leben lang das Lächeln unter die Menschen gestreut.« Erich Kästner in seinem Nachruf auf Walter Trier, 1951

Antje M. Warthorst.
Walter Trier. Die Biografie
18 x 25 cm, 354 Seiten,
110 s/w Abbildungen, gebunden
ISBN 978-3-96849-024-3

Über die fatale Logik von Propaganda – und wie sie durch Satire überwunden werden kann

„Lektion 16 – Dekadente Nationen: Nationen, die (...) freie Meinungsäußerung gestatten. (...) Nationen, die es zulassen, den Krieg zu hassen."
So steht es auf einem Flugblatt, das Anfang 1942 Maschinen der britischen Royal Airforce One über den von Nazi-Deutschland besetzten Gebieten abgeworfen haben. Es sollte allen, die in einer gleichgeschalteten Pressewelt lebten, eine andere Lesart oder Definition der gängigsten Nazi-Begriffe und Thesen anbieten. Für die Umsetzung dieser pädagogisch-aufklärerischen Absicht holte das britische Informationsministerium keinen Geringeren als den im Londoner Exil lebenden Illustrator Walter Trier, den bekannten Zeichner der Erich Kästner-Bände, und ließ ihn unverhohlen eindeutig und sarkastisch Bilder des „arischen Typus", gelungener „Mitarbeit" und wirkungsvoller „Schutzmaßnahmen" zeichnen. Die erklärenden Bildunterschriften lieferte der irische Journalist Frank Dowling.

„Treffender als Trier kann man die lügnerische Sprache der Kriegspropaganda sprachlich und zeichnerisch nicht fassen" Dr. Dierk Wolters, FNP

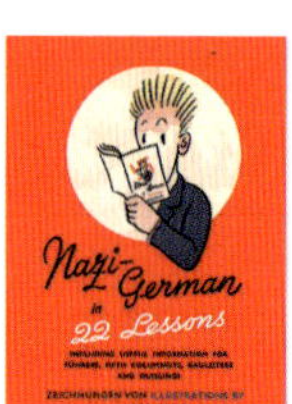

Walter Trier
Nazi-German in 22 lessons. Nazi-Deutsch in 22 Lektionen.
Mit einem Vorwort von Max Czollek und Anmerkungen von Antje M. Warthorst. Englische Übersetzung von Jon Cho-Polizzi
12 x 17 cm, 22 Tafeln, 80 Seiten, gebunden.
Alle Texte in Deutsch und Englisch.
ISBN 978-3-96849-053-3

Mehr über Walter Trier finden Sie im Walter-Trier Archiv.

www.walter-trier.de

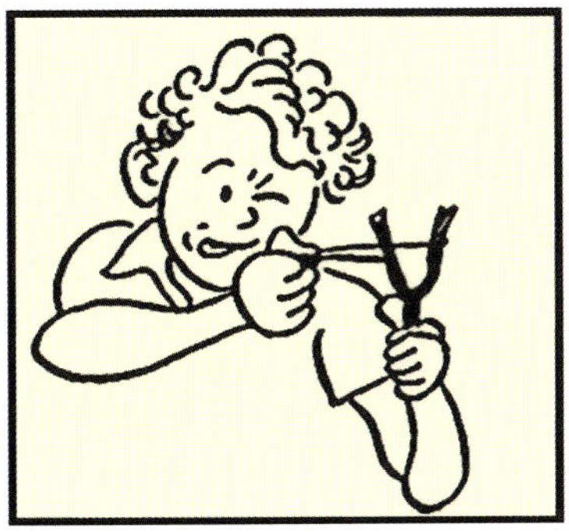

WALTER TRIER - ARCHIV

Das Walter Trier-Archiv ist Anfang 2007 in Konstanz gegründet worden und umfaßt alle bisherigen Forschungs-Ergebnisse zu Walter Trier. Sämtliches Recherchematerial ist digitalisiert und systematisch geordnet worden, so daß es zukünftig der Erforschung dieses Künstlerlebens und des vielfältigen Werks zur Verfügung steht. Das Walter Trier-Archiv fungierte schon rasch als willkommene Anlaufstelle für Forscher und Sammler des In- und Auslandes. In diesem Kontext konnten schon diverse regionale und internationale Projekte mit Rat und Tat unterstützt werden, zuletzt etwa das von der deutschen Bundesregierung initiierte und finanzierte Online-Portal »Europeana Collections 1914-18« oder die Wanderausstellung zum Thema »Jüdischer Humor« des Jüdischen Museums in Wien.

Über die Beschäftigung mit dem Werk dieses einen Künstlers hinaus liegt ein weiterer Schwerpunkt dieses Archivs in dem Anliegen, der Karikatur im deutschsprachigen Raum generell eine größere Bedeutung als Kunstform entgegen zu bringen. Außerdem soll langfristig das Phänomen und der Stilbegriff des »Grotesken Realismus« erforscht und in der Kunstgeschichte der Moderne etabliert werden.

Die Bilderwelt des Walter Trier.
Kästner, Kunst und Politik. Das zeichnerische Werk.
versammelt, kommentiert und herausgegeben
von Antje M. Warthorst
Mit einem Vorwort von Robert Gernhardt

Aktualisierte Neuausgabe
ISBN 978-3-96849-066-3

Die Favoritenpresse ist ein Imprint der
Verlagsagentur Bodo von Hodenberg

Es erscheint eine handgebundene Vorzugsausgabe
mit der ISBN 978-3-96849-034-2
Erhältlich direkt beim Verlag.

Lektorat und Bildredaktion: Dr. Antje M. Warthorst
Gestaltung: Eva Schmid, eva-setzt.de
Covergestaltung: Jakob Hinrichs, illustration.jakobhinrichs.com
Gedruckt in Europa, vermittelt durch: couleurs-print.com

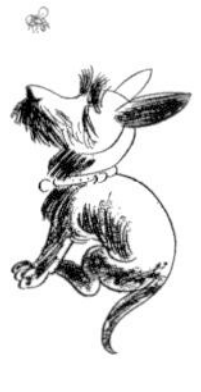

Mehr Informationen zum Verlagsprogramm:
favoritenpresse.de

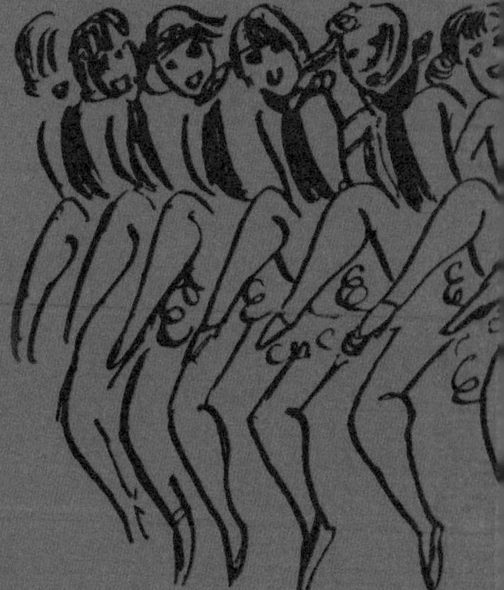